Zeitgeschehen und seine Darstellung im Mittelalter

Studium Universale

Schriftenreihe der Universität Bonn
Herausgegeben im Auftrag des Rektors
von der Senatskommission für das Studium Universale
Geschäftsführer: Prof. Dr. W. Lenders

Band 20

Zeitgeschehen und seine Darstellung im Mittelalter

L'actualité et sa représentation au Moyen Age

Herausgegeben von
Christoph Cormeau

1995

BOUVIER VERLAG · BONN

Die Deutsche Bibliothek - CIP-Einheitsaufnahme

Zeitgeschehen und seine Darstellung im Mittelalter = L' actualité et sa représentation au moyen âge / hrsg. von Christoph Cormeau. - Bonn : Bouvier, 1995
(Studium universale ; Bd. 20)

NE: Cormeau, Christoph [Hrsg.]; L' actualité et sa représentation au moyen âge; GT

ISBN 3-416-02521-0
ISSN 0174-7061

 Abbildung auf dem Schutzumschlag aus den „Collections de l'Institut d'Archéologie", Sorbonne, Paris. Druck und Einband: Druckerei Plump KG, Rheinbreitbach. Gedruckt auf säurefreiem Papier.

Inhaltsverzeichnis

Vorwort

Der hier vorgelegte Band versammelt mit zwei Ausnahmen die Vorträge eines interdisziplinaren Kolloquiums über "Zeitgeschehen und seine Darstellung im Mittelalter / L'actualité et sa représentation au Moyen Age", das am 19. und 20.3.1992 im Universitätsclub Bonn stattfand. Teilnehmer waren Wissenschaftler der Universitäten Paris IV-Sorbonne und Bonn, die mit dieser Tagung die fruchtbare Zusammenarbeit in der mediävistischen Forschung fortsetzten, die in den vorausliegenden Jahren schon zu einer Reihe gemeinsamer Veranstaltungen zu verschiedenen Themen in Provins, Paris und Bad Honnef geführt hatte. Sie sind Ausdruck einer vereinbarten Kooperation des Department d'Etudes Médiévales der Sorbonne und der Bonner Philosophischen Fakultät, die mittlerweile mit Hilfe des Erasmus-Programms der Europäischen Gemeinschaft auch in einem lebhaften Studentenaustausch Ergänzung findet.

Die Rückschau aus einer Zeit, in der technische Medien eine tagesbezogene Aktualität der Kenntnis von wichtigen Ereignissen selbstverständlich machen, auf zurückliegende Epochen, in denen Nachrichtenübermittlung langwierig war, konnte Anstoß sein, die Mittel und Mechanismen aufzusuchen, die die neuzeitlichen Informationsträger ersetzten, zu fragen, in welchem Verhältnis Darstellung und Ereignis zueinander stehen, und vor allem über die Bedeutung nachzudenken, was für die gesellschaftlichen Gruppen Aktualität bestimmt. Die Beiträge haben an verschieden gelagerten Fällen insgesamt ein reich facettiertes Bild historischer Möglichkeiten zusammengetragen. Sie zeigen die Bedingtheiten der Wiedergabe in verschiedenen poetischen Textgattungen und Bildzeugnissen, schildern aber auch aus heutiger Sicht überraschende Verhältnisse wie die rasch auf aktuelle Veränderungen reagierende Steuerung eines Wirtschaftsunternehmens, der Salinen von Salins (H. DUBOIS), oder die paradox erscheinende Rolle der geistlichen Reklusen als Knotenpunkt der Informationsvermittlung (P. L'HERMITE-LECLERCQ). Zwei der Vorträge, von MIREILLE MENTRÉ, L'illustration des récits au Moyen Age: L'événement et le symbole, und MANFRED KAEMPFERT, Die Anfänge des publizistischen Flugblatts: Sebastian Brant, standen leider für diesen Band nicht zur Verfügung.

Die Rheinische Friedrich-Wilhelms-Universität Bonn hat die Tagung aus ihren beschränkten Mitteln für Universitätspartnerschaften unterstützt und schließlich auch das Erscheinen dieses Bandes durch einen Druckkostenzuschuß ermöglicht. Dafür bin ich Rektor und Kanzler dankbar verpflichtet.

Eduard Krursel und vor allem Hartmut Gastens haben sich mit unermüdlichem Engagement um die Herstellung der Druckvorlage bemüht und die Vorbereitungen für die Drucklegung unterstützt. Ihnen danke ich ganz herzlich. Der Geschäftsführer des Studium Universale, Herr Prof. Dr. W. Lenders, und die zuständige Senatskommission haben den Band dankenswerterweise in ihre Schriftenreihe aufgenommen.

Bonn, im September 1994 Christoph Cormeau

Dieter Schaller

FRÜHKAROLINGISCHE EPIK UND ZEITGESCHEHEN

Wer Literaturgeschichte des Frühmittelalters betreibt und sich nicht auf die Interpretation des einen oder anderen in concreto vorhandenen Literaturwerkes beschränkt, sondern nach Erkenntnissen über eine ganze Gattung oder eine literarische Region trachtet, sollte sich dabei des halbwegs Illusorischen seines Tuns bewußt bleiben. Die frühmittelalterliche Literatur hat über mehr als tausend Jahre hinweg eine unendliche Leidensgeschichte durchgemacht, ihre Tausende von Pergamentcodices waren wechselweise an den verschiedensten Orten Europas Gewaltakten, Plünderungen und Feuersbrünsten ausgesetzt: Wikinger, Sarazenen und Ungarn ebenso wie allerlei Soldateska der Religionskriege des 16. und 17. Jahrhunderts bis hin zu Artilleristen und Bombern der neuesten Zeit (Straßburg 1870, Chartres 1944) - um nur einige der Schadenstifter zu benennen, - sie alle haben ihren Anteil daran, daß mittelalterliche Handschriftenbestände dezimiert und abermals dezimiert wurden, dazu immer wieder ganz ordinäre, unkriegerische Malheurs: Großbrände - ich nenne Freising 1159, Reims 1775, Turin 1905 -, Dummheit, Vandalismus, Unachtsamkeit wie der Zimmerbrand bei Theodor Mommsen 1880, dem u.a. zwei Jordanes-Handschriften zum Opfer fielen.[1]

Auf der Grundlage dessen, was trotz alledem übriggeblieben ist, muß Literaturgeschichte z.B. des 8./9. Jahrhunderts immer in die Gegenbeleuchtung der Überlieferungsgeschichte gestellt werden. Das heißt, der überlieferte Textbestand erlaubt keine sicheren Aussagen über den literarischen Charakter jenes Zeitalters, sondern verpflichtet uns zunächst, Indizien zu suchen, die das Ausmaß der Verluste erkennen lassen. Dieses wird von Gattung zu Gattung quantitativ sehr verschieden eingeschätzt werden müssen. So ist anzunehmen, daß wir von der wissenschaftlichen bzw. didaktischen Literatur aus dem Bereich der *artes liberales* und der Theologie einen nicht nur relativ reichhaltigen, sondern sogar repräsentativen Überlieferungsbestand haben, weil hier eine verhältnismäßig große Ausgangsmasse vorhanden war. Anders auf dem Gebiet der Briefliteratur, die ja eine, wenn nicht die ideale Quellensorte für die Zeitgeschichte sein könnte. Hier steht, was die frühkarolingische Epoche betrifft, der einzige Glücksfall der Überlieferung eines persönlichen Briefwerkes von differenzierter Bandbreite, nämlich Alcuins[2], des angelsächsischen Gelehrten und Beraters Karls des

---

[1] Vgl. Ernst Zinn: Gedenkrede auf Theodor Mommsen, in: Universitas 23, 1968, S. 1071-82, hier S. 1077.

[2] MGH Epistolae 4, 1895, S. 1-481: Alcuini Epistolae, ed. E. Dümmler.

Großen, gegen eine radikale Vernichtung der Korrespondenz anderer wie z.B. seines bedeutendsten Rivalen am Hof, des Westgoten Theodulf, der nach 796 das Bistum Orléans innehatte. Daß dieser ebenso gelehrte wie witzig-geistreiche und temperamentvolle Mann ein interessanter und vermutlich auch fleißiger Briefschreiber war, läßt sich aufgrund seines wenigstens aus einer Sammelhandschrift in die Neuzeit geretteten poetischen Œuvres, worunter sich einige Briefgedichte befinden, gewiß schließen. Seine Briefe sind offensichtlich das Opfer einer *damnatio memoriae* geworden, für die Theodulfs persönliche Feinde und Neider gesorgt haben, nachdem er, der Teilnahme am Aufstand Bernhards von Italien 817 bezichtigt, bei Ludwig dem Frommen in Ungnade gefallen war und sein Leben in Klosterhaft 821 beendete.[3]

Bekanntlich hatten frühmittelalterliche Briefe als originale Einzelstücke überhaupt keine Überlieferungschance, sondern nur wenn sie abschriftlich Eingang fanden in einen Codex im Rahmen einer in hoheitlicher, offiziöser, literarischer oder lehrhafter Absicht veranstalteten Briefsammlung. Aber selbst wo allerhöchster Befehl die Zusammenstellung eines Briefcodex veranlaßte, waren die Überlieferungsbedingungen nicht unbedingt günstig: das sieht man am Fall des im Original nicht erhaltenen sogenannten 'Codex Carolinus', einer auf Befehl Karls des Großen 791 angelegten Sammlung aller sowohl von den Päpsten als auch vom byzantinischen Hof an seinen Großvater Karl, seinen Vater Pippin und ihn selbst eingegangenen Schreiben[4]: einer Zeitgeschichtsquelle ersten Ranges! - und wir sind glücklich, die Papstbriefe hieraus wenigstens in einer einzigen, hundert Jahre später verfertigten Abschrift zu besitzen; verloren sind aber die byzantinischen Briefe, und kein einziges der vom fränkischen Hof ausgefertigten Antwortschreiben ist erhalten! Ein kaum zu ermessender Reichtum von zeitgeschichtlicher Information ist hier verlorengegangen, denn mehr als die abbreviierende, aus der Retrospektive darstellende Annalistik und anders als die in verschiedener Intention überhöhende oder idealisierende Dichtung sind gerade Briefe Ausdrucksträger aktualer Betroffenheit und Offenheit, dazu - ebenso wie die Dichtung - voll von überaus aufschlußreichen und nur scheinbar nebensächlichen Einzelheiten.

---

[3] Elisabeth Dahlhaus-Berg: Nova antiquitas et antiqua novitas. Typologische Exegese und isidorianisches Geschichtsbild bei Theodulf von Orléans, Köln/Wien 1975, S. 19.

[4] MGH Epistolae 3, 1892, 469-657: Codex Carolinus, ed. W. Gundlach. - Codex Epistolaris Carolinus (Österr. Nationalbibliothek Codex 449), hg. v. Franz Unterkircher (Codices Selecti phototypice impressi 3), Graz 1962. - Vgl. Wattenbach/Levison/Löwe 2, 1953, S. 246; M. Kerner, Codex Carolinus: LexMA 2, 1983, Sp. 2202-03.

Ich begnüge mich mit einem Beispiel: Die politischen Ereignisse der Jahre vor und nach 810 im Mittelmeerraum, im Kräftespiel zwischen Byzantinern, räuberischen Sarazenen, Papsttum und fränkischer Politik, erschließen sich nur unzulänglich durch die gewohnheitsmäßig wortkarge Annalistik bzw. byzantinische Quellen, sondern in ihren Einzelheiten erst viel besser durch eine Reihe von Briefen Papst Leos III. an Karl den Großen[5], die einer auf Empfängerseite (in offenbar ähnlicher Absicht wie zwei Jahrzehnte zuvor beim 'Codex Carolinus') veranstalteten Sammlung angehörten und heute mehr zufällig, versprengt in einen Wolfenbütteler Codex (9. Jh.), erhalten sind.

Noch schlechtere Überlieferungsbedingungen hatte die Dichtung, sofern sie nicht lehrhaft oder liturgisch war. Und dabei kann gerade die frühkarolingische Periode poetische Texte aufweisen, deren unvergleichliche Leistung darin besteht, dem Faktengerüst der zeitgenössischen Annalistik und der systematischen Genauigkeit der 'Vita Karoli' Einhards lebhafte, auch intime und humorvolle Züge hinzugefügt zu haben.

Wenn man durchmustert, was Historiker (z.B. Arno Borst[6]) und vor allem was seriöse und weniger seriöse Geschichtsschriftsteller - von Gustav Freytags 'Bildern aus der deutschen Vergangenheit' (1859) angefangen bis hin zu dem in mehreren Epochen der Weltgeschichte waghalsig, aber nicht ungeschickt sich tummelnden Gerhard Herm[7] - aufzubieten haben, um eine einigermaßen lebendige Schilderung des am Aachener Hof in den 90er Jahren sich entfaltenden höfischen und geselligen Lebens und der gelehrten Betriebsamkeit zustandezubringen, dann wird man gewahr, daß diese Leute fast nichts zu schreiben gehabt hätten, wenn eine kleine Gruppe poetischer Texte[8] der Unbill der Überlieferungsgeschichte zum Opfer gefallen wäre - und viel hätte daran nicht gefehlt, denn wir kennen diese Texte nicht aus Handschriften, sondern nur aus Editionen des 17. Jahrhunderts, die verlorene Codices repräsentieren: es handelt sich um je ein Gedicht Alcuins und Angilberts, des Hofdiplomaten und Liebhabers einer Karlstochter, vor allem aber Theodulfs großartiges Festgedicht 'Ad Karolum regem' (carm. 25) anläßlich der Taufe des Avaren-Tudun im Frühling 796[9] und seine

[5] MGH Epistolae 5, 1899, 85-104: Leonis III. Papae Epistolae X, ed. K. Hampe.

[6] Arno Borst: Lebensformen im Mittelalter, Frankfurt 1973, S. 538-542.

[7] Gerhard Herm: Karl der Große, Düsseldorf 1987.

[8] D. Schaller: Vortrags- und Zirkulardichtung am Hof Karls des Großen, in: Mittellat. Jb. 6, 1970, S. 14-36.

[9] MGH Poetae 1, 1881, S. 483-489 ed. E. Dümmler; öfter abgedruckt, zuletzt (mit englischer Übersetzung und Kommentar) von Peter Godman: Poetry of the Carolingian

später entstandene 'Vogelsatire' (carm. 27) auf den Hofstaat Karls[10]: hier ist die Quelle für all die gemüt- und humorvollen, aber auch die bitterbösen und hämischen Personenzeichnungen, für die Schilderungen nicht nur glanzvollen Hofzeremoniells, sondern auch die Ironisierung von possierlicher Geschäftigkeit der Gelehrten und Beamten, von verbalen wie auch handgreiflichen Balgereien.

In funktionaler Hinsicht hat Theodulf diese beiden Briefgedichte dazu bestimmt, unter Mitgliedern der königlichen Familie und seinen Freunden in Aachen zwecks vorbereitender Lektüre zunächst zu zirkulieren, damit beim abendlichen Vortrag während der höfischen Geselligkeit alle Pointen und Bosheiten von den Insidern genüßlich erwartet und voll goutiert werden konnten, während die von des Dichters Wohlwollen Ausgeschlossenen unvorbereitet von spöttischen Anzüglichkeiten oder auch höhnischer Gehässigkeit überfallen wurden. Theodulf hat hier einen höchst interessanten Funktionstyp der epistolaren Vortragsdichtung zur Meisterschaft gebracht und auch in den eigenen Versen beschrieben: das Zirkulargedicht, wie ich es zu benennen vorgeschlagen habe. Er gab damit zugleich eine Antwort auf die allgemein sich aufdrängende Frage, wie es denn möglich war, daß ein höfisches Publikum von unterschiedlichen Graden lateinischer Bildung als Adressat lateinischer Briefdichtungen in kunstvoll klassizistisch gearbeiteten Metren in Frage kommen konnte; die Antwort ist: sie bekamen die Gelegenheit, sich auf den Text zu präparieren!

An großartigen kriegerischen und politischen Ereignissen hat es nicht gefehlt in jenem letzten Jahrhundertdrittel, während dessen sich der Aufstieg Karls des Großen vollzog - vom jungen, keiner Herausforderung aus dem Wege gehenden Anführer einer schlagkräftigen Reitertruppe, die in jedem Frühjahr sich sammelte und die Witterung möglicher Gegner aufnahm, bis zum Herrn des Abendlandes, gleichrangigem Partner von Papst und Basileus. Ob die Taten Karls und seiner Krieger für den Informationsbedarf jenes medienlosen Zeitalters lediglich durch amorphe Manifestationen der über die weiten Lande fliegenden Fama nachrichtlich umgesetzt wurden oder ob und in welchem Umfang geformte Texte (Preislieder, Ereignislieder, "Preislied-Zeitgedichte", Bänkelsängerei) hierbei ihre Funktion hatten, entzieht sich gänzlich unserer Kenntnis. Was immer hier im Medium der germanischen oder romanischen Idiome eine Rolle gespielt haben mag, dürfte im oralen Bereich geblieben und niemals in den der Schriftlichkeit eingegan-

---

Renaissance, London 1985, S. 150-162, vgl. S. 12-14.

10 MGH Poetae 1 [Anm. 9] S. 490-493. - D. Schaller, Der junge 'Rabe' am Hof Karls des Großen (Theodulf. carm 27), in: Festschrift B. Bischoff, Stuttgart 1971, S. 123-141.

gen sein. Ein einziges Specimen zeitgeschichtlicher Kleindichtung hat sich aus dieser Epoche bis in unsere Tage gerettet: das Lied von Pippins Avarensieg 796.[11] Dazu ist zu bemerken, daß der eigentliche Avarensieg schon im vorausgegangenen Jahr von einem Heer des Markgrafen Erich von Friaul errungen worden war: die avarische Großraumbefestigung in der Donau-Theiß-Ebene, von den Franken 'Ring' genannt, wurde erstürmt und eine riesige Beute an Gold und anderen Kostbarkeiten - aufgehäuft aus jahrhundertelangen Raubzügen dieses asiatischen Reitervolkes - wurde ins Frankenreich geschickt: Theodulfs oben erwähntes Festgedicht (carm. 25) verleiht der triumphalen Freude hierüber kurz Ausdruck. Doch ein Preislied auf diesen lukrativen Sieg existiert nicht, wohl aber jenes eine auf Karls 19 Jahre jungen Sohn Pippin, der im Frühjahr 796 mit einem aus seinem oberitalienischen Königreich nach Pannonien herübergeführten Heer bei den verwirrten und untereinander zerstrittenen Avaren keinen Widerstand fand und unblutig erbeutete, was an Avarenschätzen übriggeblieben war.[12] Bei diesem Preislied handelt es sich, wie kaum anders zu erwarten, um lateinische Gesangsstrophen, nämlich 15 dreizeilige mit vulgärsprachlichen Merkmalen durchsetzte, z.T. holprige Fünfzehnsilberstrophen - übrigens die akzentrhythmische Kontrafaktur jener trochäischen Strophenform, die von Sueton für die spöttischen Lieder der Soldaten Caesars bezeugt wird.[13]

Misit Deus Petrum sanctum principem apostulum
in auxilium Pippini magni regis filium,
ut viam eius comitaret et Francorum aciem.

Nicht nur diese 4. Strophe verrät den geistlichen Verfasser. Für ihn waren die schlimmsten Missetaten der Avaren Plünderungen der Kirchen und Schändungen der Altäre; Gott, Christus und der heilige Petrus haben es bewirkt, daß Pippin diese Frevler zur Unterwerfung zwingen konnte. Doch

11 Beste Edition in der Appendix von O. Holder-Egger: Einhards Vita Karoli Magni (MGH Scr. rer. Germ. 25), Hannover/Leipzig 1911 u.ö., S. 42-43. Vgl. Schaller/Könsgen ICL 11231; Alfred Ebenbauer: Carmen Historicum. Untersuchungen zur historischen Dichtung im karolingischen Europa (Philologica Germanica 4), Wien 1978, S. 30-33; Godman [Anm. 9] S. 31, 187-190.

12 Walther Pohl: Die Avaren. Ein Steppenvolk in Mitteleuropa 567-872 n. Chr., München 1988, S. 318-320, 792-796. - Vgl. auch Gina Fasoli: Unni, Avari e Ungari nelle fonte occidentali e nella storia dei paesi d'occidente, in: Popoli delle Steppe : Unni, Avari, Ungari (Settimane di Studio del Centro Italiano di Studi sull'Alto Medio Evo 35), Spoleto 1988, S. 15-33, hier S. 26-29.

13 Dag Norberg: Les vers latins iambiques et trochaïques au Moyen Âge et leurs répliques rythmiques, Stockholm 1988, S. 84 n. 109.

erschöpft sich der Dichter nicht in Erbaulichkeit. Indem er das epische Grundprinzip der Mischung von Narration, Rede und Schilderung auf dem engen Raum durchführt, geht er in überraschend konkrete Einzelheiten: wie ein avarischer Gefolgsmann seinen Fürsten, den Großkhan samt seiner *maledicta coniunx* unter Schmähungen zur Kapitulation vor dem heeresgewaltigen Pippin auffordert, wie der *Cacanus Rex* auf einer Mauleselin ausreitet und dem König Pippin sein Land und als Geiseln seine Kinder übereignet. Man hat den Eindruck, daß der Dichter Augenzeuge des unblutigen Triumphes Pippins war, daß er noch an Ort und Stelle diesen Gesang für die Siegesfeier des in den avarischen Ring eingedrungenen Heeres verfaßt hat. Die Schlußstrophen haben akklamatorischen Charakter:

(14) *Vivat, vivat Rex Pippinus in timore Domini,*
avus regnet et senescat et procreet filios.

Was weiter aus dem Lied wurde, verrät uns die Überlieferungsgeschichte. Der einzige Überlieferungsträger, die Handschrift der Staatsbibliothek Berlin[14], ist von Bernhard Bischoff dem Hof Karls zugewiesen worden; sie enthält u.a. den vieldiskutierten Katalog der Hofbibliothek.[15] Die noch vor 800 erfolgte Eintragung unseres Liedes und anderer Texte von einer zweiten Hand mit der erst später nachweisbaren Verlagerung des Codex nach Italien in Zusammenhang zu bringen, wie Bischoff es tut, besteht m.E. kein Grund. Wie ich früher ausgeführt habe[16], dürfte das Lied entweder schon zusammen mit der Erfolgsmeldung, die Pippin den Reichsannalen zufolge im Sommer 796 seinem die Sachsen bekriegenden Vater überbringen ließ, nach Norden gelangt sein, oder aber Pippin, als er selber - lang und sehnsüchtig erwartet - einige Monate später in Aachen eintraf, hat es mitgebracht: so wurde es - wozu es nie bestimmt war - vielleicht für ein einziges Mal exotischer Programmteil der höfischen Abendunterhaltungen in Aachen.

Von Karls gewaltigster kriegerischer Anstrengung, den wechselvoll über Jahrzehnte sich hinziehenden Kämpfen mit den heidnischen Sachsenstämmen, finden wir in der zeitgenössischen Dichtung keinen Niederschlag - abgesehen von jenen 75 Hexametern feierlicher Deklamationsdichtung, dem sogenannten

---

[14] Bernhard Bischoff (ed.), Sammelhandschrift Diez. B. Sant. 66. Grammatici Latini et Catalogus librorum (Codices Selecti phototypice impressi 42), Graz 1973, hier tab. 127-128.

[15] Bernhard Bischoff: Mittelalterliche Studien, Stuttgart 1981, 3, S. 149-169: "Die Hofbibliothek Karls des Großen", hier S. 162-167. Vgl. auch Donald A. Bullough: Carolingian Renewal. Sources and Heritage, Manchester 1991, S. 16.

[16] D. Schaller: Pippins Heimkehr vom Avarensieg, in: Arbor amoena comis. 25 Jahre Mittellateinisches Seminar in Bonn, hg. v. Ewald Könsgen, Stuttgart 1990, S. 64.

'Carmen de conversione Saxonum'[17], worin das Ereignis von 777, die erzwungene Massentaufe von Angehörigen des Sachsenvolkes am Ort des nachmaligen Paderborn, in einen bedeutsamen heilsgeschichtlichen Rahmen gestellt ist. Karl wird gepriesen als Fortsetzer von Christi Erlösungswerk; er hat ein Heidenvolk aus satanischer Verstrickung befreit und auf den Weg zu Christus gebracht:

(62) *Progeniem novam Christi perduxit in aulam*;

dafür wird Karl dereinst ein Sitz im Himmel der Seligen zuteil werden. Über den Verfasser dieses unmittelbar nach dem Ereignis 777 entstandenen Gedichts hat man viel gerätselt, zumal in jenem Jahrzehnt Karl nur von Kriegern umgeben, dagegen von Theologen und lateinischen Poeten noch nichts zu sehen war. Durch meine vor einigen Jahren publizierten Forschungsergebnisse[18] ist aber jetzt geklärt, daß es der oberitalienische Magister Paulinus war, den Karl während der Niederwerfung des langobardischen Aufstands 776 in Treviso als Verfasser eines ihm huldigenden Oster-Canticums kennengelernt und aufgefordert hatte, ihm über die Alpen ins Frankenreich zu folgen: dort erlebte Paulinus das Paderborner Taufereignis und verlieh seiner Begeisterung mit den Mitteln Ausdruck, über die er verfügte: schwungvollen, mit theologischer Fracht und poetischem Schmuck reich beladenen Hexametern, und als er sie - vermutlich im Herbst oder Winter 777/778 - vortrug, war es für Karl wohl ein neuartiges Erlebnis, seinen Namen und sein Handeln vermittelst solcher Sprach- und Formkunst preisen zu hören. - Paulinus war nicht nur während der folgenden Jahre in der Umgebung Karls, sondern auch nach 787, nachdem er zum Patriarchen von Aquileia erhoben war, im Frankenreich als theologischer Gutachter und religiöser Dichter tätig. Als der vorhin erwähnte Avaren-Bezwinger Erich von Friaul, ein Alemanne aus Straßburg, von kroatischen Aufständischen 799 erschlagen wurde, verfaßte sein Freund Paulinus eine hochpoetisch-

---

[17] Ed. E. Dümmler: MGH Poetae 1 [Anm. 9] S. 380-381; Karl Hauck: Karolingische Taufpfalzen im Spiegel hofnaher Dichtung (Nachrichten der Akademie der Wissenschaften in Göttingen, Philologisch-Historische Klasse 1985: 1), Göttingen 1985, S. 62-65.

[18] D. Schaller: Der Dichter des 'Carmen de conversione Saxonum', in: Festschrift für Franz Brunhölzl, hg. von G. Bernt/F. Rädle/G. Silagi, Sigmaringen 1989, S. 27-45. Vgl. jetzt auch Bullough [Anm. 15] S. 133 und 155.

bewegte Totenklage (*planctus*)[19] in 14 fünfzeiligen Zwölfsilberstrophen: in leidenschaftlichem Schmerz verflucht er die istrische Landschaft,

> *ubi cecidit vir fortis in proelio*
> *clipeo fracto, cruentata romphea*:

kein Tau und Regen soll mehr auf sie niedergehen, ihre Pflanzen und Bäume sollen unfruchtbar verkommen (Str. 8-10).

Was den jungen Karl betrifft, so scheint jenes 'Carmen de conversione Saxonum' des dichtenden Magisters Paulinus von 777 seine Wirkung nicht auf ihn verfehlt zu haben: er begriff etwas vom Nutzen der Dichtung für einen König, sei es im Sinne der Verewigung seiner Taten für die Nachwelt, sei es auch nur als eines Prestige-Instruments königlicher Hofhaltung. So zog Karl in den folgenden Jahren weitere gelehrte Lateinpoeten nacheinander aus allen Richtungen Europas in seine Umgebung: Petrus von Pisa, den Langobarden Paulus Diaconus, den Angelsachsen Alcuin aus York, den Westgoten Theodulf.

Mitte der 90er Jahre, als der Hof seine Prachtresidenz in Aachen fest in Besitz genommen hatte, etablierte sich dieser Poeten-Hofstaat um Karl herum, den sie nach dem königlichen Psalmensänger *David* nannten, so eindrucksvoll, daß der von Petrus, Paulinus und Alcuin zum veritablen Lateindichter herangebildete Franke Angilbert begeistert deklamieren konnte:

> *David amat vates, vatorum est gloria David.*[20]

Abgesehen davon, daß diese Dichter im Hauptamt Wissenschaftler waren, die Karls Wißbegierde und seinen bildungspolitischen Plänen dienstbar wurden: auf panegyrische Töne verstanden sie sich alle und haben Karl hierin den gehörigen Tribut gezollt. Aber auf die Idee einer epischen Gestaltung der Zeitereignisse scheint keiner von den genannten gekommen zu sein (immer unter dem Vorbehalt, daß Überlieferungsverluste nicht unser Bild verfälscht haben!), wohl aber ein etwas geheimnisumwitterter Anonymus, dessen Verse in der einzigen Handschrift als die eines "irischen Verbannten" (*Hibernicus exul*) überschrieben werden. Wir sprechen von dem so proble-

---

[19] L'œuvre poétique de Paulin d'Aquilée, hg. v. Dag Norberg (Kungl. Vitterhets Historie och Antiquitets Akademien, Filologisk - filosofiska serien 18), Stockholm 1979, S. 100-102, vgl. 34-38.

[20] Peter Godman: Poets and Emperors. Frankish Politics and Carolingian Poetry, Oxford 1987, S. 65-75. - Der zitierte Vers ist Interkalarzeile von Angilberts Carmen 2: MGH Poetae 1 [Anm. 9] S. 360-363.

matischen, weil fragmentarischen 'Tassilo-Gedicht'[21], in welchem also die durch Karl niedergeschlagene Empörung des Baiern-Herzogs Tassilo von 787/88 thematisiert wird. Damit befinden wir uns noch in der Frühphase der karlischen Hofdichtung, und dieser Ire könnte einer Pionierleistung gerühmt werden, nicht nur hinsichtlich der Wahl des epischen Genres, sondern auch wegen seiner bemerkenswerten Reflexion über den Sinn des eigenen dichterischen Tuns. Hierzu hat er sein weit ausholendes Prooemium in die Form eines Dialogs mit der eigenen Muse gebracht - vierzig Jahre, bevor Walahfrid Strabo dieses Schema in seinem 'De imagine Tetrici' so eindrucksvoll verwendete.

Gegenüber dem über jeden Gegner triumphierenden König Karl (nach seinem Ex-Schwiegervater, dem Langobarden Desiderius, hatte er nun auch seinen Ex-Schwager, den Baiern Tassilo endgültig ausgeschaltet) gibt sich der Dichter verzagt und bescheiden, lernt aber von seiner Muse, daß die Gaben der Dichtung ebenso wertvolle Geschenke für mächtige Könige sein können wie die Tribute von Gold und anderen Preziosen seitens der Großen dieser Welt, ja mehr noch:

(33) *Munera Musarum saeclis aeterna manebunt,*

sie schaffen den Nachruhm, der ewig dauert, und sie verbinden Fürstenpreis mit Gotteslob. Die Muse kündet nun also dem Dichter, daß Satan, die alte Schlange (46 *lubricus ... serpens*), ein weiteres Mal in der Menschheitsgeschichte Unfrieden gestiftet habe und wie gewohnt befreundete und verwandte Menschen aufeinander hetze: es ist ein neuer Akt des Kampfes der beiden augustinischen Civitates, der hier einsetzt!

Über den eigentlich zeitgeschichtlichen Inhalt des Gedichts lassen sich kaum verläßliche Aussagen machen, da inmitten der erhaltenen 103 Hexameter in der Handschrift eine Lücke von etwa 120 Versen klafft, die auf dem herausgerissenen inneren Doppelblatt des betreffenden Quaternio gestanden haben. Dem erhaltenen Text entnehmen wir vor allem, daß Karl zunächst nicht glauben konnte, daß Tassilo zum Treubruch fähig sei:

(73) *Hic vir mihi valde fidelis,*

sich dann aber doch zum militärischen Durchgreifen gezwungen sah: In altepischer Manier steht an dessen Anfang die Rede des Feldherrn vor dem Kampf, hier von Karl traditionsbewußt mit einer Beschwörung der glorreichen Abstammung der Franken von den Trojanern eingeleitet:

---

21 Ed. Dümmler: MGH Poetae 1 [Anm. 9] S. 396-399; vgl. Ebenbauer [Anm. 11] S. 18-29, 77-90.

(85) *O gens regalis, profecta a moenibus altis/ Troiae!*

Von den anderwärts bezeugten drei Heeressäulen, mit denen Karl 787 in Richtung auf das Lechfeld vorrückte, erfahren wir in unserem Fragment nichts, sondern haben vor dem abrupten Schlußvers nur noch den erneuerten Treueid des eingeschüchterten Tassilo: "der erste vasallitische Kuß, den ich kenne, wird von Tassilo auf die Knie König Karls geleistet", sagt Walther KIENAST.[22] Sollte sich Tassilo so aus der Dichtung verabschiedet haben? Die anspruchsvolle Gestaltung des Prooemiums läßt eigentlich nur den Schluß zu, daß dieser Dichter sich "einen weitgespannten Plan"[23] gemacht hatte, der nicht auf Tassilos erste Unterwerfung im Oktober 787 auf dem Lechfeld beschränkt war, also auch das fatale Ende seines Herzogtums (Ingelheim 788) und vielleicht manches mehr einbegriff: Hierin stimme ich VON DEN STEINEN zu. Anders Alfred EBENBAUER: da er meint, Ermoldus Nigellus müsse der erste karolingische Epiker sein, will er im Tassilo-Gedicht und im "Paderborner Text", wie er das 'Karlsepos' zu nennen beliebt, partout vollständige Texte sehen, die in ihrer Kurzform - indem ihnen sozusagen Mitte und Ende fehlt - den "initium-Aspekt" einer neuen Epoche der Heilsgeschichte zur Geltung bringen sollen. Daran glaubt aber inzwischen außer EBENBAUER wohl niemand mehr, da selbst sein Gewährsmann Karl HAUCK, durch dessen frühere Arbeiten er sich inspirieren ließ, mir inzwischen darin zustimmt[24], daß das 'Karlsepos' Fragment einer größeren Dichtung ist.

Die Tatsache der fragmentarischen Überlieferung sowohl des Tassilo-Gedichts als auch des 'Aachener Karlsepos' hat überhaupt nichts Erstaunliches, wenn man den Zustand der beiden sie je unikal überliefernden Codices bedenkt. Die im Anfang des 9. Jahrhunderts im Gebiet von Reims sehr bunt zusammengestellte Miszellanhandschrift, die infolge der Wirren der französischen Religionskriege durch verschiedene Hände ging, bis sie von Gustav Adolfs katholisch gewordener Tochter, der Schwedenkönigin Christina, der Vatikanischen Bibliothek vermacht wurde (Vat. Regin. lat. 2078)[25], überliefert nicht nur das Tassilo-Gedicht trümmerhaft, sondern

---

22 HZ 239, 1984, S. 75.

23 Wolfram von den Steinen: Karl und die Dichter, in: Karl der Große - Lebenswerk und Nachleben 2: Das geistige Leben, Düsseldorf ^{2}1966, S. 63-94, hier S. 85.

24 Hauck [Anm. 17] S. 4.

25 August Reifferscheid: Bibliotheca Patrum Latinorum Italica 1, Wien 1865/Hildesheim ^{n}1976, S. 319-322; E. Dümmler, in: NA 4, 1878, S. 142-144, 245; Rudolf Ehwald (ed.) Aldhelmi Opera (MGH Auct. Ant. 15), Berlin 1919, S. 50; Bernhard Bischoff: Mittelalterliche Studien 2, Stuttgart 1967, S. 293; 3 [Anm. 15] S. 13.

auch mehrere der anderen in ihr enthaltenen Texte: von Theodulfs großem Bibelgedicht nur das erste Drittel, von der 'Psychomachia' des Prudentius nicht die Praefatio und nicht das letzte Viertel, sodann fehlt ein ganzer Quaternio, wodurch u.a. die ersten 152 Verse von Aldhelms 'Carmen de virginitate' verloren gingen, von dem aber auch die letzten 200 Verse fehlen. Diese Handschrift spiegelt die persönlichen Interessen eines Grammatikers wider; sie ist ebensowenig eine für karlische Hofdichtung repräsentative Dokumentation wie die heute Züricher, bis 1713 St. Galler Handschrift des 'Aachener Karlsepos' (Zürich ZB C 78), die unverkennbar ein Produkt des St. Galler Klosterschulbetriebs im ausgehenden 9. Jahrhundert ist[26]: hier mischt sich Spätantikes, Vor-, Früh- und Spätkarolingisches, Poetisches und Prosaisches, ohne irgendein erkennbares Ordnungsprinzip bunt durcheinander, und mitten darin also das III. von vier Büchern eines veritablen Epos zur Verherrlichung Karls des Großen, des ersten Großepos der neuen abendländischen Kultur seit dem Ausgang der Spätantike, soweit wir wissen: ein Markstein der europäischen Literaturgeschichte - von dem wir heute nichts ahnen könnten, wenn diese Züricher Handschrift irgendwann vor dem 18. Jahrhundert vernichtet worden wäre; ich erinnere an das eingangs Gesagte. Unsere fundamentalen Erkenntnisse hängen nicht selten an einem ganz dünnen Überlieferungsfaden, wie sich hier besonders eindrucksvoll zeigt.

Wir sind somit beim Glanzpunkt der karlischen Zeitgeschichtsdichtung angelangt, dem (von mir so genannten) 'Aachener Karlsepos'.[27] Sein allein erhaltenes III. Buch bekam in der älteren Literatur den Titel *De Karolo Magno et Leone papa*, der nicht zutrifft, weil Karl im Text kein einziges Mal *magnus* genannt wird, wohl aber Papst Leo III.:

(532) *Multa pius magno Karolus dat dona Leoni.*

Gemeint ist die Begegnung Karls des Großen mit Papst Leo III. zu Paderborn im Sommer 799, weshalb manche auch die Bezeichnung 'Paderborner Epos'[28] verwenden, was aber in zweierlei Hinsicht irreführend ist: der Text ist erstens nicht 799 am Ort des Ereignisses von Paderborn entstanden, sondern Jahre später im ersten Jahrzehnt des neuen Jahrhunderts am Aache-

---

26 Katalog der Handschriften der Zentralbibliothek Zürich, 1: Mittelalterliche Handschriften, hg. v. Leo Cunibert Mohlberg, Zürich 1951, S. 42-44. - D. Schaller, Das Aachener Epos für Karl den Kaiser, in: FMSt 10, 1976, S. 134-168, hier S. 159-162.

27 D. Schaller, in: Die deutsche Literatur des Mittelalters - Verfasserlexikon ^{2}4, 1983, Sp. 1042-45.

28 Helmut Beumann/Franz Brunhölzl/Wilhelm Winkelmann: Karolus Magnus et Leo papa. Ein Paderborner Epos vom Jahre 799, Paderborn 1966.

ner Hof, und zweitens handelt das Fragment nur in seinen letzten 200 Versen (von insgesamt 536) von Karl und Leo, bietet in seinem größeren Teil aber eine Szenenfolge, die man nicht unzutreffend als einen "Idealtag im Leben Karls" charakterisiert hat.[29]

Worum geht es also im einzelnen? Der Dichter führt nicht die Ereignisse der Zeitgeschichte in annalistischer Aufreihung vor (wie z.B. noch am Ende des 9. Jahrhunderts der Poeta Saxo), sondern bietet ein echt episches Continuum aus Schilderungen und bewegten Aktionen. Nach einem panegyrischen Einleitungsteil, der Karls menschliche Überlegenheit und hervorragende Herrscherqualitäten rühmt, geht der Dichter über zu einer lebhaften Schilderung der Bauarbeiten, durch die in Aachen eine prachtvolle *Roma secunda* entsteht, die zugleich mit den Prachtbauten von Didos Karthago (sogar einschließlich Hafen und Theater) ausgestattet ist: solche Stilisierung auf einer höheren Ebene der imitatio von Vergils 'Aeneis' soll auch die äußere Darstellung von Karls Herrschaft über die Aachener Realität in eine weltgeschichtliche Dimension erheben.[30] Ein Szenenwechsel bringt dann einen aus Aen. IV 128ss. inspirierten glanzvollen Jagdausritt der kopfreichen Familie Karls mit Einzelschilderungen nach Art des epischen Personenkatalogs (Aen. VIII, aber auch angeregt von Venantius Fortunatus und Theodulfs carm. 25), danach im Wildpark bei Aachen die Hofjagd mit Karl als dem feurigsten der Jäger, der einen gewaltigen Eber erlegt (die Jagdszene Aen. IV ist stark amplifiziert), beschlossen von Jagdschmaus und Weinfröhlichkeit. Nachts darauf eine schreckliche Traumvision Karls vom blutenden und geschundenen Papst Leo (inspiriert durch Hektors Erscheinung im Traum des Aeneas, Aen. II 268, außerdem sprachlich geprägt durch die Traumvision Annas von der toten Dido, Ovid Fast. III 639) - als *portentum* (v. 326) des römischen Attentats auf Leo III. bei der Prozession im April 799. Es folgt eine Episode: Karls Sondergesandte erfahren in Rom vom Hergang des Attentats, aber auch von der wunderbaren Wiederherstellung der ausgestochenen Augen und der abgeschnittenen Zunge des Papstes durch Gottes Gnade. Der Papst, inzwischen beim Herzog von Spoleto geborgen, wird auf seinen Wunsch von den Gesandten über die Alpen zu Karl geleitet. Wieder Schauplatzwechsel: v. 415-462 Heereszug Karls ins Sach-

---

[29] von den Steinen [Anm. 23] S. 88-93, hier 89. Auf diese feinsinnigen und gedankenreichen Ausführungen zum Epos sei nachdrücklich hingewiesen. Dagegen ist Franz Brunhölzl: Geschichte der lateinische Literatur des Mittelalters 1, München 1975, S. 301-303, noch nicht einmal imstande, eine fehlerfreie Inhaltsangabe zu liefern.

[30] Otto Zwierlein: *Karolus Magnus - alter Aeneas*, in: Literatur und Sprache im europäischen Mittelalter. Festschrift für Karl Langosch, Darmstadt 1973, S. 44-52.

senland, Pippin reitet dem anreisenden Papst zur Einholung entgegen. Der Schlußteil (v. 463-536) bringt den Empfang Leos durch Karl und sein Heer in Paderborn, die Schilderung der Feierlichkeiten des Ankunftstages, Festmahl und Zubettgehen.[31] Der Gang der epischen Erzählung ist an vier Stellen von Reden der Akteure (Karls, Leos, des Gesandten Germar) durchsetzt. Der poetische Vergleich kommt im 'Karlsepos' - entgegen Ebenbauers Ansicht[32] - durchaus zu seinem altepischen Recht: für Karls Ruhm steht das große Sonnengleichnis v. 14-26, für seine Jagdgewandtheit der Vergleich mit schnellen Vögeln (v. 250), für die Arbeiten der Aachener Bauhandwerker das Gleichnis vom geschäftigen Bienenvolk (127-136), das zwar materialiter Vergils Bienengleichnis für die Erbauer Karthagos (Aen. I 430-36) abgeschaut ist, aber in seiner syntaktischen Tektonik und Wortwahl zugleich das Cyclopengleichnis deutlichst imitiert, mit dem Vergil Georg. IV 169-77 die Arbeit der Bienen veranschaulicht hat.

Woher wissen wir aber, daß unsere 536 Verse das dritte Buch einer Dichtung sind, die auf insgesamt vier Bücher angelegt war? Warum nicht auf 12 - wie die 'Aeneis'? Und warum überhaupt ein d r i t t e s Buch? Um das zu beweisen, benötigte ich eine ausführliche komparatistische Analyse[33], die hier nicht wiederholt werden kann. Aber das Problem läßt sich auch in Kürze mit der hier zweckmäßigen Hilfskonstruktion der "literarischen Reihe" erklären. Denn das 'Karlsepos' ist glücklicherweise das Mittelglied einer solchen, und durch Verlängerung der Konstruktionselemente sowohl von den vorausliegenden Gliedern als auch von den nachfolgenden her läßt sich der Fehlbestand des 'Karlsepos' abmessen. Was heißt das konkret? Wir besitzen vollständig den Text eines perfekten Imitators des 'Karlsepos', nämlich das in vier Bücher eingeteilte Preisepos auf Karls Nachfolger Ludwig den Frommen, verfaßt von dem Aquitanier Ermoldus Nigellus (826/828)[34]: was er allein aus dem uns bekannten Teil des 'Karlsepos' an

---

[31] Zur Interpretation der Inhaltsbestandteile vgl. Godman 1987 [Anm. 20] S. 82-91; sowie Peter Godman: The Poetic Hunt, in: Charlemagne's Heir. New Perspectives on the Reign of Louis the Pious, hg. v. Peter Godman/Roger Collins, Oxford 1990, S. 565-589, hier S. 576-586.

[32] Ebenbauer [Anm. 11] S. 219: "Das 'Paderborner Gedicht' kennt nur einen einzigen Vergleich ..."

[33] Schaller 1976 [Anm. 26] S. 136-148; D. Schaller: Vergil und die Wiederentdeckung des Epos im frühen Mittelalter, in: Medioevo e Rinascimento 1, 1987, S. 75-100.

[34] D. Schaller: Ermoldus Nigellus, in: LexMA 3, 1986, Sp. 2160-61 (mit Bibliographie); Godman 1990 [Anm. 31], S. 586-588, vgl. auch den 'General Index', ebda. S. 726 s. v. Ermoldus Nigellus.

Gestaltungsideen und Szenenfolgen *mutatis mutandis* übernimmt (in seinem II. Buch den Papstbesuch, übertragen auf den von 816 natürlich, im IV. das Hoffest und die Jagd), erweist seine Abhängigkeit vom Karlsepiker zur Genüge, aber auch sein Bestreben, seinen Kaiser Ludwig mit einer ebenso einfallsreichen, glanzvollen epischen Preisdichtung zu beschenken, wie sie dessen Vater Karl in Gestalt des 'Aachener Epos' zuteil geworden war.

Was bestimmte bei den beiden karolingischen Dichtern die Wahl der 4-Bücher-Einteilung? Eine Antwort gibt uns der Karlsdichter selbst, indem er die Schiffahrtsmetaphorik des Prooemiums seines III. Buches (umschrieben als dritte Ausfahrt nach zwei überstandenen Seestürmen) mit völlig deutlichen Zitaten aus dem ebenso metaphorischen Prooemium des III. Buches der 'Vita Martini', die Venantius Fortunatus seinerseits in vier Büchern (3. Drittel 6. Jahrhundert) verfaßt hat, durchsetzte.[35]

Nun ist die 'Vita Martini' kein Epos, sondern die poetische Umsetzung eines hagiographischen Textes (der 'Vita Martini' des Sulpicius Severus). Aber wir sehen jetzt weiter, daß die 4-Bücher-Einteilung auch in der Zeitgeschichtsepik eine Tradition hat: es geht hier um Flavius Cresconius Corippus, einen spätantiken Dichter, von dem noch im neuen Lexikon des Mittelalters[36] behauptet wird, er sei "im Mittelalter so gut wie unbekannt" gewesen: ich habe die vier Bücher (!) '*In laudem Iustini Augusti*'[37] dieses afrikanischen Lateindichters jetzt im Hinblick auf das 'Karlsepos' durchgearbeitet und festgestellt, daß der Karlsepiker nicht nur eindeutige sprachliche Anleihen bei Corippus gemacht hat, sondern darüber hinaus ihm abgeschaut hat - was er bei Vergil nicht lernen konnte! -, wie man imperiale Staatsaktionen, höfisches Protokoll und prächtige Hoffeste poetisch gestaltet. Denn darum geht es ja in der Dichtung des Corippus, der in Byzanz die epochalen Ereignisse des Todes und der Bestattung des großen Justinian und der Inthronisation seines Nachfolgers Justinos II. miterlebt und in drei Büchern diese sieben Novembertage des Jahres 565 panegyrisch-episch gestaltet hat, dazu die Konsularzeremonien am Ende desselben Jahres in einem IV. Buch.

---

[35] Schaller 1976 [Anm. 25] S. 137-139.

[36] J. Gruber: Corippus, in: LexMA 3, 1986, Sp. 237.

[37] Corippi Africani Grammatici Libri qui supersunt, rec. Josephus Partsch (MGH Auct. ant. 3.2), Berlin 1879, S. 111-156: In laudem Iustini Augusti Minoris libri IV; Corippe, Éloge de l'Empereur Justin II. Texte établi et traduit par Serge Antès, Paris 1981. - Ulrich Justus Stache: Flavius Cresconius Corippus in laudem Iustini Augusti Minoris. Ein Kommentar, Berlin 1976. - Flavius Cresconius Corippus, In laudem Iustini Augusti minoris libri IV, ed. with translation and commentary by Averil Cameron, London 1975.

Auf welchem Wege der Corippus-Text zur Kenntnis des 'Karlsepikers' gelangte, scheint mir gut erklärbar, da ich schon früher darauf aufmerksam geworden war, daß Theodulf von Orléans dem Corippus sehr viel mehr poetisch-sprachliche Anregungen verdankt, als es die sporadische Nachweisung in der Poetae-Edition vermuten läßt. Theodulf kam aus Nordspanien oder Septimanien an den Hof Karls; und die Überlieferung von Corippus' 'In laudem Iustini' beruht heute auf einer einzigen Madrider Handschrift (X./XI. Jh.): der Text ist von Byzanz schon im 6. Jahrhundert ins byzantinische Spanien (Toledo) gelangt und wurde nach der arabischen Invasion von 711 in das noch freie christliche Nordspanien (Asturien) in Sicherheit gebracht. Theodulf besaß also wohl eine dort vorhandene, heute verlorene Abschrift, an deren Kenntnis er auch den 'Karlsepiker' am Hofe teilhaben ließ.[38]

An diesem Punkt unserer Untersuchung drängt sich die Frage auf, was der Karlsdichter denn vermutlich als Hauptinhalt für sein IV. Buch vorgesehen bzw. verwendet haben mag: für mich besteht kein Zweifel, daß es die römische Kaiserkrönung von Weihnachten 800 war - und die gebührende Darstellung Karls im Glanz der neuen Würde, auf die ja auch schon im vorliegenden III. Buch durch viermalige Einfügung des *augustus*-Epithetons und anderes imperiale Vokabular vorausgedeutet ist.[39] Das 'Karlsepos' in seiner vollständigen Gestalt war Karl zugedacht - oder sogar von ihm gewünscht - gewissermaßen als literarisches Status-Symbol seiner kaiserlichen Würde, als ideologische Untermauerung seiner Machtposition, als Tribut des über nichts als seine Verskunst verfügenden Dichters an den Herrn der Welt - ebenso wie es Vergil in der Schildbeschreibung der 'Aeneis' (VIII 671-728) in begrenztem Rahmen und Corippus in allen vier Büchern intendiert hatten.

Die wichtigste Feststellung zur uns erkennbaren poetischen Leistung des Karlsepikers ist aber diese[40]: er hat ein Ereignis der Zeitgeschichte, dessen Mitteilung in den zeitgenössischen Annalen nur wenige dürre Prosasätze einnimmt, zu einer Folge von fünf eindrucksvollen epischen Szenen ausgestaltet und diese eingebettet in Schilderungen solcher Vorgänge wie Stadtbau, Hofkavalkade, Jagd und Festschmaus, die in einer Prosaquelle dieser Zeit nie und nimmer auch nur im Keim zu finden gewesen wären: Sie ver-

---

38 Näheres hierzu D. Schaller: Frühkarolingische Corippus-Rezeption, in: Wiener Studien 105, 1992, S. 295-309.

39 Schaller 1976 [Anm. 26] S. 149-154.

40 Ich wiederhole in diesem Abschnitt verkürzt einige Ausführungen der in Florenz publizierten Abhandlung von 1987 [Anm. 33] S. 84-86.

leihen dem königlichen Helden und seiner Umgebung Würde, Glanz und Heiterkeit vor dem düsteren Hintergrund des politischen Skandals um den päpstlichen Antagonisten - eine autonome Gestaltungsidee! Was befähigte den Karlsepiker zu einer dichterischen Leistung auf dem Gebiet der Epik, die in den zurückliegenden zwei Jahrhunderten und unter den Zeitgenossen ihresgleichen nicht findet? Die Antwort kann kaum noch zweifelhaft sein: Es war ihm gelungen, in Vergils 'Aeneis' etwas anderes zu erkennen als nur das vielbenutzte Arsenal des hohen Stils, poetischer Formeln und Figuren, vielmehr: das Modell einer dichterischen Bewältigung politischen Geschehens. Das bedeutet Befreiung von der Pedanterie annalistischer, chronikalischer oder rhetorisch-schematischer Darbietung, Befreiung auch von den recht starren Formgesetzen der inzwischen kanonisierten hagiographischen Menschendarstellung. Es bedeutet weiterhin die autonome Aneignung Virgilischer Schilderungskunst und Imagination zur Erzielung einer primär poetischen Wirkung, die das Werk über den vordergründigen Zweck einer zielstrebigen Geschehenswiedergabe der Zeitgeschichte erhebt.

Man mag fragen, ob dieser als so bedeutend zu rühmende Dichter unwiderruflich ein Anonymus bleiben wird. Ohne auf eine sehr komplizierte Sachlage und Diskussion einzugehen, möchte ich es hier mit der Erklärung bewenden lassen, daß die Argumente für Einhart am meisten überzeugen[41] - für eben jenen Einhart, Mitglied und Leiter der Hofschule in den Jahren um 800, der zwei Jahrzehnte später mit der 'Vita Karoli Magni' nicht nur eine der hervorragendsten Leistungen mittelalterlicher Biographie erbracht hat[42], sondern - anders als beim 'Karlsepos' - damit auch einen großen Publikumserfolg erzielte, der sich in über 80 noch erhaltenen Handschriften dokumentiert.

In der Beschränkung auf nur ein Vierteljahrhundert karolingischer Literaturgeschichte habe ich darzulegen versucht, welch lebendige Mannigfaltigkeit die lateinische Dichtung als eine systemimmanente Institution in ihrem Beitrag zur Geschichte der eigenen Zeit aufzweisen hat - und dabei läßt sich der wirkliche Reichtum dieser Jahrzehnte kaum erahnen, da uns ja nur ein Trümmerfeld durch die Überlieferung hinterlassen wurde. Hier befinden wir uns noch lange nicht am Ende, sondern erst inmitten der Epoche, in der die romanischen und germanischen Literaturen als Träger zeitgeschichtlicher Aussagen noch inexistent sind.

---

[41] Schaller 1976 [Anm. 26] S. 163-168; D. Schaller: Interpretationsprobleme im Aachener Karlsepos, in: RhVjbl 41, 1977, S. 160-179, hier S. 163-165.

[42] Vgl. jetzt das Kapitel "Einhart" bei Walter Berschin: Biographie und Epochenstil im lateinischen Mittelalter 3, Stuttgart 1991, S. 199-220.

Alain Labbé

LA TAPISSERIE DE BAYEUX ET LA CHANSON DE GESTE: DEUX REGARDS SUR L'EVENEMENT.

Quelques remarques sur le décor et la marge

Und wenn er ins Getümmel mich
Von Löwenkriegern reisst ...
Goethe, "Künstlers Morgenlied".

Bien des parallèles ont déjà été tracés entre la Tapisserie de Bayeux[1] et la chanson de geste; celui que nous esquissons ici ne serait donc nullement original si, loin de reprendre une comparaison de portée générale naguère fort brillamment menée[2], il n'entendait se borner modestement, en quête non point tant des modes de représentation des faits que de leurs décors et de leurs marges, tout d'abord à l'examen de quelques détails de mise en page narrative qui, dans le texte comme dans l'image, usent avec subtilité des formes signifiantes du décor et invitent à interroger les rapports de ces plus modiques témoins de la civilisation de l'Occident médiéval avec les *realia* gravitant autour de l'événement pur. Dans cette première direction, puis dans une réflexion plus large sur la guerre, le corps et la mort, nous emprunterons nos exemples de prédilection à quelques œuvres échelonnées pour l'essentiel entre le milieu du XIIe siècle et le début du XIIIe, sans nous

[1] Chacun sait que la 'Tapisserie de Bayeux' est en réalité, techniquement parlant, une broderie; nous la désignerons cependant ici, à la suite de la majorité des spécialistes qui l'ont étudiée, sous cette appellation certes fautive, mais consacrée par une vénérable tradition.

[2] Voir en particulier C.R. Dodwell: 'The Bayeux Tapestry and the French Secular Epic', dans: Burlington Magazine CVIII, 1966, pp. 549-560. Il est impossible de donner dans le cadre des présentes notes une bibliographie exhaustive; nous renverrons surtout aux principales éditions et à leurs commentaires: Sir F.M. Stenton: The Bayeux Tapestry, Londres 1957, trad. fr., Paris, s.d.; S. Bertrand: La Tapisserie de Bayeux et la manière de vivre au XIe siècle, La Pierre-qui-Vire 1966; M. Parisse: La Tapisserie de Bayeux, un document du XIe siècle, Paris 1983; Sir D.M. Wilson: The Bayeux Tapestry, Londres 1985, trad. fr., Paris 1985; Lucien Musset: La tapisserie de Bayeux, œuvre d'art et document historique, La Pierre-qui-Vire 1989. Nous donnerons ici, outre la référence à la numérotation classique des scènes, établie au XIXe siècle et lisible sur le montage de la Tapisserie, celles des planches correspondantes dans les deux plus récentes éditions.

estimer astreint à recourir *a priori* aux plus anciens poèmes - ceux qui se situent par rapport à la Tapisserie de Bayeux dans une relative proximité chronologique[3]: en dépit des évolutions internes qu'a connues le genre épique, c'est en effet du côté des structures profondes et largement pérennes de l'imaginaire des chansons de geste que se situe notre réflexion.

Imaginaire ... en l'énonciation même de ce seul mot s'inscrit en toute clarté l'apparent paradoxe de notre propos, qui rapproche des œuvres d'imagination - ou que du moins notre lecture moderne perçoit comme telles - et un document d'histoire quasi immédiate, expressément pensé en ce but.[4] Nous verrons pourtant que la Tapisserie, si fidèle qu'elle se veuille, en dépit de l'orientation idéologique qu'elle lui impose, à l'événement qu'elle relate, ne l'en stylise pas moins, notamment en introduisant dans le décor de l'action des archétypes formels qui relèvent d'un imaginaire architectural fort éloigné de la réalité contemporaine et qui rejoint celui de l'épopée. Quant à la chanson de geste, née d'une histoire que sans cesse déforme et reconstruit la légende, c'est comme histoire qu'essentiellement elle s'est pensée, et c'est d'abord comme histoire qu'elle fut perçue, tant en son immédiate réception qu'en sa postérité plus lointaine. Il suffit à cet égard de rappeler de quelle empreinte la matière rolandienne a marqué, par le relais de la réécriture cléricale du 'Pseudo-Turpin', l'historiographie 'savante' des 'Grandes Chroniques de France'. Il y a donc, *mutatis mutandis*, entre les deux objets qui occupent notre réflexion, sinon une identité de point de vue, du moins une profonde compatibilité de leurs respectives visées.

Une différence majeure doit pourtant, à l'évidence, être d'emblée marquée: les faits que rapporte la Tapisserie de Bayeux, sans appartenir absolument à l''actualité' au sens strict, remontent à un passé si récent qu'il

---

[3] Si l'on en croit Guillaume de Malmesbury et Wace, une version de la 'Chanson de Roland' aurait été entonnée par les Normands au début de la bataille de Hastings; voir notamment, sur ce point fort discuté, D.D.R. Owen: The Epic and History: 'Chanson de Roland' and 'Carmen de Hastingae proelio', dans: Medium Aevum 4, 1982, pp. 18-34, et H.E. Keller: Autour de Roland. Recherches sur la chanson de geste, Paris 1989, pp. 9-34, avec une bibliographie étendue. Aucune chanson de geste ne nous est parvenue dans l'état qui a pu être le sien au milieu du XIe siècle, mais il est certain que la créativité épique y fut brillante, et qu'en particulier la thématique rolandienne était déjà pour l'essentiel fermement constituée.

[4] Les spécialistes s'accordent à penser que la Tapisserie fut exécutée dans le Sud de l'Angleterre - sans doute dans le Kent, dont les ateliers de broderie étaient réputés - et probablement pour Odon de Conteville, évêque de Bayeux, demi-frère de Guillaume de Normandie, qui avait pris une part active à la conquête comme aux immenses profits qui en découlèrent. L'œuvre doit donc être située entre les années 1070-1073 et 1082, date à laquelle Odon tomba en disgrâce et fut emprisonné.

conserve toute sa prégnance d'immédiateté et s'ordonne en un récit destiné aussi bien à la postérité qu'à ceux qui en furent les contemporains, voire les témoins oculaires. A l'inverse, les armes et les héros que chante la chanson de geste appartiennent à un passé infiniment lointain, hors de portée de toute mémoire, si ce n'est précisément celle, si ténue et si pieusement infidèle, qu'en elle-même elle incarne, elle qui est à la fois et en toute liberté le récitant et le récit, elle qui dit l'histoire en même temps qu'au gré de ses poètes elle la recompose. Il n'en est que plus significatif d'observer, par-delà l'écart de ce rapport au temps qui pourrait creuser entre les deux regards un abîme conceptuel, une communauté des modes de représentation tant du pouvoir que de la guerre, tant des événements eux-mêmes que de leurs causes, les uns comme les autres inclus en d'identiques séquences narratives où à l'ambassade succède le conseil, où à celui-ci s'enchaînent les préparatifs guerriers, puis la bataille dont le récit reçoit dans les deux registres la même conduite et les mêmes inflexions.

Ainsi se révèle, dans la conscience médiévale du temps, l'unité sans faille ni césure de l'histoire, celle que l'on fait - ou vient de faire - ne différant en rien de celle qu'à plaisir on rêve, unité qui explique, dans le domaine du savoir clérical, le ressassement des origines senti comme préalable nécessaire à la chronique, et qui éclaire pareillement, dans le genre supposé 'populaire' de la chanson de geste, la constante appropriation d'un temps carolingien indéfiniment actualisé en même temps qu'irrémédiablement et par là-même distancié.[5] En cette direction encore, de plus longue portée que celle que nous assignons à la présente étude, le parallèle s'impose à la pensée: si, pour reprendre la noble scansion d'une ferme pensée, 'l'épopée française est carolingienne'[6], c'est qu'à l'âge glorieux où l'orbe entier de l'Occident s'inscrivit dans l'ordre commun d'un unique *regnum* s'était attaché le souvenir d'une légitimité si haute qu'implicitement il semblait que d'elle seule dussent découler toutes les autres, souvenir qu'il convenait, quelque diverses que fussent les successives colorations de la figure du roi épique, de raviver du rappel d'une indéfectible nostalgie. De même, le récit stylisé et orienté de la conquête de l'Angleterre et des événements qui parurent la justifier contribuait-il à fonder la légitimité du pouvoir du duc-roi: il

---

[5] Notre réflexion se borne ici à la veine première des chansons de geste, enracinée dans le lointain passé carolingien.

[6] Hors du contexte polémique où il fut formulé, le titre du grand article manifeste de notre regretté maître René Louis (dans: Colloquios de Roncesvalles, Saragosse 1956, pp. 327-460) garde toute sa haute valeur incantatoire, et la lumière renouvelée qu'il a alors projetée sur la création épique brille encore, intacte, dans une perspective désormais élargie et apaisée.

n'est donc pas surprenant qu'il ait emprunté les mêmes structures narratives et les mêmes archétypes que le récit épique, puisqu'il répondait à la même finalité dans la mise en ordre du présent que la chanson de geste dans la reconstruction d'un passé d'autant plus inlassablement retissé qu'il offrait un insurpassable modèle de souveraineté.

Au même titre que la chanson de geste quoique de plus oblique manière, la Tapisserie de Bayeux est 'carolingienne': non point certes quant à la matière événementielle qu'elle ordonne, encore moins quant à la très directe et vivante tonalité d'un récit en images où surabondent les *realia* et qui constitue le plus précieux des documents pour la connaissance de la vie quotidienne au XIe siècle. Mais si armes, attelages et harnachements, navires, outils et instruments aratoires témoignent de leur temps avec une exactitude que vérifie l'archéologie, il est pourtant un point essentiel où ce témoin de l'actualité s'avère profondément inactuel: le cadre architectural de la puissance souveraine, ce palais qui s'affirme comme lieu par excellence régi par les archétypes de la symbolique du pouvoir et qui, tout comme le décor des scènes auliques des chansons de geste, reconduit abstraitement des formes qui depuis longtemps n'avaient plus cours dans la réalité palatine de l'Occident septentrional. Or, même si pour l'essentiel ils viennent de plus loin encore, *membra disjecta* de la romanité perdue qui renvoient aux formules de l'art officiel du Bas-Empire, ces archétypes doivent leur si durable vitalité à la solennelle reformulation dont ils avaient fait l'objet au temps de la *renovatio imperii* carolingienne, tant dans l'architecture des palais effectifs, tels ceux d'Aix-la-Chapelle et d'Ingelheim, que dans les formes privilégiées qui les évoquaient dans les portraits impériaux des grands manuscrits à peintures, tels le *Codex aureus* des Evangiles de Saint-Emmeram de Ratisbonne ou la Bible de Saint-Paul-Hors-les-Murs.

A une remarquable exception près, les palais de la Tapisserie de Bayeux montrent tous la réalité architecturale subvertie par la puissance avec laquelle s'imposaient à l'imaginaire politique ces formes obscurément senties comme indispensables à l'implicite efficace de l'image de majesté. Ainsi voyons-nous Edouard le Confesseur, le roi saint en qui la Tapisserie incarne la plus haute idée de la sacralité royale, trôner à Winchester[7] sous une

---

7 Scène 1; pl. 1 de l'édition de Sir D.M. Wilson, pl. 2-3 de celle de Lucien Musset. Sur l'architecture des palais dans la Tapisserie, voir, dans notre ouvrage: L'architecture des palais et des jardins dans les chansons de geste. Essai sur le thème du roi en majesté, Paris-Genève 1987, le chapitre consacré à la 'Représentation de l'architecture et (l')image de majesté dans la Tapisserie de Bayeux', pp.497-542.

voûte purement symbolique, sans rapport avec les modes de couvrement usités à cette époque pour les salles palatines, aussi bien sur le continent que dans le monde insulaire. C'est sous cette même voûte de majesté que se tient en son château de Beaurain le comte Guy de Ponthieu, lorsqu'il s'entretient avec Harold devenu son prisonnier.[8] Cette dernière image est peut-être de toutes la plus significative, dans la mesure où elle concentre l'entière puissance d'évocation de la forme voûtée dans le plus élémentaire des picto grammes, ici moins solennellement déployée que dans l'épiphanie du roi Edouard, mais néanmoins sentie comme inséparable de la prestance du puissant, quel qu'il soit. Voûtée encore, quoique là aussi sur le mode mineur, la salle du palais de Westminster[9] où Harold paraît dans l'éclat d'emprunt d'une majesté usurpée, et comme telle manifestée par un mode de représentation discrètement infléchi et nullement innocent.[10] On ne saurait mieux mesurer la valeur d'insigne symbole de puissance revêtue par la voûte que par ces subtiles modulations qui tour à tour en déploient ou restreignent la plénitude sémantique en fonction de la personnalité de son bénéficiaire. Il ne nous paraît guère douteux, dans cette perspective, que la Tapisserie, aujourd'hui lacunaire et interrompue abruptement sur l'épisode terminal de la bataille de Hastings, devait s'achever sur l'image de Guillaume, duc et roi, couronné et trônant sous la voûte palatine, en une image de plénière majesté qui ne lui est pas accordée ailleurs[11] et qui à ce moment seulement pouvait répondre avec une parfaite symétrie à celle du roi Edouard qui ouvre le récit.[12]

Ainsi, partout où paraît la puissance, et par excellence celle de la majesté royale, la Tapisserie de Bayeux prête-t-elle à l'événement récent le cadre

---

[8] Scène 9; Wilson, pl. 9-10, Musset, pl. 19-20.

[9] Scènes 30-33; Wilson, pl. 31-33, Musset, pl. 62-66. Pour F.M. Stenton, qui s'appuie sur le témoignage de Baldwin de Bury, ces scènes devraient plutôt être situées dans l'abbaye de Westminster; leur mise en page répond cependant au pur archétype palatin.

[10] Sur la discrète minoration que nous notons ici, voir notre Architecture [note 7], pp. 528-531. Sur l'interprétation politique de ces scènes, voir D.M. Wilson [note 2], pp. 194-195 et 211ss.; D.K. Werckmeister: The Political Ideology of the Bayeux Tapestry, dans: Studi Medievali XVII, 1976, pp. 590-595.

[11] Guillaume n'est représenté en majesté que dans des scènes de plein air, comme celle du serment sur les reliques (n° 23; Wilson, pl. 25-26, Musset, pl. 51-52), ou bien dans la mise en page toute 'moderne' de la scène palatine de Rouen (n° 14-15; Wilson, pl. 16-17, Musset, pl. 33-35) que nous évoquerons plus loin.

[12] C'est à cette conclusion qu'ont abouti notamment C.H. Gibbs-Smith (dans l'édition Stenton, p. 188, n. 9) et D.M. Wilson [note 2], p. 215); opinion inverse, encore qu'avec des nuances, chez L. Musset [note 2], pp. 299-300).

architectural du plus lointain passé, celui-là même que la chanson de geste, elle tout entière tendue comme un pont fragile entre deux plans du temps, rejoint pleinement en ses décors, issus du même et archaïque imaginaire palatin constitué dès l'antiquité tardive et réactivé par la *renovatio* carolingienne. Trois adjectifs reviennent dans les évocations épiques du palais avec l'inlassable récurrence de purs syntagmes figés dont pourtant on aurait tort de se détourner sans interroger d'abord le sens de ces *topoi: voltis, marbrin, antis* qualifient le palais avec une insistance que mesure le nombre élevé des occurrences et qui s'avère d'autant plus frappante qu'en ces seuls mots se condense, dans la majorité des cas, une mention tout allusive et nullement descriptive. *Antis* parle de lui-même: lieu de l'institution monarchique ou du prestige princier, le palais doit nimber l'une comme l'autre de l'aura d'*auctoritas* qu'en tout domaine de pensée procure l'ancienneté aux yeux d'un temps qui valorise le passé et suspecte le présent. *Marbrin* est le signe extérieur par excellence de la romanité, profonde et matérielle mémoire de Rome, comme incluse dans les veines de ses marbres, faste tout littéraire - et, plus encore que l'usage extensif de la voûte, séparé du réel - qui offrait un éminent espace de compensation à l'Occident du Nord, si dépourvu, une fois épuisée la longue ressource du remploi, des précieux matériaux dont avec tant d'opulence avait usé l'art antique. *Voltis,* enfin, écrit dans l'ordre de l'évocation poétique ce même signe éminent que trace la voûte palatine dans la Tapisserie de Bayeux, porteur de l'identique sème de majesté que nous y avons vu se répartir et se nuancer entre les principaux acteurs du récit.

Pour en avoir longuement traité ailleurs[13], nous ne reviendrons pas ici sur les deux premiers de ces adjectifs, à eux seuls évocateurs de l'essentiel du faste aulique, encore que l'imaginaire *marbrin* des chansons de geste recoupe en partie la somptueuse parure de motifs ornementaux et de couleurs dont les brodeurs ont revêtu toutes les surfaces disponibles des édifices de la Tapisserie, sans qu'il soit possible, de ce point de vue, d'opérer une distinction entre architecture 'réaliste' et architecture symbolique. C'est là, pour l'essentiel, l'effet de la loi du genre, art de la couleur et de *l'horror*

---

[13] Voir nos articles: Le cadre architectural de 'Garin le Lorrain': régression du modèle palatin et prédominance du décor castral, dans: La Geste des Lorrains. Etudes présentées et réunies par François Suard, *Littérales* n° 10, 1992, pp. 217-248, et: Les monuments antiques et la mémoire de Rome dans l'imaginaire architectural des chansons de geste, dans: Cahiers de l'Université de la Réunion, 1993.

vacui; quelques images pourtant, en particulier celle du donjon de Rouen[14], paré des riches nuances de pourpre d'un *opus reticulatum* sans nul rapport avec la réalité de ce que fut cette rude forteresse, ne sont pas sans rejoindre les figures de l'imaginaire architectural de l'épopée, telle l'improbable tour de *pirre alemandine,* rare marbre rouge qui brille de tous ses feux d'étrangeté à la laisse LXVIII de 'Girart de Roussillon'[15].

C'est à la voûte seule que nous consacrerons encore quelques 'considérations inactuelles', qui s'imposent d'autant plus, s'agissant des palais de la Tapisserie, qu'ils sont le cadre où, d'ambassades en conseils, se trame et se noue le plus actuel des conflits. Elle s'y affirme comme forme de pure mémoire, dressant encore autour des puissants du XIe siècle l'arc d'entrée de l'hémicycle absidal de l'*aula* des palais tardo-antiques et carolingiens, alors même que cette forme avait entièrement disparu du paysage monumental aulique de l'Occident septentrional après la fin du IXe siècle. Ni les palais ottoniens, ni les palais capétiens, non plus que ceux de la Normandie ducale ou de l'Angleterre saxonne, n'avaient reconduit cette forme, dès lors réservée à la seule architecture ecclésiale. Mais elle demeurait si bien le

---

14 Scène 12; Wilson, pl. 13, Musset, pl. 26-27. Sur cette image et son plus probable modèle, la tour de Rouen construite par le duc Richard 1er vers la fin du Xe siècle - l'un des premiers donjons de pierre attestés en Occident - voir R.A. Brown: The Norman conquest and the genesis of English castles, dans: Château Gaillard III, 1969, p. 13; moins convaincante s'avère l'interprétation de H. Hintz, pour qui il s'agirait d'une évocation de l'enceinte de la ville (Zu zwei Darstellungen auf dem Teppich von Bayeux), *ibid.*, VI, 1973, p. 110; même opinion envisagée par D.M. Wilson [note 2], p. 190.

15 A ce propos, voir notre article: *Marbrin, musec, metau*: marbres et mosaïques dans 'Girart de Roussillon'. Le vocabulaire mosaïstique du poème et ses sources savantes (en collaboration avec Bernard Ribémont), dans: Bulletin de la Société des Fouilles Archéologiques et des Monuments Historiques de l'Yonne 8, 1991, pp. 11-28. Même s'il s'agit ici d'une pure convention picturale, il convient cependant de noter que l'architecture castrale anglo-normande a parfois comporté un riche décor extérieur, telle la quadruple frise d'arcatures plaquées du donjon de Norwich - évidemment bien plus tardif: c. 1130. L'idée que la polychromie des édifices représentés par la Tapisserie pourrait s'expliquer par référence à l'usage de l'*opus reticulatum* enrichi de carreaux vernissés est intéressante, et s'appuie sur les témoins conservés au mur occidental de l'ancien réfectoire de l'abbaye de Westminster (fin du XIe siècle); voir à ce propos R.D.H. Gem: The romanesque rebuilding of Westminster Abbey, dans: Proceedings of the Battle Congress of Anglo-Norman Studies III, éd. R.A. Brown, 1986, pp. 33-60, p. 66, et L. Musset [note 2], p. 74. Elle ne nous semble cependant pas présenter la valeur d'une explication de portée générale.

lieu du trône dans l'inconscient collectif reflété pareillement par la Tapisserie et la chanson de geste, que l'une comme l'autre la reproduisent encore, alors même que le trône effectif des rois et des princes du XIe siècle s'adossait simplement, parfois sous un dais où il est aisé de lire le substitut de la voûte et le vecteur du même symbolisme cosmique, à la paroi terminale du long rectangle d'une *aula* tout entière charpentée et qui ne comportait plus, depuis longtemps, ni arc ni hémicycle. Ainsi sont fictivement voûtées les salles palatines de 'Girart de Roussillon', de 'Garin Le Loherain' et de 'Gerbert de Mez', pour s'en tenir, parmi tant d'autres textes, à ces trois exemples également mais diversement révélateurs.

Exceptionnel en cela au sein d'un genre épique généralement fort avare de 'descriptions' au sens plein du terme, le 'Girart' sature ses palais abusivement voûtés d'un luxe de décor où la fascination de l'Orient byzantin rejoint et enrichit celle de l'antique. Très sobres de traits en revanche et jamais à proprement parler décrits, les palais du 'Garin' et, à un moindre degré, ceux du 'Gerbert' sont unanimement *marbrins* et *voltis,* en une pompe aulique fossilisée en ses signes essentiels, d'autant plus affirmés qu'ils contrastent plus complètement avec un prestige royal amoindri, tel que l'incarne le faible, veule et vénal roi Pépin, indigne quant à son 'corps personnel' et dont le 'corps politique' semble se résumer et comme se réfugier en l'orbe serein que trace, au-dessus des pires violences féodales, la voûte de son palais tout aussi théorique dans l'ordre architectural que l'est le pouvoir du roi décrié dans l'ordre idéologique.[16] Ainsi en va-t-il de la dignité de la voûte malgré tout conférée, bien qu'avec une nuance de minoration, à l'usurpateur Harold dans la Tapisserie, contingent 'corps personnel' un moment et à tort revêtu de la sacralité des *regalia,* et requérant à ce titre la forme révérente dc l'image de majesté.

Ainsi s'affirme, commun à la représentation littéraire et à l'iconographie, une sorte d'inconscient architectural collectif aux archétypes assez puissants et assez signifiants pour supplanter le réel, ainsi se surimpose au cadre aulique effectif l'image d'un passé trop prestigieux pour ne pas occulter l'actuel. Le fait est d'autant plus révélateur de l'éminente pérennité palatine qu'il en va tout autrement, dans la

---

[16] Voir E. Kantorowicz: The King's two Bodies, Princeton 1957, trad. fr., Paris 1989, en particulier pp. 21-34 et 52-79 de l'édition française; sur l'analogie métaphorique que nous lisons entre cette conception de la théologie politique médiévale et la représentation palatine du roi épique, voir notre Cadre architectural [note 13], pp. 224-225.

Tapisserie de Bayeux comme dans les chansons de geste, de l'évocation du château. Si l'on excepte quelques cas ambigus, et notamment le légendaire Roussillon du 'Girart', partiellement contaminé par les fastes de l'imaginaire *marbrin*[17], les forteresses épiques sont généralement nourries des *realia* de l'architecture castrale de leur temps, jusqu'en leurs plus humbles détails, nullement esquivés ni subvertis par la surévaluation délibérée qui n'enveloppe que le seul palais. Ainsi des hourds de bois, des fossés, des remparts de terre et des palissades mis en œuvre à chaque siège pour renforcer les défenses de Belin, de Naisil ou de Monclin dans le 'Garin'[18], traits que confirme pleinement l'archéologie castrale, de nos jours très attentive aux plus modiques moyens d'une architecture militaire où la construction en dur ne se généralisa que lentement.[19] Ainsi encore, malgré l'ampleur absolument insolite d'une description étendue sur quatre laisses, de la place forte de Géronville dans le 'Gerbert', où l'*amplificatio* évite presque entièrement le recours au merveilleux et donne simplement à voir la très raisonnable image d'un bourg castral développant l'actif négoce de son port sous l'abri tutélaire de la *tor*.[20]

Il en va de même de la Tapisserie qui dresse, en regard de ses palais si noblement conventionnels, l'image toute réaliste du donjon de bois porté par sa motte, forme qui correspond à celle de la majorité des châteaux de l'Occident septentrional du XIe siècle. Elle souligne par contraste, dans l'acuité d'un traitement graphique privilégié, quitte à le parer d'inventives couleurs, le type à cette date innovant du grand donjon de pierre, témoin de l'avance normande en matière de fortification, telle que l'incarnait par excellence la tour de Rouen. Toutefois, si celle-ci a la valeur d'une précise notation topographique, tel n'est pas le cas des mottes de Dol, Dinan et Rennes qui ponctuent le récit de l'expédition de Bretagne où Guillaume entraîne Harold[21]; elles signa-

---

17 Voir *supra*, note 15.

18 Le cadre architectural, pp. 231-236.

19 Voir en particulier les Actes du Colloque de Caen, octobre 1980: Les fortifications de terre en Europe occidentale du Xe au XIIe siècle dans: Archéologie médiévale X, 1981, pp. 5-123, et: La maison forte au Moyen Age. Actes de la table ronde de Nancy-Pont-à-Mousson (31 mai-3 juin 1984), éd. Michel Bur, Paris 1986.

20 Voir notre article: Un *locus amoenus* de la féodalité menacée: la description de Géronville dans 'Gerbert de Mez', à paraître dans: La description au Moyen Age. Actes du Colloque de Lille, septembre 1992, éd. Aimé Petit, dans: Bien Dire et Bien Aprandre 11, 1993.

21 Scènes 18-19; Wilson, pl. 21-23, Musset, pl. 41-47.

lent en effet les places en question sans référence à la configuration effective de leurs défenses, qui semblent bien n'avoir jamais comporté de telles dispositions.[22] En cette mesure, elles sont aussi des pictogrammes, mais selon un tout autre mode de fonctionnememt sémantique que l'arbitraire et dignifiante voûte palatine: traçant un type et non un archétype, elles se bornent à écrire l'idée de forteresse selon la formule la plus usuelle, sans pour autant l'idéaliser ni l'investir d'une abstraite valeur. De même, dans la Geste des Lorrains, par un phénomène inverse et pourtant similaire, les places fortes de Monclin, Naisil ou Géronville s'avèrent-elles, malgré les efforts de la critique, irréductibles à une quelconque localisation précise, même si en leurs noms s'entend l'écho de toponymes attestés[23]; de même le Roussillon du 'Girart' n'est-il qu'un beau nom transplanté, qu'une image artificiellement plaquée sur un *oppidum* d'emprunt, où seules la justifiaient les ruines d'une enceinte hallstattienne.[24] Les uns comme les autres de ces châteaux épiques sont des forteresses exemplaires, aussi détachées à leur manière de la topographie réelle que les images de mottes de la Tapisserie, mais reflétant comme elles, dans l'inlassable alternance de leurs mises en défense et de leurs sièges, les usages courants de la fortification et de la poliorcétique contemporaines.

Sur un point, pourtant, par-delà les multiples similitudes ainsi relevées, la représentation de l'architecture s'avère dans la Tapisserie de Bayeux radicalement différente de celle des chansons de geste. Alors que les décors de celles-ci oscillent simplement entre le hiératisme archaïsant du cadre palatin et la plus vivante silhouette de châteaux globalement conformes, sans plus de précisions, aux dispositions usuelles du temps, la Tapisserie dépasse ce dualisme tout en le partageant. Par-delà les formes radicalement transposées par le recours à l'archétype et celles qui, telles les mottes, condensent le réel en un pur schéma fonctionnel, elle inclut une troisième forme de rapport à la réalité référentielle que l'on peut regarder comme une véritable prise en compte de l'actualité architecturale. La formule peut surprendre; elle n'est pourtant nullement paradoxale, tant se détache nettement la

---

[22] Voir D.M. Wilson, [note 2], p. 233 et notes correspondantes.

[23] Voir à ce propos M. Parisse: 'Garin le Loherain' dans l'histoire de son temps, dans: *La geste des Lorrains* [note 13], pp. 51-63, pp. 55-56, et notre article cité *supra,* note 20.

[24] Voir notre étude: Un haut lieu épique: le Mont Lassois. Réalisme et merveilleux dans les descriptions du château de Roussillon, dans: Bulletin de la Société des Fouilles Archéologiques et des Monuments Historiques de l'Yonne 5, 1988, pp. 35-52.

singularité d'un groupe d'images où l'objet architectural n'est pas saisi comme un type ou un archétype, mais dans son existence propre et dans les traits caractéristiques de son individualité, précisément située, cette fois, dans l'espace comme dans le temps. Les édifices que la Tapisserie dessine avec le plus de soin sont en effet de construction relativement récente, comme la tour et la salle palatine de Rouen ou l'église de Bosham, voire toute récente, telle l'abbatiale de Westminster. Celle-ci offre l'image la plus saisissante de l'immédiateté, puisque, lorsque s'y déroulent les funérailles d'Edouard le Confesseur, un détail expressif vient avec acuité préciser que l'édifice est tout juste achevé: telle est la signification du geste, nullement anecdotique mais direct vecteur de sens, du petit personnage qui, tandis que s'apprête la pompe funèbre du roi, met en place sur le faîtage de l'abside le coq formant ornement terminal.[25]

Quoique simplifiée, l'image signale avec justesse le caractère stylistique propre de la grande église qui, dès avant la conquête, adoptait déjà les traits essentiels du vocabulaire formel de l'architecture normande: la solennelle scansion des grandes arcades de la nef, le chœur profond et surtout la verticale puissante de la tour-lanterne haut dressée au-dessus de la croisée du transept. Très actuelle elle aussi, et en cette seule occasion échappant au rigide schéma de l'archétype palatin, l'image de la salle du palais de Rouen où Guillaume reçoit Harold: au lieu de la coupe transversale d'un édifice supposé voûté qui d'ordinaire condense l'évocation figée de l'aula, on voit ici la coupe longitudinale réaliste d'une salle charpentée où règne, au niveau qui semble être celui des fenêtres, une arcature qui a toute chance de transcrire fidèlement une tangible réalité, tant elle est conforme au traitement subtil de la muralité qui caractérise l'art roman de Normandie.[26] Nous avons évoqué plus haut l'actualité du donjon de Rouen, lui aussi rendu, au chromatisme près, dans toute sa 'modernité'; celle de l'église saxonne de Bosham est exprimée avec une fidélité qu'il est loisible, en ce cas exceptionnel, de vérifier *de visu*. Le grand arc

---

25 Scène 23; Wilson, pl. 29, Lucien Musset, pl. 58. Rappelons qu'il s'agit de la plus ancienne représentation connue du coq comme ornement sommital de l'église; voir S. Bertrand [note1], p. 274.

26 Si le 'mur épais' normand et ses savants dédoublements ne nous sont plus lisibles hors du contexte de l'architecture ecclésiale, on sait par l'exemple de la frise d'arcature de la salle d'audience de l'Abbaye-aux-Dames de Caen (détruite mais connue par un dessin du XVIIIe siècle) que le type de l'*aula* palatine ou castrale n'ignorait pas ce type de traitement du mur.

élancé et étroit qui, dans la Tapisserie, la signale à l'attention est en effet d'autant plus intéressant qu'il est le seul témoin encore intact qui permette d'évaluer l'exactitude de l'œuvre en matière de représentation de l'architecture: tel que la Tapisserie l'a figuré, tel il se dresse toujours, avec cette même verticalité marquée et l'importante saillie de ses chapiteaux et de ses bases, à l'entrée du chœur reconstruit une première fois au XIIe siècle, puis à nouveau aux XIIIe et XIVe.[27]

De cette sorte de compte rendu en images de l'événement architectural, on chercherait en vain l'équivalent littéraire dans les chansons de geste, elles qui se sont si obstinément tues sur ce que notre regard considère comme une transformation majeure du paysage monumental: le passage des formes romanes aux formes gothiques. Or le temps où s'est accomplie cette profonde mutation stylistique et technologique fut aussi celui où fleurissait le plus abondamment la sève épique, et les poèmes que nous avons retenus ici comme points de comparaison majeurs en furent les contemporains exacts: 'Girart de Roussillon' a été composé dans les années mêmes où s'élevait le Saint-Denis de Suger[28]; le 'Garin' appartient à cette seconde moitié du XIIe siècle qui vit se développer toutes les expériences du premier art gothique; 'Gerbert', au début du XIIIe siècle, coexiste avec la formulation décisive du style chartrain. Même s'ils en ont à l'évidence partagé l'esthétique, comme l'attestent les multiples notations épiques se rapportant aux brillances et aux lumières, si nombreuses dès le 'Roland', les poètes des chansons de geste semblent n'avoir jamais éprouvé le besoin d'évoquer la silhouette des cathédrales plus hautes, plus claires, dressées de neuf au cœur des villes de cette France du Nord qui formait pourtant leur horizon référentiel majeur.

---

[27] Scène 3; Wilson, pl. 3, Musset, pl. 6-7. Sur l'église de Bosham (Sussex), voir L. Musset, Angleterre romane, La Pierre-qui-Vire 1983, t. 1, pp. 81-83.

[28] Il semble raisonnable de situer le 'Girart' vers 1140-1150: ce sont les grandes années où s'élèvent le massif occidental et le chevet de l'abbatiale de Suger. Rien ne prouve que le poète a connu le chantier de Saint-Denis, mais sa haute culture cléricale et ses préoccupations idéologiques sont proches de celles du milieu sandionysien, et son esthétique elle-même n'est pas sans rapport avec celle de Suger: amour de la lumière et des brillances, goût et connaissance insolites de la mosaïques (cf. *supra*, note 15); enfin, on ne peut que souligner l'identique démarche de synthèse qui, de même que la sculpture des portails de Saint-Denis emprunte à l'art mosan comme à celui du Languedoc, lui fait forger sa langue si singulière et purement littéraire à partir du recours simultané aux formes d'oc et d'oïl.

Deux facteurs au moins convergent pour expliquer ce silence qui n'est singulier qu'en apparence, et tout d'abord cette simple donnée statistique qui tient au fait que l'église n'est que fort rarement le décor de l'action épique, généralement partagée entre le plein air du champ de bataille et les architectures contrastées du palais et du château, aux mentions massivement majoritaires. Mais de façon plus profonde, c'est en son projet même que la chanson de geste s'avère impropre à refléter le présent d'une architecture dont elle ne laisse entrevoir la réalité que comme malgré elle et presque toujours en passant, lorsqu'il s'agit du décor actif de la forteresse dont les tours, les barbacanes et les palissades sont nécessaires à la conduite même de l'action. Son inlassable tentative d'éclaircissement des origines, qui pour partie se mue, au tournant des XIIe et XIIIe siècles, en un recours à l'histoire comme espace de compensation d'une société féodale en voie de mutation, la voue par définition à un irréel du passé où le faste obligé des temps carolingiens se pare des marbres de l'Antiquité et, dans une moindre mais significative mesure, des ors de l'Orient. Tandis que la chanson de geste retrouvait ainsi la démarche même de la *renovatio* carolingienne, si avidement nourrie de l'antique, elle enveloppait en même temps l'ailleurs temporel de la romanité et l'ailleurs spatial, cet Orient du rêve où Byzance et l'Islam semblent eux-mêmes souvent mal distingués l'un de l'autre[29], d'un même qualificatif lourd d'ambiguïté qui, tous paganismes confondus, définit comme 'sarrasins' aussi bien le lointain passé gréco-romain que le monde musulman contemporain. Si fondée qu'elle fût dans l'ordre théologique, la troublante communauté ainsi établie par cet uniforme vocable n'allait pas sans d'inquiètes confusions, ni sans ambivalence face à une romanité sentie comme lieu de tous les prestiges et source de toute grandeur, et pourtant non exempte d'une tenace et maléfique part d'ombre incomplètement exorcisée.[30]

Ainsi s'avère-t-il infiniment moins innocent et moins univoque que ne le soupçonne le premier regard, ce décor architectural qui, dans la Tapisserie de Bayeux comme dans la chanson de geste, révèle l'étroite

---

[29] Voir en particulier P. Bancourt: La décoration des intérieurs sarrasins dans les chansons de geste du XIIe siècle et l'art musulman, dans: Mélanges Pierre Jonin, Senefiance n° 7, 1979, pp. 48-88.

[30] Voir à ce propos la pénétrante réflexion de J.P. Martin: Les references au mythe troyen dans les chansons de geste à sujet carolingien, dans: Actes du Colloque Troie au Moyen Age, Bien Dire et Bien Aprandre 10, 1992, pp. 101-117.

imbrication de données profondément hétérogènes et tisse autour du récit des faits du passé comme de ceux du présent un dense réseau de significations: bien plus qu'un cadre neutre où sertir l'événement, il est un acteur plénier des scènes qu'il enchâsse et dont tour à tour il souligne et infléchit le sens. Bien que tendues vers des finalités différentes, l'œuvre d'images et le texte épique, que pourtant sépare *a priori* le clivage de l'actuel et de l'inactuel, parlent le même langage formel et usent l'un comme l'autre des riches nuances sémantiques de cette *koiné*.

Retrouverons-nous cette communauté d'expression, si nette dans l'emploi pertinent du décor, en considérant à présent cet autre au-delà du récit, la marge? A vrai dire, nous ne pouvons faire usage de ce concept qu'avec une nécessaire prudence et en marquant d'emblée une différence essentielle entre la narration épique, linéaire, rectiligne, comme d'un seul plan et rarement ouverte à la digression, et la Tapisserie où la zone narrative se développe entre deux bandes d'encadrement matériellement isolées par un trait continu, en principe purement décoratives mais pourtant annexées, occasionnellement d'abord, durablement ensuite pour ce qui concerne la bordure inférieure, par l'extension parallèle du récit. C'est à cette marge ainsi habitée par la foisonnante figuration de la bataille de Hastings que se bornera notre bref examen, en quête d'une commune perception de la guerre, du corps et de la mort unissant comme en un semblable thrène la représentation du champ de bataille dans la Tapisserie et dans les chansons de geste. Nous en tenant à cette seule perspective, nous laisserons donc de côté les problèmes posés par les scènes rustiques et cynégétiques du début, dont nous avons naguère tenté de rattacher le sens aux figures du registre principal[31], ainsi que les *erotica* si curieusement intercalés entre les motifs ornementaux en différents points des deux bordures et qui demeurent, malgré bien des commentaires, largement énigmatiques.[32]

---

[31] Voir notre Architecture [note 7], pp. 509-510 et 516-517.

[32] Les efforts tentés par L. Herrmann (Les Fables antiques de la broderie de Bayeux, Bruxelles 1964 [Collection Latomus, LXXIX]) n'ont pas convaincu qu'il fallait les rattacher pour l'essentiel à l'illustration des 'Fables' d'Esope; si ce thème est bien présent dans certaines vignettes des bordures, il laisse plusieurs de ces personnages ithyphalliques sans autre explication que celle de la fantaisie ludique des brodeurs.

Tout le début de la bataille, où la charge de la cavalerie normande est rendue avec un admirable sens du mouvement, parfaite incarnation du *furor* guerrier[33], est sobrement accompagnée du traitement ordinaire des bordures, où alternent des animaux, tantôt réalistes, tantôt fantastiques, et des ornements végétaux stylisés. Ce n'est qu'au moment où s'engage l'action décisive que la bordure inférieure devient ce lieu complémentaire du récit qu'elle va désormais constituer jusqu'à la déroute finale des Saxons, sur quoi s'interrompt, dans son état actuel, la Tapisserie. Ainsi, dès que commence le combat effectif, la marge forme le registre inférieur d'une figuration double: en haut les épisodes majeurs du combat de cavalerie, en bas, durant une assez longue séquence, l'action secondaire d'un corps d'archers normands à pied et sans armure.[34] De part et d'autre de cette section où elle forme une bande narrative propre subordonnée au registre principal, la bordure est entièrement occupée par le spectacle saisissant des cadavres amoncelés, des têtes et des membres tranchés, des armes dispersées et rompues: sol bouleversé que parcourt la lugubre quête de ceux qui s'emploient à dépouiller les morts de leur équipement et de leurs armes[35]; zone de silence où l'impavide évidence de la destruction contraste avec l'ardent tumulte du registre supérieur, comme si, par cette mise en page simultanée, la bataille coexistait avec son propre lendemain.

De telles images sont exceptionnelles dans l'art du Moyen Age roman, à en juger du moins d'après les œuvres qui nous sont parvenues; elles sont en tout cas, pour s'en tenir au contexte immédiat de la Tapisserie, fort isolées dans l'art anglo-saxon.[36] Cette rude et franche expression de l'âpre matérialité de la guerre rejoint en revanche de très nombreuses mentions épiques, souvent brèves et purement incidentes, mais assez fréquemment développées avec ampleur et atteignant en certaines pages une intensité d'émotion exactement comparable à celle

---

33 Scènes 51-52; Wilson, pl. 58-61, Musset, pl. 116-122.

34 Scènes 55-56; Wilson, pl. 68-69, Musset, pl. 135-139.

35 Scènes 57-58; Wilson, pl. 71-72, Musset, pl. 142-145. Ces scènes éclairent avec justesse la dimension économique de la guerre, où le butin constituait une source de revenus appréciable, en particulier pour les cadets, ces *juvenes* non chasés dont la subsistance dépendait largement des fortunes de guerre. Là encore, le témoignage de la Tapisserie recoupe celui des chansons de geste; voir en particulier 'Girart de Roussillon', laisses DCXL - DCXLII.

36 Voir D.M. Wilson [note 2], p. 207.

de la douloureuse marge de la Tapisserie. Ainsi, en des vers entre tous admirables, à la laisse CCXLV de la 'Chanson de Roland':

> *Deus! tantes hanstes i ad par mi brisees,*
> *Escuz fruisez e bronies desmaillies!*
> *La veïsez la tere si junchee*
> *L'erbe del camp, ki est verte e delgee,*
> *Del sanc qu'en ist est tute envermeillee.*[37]

L'intense beauté du passage tient ici au singulier déplacement de l'accent, comme un instant détourné de la peine des hommes vers celle des choses: armes éparses, herbe foulée, témoins muets de l'humaine violence; *sunt lacrimae rerum ...*

Ailleurs, et par excellence dans 'Aliscans', poème de la *grant destrucion*[38], c'est au corps souffrant, éventré et démembré, que revient la dure et ultime intimité du sol où le cavalier démonté étreint longuement la face de sa mort. Ainsi de Vivien, abattu, relevé, longtemps invincible, puis s'effondrant enfin, percé de quinze horribles blessures, tel que le découvre son oncle Guillaume (laisse XXIII):

> *Li quens Guillelmes vint cele part corant;*
> *Par grant doleur a regardé l'enfant.*
> *Si com il gist desoz l'arbre en l'Archant,*
> *Ses blanches mains desor son piz croisant.*
> *Tot ot le cors et son hauberc senglant,*
> *Et le viaire desoz l'elme luisant,*
> *Et la cervele li chiet as elz devant.*[39]

Ici, comme dans les laisses fameuses de la mort de Roland[40], la chanson de geste côtoie la Tapisserie dans une évidente prédilection pour la représentation de la réalité corporelle, mais s'en écarte infiniment

---

[37] Nous citons le texte de l'édition de Cesare Segre, 2e éd. revue, traduite par Madeleine Tyssens, Genève 1989.

[38] Rubrique initiale du manuscrit A 3:
Ci commence
la batailhe d'Arleschans
et la grant destrucions.

[39] Texte de l'édition de C. Régnier, Paris 1990.

[40] 'Roland', laisses CLXXIV - CLXXVI.

quant au sens ardemment positif qu'elle lui imprime: combien valorisés, ces jeunes morts demeurés si beaux, ces héros d'emblée semblables à des saints, favorisés de la venue des anges.[41] Rien de tel dans la Tapisserie, où gisent des morts irrémédiables, en aucune manière rachetés, corps et rien que corps, privés de transcendance, dénués de tout envol.

Un monde d'idées sépare ainsi la sanctifiante mort au combat contre les infidèles qui hausse Vivien, Olivier et Roland parmi les martyrs, de la toute factuelle fin des guerriers de la Tapisserie. Œuvre de propagande si l'on veut, en tout cas clairement pensée comme une justification *a posteriori* de l'expédition normande dont l'insistante mise en scène du serment bientôt parjuré d'Harold fait une guerre juste, voire une guerre sainte[42], elle ne se hasarde pourtant pas à en traduire en images l'ultime et logique conséquence: les hauts faits de la bataille n'excèdent en rien l'ordre des gloires terrestres, et la marginale déploration de ses morts demeure dans le registre tout humain du deuil nu, de la pure et simple perte. Ainsi en va-t-il, à fort peu près, dans les chansons de geste où, loin des pieux combats de l'Archant et de Roncevaux, sévit la guerre privée: tels les poèmes de la Geste des Lorrains où inlassablement les haines de lignage suscitent une inextinguible violence de loin en loin déplorée mais surtout complaisamment exposée, tel 'Girart de Roussillon' où au contraire le scandale du sang chrétien versé par les armes chrétiennes est avec force et ferveur déploré.

C'est un tel message que tacitement délivre le tableau désolé du champ de bataille de Civaux, à la laisse CCCXCI, où la mort épique paraît sous un jour tout différent de l'aura du miracle qui, comme un nimbe d'or, illumine le sacrifice héroïque de Vivien et de Roland:

Lai viraz tant donzel de franque geste
Partir de son cheval, e bu de teste,
C'uns non receit consel de man de prestre.
Del seinoril barnat qui mort la reste

---

[41] 'Roland', vv. 2390-2396; 'Aliscans', vv. 422-425.

[42] Guillaume bénéficiait du soutien officiel du Pape Alexandre II; lors de la traversée de la Manche, le navire ducal est représenté sommé d'un ornement terminal surmonté d'une croix qui est peut-être le *vexillum sancti Petri* remis par le pape. Sur ce point discuté, voir, en dernier lieu, L. Musset, La Tapisserie [note 2], pp. 282-283, avec références bibliographiques.

Sunt desertes las saules quan ven a feste.[43]

Cette mort inconsolée, cette mort qui n'est qu'un mal, fait l'objet, à la laisse CCCXCIII, d'une longue, assez lourde, mais éclairante glose dans le manuscrit de Paris, qui développe à loisir l'idée que le texte concis d'Oxford maintient ici dans l'implicite: elle est maudite de Dieu, la guerre fratricide des armées chrétiennes dressées l'une contre l'autre par la rivalité impie du suzerain et du vassal.[44] Infiniment diverses s'avèrent ainsi les résonances de la description épique du champ de bataille, avec de profondes nuances dont l'amplitude s'étend de l'ardente mystique rolandienne à la ferme réprobation du 'Girart', en passant par l'ambivalente ostension du corps meurtri dans le 'Garin' et le 'Gerbert'.

C'est manifestement au plus près du versant d'ombre que doit être située la mort vériste, sans fard et sans dépassement que montre la Tapisserie de Bayeux; doit-on aller jusqu'à penser que sa macabre marge, en cet espace de relative liberté des brodeurs que furent à l'évidence les bordures[45], pourrait être interprétée en un sens obscurément subversif qui, voisin de celui de la désolation de Civaux, inverserait les valeurs officielles du registre supérieur, déplorant ici sur le mode mineur ce que là on célèbre avec faste? Si tentante que soit l'idée, ce serait contraindre l'image à livrer plus de signification qu'elle n'en peut clairement révéler. Nous nous bornerons à constater que la mort toute de ce monde qui s'y déploie sans retenue est pleinement conforme à ce plus commun destin du guerrier que résume le dur constat de Boson, héros par excellence du *furor* dans le 'Girart' (laisse CCCCIV):

---

[43] Texte de l'édition de W.M. Hackett, Paris 1953-1955. Pour ce texte difficile, nous donnons en note une traduction qui tient compte de celle de P. Meyer (Paris 1884, rééd. Genève 1970). "Là, vous auriez vu tant de jeunes gens de noble lignage tomber de cheval, la tête tranchée, sans le secours d'un prêtre. Quand viennent les fêtes, les salles sont dépeuplées des barons d'élite qui sont restés sur le champ de bataille." On signalera avec plaisir au lecteur la toute récente et remarquable traduction procurée par Micheline de Combarieu du Grès et Gérard Gouiran (Paris, Collection 'Lettres Gothiques', 1993).

[44] Voir la variante, t.II, p. 267 de l'édition Hackett.

[45] Les *erotica* seraient, on l'a vu, inexplicables sans cette liberté, qui correspond à celle de l'ornementation marginale des manuscrits ou, dans l'ordre de l'art monumental, à celle de la sculpture décorative.

'Per Deu,' ço respont Bos, 'plorar non quer.
Car tuit essem nuirit d'eital mester,
Eseinat e apres e cosdiner.
Qu'anc uns non a parent a chevaler
Qui muiris en mauson ni en soler,
Si non en grant bataille a freit acer;
Ne ja non quer portar lo reprover.'[46]

Froide comme l'acier qu'elle invoque, telle se dessine - et certes se stylise en l'ellipse du vers - la ferme conscience de l'aride brièveté d'être, propre au statut des *bellatores*; c'est avec cette même et sobre âpreté que doit être comprise, pour l'essentiel, dans la Tapisserie, cette marge de la mort pareillement acceptée et symétriquement sentie comme inexorable. Quelles que soient les plus subtiles nuances qu'il est licite d'y discerner dans le filigrane de l'implicite, elle demeure, elle aussi, dans l'ordre de la pure et simple constatation. Si amères qu'en aient pu être les plus secrètes motivations, si vraisemblables que soient celles-ci en cette œuvre commandée par le luxe des vainqueurs à l'art minutieux des vaincus, elles demeurent pourtant inaccessibles par toute autre voie que celle de l'hypothèse subjective, et l'image n'a en dernier ressort pour seule fonction explicite que de donner à voir, clairement et crûment.

La complaisance n'en est cependant nullement exclue, et tel trait franchement morbide semble bien y inclure, du moins en notre moderne réception de l'image, de plus obscurs harmoniques: ainsi de cette tête coupée, portant encore le heaume qui ne l'a su défendre, gisant auprès du glaive même qui vient de la trancher, et qu'une mise en page audacieuse isole absolument en cette portion de la bordure.[47] En l'insistante et insolite mise en évidence de l'éradication de l'être hors de ce crâne où l'instant d'avant siégeait 'l'art personnel, l'âme singulière' se lit une signification plus riche et plus sombre, sans

---

[46] «Par Dieu,» répondit Boson, «Je ne veux pas pleurer, car nous avons tous été élevés pour ce métier, celui pour lequel nous avons été dressés et entraînés. Aucun de nous n'a eu parmi ses parents un chevalier qui soit mort dans une maison ou dans une chambre, et non en grande bataille, par l'acier froid. Je ne veux pas porter le reproche d'avoir fini autrement.»

[47] Scène 53; Wilson, pl. 66, Lucien Musset, pl. 132. Ce n'est pas la seule tête coupée de la bordure où le motif se répète à six reprises, mais celle-ci est unique tant en sa blafarde mise en évidence qu'en son insolite isolement, puisque, à la différence des cinq autres, aucun corps ne lui correspond …

doute, que celle des référents épiques auxquels on songerait de prime abord, ces beaux coups d'épée drus et spectaculaires à ce point aimés des chansons de geste que la répétitive mention des têtes ainsi 'séparées du buste', pour reprendre la formulation du vers cité plus haut du 'Girart', y est en définitive des plus banales et, au-delà d'une conventionnelle et omniprésente attestation de la dextérité guerrière, faiblement porteuse de sens. On sent au contraire affleurer ici une plus rare pulsion de violence pure préfigurant la paroxystique accumulation d'égorgements et d'éviscérations qui font la rougeoyante beauté des grands poèmes cruels du *furor* dévoyé, ce 'Garin' et ce 'Gerbert' qui sont, à leur manière, de vrais 'romans noirs' ouvrant un espace de défoulement compensatoire, quasi illimité, à une féodalité d'autant plus effrénée dans l'ordre littéraire qu'elle se voyait plus étroitement bridée, dans l'ordre social recomposé de la France capétienne, au tournant des XIIe et XIIIe siècles.

Le premier plan du champ de bataille y est en général aussi rude et désolé que la marge de la Tapisserie; même s'il ne diffère pas radicalement des mentions épiques usuelles en pareil cas, tel passage du 'Gerbert' se signale pourtant à l'attention par un réalisme macabre vigoureusement accusé, où nous trouvons une première forme d'équivalence avec l'image qui nous occupe (laisse LXXXVII):

La veïssiez tante sele voidie,
Tant escu frait, tant tarje percie.
Tant pié, tant poing, tante teste tranchie.
Des abatus fu la terre jonchie.[48]

A n'examiner que des pages de cet ordre, il n'y aurait là qu'une inflexion, la simple accentuation d'un plus sombre regard. Si l'on considère au contraire l'ensemble du grand bloc textuel formé par ces deux œuvres étroitement solidaires, la récurrence du thème du corps dilacéré s'y détache avec une saisissante puissance, et semble presque y répondre à un processus d'engendrement poétique autonome, quasi indépendant des nécessités narratives, comme dicté par la seule exigence d'une surabondante et belliqueuse énergie trouvant en ces cœurs arrachés, ces entrailles répandues[49] le négatif revers où assouvir ce

[48] Nous citons le texte dans l'édition de P. Taylor, Namur-Louvain-Lille 1952.

[49] Ainsi du cœur d'Isoré le Gris jeté au visage des siens, ainsi des entrailles dispersées de l'évêque Lancelin: respectivement, 'Garin' (éd. J.E. Vallerie, Ann Harbor 1947), laisse

trop plein d'aride violence, ce surcroît de vacante vigueur, cette juvénile *libido moriendi* qui, dans l'impunité de l'espace littéraire, saturent de sang la marge de ténèbres de l'imaginaire du guerrier.

En ce contexte où le fantasme débridé l'emporte sur la réalité de la guerre, insigne est la valeur du crâne de l'ennemi mort, lisible en des pages où affleure presque à nu le rude atavisme d'antiques mœurs tribales. On ne saurait comprendre sans l'émergence incontrôlée de ce lointain substrat le soin équivoque mis par Gerbert à se procurer le crâne de l'indomptable adversaire de son lignage, le vieux Fromont de Lens, avant de le faire monter en une fastueuse coupe à boire où l'or clair enchâsse et dissimule l'affreuse gemme de la vengeance, puis d'y faire servir à son insu le propre fils du mort.[50] Lorsqu'il s'en explique, Gerbert révèle, en une réponse singulière, moins hypocrite que ne tendrait à le croire la première lecture, toute l'ambiguïté du très trouble rapport ainsi noué par-delà la mort avec le corps de l'ennemi (laisse CCXCVI) :

> *'Je ne le fis por nule malvaisté,*
> *Ançois le fis par molt tres grant chierté,*
> *Por ce que tant a eû de bontez.'*

Sous l'atroce et sardonique dessein vengeur, qu'il serait insuffisant de retenir comme unique mobile, perce le désir quasi magique de s'approprier l'énergie vitale d'un adversaire certes abhorré, mais simultanément révéré en sa valeur d'admirable guerrier, et pour elle tenu en cette paradoxale et ambivalente *chierté;* une grande force redoutable est enfin captive et captée en ce hanap d'honneur en même temps que de dérision.

On s'étonnera peut-être de nous voir, pour finir, mettre en relation la raide image de haute époque de la Tapisserie avec le flamboiement de cette sorte de baroque épique qui fait le prix singulier du 'Gerbert', comparer la guerre simple et nue du récit événementiel avec la morbidité recherchée d'une œuvre tout entière baignée de la trouble clarté d'un art capricant et nerveux. Le pas, pourtant, de l'un à l'autre nous

---

LXXIII, et 'Gerbert', laisse II.

[50] 'Gerbert', laisses CCLXXXIXss. Sur ce passage, voir notre article: «*Vivrez en voz?*» Le corps et la mort dans 'Garin le Loherain' et 'Gerbert de Mez', dans: Le corps et ses énigmes au Moyen Age. Actes du colloque d'Orléans, 15-16 mai 1992, éd. Bernard Ribémont, Caen 1993, pp. 87-120.

semble aisé à franchir, malgré l'écart du temps et la disparité des styles: en l'une comme en l'autre image se lit cette même obsessive prégnance du corps qui trace dans la longue durée l'une des lignes de faille majeure de la sensibilité médiévale. En l'une comme en l'autre de ces têtes coupées s'affirme, bien au-delà de la 'réalité' du combat historique ou épique, une commune représentation mentale de la guerre procédant d'un même imaginaire dont les profondes et sombres racines rejoignent, dans la marge justement, lieu ouvert au non-dit ou à l'autrement dit, les plus anciens rituels dont l'inconscient collectif enveloppe l'acte de tuer.

Ainsi, croyons-nous pouvoir réunir sans artifice, d'un bord à l'autre de ce grand bloc de temps et franchissant en quelques points d'indéniables fractures de sens, les linéaments invariables de ce discours second que révèlent au lecteur épris de l'implicite le décor de l'image comme celui du récit, la marge plus libre et peut-être discordante de la Tapisserie comme l'arrière-plan si dense du texte épique. Autant que les faits, parlent ici la virtuelle splendeur d'une voûte toute mémorielle, l'herbe humiliée de sang d'un champ de bataille, le rebut sans ordre des armes et des corps. Comme entre les actes et sur le mode mineur, ils disent l'image en creux, l'immuable sédiment modelé par le flux majeur et mouvant de l'événement; ils sont la plus intime et secrète concrétion de l'histoire, actuelle ou inactuelle, et la condensent dans les veines ultimes de sa plus dense matière: l'orbe d'or du pouvoir, l'âpre ardeur de la guerre, le criant silence de la mort.

Les dessins illustrant le présent article sont de Françoise Labbé; le document photographique est tiré des collections de l'Institut d'Art et d'Archéologie.

1 3

9 11

12 14 15

18

19 22 23

24 25 26

27 – 28 29 30 31

32 33 35

36 41

43 44 45

46 47

Erich Trapp

AKTUALITÄT IN BYZANTINISCHEN REISEBERICHTEN

Versucht man einen Überblick über die Reiseberichte in der byzantinischen Literatur zu gewinnen, so kann man entweder von den Werken ausgehen, die traditionsgemäß mehr oder weniger passend in einem Kapitel "Geographie"[1] klassifiziert werden, oder man wählt den weit schwierigeren Weg, eine Sammlung aller thematisch einschlägigen Texte oder Abschnitte aus den verschiedensten Bereichen der Literatur zu erstellen. In diesem Rahmen kann aus der ersten Gruppe nur das Wichtigere genannt werden, während aus der zweiten neben allgemeinen Hinweisen ein paar besonders charakteristische Beispiele, freilich auch nicht ohne Willkür, herausgegriffen werden sollen, wobei in beiden Fällen das Schwergewicht auf die Erwähnung aktueller Angaben gelegt wird.

Es liegt zweifellos am nächsten, an die Itinerarien[2] zu denken, die häufig eine Pilgerfahrt ins Heilige Land zum Gegenstand haben, wie sie sich zunächst im lateinischen Kulturbereich entwickelten, ausgehend vor allem von der 'Peregrinatio Aetheriae' um das Jahr 400. Wichtig für die byzantinische Literaturgeschichte ist die Frage, aus welcher Zeit der erste erhaltene griechisch verfaßte Bericht datiert. Fast allgemein wurde bisher angenommen, daß die Palästinabeschreibung des sonst unbekannten Mönchs Epiphanios Hagiopolites (d.h. von der *ἁγία πόλις*, der hl. Stadt Jerusalem) dem 9. oder gar 8. Jahrhundert zuzuweisen sei.[3] Jedoch scheinen dem einige spätere Erscheinungen im Wortschatz entgegenzustehen, von denen hier aber nur ein Detail angeführt werden soll. In der Übersetzung von Donner[4] lesen wir (S.86f.): "Vom Heiligen Antonius ungefähr 2 Tagereisen entfernt ist das Rote Meer und der Stein, auf den Mose trat und das Meer beschwor, so daß es in 12 Stücke nach der Stämmezahl geteilt wurde und er mit seinem Volk hindurchziehen konnte. Der Durchzug betrug 18 Meilen. Nahe bei demselben Felsen, auf den Mose trat, fließt das Petroleum." Bemerkenswert an dieser Stelle ist das Wort *πετρέλαιον* "Petroleum". Früher gebrauchte man nämlich stattdessen den Terminus *νάφθα*, während *πετρέλαιον* nur einmal im 10. Jahrhundert und dann erst spätbyzantinisch mit Sicherheit bezeugt ist, interessanterweise etwa gleichzeitig wie das vermutlich

---

[1] H. Hunger: Die hochsprachliche profane Literatur der Byzantiner, München 1978, I S. 505-542.

[2] Hunger, S. 516ff.; A. Külzer: Peregrinatio graeca in terram Sanctam, Diss. Köln 1993.

[3] Oxford Dictionary of Byzantium, hg.v. A.Kazhdan u.a. Oxford 1991, I S. 714.

[4] H. Donner: Die Palästinabeschreibung des Epiphanius Monachus Hagioopolita, in: Zeitschr. d. Dt. Palästina-Vereins 87 (1971) S. 42-91.

danach gebildete mlat. *petroleum*, das in einer Chronik des 13. Jahrhundert begegnet. Was enthält nun der Bericht des Epiphanios? Nach Art eines Reiseführers beschreibt er die Route von Zypern über Tyros nach Jerusalem, schildert ausführlich die hl. Stätten dort und anderswo in Palästina, wendet sich dann nach Ägypten und dem Sinai, um hierauf wieder nach Jerusalem sowie zu zahlreichen anderen Orten in Judäa und Galiläa zu gelangen. Dabei beschränkt sich die Reisebeschreibung im engeren Sinn weitgehend auf Entfernungsangaben in Tagereisen bzw. Meilen, wobei auffällt, daß in den teilweise ziemlich abweichenden Hss. (die Überlieferung beginnt ab ca. 1300) nicht selten unterschiedliche Zahlen genannt werden. Dies könnte vielleicht nicht bloß durch Abschreibfehler, sondern auch durch Änderungen nach der praktischen Erfahrung zu erklären sein. Das Itinerar endet mit der Empfehlung, über Nazareth und Kana in Galiläa wieder nach Alexandria zu reisen, und von dort mit Gottes Hilfe zurück ins römische Reich zu gelangen.

Später verfaßte Johannes Phokas seine "Kurzgefaßte Beschreibung der Städte Syriens und Phönikiens von Antiocheia bis Jerusalem sowie der heiligen Orte in Palästina"[5] die auf einer Reise beruht, die er im Jahre 1177 unternommen hatte. Der Autor sagt von sich, daß er unter Kaiser Manuel I. Komnenos Kriegsdient geleistet habe, und jetzt als Mönch im Johanneskloster auf Patmos lebe. Was Angaben zu aktuellen Geschehen betrifft, so verdient vor allem eine Passage erwähnt zu werden: "Und es sind an der Küste verschiedene Kastelle bis Tripolis (in Syrien), im Binnenland aber erstreckt sich ein großer Bergrücken, auf dem die sogenannten *Χασύσιοι* wohnen, ein sarazenisches Volk, das weder christlich noch mohammedanisch ist, sondern eine eigene Häresie vertritt, sich zu Gott bekennt und den ersten unter ihnen als den Gesandten Gottes bezeichnet, auf dessen Befehl sie, zu den Herren großer Länder ausgesandt, diese mit dem Schwert umbringen, völlig unvermutet über sie herfallen und zugleich mit ihrer Untat sterben, indem sie, die wenigen, nach vollbrachtem Verbrechen von den vielen getötet werden. Und das halten sie für Martyrium und Erlangen der Unsterblichkeit." Mit diesen Terroristen meint Phokas die Sekte der Assassinen[6] die gerade damals unter ihrem Großmeister Rasidaddin Sinan, genannt "der Alte vom Berge" (1162-94) ihren größten Einfluß ausübte. Während sich konkrete Entfernungsangaben bei Johannes Phokas nur gelegentlich finden (Zahl der Tagereisen oder Stadien), erwähnt er zweimal den Kaiser

---

[5] Joannes Phocas, hg.v. E. Miller. Recueil des historiens des croisades. Historiens grecs I, Paris 1875, S. 527-558.

[6] Lexikon des Mittelalters I, München 1980, Sp.1118.

Manuel in besonderer Weise: einmal, daß er das Grab Christi mit reinem Gold habe verkleiden lassen, und das zweite Mal, daß er das nach einem Erdbeben zerstörte Prodromos-Kloster am Jordan habe neu aufbauen lassen. Bemerkenswert ist noch die anschließende Erzählung eines Wunders, das kurz vor der Ankunft des Autors unweit von dort geschehen sei. Zwei Löwen seien aus einem Dickicht einmal pro Woche zu einem Säulenheiligen gekommen, um durch ein Zeichen der Augen eingeweichte Hülsenfrüchte oder Brotbrocken als Nahrung zu erbetteln.

Nicht nur Ortsbeschreibungen, sondern auch eine Fülle von persönlichen Erlebnissen und Nachrichten über politisches Geschehen liefert uns um die Mitte des 14. Jahrhunderts Andreas Libadenos[7] in seiner '*Περιηγητικὴ ἱστορία*' (Reisebericht). Um das Jahr 1325, in seinem 12. Lebensjahr, von kaiserlichen Gesandten als Hilfsschreiber ausgewählt, schiffte er sich ohne Wissen seiner Angehörigen von Konstantinopel nach Alexandria ein. Von dort kam die Gesandtschaft nach Kairo, wurde vom Sultan empfangen und reiste dann nach Jerusalem zum Patriarchen, nach Bethlehem und zum Jordan. Nach witterungsbedingter Verzögerung fuhren sie schließlich wieder von Alexandria nach Konstantinopel zurück. Er blieb dort jedoch nur einige Jahre, um dann sein weiteres Leben zumeist in Trapezunt zu verbringen, wobei er in die Bürgerkriegswirren der 40er und 50er Jahre verwickelt wurde; 1341-2 weilte er auf der Krim. Sein Werk verfaßte Libadenos als Dank an Christus und die Gottesmutter für die Errettung aus vielerei Gefahren.

Offenbar während des Unionskonzils von Ferrara-Florenz, also in den Jahren 1438-9, unternahm der sonst unbekannte Kananos Laskaris[8] eine Nordlandreise, von der er leider nur einen ganz kurzen Bericht niederschrieb. Ich zitiere auszugsweise aus der Übersetzung von Grabler[9]:

"Und zunächst ist das Land Norwegen, dessen oberste Stadt Bergen ist, In dieser Stadt gebraucht man keine Münze, weder aus Gold noch aus Silber noch aus Kupfer noch aus Eisen, sondern sie treiben Handel nur mit Ware gegen Ware, In dieser Stadt ist ein Tag einen Monat lang. Vom 24. Juni bis zum 25. Juli ist ständig Tag, und Nacht wird es überhaupt nicht. Nach diesem Lande kommt Schweden, das die Hauptstadt Stockholm hat. Hier wird Silbergeld geprägt, aber von schlechtem Feingehalt. Diese beiden

---

[7] Prosopographisches Lexikon der Palaiologenzeit (PLP), erstellt von E. Trapp u.a., Wien 1976ff., Nr.14864.

[8] PLP 10892.

[9] F. Grabler: Europa im XV. Jahrhundert von Byzantinern gesehen, Graz 1954, S. 101-105.

Länder werden vom König von Dänemark beherrscht. Nach Schweden kommt das Land Livland. Es hat eine Hauptstadt mit Namen Riga und eine andere Reval. Sie werden in weltlichen und geistlichen Dingen vom Erzbischof beherrscht. Das Land selbst aber untersteht einem Statthalter des Großmeisters der Weißgekleideten mit dem schwarzen Kreuze (gemeint ist der Deutschen Orden). Danach, im äußersten Winkel der Bucht, ist das Land Preußen. Seine Hauptstadt ist Danzig. Danach folgt das Land Slavonia mit der Hauptstadt Lübeck. Dann kommt Dänemark, dort liegt die Stadt Kopenhagen, das ist die Residenz des Königs. Ich war aber auch auf der Insel der Ichthyophagen (Fischesser), die man gemeinhin Island nennt, bei dem weisen Ptolemaios ist sie aber, wie mir scheint, mit dem Namen Thule gemeint. Dort fand ich, daß der Tag sechs Monate dauerte, vom Frühlingsanfang bis zur Herbstsonnenwende. Ich kam aber aus England auf diese Insel und war 1000 Meilen gefahren und verweilte 24 Tage auf der Insel. Ich sah dort kräftige und starke Menschen. Ihre Speise sind Fische, ihr Brot sind Fische, ihr Getränk ist Wasser. Von dort kehrte ich wieder nach England zurück."

Sieht man nun von dieser mehr oder weniger zu Recht als geographisch bezeichneten Literatur im engeren Sinn ab, um anderswo nach Reiseberichten zu suchen, dann kommen natürlich zahlreiche Kapitel in historischen Werken in Betracht, die Kriegszüge, Gesandtschaftsreisen, Beschreibungen von fremden Völkern, Orten und Gebräuchen bieten, so etwa im 15. Jahrhundert Laonikos (eigtl. Nikolaos) Chalkokondyles[10] über Russen, Türken u.a., oder Silvestros Syropulos[11] in seinen Memoiren über das Unionskonzil von Ferrara-Florenz 1438/9. Es wären aber auch andere Bereiche zu berücksichtigen, so etwa historisch-panegyrische Gedichte über Feldzüge, oder Gedichte über Brautgesandtschaften.

Zu beachten sind ferner die in Viten von Heiligen und Mönchen häufig enthaltenen Schilderungen der einzelnen Lebensstationen. Nicht ohne Willkür sei aus dieser ungeheuren, oft freilich unergiebigen Fülle wenigstens ein charakteristisches Beispiel vorgestellt, in dem neben einem umfangreichen Itinerar auch überdurchschnittlich viele aktuelle Geschehnisse anklingen. Es handelt sich um die Vita des Hl. Elias des Jüngeren.[12] Geboren zwischen 820-830 in Enna auf Sizilien, wurde er bei einem Raubzug der Araber gefangengenommen und als Sklave nach Afrika verkauft. Wieder freigekommen, wanderte er nach Palästina, wurde Mönch und begab sich auf Pilger-

---

10 Hunger [Anm. 1], S. 519.

11 PLP 27217.

12 G. Rossi Taibbi: Vita di Sant' Elia il Giovane, Palermo 1962.

reisen nach Alexandria, Antiochia und Nordafrika. Nach der Eroberung von Syrakus durch die Araber nach Sizilien zurückgekehrt, zog er sich zunächst nach Taormina zurück, dann nach Kalabrien, wo er um 880 südlich von Reggio ein Kloster gründete. Einfälle der Sarazenen vertrieben ihn jedoch und so begab er sich für einige Zeit nach Patras, bis er wieder nach Kalabrien zurückkehrte und dort ein weiteres Kloster gründete, nachdem er vom Papst Stephan V. in Rom empfangen worden war. Kaiser Leon VI. rief ihn nach Konstantinopel, doch starb er unterwegs bei Thessalonike. Abgesehen von zahlreichen konkreten historischen Details über die Aktivitäten der Araber, wird aus seinem Leben eine Episode berichtet, wie er in Nordafrika zwölf Sarazenen begegnet, die ihn nach seinem Glauben ausfragen. In seiner Antwort stellt Elias das wahre Christentum vor, das einfache Leben seiner Anhänger, betont den Unterschied zwischen Trinitätsglauben und dem auf Häresien zurückzuführenden Islam: wie der Arianismus anerkenne er nur Gottvater, an die Paulikaner erinnere, daß Christus nur als Mensch und Prophet angesehen werde; von dem Häretiker Basilides stamme die Anschauung, Christus habe nicht wirklich gelitten; die Beschneidung sei vom Judentum übernommen; und schließlich widersetzten sich die Mohammedaner durch ihre Vielweiberei Gott selbst. Und all dies, obwohl doch bei ihnen für jedes Geschäft zwei bis drei Zeugen nötig seien, ihr Glaube aber nur durch einen bezeugt werde. Das Gespräch endet wenig realistisch mit der sofortigen Bekehrung und Taufe der Araber durch Elias.

Es ist nun aber die rhetorische Praxis, die uns einige Werke erhalten hat, die weitgehend als Reiseberichte angesehen werden können: Gelegenheitsreden, etwa anläßlich einer Gesandtschaft, sowie längere Briefe, wobei die Übergänge zwischen diesen beiden Typen ziemlich fließend sind. Den ältesten der Texte, auf die ich hier näher eingehen möchte, weil sie eine überdurchschnittliche Zahl von aktuellen Informationen bieten, verfaßte Nikolaos Mesarites.[13] Mitglied des höheren Klerus in Konstantinopel, begab er sich 1207/8, also ein paar Jahre nach der Eroberung der Hauptstadt durch die Lateiner, nach Nikaia, wurde Metropolit von Ephesos und spielte eine bedeutende politische Rolle am Hof des Theodor I. Laskaris. Von seinen Schriften interessiert uns hier der als Brief betitelte ungewöhnlich lebendige Bericht an die Mönche des Euergetes-Kloster in Konstantinopel über seine abenteuerlichen Fahrten zur Wahl des Patriarchen Michael Autoreianos in Nikaia.[14] Schon die Überfahrt nach Kleinasien erwies sich als

---

13 Tusculum-Lexikon, München ^{3}1982, S. 521f.

14 A. Heisenberg: Neue Quellen zur Geschichte des lateinischen Kaisertums und der Kirchenunion II, München 1923 (Sb.Bayer.Ak., Phil.-hist.Kl. 2), S. 35-46.

hindernisreich. So wurde von geldgierigen Seeleuten zunächst sein Gepäck durchsucht, allerdings ohne den gewünschten Erfolg, weshalb sie ihn einer Leibesvisitation einschließlich seines Intimbereichs unterzogen. Bemerkenswert ist auch der Hinweis auf die mitreisenden lateinischen Soldaten, deren Bewaffnung mit Armbrüsten er umständlich beschreibt, sowie die Beobachtung, wie ein besonders eilfertiger Passagier beim Einsteigen ins Wasser fiel und nur mit Mühe von einem beherzten Schwimmer gerettet werden konnte. Die Reise ging dann weiter vom Hafen Pylai Richtung Nikaia, wobei sein betrunkener Begleiter sich über sein schwankendes Sitzen im Sattel des Esels lustig machte. Mesarites erklärte sein Verhalten mit Schmerzen an den Leistendrüsen und Gesäßbacken bei ständig aufrechter Haltung, wofür der Eseltreiber allerdings kein Verständnis zeigte, vielmehr drohte er ihm mit Schlägen aus Sorge darum, daß der Rücken des Tieres verletzt werde. Am Abend im Georgios-Kastell angelangt, fand Mesarites eine Herberge, die, außer Feuer und einem Lager, Brot, Wein, Fleisch und geräucherte Fische bot. Jedoch verfügte der Raum über keinen Rauchabzug (damit manch einem alten russischen Bauernhaus vergleichbar), weshalb seine Nase, sein Kopf und die Bindehäute so gereizt wurden, daß er keinen Schlaf fand. Mehrfach erhob er sich, ging ins Freie, betrachtete den nächtlichen Sternenhimmel und hörte dabei, wie sein betrunkener Diener im Schlaf von den Tagesresten, d.h. von stolpernden Eseln, stammelte. Als dieser am nächsten Morgen erwachte, verlangte er sogleich nach mit Pfeffer gewürztem Wein, machte ein Feuer und begann zu essen: in der linken Hand das Fleisch, in der rechten Brot und das Messer zum Zerkleinern. Mesarites hingegen hatte wegen der vorhergegangen Rauchbelästigung gar keinen Appetit und wurde noch dazu von einem Schnupfen geplagt. Und als sie dann weiterzogen, mußte er sich von dem Begleiter beschimpfen lassen, er treibe den Esel zu sehr an und werde stürzen, außerdem sei es wieder Zeit, Nahrung und Wein zu sich zu nehmen. Endlich gelangten sie aber doch nach Nikaia. Nach einer Textlücke erfahren wir dann, wie Mesarites mit dem Antwortschreiben des Theodor Laskaris bezüglich der geplanten Patriarchenwahl zum griechischen Klerus nach Konstantinopel zurückkehrte, dies aber durch den Leichtsinn eines Landsmanns den Lateinern in die Hände fiel. Sobald er von dem Mißgeschick erfahren hatte, nahm er sogleich Abschied von Wein, Brot, Nüssen und Feigen und eilte zum Meeresufer, vor Angst zitternd, von den Lateinern entdeckt zu werden. Nach Chalkedon übergesetzt, wanderte er zu Fuß in das Rufinus-Kloster, wo er bei Dunkelheit ankam, ganz in Schweiß gebadet, keuchend und mit schlotternden Knien. Auf einem Schiff erreichte er dann glücklich bei Neakomis wieder byzantinisches Gebiet, schlief aber nicht in einer der dortigen aus Lehm und Weidenruten gebauten, mit Papyrus und Schilfrohr gedeckten Hütten, sondern aus Erschöpfung gleich im Ufersand, ohne Nahrung zu sich zu nehmen, und schnarchte, von der Müdigkeit übermannt, bis zum folgenden Nachmittag. Dann aß er Fisch und Hirsebrot, schloß sich einer Gruppe von Händlern an, die Räucherfisch in Körben auf Eseln transportierten, und zog mit ihnen in Richtung Nikaia. Bevor sie aber die Stadt erreichten und die leider unvollständig erhaltene Erzählung abbricht, erfahren wir noch ein höchst realistisches Detail. Mesarites wird von seinen Begleitern ausgeschimpft, als er kirchliche Gesänge anstimmte: "Du törichtester und unwissendster aller Menschen, willst in fremdem Land, bewaldeten Bergen und tiefen Schluchten göttliche Worte und Lieder singen? Weißt du nicht, daß hier Wegelagerer und Räuber lauern und auf die Reisenden aus dem Hinterhalt schießen? Deine Stimme sei rauh und barbarisch, töne Undeutliches und Unartikuliertes, durchdringe die Luft mit heiserer Kehle, pfeife mit starkem Lufthauch, schwatze dummes Zeug, tue alles was den Mann im Hinterhalt erschreckt und den Bösewicht zurückhält." Sofort stellte Mesarites das Lob des Herrn ein und versuchte, so gut er konnte, die ihm gar nicht vertrauten Lieder mitzusingen.

Der nächste Autor ist Theodor Metochites[15] ein bedeutender Staatsmann und Schriftsteller der Zeit des Andronikos II. Palaiologos (um 1300). In Erfüllung eines Bündnisvertrags begab er sich im Jahr 1299 auf eine Brautgesandtschaft zu dem serbischen König Stefan Uroš II. Milutin. Nachdem dieser nämlich beschlossen hatte, seine dritte Frau Ana, die Tochter des bulgarischen Zaren Georg Terter I., zu verstoßen, fiel die Wahl auf die noch nicht sechsjährige Kaisertochter Simonis, da sich sonst keine weibliche Verwandte des Andronikos II. zu einer Heirat bereitfand. Weit mehr Raum als die Erwähnung der gastlichen Aufnahme am serbischen Hof und des Reichtums des Königs hat Metochites in seiner Darstellung[16] seinem serbischen Begleiter gewidmet. So berichtet er von dessen Frage gleich beim Aufbruch von Konstantinopel, ob man sich nicht wie bei ihnen die Reiseverpflegung von den Bewohnern entlang der Route hole. Darauf antwortet Metochites, bei ihnen übernehme der Kaiser die Versorgung, damit das Land - abgesehen von den üblichen Steuern - unbehelligt bleibe. Der Serbe hört jedoch nicht, sondern begibt sich, während Metochites in einem Kloster bei Konstantinopel Quartier nimmt, in ein nahegelegenes Dorf. Es kommt zu einer Schlägerei und einem Tumult, worauf er ihn mitsamt seinen Dienern in das Kloster holt. Ein ähnlicher Zwischenfall ereignet sich dann während

---

15 PLP 17982.

16 Theodor Metochites: Presbeutikos, hg.v. L. Mavromatis, in: La fondation de l 'empire Serbe, Thessalonike 1978, S. 89-119.

der ganzen weiteren Reise nicht mehr, sondern der Serbe erweist sich vielmehr als überaus bescheiden. Als danach in der Winterkälte bei hohem Schnee und Glatteis kein rechtes Fortkommen möglich war, mußten sie in der Folge mehrmals mit einfachen Bauern die Schlafplätze am Feuer teilen, froh vor der grimmigen Kälte Schutz zu finden. Und es ist gerade dieser Frost, dem Metochites einen längeren Abschnitt widmet. Während er sich den ganzen Körper und den Kopf vermummt, hält dies sein serbischer Begleiter nicht für nötig, sondern hat den Nacken und das Haupt zumeist unbedeckt, so als wolle er, auf seine Stärke vertrauend, den Unbilden der Witterung trotzen. Nur beim Reiten trägt er ein kleines Filzkäppchen, das er beim Absteigen sogleich abnimmt, um sich Regen und Schnee auszusetzen. Des Metochites anfängliche Bewunderung für dessen Ausdauer schwindet aber, als in der Nähe des thrakischen Kypsela am Unterlauf der Maritza der Serbe starke Kopfschmerzen und eine schwere Halsentzündung bekommt, sodaß er weder essen noch trinken kann und ans Bett gefesselt ist. Reumütig muß er sich die Vorwürfe des Metochites gefallen lassen, der ihn an seine frühere Prahlerei erinnert. Erst am dritten Tag können sie weiterziehen, nachdem sie den Kranken von Kopf bis Fuß teils mit Wolldecken und Schaffellen, teils mit Leinentüchern vollständig eingehüllt haben. Nach einigen Tagen erreichen sie dann Thessalonike, wo Metochites zu seiner Freude einige befreundete Philologen trifft.

Manuel II. Palaiologos[17] einer der gebildetsten byzantinischen Kaiser, auch im Westen durch seine in den Jahren 1399-1402 unternommene Reise nach Italien, Frankreich und England bekannt, hat über dieses Ereignis in seinem Leben keine besondere Aufzeichnung hinterlassen. Nur aus ein paar Briefen aus Paris erfahren wir etwas über die gastliche Aufnahme, die ihm zuteil wurde. Interessanter sind die Eindrücke einer früheren, ganz unfreiwillig unternommenen Reise, die er in einigen anderen Episteln in sehr anschaulicher Weise festgehalten hat. Es war in der zweiten Hälfte des Jahres 1391, als er, dem osmanischen Sultan Bayezid I. zur Heeresfolge verpflichtet, in dessen Gefolge an einem Kriegszug gegen noch nicht unterworfene türkische Emire im zentralen und nördlichen Kleinasien teilnehmen mußte, besonders gegen den von Sinope und Kastamuni. Neben seinen Eindrücken von der unwirtlichen Landschaft, daß es dort nichts außer etwas Holz und Wasser gebe, erzählt er, die Bewohner seien aus Angst in die Schlupfwinkel der Berge geflohen. Danach kommt er auf den Verfall der einst blühenden Städte, wie Pompeiupolis zu sprechen, die sie passierten,

[17] PLP 21513.

sowie auf den Mangel an Lebensmitteln, die Kälte und Krankheiten. In einem weiteren Brief schreibt er, wie schwierig es sei, auch nur Gerste aufzutreiben oder frisches Gras für die Pferde zu finden, so trocken sei der Boden in der Gegend. Schließlich nahmen sie in Ankara ihr Winterquartier, wo der Kaiser dann seine Religionsgespräche mit einem türkischen Gelehrten führt. Dabei gibt er am Beginn des 10. Dialogs eine anschauliche Schilderung der Lebensumstände der Griechen.[18] Er spricht zu dem Türken: "Woher soll es mir denn möglich sein, Muße zu haben, der ich ein so großes Heer schon lange Zeit im Winter in einem fremden Land führe, auch wenn du dieses vielleicht ein befreundetes nennst? Dazu noch der Mangel an Lebensmitteln und die Notwendigkeit, sie für viel Geld zu kaufen, nachdem wir im Feindesland die von zu Hause mitgebrachten Vorräte aufgebraucht haben. Was müssen meine Gefährten erdulden, die weder mit den Sitten noch der Sprache oder dem Glauben vertraut sind und in einer gut verwalteten Stadt kaum die Überreste der auf dem Markt angebotenen Waren kaufen können, wo sie doch fast gegen euch kämpfen mußten, wenn sie mit Mühe den Händen der Krämer etwas entreißen wollten? Dazu rechne noch den Übermut, die Verachtung derer, die beim Sultan den höchsten Rang einnehmen, die Habsucht, die Unersättlichkeit, die Bereitschaft zu Forderungen, die Wildheit, den gegenseitigen Neid, den Zorn jedes einzelnen gegen die Fremden, den Haß, falls sie ihnen nicht ihren Besitz überließen und von allem entblößt nach Hause zurückkehrten. Aber auch folgendes darf man nicht übergehen: am Tage die Jagd, danach beim Abendessen die Ausgelassenheit, die Scharen von Schauspielern, Flötenspielern, Sängern und Tänzern, den Schall der Zymbeln und das sich dem Weintrinken anschließende dreiste Gelächter."

Die letzte der hier zu behandelnden Reiserzählung stammt von Johannes Eugenikos[19], dem Bruder des bekannten unversöhnlichen Gegners der Kirchenunion, Markos Eugenikos. Ihr Titel lautet: "Dankrede, die das an ihm von Gott geschehene außergewöhnliche Wunder der Errettung von bitterem Tod im Meer ganz genau und wahrheitsgemäß schildert"[20] Nach der Einleitung, die außer dem Preis von Gottes Wohltätigkeit die Versicherung enthält, alles wahrheitsgemäß darzustellen, beginnt die Erzählung des größten Mißgeschicks seines Lebens. Von Konstantinopel gelangte er über Venedig nach Ferrara, wo er an den Diskussionen über das *purgatorium* und das *filioque* teilnahm. Als dort die Pest ausbrach und viele Lateiner, aber auch

---

18 Manuel II.: Dialoge mit einem "Perser", hg.v. E. Trapp, Wien 1966, S. 59*.

19 PLP 6189.

20 S.Lampros: *Παλαιολόγεια καὶ Πελοποννησιακά* I, Athen 1912, S. 271-314.

einige Griechen und Russen dahinraffte, verließ er am 15.9.1438 die Stadt, begab sich jedoch nicht mit den anderen zur Fortsetzung des Konzils nach Florenz, sondern nach Venedig, wo er seine beiden Diener wiedertraf, einen Griechen und einen Italiener. Eugenikos bestieg ein Schiff, das den herrschenden günstigen Wind leider versäumte und erst am 29. September abfuhr. Nach sehr langsamem Vorankommen wegen häufiger Windstille gerieten sie um Mitternacht in einen Sturm, der sie in die Nähe von Rimini trieb, bis sie am 2. Oktober bei widrigen Winden in Ancona landeten. Mit frischem Proviant versorgt, setzten sie drei Tage später die Fahrt fort, mußten aber gegen den Wind kreuzen, bis die Insel Lissa (heute Vis) in Sicht kam. Doch ihre Hoffnung, die dalmatinische Küste zu erreichen, erfüllte sich nicht, vielmehr gerieten sie um Mitternacht in einen ganz heftigen Sturm. Eugenikos selbst hatte sich mit allen Kleidern zu Bett gelegt, wurde aus dem Schlaf gerissen und begann, von Angst erfüllt, Psalmverse zu rezitieren. Plötzlich überfluten turmhohe Wellen das neugebaute Schiff, dessen Fugen am Oberdeck nicht ausreichend abgedichtet waren, worauf sich die Matrosen und einige Passagiere bemühen, das eindringende Wasser auszuschöpfen. Es hilft aber nicht viel, das Schiff neigt sich nach links, das Ruder gehorcht nicht mehr, alle werden durcheinandergewirbelt, die Taue verwickelen sich, das Segel zerreißt, man schneidet daher die Rahe mitsamt den Tauen ab, ja einige wollen sogar den Mast absägen. Während das Schiff trotz allem noch standhält, beten alle und legen vor Eugenikos die Beichte ab. Als das Fahrzeug auf der rechten Seite bricht, eilen sie in das Rettungsboot, wobei freilich viele ertrinken. Johannes tröstet und wärmt den verzweifelten Kapitän, manche warten nur noch zähneklappernd und hungrig auf den Tod, der Schiffsherr und der Schreiber sterben, am Abend wird das Boot von einer riesigen Woge überspült. Jetzt glaubt Eugenikos selbst an das Ende, holt sein Amulett und Kreuz hervor und küßt sie, auch der Kapitän tut dies, die Griechen beten u.a. zu Nikolaos, die Lateiner zum Apostel Jacobus. Als am Abend Land in Sicht kommt, fassen einige wieder Mut, wollen aber die Leichen nicht jetzt ins Wasser werfen, sondern erst am Morgen im Fall ihrer Rettung am Ufer bestatten. Doch den wahren Grund erfuhr Eugenikos später von einem Lateiner. Er nennt ihn so: "Vielmehr warfen sie die Leichen deshalb nicht über Bord, damit in dem Fall, daß sie von widrigen Winden wieder aufs hohe Meer hinausgetrieben würden, die Unerbittlichsten unter ihnen in ihrer Not vom Menschenfleisch, insbesondere von der Leber, kosten und so durch das Schlürfen des warmen Blutes der drohenden Gefahr entrinnen könnten. Auf solche Gedanken brachte die Unglücklichen die über ihnen schwebende Not." Leider entfernen sie sich dann wieder vom Land, in der Nacht fällt Regen, sie werden von einer neuerlichen Welle überschwemmt, ein gewisser Antonios aus Otranto bemüht sich in besonderem Maße, das Wasser auszuschöpfen und ermahnt die anderen, alle leiden an Durst, unter ihren Zungen bilden sich Schwellungen, die Tränen versiegen, Kopfschmerzen, Dunkel vor den Augen und Herzbeklemmung stellen sich ein, das Sprechen wird mühsam, Stöhnen und Zähneklappern sind zu hören. Da gibt eine weiße Taube, die das Boot umkreist, wieder Hoffnung. Und nach einer weiteren riesigen Woge spornt Johannes den Antonios zum Wasserschöpfen an, während er selbst den wie einen Säugling eingehüllten Kapitän tröstet. Als ein Feuerzeichen am Ufer sichtbar wird, reißen sie Planken heraus, um sie als Ruder zu gebrauchen. Sie zählen die Überlebenden, es sind 30, und sie ziehen Bilanz: zwei Tote befinden sich im Boot, 36 sind mit dem Schiff ertrunken, denn ursprünglich waren sie 68, das Schiff war übrigens überladen. Sie nähern sich der Brandung, Eugenikos denkt an Odysseus, das Boot wird an Land geschleudert. Er steigt als letzter ins Wasser, verletzt sich am Felsen, einige Landsleute helfen ihm. Er preist Gott, der arme Kapitän, gestützt auf zwei kräftigere Matrosen, fragt nach ihm, wirft sich zu seinen Füßen, küßt ihm Hände, Füße und Gesicht, alle weinen, bewerfen sich mit Sand, küssen den Boden und danken Gott. Zu Mittag gelangen die Schiffbrüchigen nach Portoloro, am darauffolgenden Tag nach Ortona und nach weiteren acht Tagen, die Küste entlang marschierend (d.h. etwa 180 km), erreichen sie nach großen Strapazen wieder den Ausgangspunkt Ancona, als am Abend das Gedächtnis des Märtyrers Demetrios gefeiert wurde, also am 26. Oktober. Johannes blieb dann den Winter über dort und erreichte erst im Sommer 1439 Konstantinopel.

Aus diesen ausgewählten Texten allgemeine Schlüsse zu ziehen, scheint nicht sinnvoll. Um ein brauchbares Bild über Reisen im byzantinischen Reich zu gewinnen, müßten erst umfassende Quellenstudien betrieben werden, wie dies bis jetzt erst für solche nach Griechenland und Konstantinopel[21] versucht wurde. Erst dann könnte so etwas wie ein Gegenstück zu Norbert Ohlers praktisch nur Westeuropa berücksichtigender Darstellung "Reisen im Mittelalter"[22] unternommen werden. Ein paar vergleichende Anmerkungen zeigen freilich schon jetzt ein deutliches Ungleichgewicht zuungunsten des Ostens. Zwar mag sich Byzanz, was Berichte über Feldzüge, Pilgerfahrten sowie Gelegenheitsreisen von Gesandten und Privatpersonen betrifft, einigermaßen mit dem Westen messen können, doch fehlen

---

[21] J. van der Vin: Travellers to Greece and Constantinople, Leiden 1980.

[22] München 1986.

eigentliche Entdeckungs- und Missionsreisen. Immerhin seien, gewissermaßen als Vorläufer des neuzeitlichen Tourismus mit der Besichtigung von Sehenswürdigkeiten, zwei gräzisierte Italiener genannt, die ohne die, leider nur kurzzlebige, lateinisch-griechische Symbiose von frühem Humanismus und Byzanz in den Jahrzehnten vor seinem Untergang kaum vorstellbar wären. Der ältere der beiden ist Cristoforo Buondelmonti[23] als Reisender, Kartograph, Schriftsteller und Priester aus Florenz bekannt, der in den Jahren 1417-23 Fahrten in die Ägäis und nach Konstantinopel unternahm. Sein humanistisches Interesse bewies er außer durch den Erwerb griechischer Handschriften durch seine Reiseberichte, in denen er Angaben zur antiken Geschichte und Mythologie (häufig mit etymologischen Erklärungen) mit solchen zu Geographie und Bauwerken verband. Dabei galt seine Aufmerksamkeit ebenso dem Zeitgeschehen, besonders den Aktivitäten der Griechen, Türken und Genuesen, sowie den byzantinischen Klöstern. Bemerkenswerterweise existiert von einem seiner Werke auch eine wohl wenig später entstandene griechische Übersetzung. Bei aller Kritik an den Türken, deren Raubzüge dazu geführt hätten, daß einige Inseln regelrecht von im Kampf mit ihnen gefallenen Männern entvölkert seien, hält er es doch für nötig, die große Gerechtigkeitsliebe des 1389 verstorbenen Sultans Murad I. hervorzuheben. Das erste[24] der drei Beispiele handelt von einer Bauersfrau in Gallipoli, der ein Diener des Sultans die Milch wegnahm, die sie gerade ihrem Mann auf das Feld brachte. Auf ihre Beschwerde hin wurde der Übeltäter gefaßt und auf Befehl des Sultans entzweigehauen, wodurch zugleich mit der Milch die Wahrhaftigkeit der Frau ans Licht kam.

Buondelmonti wurde jedoch bald darauf übertroffen von Ciriaco von Ancona[25], besonders was das weit größere Interesse an den Bauwerken (mitsamt ihren Inschriften) betrifft. Natürlich kannte auch dieser noch keinen wertenden Unterschied zwischen antikem und mittelalterlichem Griechentum, sondern erwies sich als ebenso unbefangener Humanist. So hat Byzanz, auch wenn es selbst kaum Entdeckungsreisenden mit Berichten über fremde Länder und Völker hervorbrachte, doch indirekt eine befruchtende Wirkung auf den Westen ausgeübt.

---

[23] Lexikon des Mittelalters I, S. 938.

[24] E.Legrand: Description des îles de l'archipel grec (1420) par Christophore Buondelmonti, Paris 1897, S. 81f. (griech. Version).

[25] J. Colin: Cyriace d 'Ancone, Paris 1981.

THOMAS FECHNER-SMARSLY

VOM NATÜRLICHEN ZUM HEILIGEN KÖRPER

Einheit, Ambivalenz und Wandel des Königsbildes in Snorri Sturlusons 'Heimskringla'

Das Beispiel der Ólafs saga hins helga

Mein Thema ist die Geschichte und deren Erzählung, zugleich also nur eine Version der Geschichte, eine Erzählung einer möglichen Geschichte. Ihre Handlung, ihr plot: der Tod eines norwegischen Königs im Mittelalter, aufgeschrieben von einem Isländer, 200 Jahre danach.

Es handelt sich um die sogenannte 'Heimskringla' (im folgenden: Hkr.), zu deutsch 'Weltkreis', eine Geschichte der norwegischen Könige von den mythischen Anfängen bis zum Jahre 1177. Verfaßt hat sie aller Wahrscheinlichkeit nach ein isländischer Gelehrter, Schriftsteller und Politiker, Snorri Sturluson, eine der schillerndsten Persönlichkeiten des nordischen Mittelalters, ja vielleicht des Mittelalters überhaupt. Schon durch ihren Umfang sprengt diese Königsgeschichte den Rahmen: sie füllt ungefähr 1200 Druckseiten, wobei der Löwenanteil von 400 Seiten auf Olaf den Heiligen entfällt, während rund ein Dutzend andere Könige sich in den Rest teilen müssen.

In den letzten Jahren hat sich die Forschung verstärkt Snorris Hkr. zugewandt. Bei aller Unterschiedlichkeit der Ansätze fällt ein Aspekt ins Auge. Im Mittelpunkt steht zumeist die Frage nach der historischen Konzeption Snorris (Gurevich), nach der die Hkr. bewegenden Ideologie (Lönnroth), nach Snorris Erklärungsmodell für die Ereignisse um König Olaf (Bagge/Fidjestöl).[1] Und nahezu einhellig wird die enge Verbindung betont, welche Erzählung und Intention miteinander eingehen. Sverre Bagge - ein Historiker wohlgemerkt - geht sogar soweit zu sagen, daß die wirkliche Erklärung in der Erzählung selber stecke. Die Erklärung nämlich für das zentrale Problem, vor das sich Snorri gestellt sehen mußte: wie es geschehen konnte, daß der strahlende König Olaf der Heilige, der *rex perpetuus Norvegiae* in einem Aufstand seiner eigenen Untertanen von diesen ohne viel Federlesens getötet wurde.

---

1 Aron Ya. Gurevich: Saga and History. The "historical conception" of Snorri Sturluson, in: Mediaeval Scandinavia 4, 1971, S.53; Lars Lönnroth: Ideology and Structure in Heimskringla, in: Papers of the III. International Saga Conference, S.1; Sverre Bagge: Snorri Sturluson und die europäische Geschichtsschreibung, in: skandinavistik 20/1, 1990, S.2 f.; Bjarne Fidjestöl: Europäische und einheimische Traditionen in der Saga vom Heiligen Olaf, in: skandinavistik 20/2, 1990, S.83 f.

Ich will diesem Aspekt der Hkr. ein wenig nachgehen und konzentriere mich dabei auf einen kleinen Ausschnitt der Saga Olafs des Heiligen, nämlich auf die letzten Kapitel, beginnend mit seinem Tod in der Schlacht von Stiklestad bis zur Anerkennung seiner Heiligkeit durch Volk und Bischof von Trondheim.

Ein Aufruhr der norwegischen Bauern gegen ihren König Olaf führt zunächst zu dessen Flucht nach Rußland, wo er sich jedoch eines besseren besinnt. Der Versuch der Rückkehr auf den norwegischen Thron hat für den König freilich letale Folgen, ein Bauernheer mit Unterstützung durch den dänischen König Knut fügt ihm und seine verbliebenen Verbündeten bei Stiklestad eine verheerende Niederlage zu. Dabei kommt Olaf selbst ums Leben.

Besiegt und getötet wurde Olaf Haraldson gewissermaßen von seinen nominellen Untertanen, er scheiterte, wie schon sein Vorgänger Olav Tryggvason, bei dem Versuch, das Christentum in Norwegen einzuführen bzw. durchzusetzen, am massiven Widerstand der Bauern, insbesondere derjenigen aus der Gegend um Trondheim in Mittelnorwegen. Sie standen in Opposition zu jeder königlichen Zentralmacht und blieben auf ihre Unabhängigkeit bedacht.

Und an dieser Stelle scheint es mir erforderlich, wenigstens in groben Zügen in die dramatis personae einzuführen, um das Verständnis zu erleichtern. Neben Olaf Haraldson wäre zunächst Thorir Hund zu nennen, einer der mächtigsten Männer im nördlichen Norwegen und mit dem König seit einiger Zeit im Zwist. Seine Neffe hatte einen Lehnsmann des Königs erschlagen, ein Gefolgsmann Olafs seinerseits den Neffen Thorirs.

Als zweiter Kalf Arneson: er hatte von König Olaf die Lehnsherrschaft über einen Teil des Gebietes um Trondheim im Landesinneren erhalten, stellt sich dann jedoch gegen Olaf. Nach einer Absprache mit dem dänisch-englischen König Knut soll er die Jarlswürdc crhaltcn, wenn er im Gegenzug einen Aufstand gegen Olaf anzettelt.
Schließlich Einar Bogenschüttler: anfänglich ein Gegner Olafs, kommt es zur Beilegung ihres Streits, woraufhin Einar seine Besitzungen zurückerhält. Er nimmt erneut an der Verschwörung gegen Olaf teil, geht jedoch vor der Schlacht von Stiklestad außer Landes: nach England zu König Knut.

In der Schlacht gegen die Bauern unter Führung von Thorir Hund und Kalf Arneson fällt Olaf, nachdem er zunächst verwundet worden war, mit einer Geste ganz im christlichen Sinne:

> "Der König aber lehnte sich nach dieser Verwundung an einen Stein und warf das Schwert fort. Er bat Gott ihm zu helfen. Nun stieß Thorir Hund mit seinem Speere nach ihm. Der Stoß drang ihm unter der Brünne durch und drang ihm

nach oben in den Bauch. Dann hieb Kalf auf ihn, und der Hieb traf ihn an der linken Seite des Halses. Doch sind die Leute nicht einer Meinung darüber, wo Kalf den König verwundete. Durch diese drei Wunden verlor der König sein Leben." (S.375 f./ÍF S.385)[2]

Mit anderen Worten: ein Zweifel über den Speerstoß in die Seite, den der König durch Thorir Hund erhielt, bestand nicht. Und dieser Thorir Hund, der dem König die tödliche Wunde beibrachte, ist auch der erste, der sich um den Leichnam kümmert - und ich zitiere ausführlicher:

"Thorir Hund ging nun dorthin, wo die Leiche des Königs lag, und er leistete dort die Totenhilfe. Er legte die Leiche nieder, streckte sie aus und breitete ein Tuch darüber. Und als er das Blut von dem Gesicht des Königs gewischt hatte, da war das Gesicht des Königs, wie er später oft erzählte, so schön, daß die Wangen rot aussahen, als ob er schliefe, ja, noch viel glänzender, als sie vorher waren, als er noch lebte. Da kam das Blut des Königs an Thorirs Hand und rann an ihrer Greifseite hinab, dort, wo er vorher seine Wunde empfangen hatte. Und da tat es seitdem nicht mehr not, die Wunde zu verbinden, so schnell ging die Heilung vonstatten. Thorir bezeugte dieses Wunder, das ihm geschehen war, später vor allem Volke, als die Heiligkeit Olafs bekannt wurde, und Thorir Hund war der erste unter den Mächtigen im Land, die im Heere seiner Feinde gewesen waren, der für die Heiligkeit des Königs eintrat." (S.377/ÍF S.387)

Bemerkenswert erscheint der an dieser Stelle wie nebenbei auftauchenden Widerspruch, daß Thorir Hund das Wunder erst bezeugt, nachdem die Heiligkeit Olafs 'bekannt' geworden war, daß er auf der anderen Seite aber einer der ersten gewesen sein soll, der für dessen Heiligkeit eintrat.[3] In der zitierten Passage finden sich nicht nur Elemente einer *imitatio Christi* (der Speerstoß in die Seite, die Demutsgeste gegenüber dem nahen Tod und die Anrufung Gottes), sondern auch die ersten Symptome für ein *corpus incorruptum.*[4]

---

[2] Sämtliche Zitate aus der Hkr. folgen hier der deutschen Ausgabe, die in drei Bänden innerhalb der Slg. Thule (Bde.14-16), Jena 1922/23 vorliegt. Zitiert wurden Band 15 (Olafs Saga) als Hkr.Bd.II sowie die Saga über Magnus Olafsson (Thule Bd.16/Hkr.III). Dahinter gebe ich jeweils die Parallelstellen der altisländischen Texte nach der Íslenzk Fornrít Ausgabe (ÍF) der Hkr. an.

[3] Die 'Legendarische Saga' erweist sich da als viel drastischer und eindeutiger: "Als König Olaf gefallen war, öffnete Gott Thorir Hund die Augen. und dieser sah, wie die Engel Gottes mit Olafs Seele gen Himmel fuhren." Olafs Saga Hins Helga. Die 'Legendarische Saga' über Olaf den Heiligen. Herausgegeben und übersetzt von Anne Heinrichs, Doris Janshen, Elke Radicke, Hartmut Röhn; Heidelberg 1982, S.197

[4] Arnold Angenendt beschreibt dies folgendermaßen: "Immer wieder findet sich der Leib gänzlich erhalten, sogar ohne Haar- oder Bartausfall und an der Haut keinerlei Fäulnis oder

Snorris gesamte Erzählhaltung kennzeichnet eine kalkulierte Ökonomie insofern, als er den späteren Reliquienkult um Olaf den Heiligen nicht mit einem Schlag, sondern erst nach und nach im Verlaufe der Handlung erstehen läßt. Zentrale Bedeutung kommt dabei zwei Aspekten zu: zum einen die Art und Weise, wie Olaf zum Heiligen wird, nämlich auf Umwegen, er muß zunächst einmal 'untertauchen' (und ich liefere die Erklärung für diese etwas kryptische Aussage gleich nach); zum zweiten die Ereignisse, die parallel zum zeitweisen Verschwinden Olafs vor sich gehen.[5]

Zum ersten Punkt: In der sogenannten 'Legendarischen Saga', einer ebenfalls volkssprachlich überlieferten Geschichte König Olafs heißt es:

> "Nach König Olafs Fall trug man am Abend den Leichnam vom Schlachtfeld und wusch ihn. Ein Blinder kam dorthin und wusch seine Augen in dem Wasser. Sogleich erhielt er sein Augenlicht. Als der Leichnam noch unbegraben dalag, ging ein angesehener Bauer aus der Gegend in der Nacht hinaus, und als er wiederkam, sagte er zu seiner Frau: 'Jetzt bereue ich es nicht, daß ich nicht zu den Gegnern des Königs gehörte.' Sie fragte, was geschehen sei. 'Ich sah ein helles Licht über der Stelle', sagte er, 'wo ich den Leichnam des Königs vermutete.' Als man den Leichnam des Königs zur Kirche trug, stürzte ein Kranker zu Boden, und als man den Leichnam über ihn hinwegtrug, erhob er sich sogleich und war geheilt. Später wurde Olafs Leichnam bei der Christkirche begraben." (Leg.s., S.207)[6]

Wie man leicht erkennt, enthält die Erzählung gängige Elemente der hagiographischen Literatur jener Zeit: die Heilung des Blinden und des Kranken, das Licht über Stelle, wo der Tote liegt. Sie stehen jedoch gänzlich unverbunden nebeneinander.[7]

Unansehnlichkeit; vielmehr ist nichts verwest oder häßlich geworden, als habe die Beisetzung eben erst stattgefunden, ja als schlafe der Tote nur." Arnold Angenendt: Der Kult der Reliquien, in: Anton Legner: Reliquien - Verehrung und Verklärung, Köln 1989, S.13

[5] Das 'Verschwinden' Olafs wird nur von Snorri erzählt. Vgl. Bjarni Aðalbjarnarson (Hg.): Heimskringla II, IF XVII, Reykjavik 1945, S.LXXXVI. Insbesondere heißt es dort: "Engar líkur eru til, að eldri Olafgssögur hafi orðið Snorra að miklu liði til þess að skýra, hvernig menn sannfaerðust um helgi Ólafs konungs." - Die Wahrscheinlichkeit, daß Snorri die gesamte Erzählung um Thorgils fingiert hat, ist also ziemlich groß.

[6] wie Anm. 3.

[7] Vgl. hierzu Frantisek Graus: Volk, Herrscher und Heiliger im Reich der Merowinger. (Studien zur Hagiographie der Merowingerzeit), Prag, 1965: "Ein literarisches Unvermögen der Hagiographen macht sich darin bemerkbar, daß die Charakteristik nur selten durch eine Handlung versucht wird. Die eigentliche Charakteristik des Heiligen geschieht durch eine Häufung verschiedener Epitheta und stereotyper Erzählungen. Das ist aber nicht nur durch literarisches Unvermögen bedingt, sondern hat auch eine echte literarische Funktion. Denn

Noch kürzer faßt sich die 'Fagrskinna', eine Sammlung von Königsgeschichten:

> "Nach dem Fall König Olafs wurde seine Leiche nach Kaupang gebracht und dort beerdigt. Und es geschahen da sogleich viele Wunder sowohl durch sein Blut als auch durch seinen Leichnam."[8]

Ganz anders bei Snorri: dort verschwindet die Königsleiche, nachdem sie zunächst von Thorir Hund provisorisch versorgt worden war, in der Nacht nach dem Kampf. Ein Bauer namens Thorgils verbarg den Körper in einer Hütte, angeblich aus Besorgnis, daß die Gegner des Königs ihn schänden oder verbrennen könnten. Der Zufall will es jedoch, daß ein blinder Bettler, auf der Suche nach einem Unterschlupf, in der Hütte übernachtet.

Und ich zitiere die Stelle, weil sie zum einen den Unterschied zur 'Legendarischen Saga' verdeutlicht, zum anderen die Qualitäten Snorris als Erzähler unter Beweis stellt, insbesondere seine erzählerische Genauigkeit im Detail.

> "Manche Bettler waren nun beiden Heeren gefolgt und armes Volk, das sich seinen Unterhalt zusammenschnorrte (...) Da war auch ein blinder Mann, von dem eine Geschichte erzählt wird.... [Er kam] zu eben jener öden Hütte, und deren Tür war so niedrig, daß man fast durch sie hindurchkriechen mußte. Als nun der blinde Mann im Hause war, tastete er auf dem Fußboden entlang, um zu sehen, wo er sich niederlegen könne. Er hatte einen Hut auf seinem Kopf, und der Hut fiel vorn über sein Gesicht herab, als er sich niederbückte. Er fühlte mit den Händen, daß vor ihm ein nasser Fleck auf dem Fußboden war, und da hob er seine feuchte Hand wieder auf und rückte sich den Hut gerade. Dabei kamen die nassen Finger an seine Augen. Und sofort fühlte er ein solches Brennen an seinen Augenlidern, daß er die feuchten Finger auf seine Augen drückte. Dann machte er sich wieder aus der Hüte fort, indem er sagte, er könne dort nicht liegen, da alles feucht sei. Als er aber draußen vor der Hütte war, sah er sofort, zuerst seine beiden Hände, eine nach der andern, dann all die Dinge, die ihm so nahe waren, daß er sie trotz des Nachtdunkels sehen konnte." (S.384f./ÍF S.395)

Was die 'Legendarische Saga' mit zwei Sätzen erledigt und die 'Fagrskinna' nicht einmal erwähnt, daraus macht Snorri eine kleine eigenständige Erzählung - sie ist übrigens noch länger. Nichts überläßt er dem Zufall, seine Erklärungen für den Hergang des Wunders leuchten in einer Weise ein, daß man sie fast rational nennen möchte.

---

jede Propaganda muß einfach sein und wiederholen, eine Tatsache, die sich besonders eindeutig auch in der modernen Propaganda manifestiert hat." (S.73)

[8] Finnur Jónsson (Hg.): Fagrskinna. Noregs Konunga Tal. Kopenhagen 1902-03, S.183 (dt. Übersetzung von mir).

Freilich ist auch diese Geschichte nicht gänzlich neu, ähnliche Berichte finden sich bei Abbo von Fleury über den heiligen Edmund, jenen englischen König, der vielleicht als Modell, als Prototyp für die heiligen Könige im Norden gelten darf.[9] Dort wird ebenfalls von einem Blinden erzählt, der wieder sehend wird, nachdem er in der Kapelle genächtigt hatte, in welcher der Heilige aufgebahrt lag.[10] Und im übrigen ähnelt alles zusammengenommen, also der Speerstoß in die Seite, die postwendende Heilung des Täters durch das Blut des Königs wie auch die Blindenheilung, der Legende über Longinus, jenen Soldaten unter dem Kreuz, wie sie etwa Jacobus de Voragine berichtet.[11]

Das kann nicht weiter verwundern bei der Beliebtheit hagiographischer Literatur im nordischen Mittelalter. Zumal, und hier folge ich im übrigen Konrad Burdachs Untersuchung über den Gral und seine Beziehung zur 'Longinus-Legende'[12], diese ihre kontinentale Gestalt vor allem über die englische und irische landessprachliche Dichtung erhielt. Und die kulturellen Wechselbeziehungen zwischen den angelsächsischen und den skandinavischen Ländern im Mittelalter können wohl als rege bezeichnet werden. Freilich unterscheidet sich Snorri durch seine Bearbeitung des Stoffes. Genauer gesagt, er integriert eine Fehde, wie sie für die isländischen Familiensagas so typisch ist, in den Ablauf der legendarischen Erzählung, leitmotivisch getragen durch den Speer, der zuvor Thorir Hunds Neffen tötete. Nun mag mancher einwenden, daß ein mittelalterlicher Leser/Hörer diese Einflüsse nicht wahrgenommen habe und daß obendrein vielleicht gar kein planmäßiges Vorgehen seitens des Verfassers vorliege, wenn er verschiedene Gattungen und Erzählungen durchmischt, vielmehr lediglich das im Mittelalter

---

[9] Vgl. Erich Hoffmann: Die heiligen Könige bei den Angelsachsen und den skandinavischen Völkern (Quellen und Forschungen zur Geschichte Schleswig-Holsteins), Neumünster 1975, bes. S.80 ff.

[10] Vgl. Régine Pernoud: Die Heiligen im Mittelalter, Bergisch Gladbach 1988, S.270.

[11] "Longinus war jener Offizier, der mit anderen Soldaten zusammen am Kreuz stand und auf Befehl des Pilatus die Seite des Herrn mit einer Lanze durchstach. Als er aber die Zeichen sah, die damals geschahen - die Sonne hatte sich verfinstert, und es hatte ein Erdbeben gegeben -, da glaubte er an Christus. Wie einige sagen, fand er den Glauben aber vor allem aus folgendem Grund: Er habe seine Augen, die wegen Krankheit oder wegen seines Alters schwach geworden waren, zufällig mit dem Blut berührt, das an der Lanze herunterrann, und gleich habe er das volle Augenlicht wieder erhalten." zitiert nach der deutschen Übersetzung der "Legenda Aurea", herausgegeben von Jacques Laager, Zürich 1982, S.131.

[12] Konrad Burdach: Der Gral. Forschungen über seinen Ursprung und seinen Zusammenhang mit der Longinus-Legende, Stuttgart 1938 (Neuaufl. Darmstadt 1974), v.a. S.271ff. und S.295ff.

übliche Verfahren des, salopp gesagt, 'Recyclings' zugänglicher Quellen. Ich glaube, das ist auch gar nicht entscheidend. Entscheidend ist vielmehr die Tatsache, daß hier - sei es nun bewußt oder unbewußt - unabhängige Erzählstränge parallelisiert und gebündelt werden, ein Phänomen, welches sich in der Hkr. des öfteren findet.

In der 'Legendarischen Saga' wird die Heiligkeit gleichsam vorausgesetzt, und dementsprechend verläuft die Kranken- und Blindenheilung innerhalb der Erzählung schematisch, weil ohnehin alle Bescheid wissen. Für die letzten Zweifler besorgen göttliche Erscheinungen den Rest, etwa die Vision Thorirs, die zu dessen Bekehrung führt. (Und bezeichnenderweise kommt der Speerstoß in der 'Legendarischen Saga' nicht vor.)

Snorri hingegen kehrt die Beweislage um, er entwickelt die auftretenden Wunder aus der Erzählhandlung heraus, wenn etwa Thorir während des Totendienstes logischerweise mit dem Blut des Königs in Berührung kommt, oder in der Episode um den blinden alten Mann. Hier berief sich Snorri ganz ausdrücklich auf existierende, eventuell mündliche Überlieferung:

> "Da war auch ein blinder Mann, von dem eine Geschichte erzählt wird." (S.384/ÍF S.395)

Aber vielleicht flunkert uns Snorri etwas vor, um glaubwürdiger zu erscheinen, was sonst hätte ihn zu diesem Erzählerkommentar veranlasst. Denn: Wer sollte die Geschichte bezeugen können außer dem alten Mann? Snorri scheint diesen Einwand vorausgesehen zu haben und stützt seine Version ab:

> "Jedermann aber wußte, daß er lange blind gewesen war, denn er war dort schon früher gewesen und immer von Haus zu Haus gewandert." (S.385/ÍF S.395)

Haben wir es also doch mit einem gerissenen Erzähler zu tun, der seine Glaubwürdigkeit fingiert, der auf die Stimmigkeit der Details Wert legt und für den die Plausibilität, im Gegensatz zur 'Legendarischen Saga', ein vordringliches Erzähl-Ziel darstellt?
Wie dem auch sei, die wundersame Heilung des blinden Mannes bleibt nicht folgenlos, die Bauern werden argwöhnisch.

> "Aber die Männer (...) wunderten sich, als sie dies wahrnahmen, gar sehr über dies Vorkommnis, und sie sprachen untereinander darüber, was wohl in jener Hütte gewesen sein könnte." (S.385/ÍF S.395)

Nachdem es dem schon erwähnten Bauern Thorgils erneut und unter Zuhilfenahme von viel List und Tücke gelungen war, die Königsleiche an diversen Orten zu verstecken, treten Ereignisse ein, welche bewirken, daß

> "man von manchem die wahre Ansicht über König Olaf hören [konnte]." (S.390/ÍF S.401)

Das zieht Konsequenzen nach sich, nämlich

> "In diesem Winter erhoben viele Leute in Drontheim ihre Stimmen dafür, daß König Olaf in Wahrheit ein heiliger Mann sei, da viele Wunder seine Heiligkeit bezeugten." (S.390/ÍF S.401)

Oder, nur eine Seite darauf:

> "(...) die ganze Beurteilung des Königs erfuhr eine Veränderung. Es gab jetzt viele, die es für ausgemacht hielten, daß der König ein Heiliger wäre, selbst unter denen, die den König vorher glühend haßten (...)" (S.391/ÍF S.402)

Dieser Stimmungsumschwung kommt nun doch etwas unerwartet. Der Anlaß hingegen erweist sich als ein sehr prosaischer, und Snorri unterstreicht das, indem er die eben zitierten Sätze an den Schluß einer Passage stellt, welche von der Mißwirtschaft und Tyrannei der neuen Herren in Norwegen berichtet. Der Dänenkönig Knut hatte kurzerhand seinen Sohn Svend, sowie dessen Mutter Alfiva als Statthalter über Norwegen eingesetzt, und diese erwiesen sich schlichtweg als Blutsauger. Die abtrünnigen Gefolgsleute Olafs hingegen, insbesondere Einar Bogenschüttler und Kalf Arneson, denen Knut zuvor die Jarls-Würde versprochen hatte, sie gingen leer aus. Daraufhin vertreiben die Trondheimer Bauern zunächst den dänentreuen Bischof Sigurd, der offensichtlich als Sündenbock herhalten mußte, und ersetzen ihn durch Olafs Vertrauten Grimkel, der sich besonders eignet,

> "weil er es für wahr hielt, was man über König Olafs Wundertätigkeit und seine Heiligkeit erzählte." (S.392/ÍF S.403)[13]

Als erste Amtshandlung trifft er sich mit dem Abtrünnigen Einar Bogenschüttler, und beide handeln die Rückführung der Königsleiche und die - natürlich erfolgreiche - Prüfung ihrer Heiligkeit vermittels geweihten Feuers aus. Jenem Einar Bogenschüttler kommt dabei die Schlüsselrolle zu, seine Haltung ist mehr als zwielichtig und es lohnt sich, sie kurz zu beleuchten.

---

[13] Es wäre an dieser Stelle interessant, zu untersuchen, wieso hier ein Kirchenmann durch einen anderen ersetzt wird. Vor allem vor dem pikanten Hintergrund, daß Knut in England gegenüber dem Edmund-Kult offenbar recht freizügig war, diesen wohlkalkuliert respektierte und unterstützte, obwohl Edmund doch im Kampf gegen die dänischen Wikinger gefallen war (und der Legende nach den Tod von Knuds Vater Svend Gabelbart bewirkt hatte). Durch dieses Handeln wollte Knut unter Beweis stellen, daß er kein dänischer Eroberer war, sondern ein rechtmäßiger Nachfolger der englischen Könige, in deren Tradition er sich stellte. vgl. Hoffmann, wie Anm. 9, S. 83.

Wie schon erwähnt, hatte er sich an den Hof König Knuts begeben und ihm seine Unterstützung angeboten - in Erwartung der Jarlswürde als Gegenleistung, die der König diesem auch versprach. Freilich, so Snorri, durchschaute Einar den Vorschlag des Königs, und er

> "überlegte sich (...), er würde nichts dabei gewinnen, falls er seine Heimfahrt [nach Norwegen - T.F.-S.] über das geringste Maß, was noch anständig war, hinaus beschleunigte - wenn sie wider König Olaf zu fechten haben." (S.340f./ÍF S.346)

Ein Drückeberger also, Einar will zwar an der Macht partizipieren, sich aber aus den Kämpfen möglichst heraushalten. Nach dem Tode Olafs und zurück in Norwegen, heißt es dann:

> "Einar Bogenschüttler hatte nicht am Widerstand gegen König Olaf teilgenommen, und er selbst rühmte sich dessen." (S.390/ÍF S.401f.)

Teilt Snorri diese Meinung? Der Text läßt darauf schließen, wenngleich an anderen Stellen ganz ausdrücklich hervorgehoben wird, wie Einar Truppen gegen den König zusammenstellt. Für den Leser bzw. Hörer bleibt das eine unentscheidbare Frage. Der direkte Anschluß lautet:

> "Einar dachte daran, wie König Knut ihm das Jarltum über Norwegen versprochen hatte, und er sah, daß der König diese Versprechungen nicht hielt. Einar war der erste unter den mächtigen Männern des Landes, der für die Heiligkeit König Olafs eintrat." (S.390/ÍF S.402)

Nein, eigentlich der zweite, wie wir gehört haben, nach Thorir Hund nämlich. Dafür reißen sich nun schon zwei ehemalige Widersacher König Olafs darum, für dessen Heiligkeit einzutreten. Die überlebenden Mitstreiter Olafs hingegen werden, bis auf Bischof Grimkel, in diesem Zusammenhang nicht erwähnt.

Der Rest ist schnell erzählt: Einar Bogenschüttler setzt sich gemeinsam mit Bischof Grimkel für die Heiligkeit Olafs ein, gegen den Willen der Dänen Svend und Alfiva. Diese werden kurzerhand aus dem Lande gejagt, und es ist wiederum Einar Bogenschüttler, der, dieses Mal in Zusammenarbeit mit Kalf Arneson, für die Rückholung des Sohnes König Olafs aus dem russischen Exil plädiert. Die Olafssaga schließt mit der Erhebung des Sohnes Magnus zum König, wobei Kalf Arneson zum Ziehvater für den noch Minderjährigen wird.

Ich fasse den Erzählverlauf in der Hkr. kurz zusammen: Nach der Schlacht von Stiklestad 'verschwindet' die Leiche König Olafs, ohne daß es, wie in anderen Quellen, sofort zu einer Heiligenverehrung gekommen wäre. Stattdessen besteht zunächst weiter das alte Mißtrauen gegen den König und seine Anhänger. Innerhalb eines dichten Erzählkontextes werden auf wenigen Seiten Episoden thematisch parallelisiert bzw. miteinander verwoben: die Versuche der Bauern und ihrer Führer, der Leiche Olafs habhaft zu werden; die Geschicklichkeit eines einzelnen Mannes, sie wiederholt in Sicherheit zu bringen; ein Wunder an einem blinden Mann; die Rückkehr Einar Bogenschütllers; die Aussöhnung Kalf Arnesons mit seinen Brüdern, die auf Seiten Olafs gekämpft hatten; die Vertreibung des dänentreuen Bischofs und Einsetzung eines Anhängers von König Olaf; das 'Wiederauftauchen' des Leichnams; die Heiligsprechung.

Aus dem Gesagten lassen sich folgende Schlußfolgerungen ziehen:

1. dem toten König gelingt, was dem lebendigen nicht glücken wollte, nämlich die Einigung des Reiches unter einer Krone sowie die endgültige Durchsetzung der Christentums, dessen Anerkennung gewissermaßen mit der Heiligsprechung durch seine Gegner erfolgt.

2. als Profiteure der Situation erscheinen die ehemaligen Widersacher Olafs unter den Mächtigen des Reiches, namentlich Einar Bogenschüttler und Kalf Arneson. Die beiden - mit einem neudeutschen Wort - 'Wendehälse' sind nicht nur maßgeblich an der Vertreibung der Dänen beteiligt, sondern auch die grauen Eminenzen hinter dem neuen König, seine Ratgeber. Damit wären der Fortbestand der partikularen Interessen einzelner Aristokraten gesichert, genau das, wogegen sich die Einheitsbestrebungen Olafs richteten.

3. die Verlierer wären ironischerweise Leute vom Schlage des Thorir Hund. Obwohl einer der Garanten des Sieges über Olaf, spielt er in der Erzählung keine Rolle mehr. In der folgenden Saga über König Magnus Olafsson heißt es nur lakonisch:

> "Thorir Hund zog kurz nach dem Fall König Olafs außer Landes. Thorir ging fort nach Jerusalem, und viele Leute meinen, er sei nicht wiedergekommen." (Hkr.III, S.33)

Vielleicht verkörpert er ein auslaufendes Modell, dasjenige einer unversöhnlichen Gradlinigkeit. Er ist ein Vertreter der guten alten Fehdekultur, die sich im Widerspruch befindet zur auf Machterhalt bzw. Machtvergrößerung zielenden Verschlagenheit und Diplomatie eines Einar Bogenschüttler, des Typus der neuen Zeit.

Was tut man nun mit diesem Befund im Hinblick auf die ominöse Absicht, die dahinterstehende Ideologie oder die Haltung Snorris? Ich ziehe mich aus der Affäre, indem ich - wie es wohl auch ein mittelalterlicher Autor täte - eine Autorität anrufe. Der Literaturwissenschaftler Michael

Bachtin prägte für den Roman die Begriffe der Polyphonie und der Dialogizität, und er sei hier in extenso zitiert:

> "Der Roman ist ein künstlerisch organisierter Widerspruch, manchmal aus verschiedenen Sprachen bestehend, und ein individueller, disharmonischer Gesang. [...] Die Autorenrede, die Reden der Erzähler, die eingefügten Gattungen, die Reden der Helden - dies sind nur jene Grundeinheiten der Komposition, mit deren Hilfe der Widerspruch in den Roman eingeführt wird; jede von ihnen erlaubt eine Vielfalt der sozialen Stimmen und eine Verschiedenartigkeit der Verbindungen und Entsprechungen zwischen ihnen (immer in jenem oder anderen Grad des Dialogisierten). Diese besonderen Verbindungen und Entsprechungen zwischen den Aussagen und Sprachen, diese Bewegungen der Themen und Sprachen und Reden, ihre Brechung im Strömen und Tropfen des sozialen Widerspruchs, ihre Dialogisierung - ist grundlegende Besonderheit der Romanstilistik."[14]

Damit ist das wesentliche bereits gesagt: es geht zum einen um unterschiedliche Stimmen in der mittelalterlichen Literatur. Sie können sowohl Gattungen, also beispielsweise Märchen oder Heldenlied, Saga oder Legende, umfassen wie stilistische und rhetorische Eigenarten mündlicher Traditionen oder schriftlich-kontinentaler Einflüsse, schließlich und endlich die divergierenden Redeweisen sozialer Gruppen, Stände und Schichten, literater wie illiterater.
Diese Stimmen treten in einen Dialog, mit anderen Worten, sie verändern ihren Klang, indem sie sich den Erfordernissen des Textes in gewissem Sinne anpassen, sie verändern aber auch die ursprüngliche Absicht des Verfassers, bewirken Metamorphosen des Textes, die der Autor nicht kontrolliert. Auf diese Weise geraten Widersprüche und Ambivalenzen in den Text, welche freilich auch widersprüchliche gesellschaftliche Strömungen - und Unterströmungen repräsentieren.

Ich möchte daher lieber von einer Textintention als von einer Autorintention sprechen, und eine solche Textintention würde gerade die strukturelle Offenheit der mittelalterlichen Texte berücksichtigen.[15]

---

[14] Zitiert nach Jürgen Lehmann: Ambivalenz und Dialogizität. Zur Theorie der Rede bei Bachtin; in: Kittler/Turk: Urszenen. Literaturwissenschaft als Diskursanalyse und Diskurskritik, Frankfurt a.M. 1977 S.373; bemerkenswert auch Graus über die Legende: "Die Legende, die bei flüchtiger Betrachtung ein so einfaches und starres literarisches Erzeugnis ist, zerfällt bei einer näheren Untersuchung in eine Reihe von wandelbaren, manchmal sogar widersprüchlichen Einzelzügen." Wie Anm. 7, S.139 [Hervorhebung von mir].

[15] Zur Textintention grundsätzlich: Kahrmann/Reiß/Schluchter: Erzähltextanalyse. Eine Einführung in Grundlagen und Verfahren, Königstein/Ts. 1981, S.43ff.

Die Hkr. präsentiert sich, wie ich anhand einiger weniger Beispiele zu zeigen versucht habe, als ein solch polyphoner Text; in ihm überlagern sich verschiedene Stimmen, die ihre Herkunft aus isländischer Saga, Legende und hagiographischer Literatur, aus mündlicher Überlieferung, seien es nun Skaldengedichte oder volkstümliche Geschichten, nicht leugnen können. Sie sollen wohl auch gar nicht geleugnet werden. In ihnen überschneiden sich aber auch unterschiedlichste gesellschaftliche Tendenzen; Tendenzen, die sich gerade nicht auf eine fest umrissene Absicht des Verfassers, aus der man dann seine Haltung destilliert, auf eine einzige Ideologie als Steuerungsprinzip des Textes reduzieren lassen.

Wenn man eine derartige Textintention annimmt, also ein Wissen innerhalb des Textes, das mehr umfaßt als die bewußte Absicht eines Autors; wenn man weiterhin annimmt, daß Literatur häufig Phänomene und Entwicklungen in einer unbegrifflichen Weise gewissermaßen vorformuliert, noch ehe sie ins gesellschaftliche Bewußtsein gedrungen sind, so könnten sich einige Fragen aus dem Dargestellten ergeben.

- Ausgehend von der offensichtlichen Parallelisierung von Heiligkeit und Einigkeit, wie sie in der Hkr. entwickelt wird, die Frage: Steht der tote, der abwesende, der heilige König, steht sein *corpus incorruptum* - in einem metonymischen Sinne - für die Einigkeit und die Einheit des Reiches, und damit für Norwegen am Beginn eines korporativen Staatsprinzips avant la lettre, zumindest in seinem Kern: als ein symbolischer Übergang gewissermaßen vom Personenverband zum Territorialstaat, vom königlichen Körper zum Staatskörper?[16]

---

[16] Zwei Fragen erscheinen in diesem Zusammenhang interessant, ohne daß sie hier behandelt werden können: Zum einen die Frage der Integrität des corpus incorruptum. Reliquienteilungen sind eher eine Erscheinung des Hoch- und Spätmittelalters, nicht des Frühmittelalters. Hierzu: Arnold Angenendt: Corpus incorruptum. Eine Leitidee der mittelalterlichen Reliquienverehrung, in: Saeculum Bd. 42, Heft 3-4, 1991, S.320-48. Eine Reliquienteilung Olafs wird in der Hkr. nirgendwo bezeugt, hingegen aber ausdrücklich die Zerteilung der Leiche Halfdans des Schwarzen, eines heidnischen Königs, im 1.Teil der Hkr. Auf der anderen Seite scheint sich das Körperbild im 13. Jhd. wesentlich geändert zu haben, und zwar auf eine Integrität des Körpers hin - auch nach dem Tode. (Diesen Hinweis verdanke ich einem Seminar unter Leitung von Jacques Le Goff, wo er dies am Beispiel Ludwigs des Heiligen veranschaulichte.) Zum zweiten die Frage nach der 'Zwei-Körper-Theorie': sie findet sich ausführlich verhandelt in Ernst Kantorowicz: Die zwei Körper des Königs. Eine Studie zur politischen Theologie des Mittelalters. München 1990

Von besonderer Bedeutung für die Hkr. wäre die 'konservative' Königstheorie des sogenannten 'Normannischen Anonymus' aus Rouen, eines klerikalen Vertreters einer christozentrischen Königsidee. Kantorowicz, S.64ff. und bes. S.81. Die Frage steht freilich auch im

- Können und müssen sich daher alle Nachfolger nicht mehr dadurch legitimieren, daß sie für *'ár ok friðr*, wie es im Altnordischen heißt, für gute Ernten und friedliche Verhältnisse sorgen, sondern indem sie sich auf Olaf den Heiligen berufen und damit zugleich auf ein Gottesgnadentum als neues Legitimationsprinzip?

- Wird hier nicht ein für die Zeit ausgesprochen konservatives Königsbild gezeichnet, völlig unbeeinflußt etwa von den Veränderungen, die auf den Investiturstreit folgten, mit einer von König und Bauernaristokratie vollständig abhängigen Kirche?[17]

- Haben Leute wie Einar Bogenschüttler - und hier sollte man Snorri Sturluson, seine Zeit und seine eigenen politischen Verwicklungen unbedingt miteinschließen - haben sie bewußt oder instinktiv die Zeichen der neuen Zeit erkannt, und suchen nach neuen Mitteln und Wegen, ihren alten Einfluß geltend zu machen, durch Diplomatie und die politische Intrige?

Außer der Tatsache, daß sich diese Fragen eher an die Historiker richten, ist ihnen doch eines gemeinsam: sie treffen sich in einem Bereich, in welchem - analog zu den vielen Stimmen des Textes - Vorstellungen und Erklärungsmodelle, Wünsche und Ängste, Traditionen und Ideologien zu einem sowohl Individuelles als auch Kollektives umfassenden Raum verschmelzen, kurz: sie treffen sich in dem, was Jacques Le Goff das 'imaginaire' einer Gesellschaft genannt hat.[18]

---

weiteren Zusammenhang der im Mittelalter so verbreiteten organologischen Staatsauffassung. Vgl. hierzu: Tilman Struve: Die Entwicklung der organologischen Staatsauffassung im Mittelalter. Monographien zur Geschichte des Mittelalters, Stuttgart 1978.

[17] Vgl. Kantorowicz, S.81.

[18] Jacques Le Goff: L'imaginaire médiéval, Paris ^{2}1991.

HEINRICH BECK und SUSANNE KRAMARZ-BEIN

PERSPEKTIVEN IN DER NIEDERDEUTSCH-NORDISCHEN DIETRICH-DICHTUNG[1]

Im Gegensatz zu der reichhaltigen Dietrich-Überlieferung des hochmittelalterlichen oberdeutschen Raumes ist eine niederdeutsch-nordische Parallelüberlieferung vergleichsweise spärlich zu verzeichnen. Aus der wenig erhaltenen niederdeutschen Dietrich-Dichtung[2] ist neben einigen überlieferten niederdeutschen Fassungen oberdeutscher Dietrich-Dichtung (darunter z.B. ein niederdeutsches Fragment des 'Großen Rosengarten' und der spätmittelniederdeutsche 'Lorin') vor allem die späte Ballade 'Koninc Ermenrîkes Dôt' anzuführen. Die nordische Dietrich-Dichtung erweist sich - von einer Ausnahme abgesehen - als spärlich. So weiß die eddische Überlieferung - abgesehen von kleineren Reflexen in Guðrúnarkviða 3 ('Gudruns Gottesurteil') und der Prosaeinleitung zum Zweiten Gudrunlied - wenig über Dietrich/Þiðrekr zu berichten. Erst in der spätmittelalterlichen nordischen Literatur erfreut sich der Sagenkreis um Dietrich von Bern und seine Kämpen in etlichen nordischen, darunter besonders altdänischen Kämpeviser (Heldenballaden) und isländischen rímur (Verserzählungen) größerer Beliebtheit. Insofern kommt einem umfangreichen altnorwegischen Prosatext der Dietrichsage aus dem 13. Jahrhundert eine zentrale Bedeutung zu, nämlich der 'Þiðrekssaga af Bern' (im folgenden Þs.), die nicht nur aufgrund ihres Umfangs das Zentrum der nordisch-niederdeutschen Dietrich-Dichtung ausmacht, sondern auch aufgrund der Verbindung nordischer und kontinentaler Überlieferung eine besondere Rolle spielt und deshalb auch den Ausgangspunkt der folgenden Überlegungen darstellt.

---

[1] Die im Rahmen des Kolloquiums getrennt vorgetragenen Beiträge erscheinen hier in einer Fassung vereinigt. Die Erörterungen zur Lokalisierung der 'Þiðreks saga' gehen hauptsächlich auf H. Beck zurück, die Ausführungen zu den Heldendarstellungen auf S. Kramarz-Bein.

[2] Um diese (nicht erhaltene) niederdeutsche Dietrich-Dichtung haben sich besonders bemüht: Waldemar Haupt: Zur niederdeutschen Dietrichsage. Untersuchungen, Berlin 1914 (Palaestra CXXIX), und Heinrich Hempel: Sächsische Nibelungendichtung und sächsischer Ursprung der Thidrikssaga, in: Edda, Skalden, Sagas. Festschrift zum 70. Geburtstag von Felix Genzmer, hrsg. v. Hermann Schneider, Heidelberg 1952, S. 138-156 und Heinrich Hempel: Niederdeutsche Heldensage (1962), in: H. H., Kleine Schriften zur Vollendung seines 80. Lebensjahres am 27. August 1965, hrsg. v. Heinrich Matthias Heinrichs, Heidelberg 1966, S. 134-152. Bei der Rekonstruktion der niederdeutschen Dietrich-Dichtung spielt die 'Þiðreks saga' eine wichtige Rolle (vor allem die Vilcinasaga und die Passagen über die Dänenhelden Viðga und Þetleifr).

Die Þs. wurde etwa in der Mitte des 13. Jahrhunderts in Norwegen während der Herrschaftszeit des an kontinentaler Literatur und höfischer Kultur interessierten norwegischen Königs Hákon Hákonarson (1217-63) aufgeschrieben und repräsentiert eine das gesamte Leben Dietrichs von Bern, im Norden Þiðrekr genannt, umfassende Darstellung. Wie ihre eigentliche Überschrift (in Handschrift B) und auch einige Stellen des Prologs andeuten, geht es in dem Text keinesfalls nur um den berühmten König von Bern, sondern ebenfalls um seine Schildgefährten (*félagar*), die sich ihm als ebenbürtig (*iafningiar*) erweisen, so daß die Þs. neben einer umfangreichen Heldensagen-Überlieferung auch noch andere Stoffe in sich birgt.

Die älteste, noch vom Ende des 13. Jh.s stammende Handschrift wird nach ihrem Aufbewahrungsort in der Königlichen Bibliothek von Stockholm als Stockholmer Membran (Mb) bezeichnet und weist zwei sich unterscheidende Hauptredaktionen (Mb2, Mb3) auf. Die am Anfang und Schluß defekte Handschrift wird durch folgende Papierhandschriften ergänzt: zwei aus dem 17. Jh. stammende isländische (arnamagnæanische) Abschriften (Sigle A und B) und eine weitere Stockholmer Papierhandschrift (Sigle C, ebenfalls 17. Jh.).[3] Der bedeutsame Prolog der Þs. ist aufgrund der Anfangslakune der Membran ebenfalls nur in den isländischen Handschriften (A/B) überliefert. Zudem existiert eine stark gekürzte schwedische Version, die sogenannte 'Didrikskrönika', auf die hier jedoch nicht weiter Bezug genommen wird.

Þiðrekr af Bern ist der zentrale Held der gleichnamigen Saga, dessen Biographie den strukturellen roten Faden bildet, der sich vielfach im Vordergrund, bisweilen im Hintergrund, durch die Saga zieht. Folgender Überblick möge dies verdeutlichen:

> Gerahmt wird der Text durch das in Zusammenhang mit Þiðreks Genealogie berechtigte Einleitungskapitel von König Samson und seinen Söhnen sowie dem nachfolgenden Kapitel von Þiðreks Jugend und schließlich dem vieldiskutierten Schlußkapitel von seinem Verschwinden auf einem schwarzen Pferd. Unterbrochen von der Mb2-Redaktion der Vilcinasaga (Wilzensaga) I werden alle berühm-

---

[3] Zugrundegelegt wird folgende Ausgabe: Henrik Bertelsen (Hg.): Þiðriks saga af Bern, Bd. I/II, København 1905-11 (Samfund til udgivelse af gammel nordisk litteratur, 34) und damit - soweit möglich - der Text der 'Stockholmer Membran' (=Mb). Die Stellenangaben im Text beziehen sich jeweils auf diese Ausgabe, unter Angabe des Bandes (römische Zahlen) und der Seitenzahlen (arabische Zahlen). Auch die Kapitelangaben folgen der (gegenüber Unger differierenden) Zählung Bertelsens. Nach Ansicht Bertelsens, I, S. IX haben die Birgittinerklöster Munkeliv bei Bergen (Norwegen) und Vadstena (Schweden) bei der Vermittlung der Membran nach Stockholm eine Rolle gespielt.

ten Þiðreks-Kämpen sowie die burgundischen Helden mit ihren jeweils genealogischen Vorgeschichten nacheinander eingeführt. Die Einführung der Helden läuft jeweils auf ein Sich-Messen mit Þiðrekr, zumeist im Zweikampf, hinaus und endet mit der Aufnahme in den Berner Heldenkreis und in Þiðreks Tafelrunde anläßlich seines Gastmahls. Das Gastmahl und die nachfolgende Heldenschau stehen somit nicht von ungefähr in der Mitte der gesamten Saga, denn hier sind die vortrefflichsten Helden versammelt, die ihrem Gastgeber in nichts nachstehen. Þiðreks nachfolgender Zug ins Bertangenland (Isungenkämpfe) gipfelt in dem Zweikampf mit Sigurðr/Siegfried, den der Berner durch eine List für sich entscheiden kann. In der folgenden 'Heirats-Sequenz' (die Mb3-Redaktion der Vilcinasaga (Wilzensaga) I inbegriffen) wird nach dem Erzählprinzip der Anreihung von den Heiraten der Þiðreks-Mannen und anderer Helden berichtet. Eine wichtigere Rolle spielt der Berner in den folgenden Parallelüberlieferungen zu den mhd. Epen 'Dietrichs Flucht' und 'Rabenschlacht' (II,169ff), geschildert werden seine Flucht, Exilszeit (Vilcinasaga/ Wilzensaga III) und die Gronsport(Raben)schlacht. In der folgenden Niflunga saga, der Parallelüberlieferung zum Nibelungenlied (im folgenden NL) hingegen (II,258ff), wird Þiðrekr über längere Passagen nur sporadisch erwähnt; erst im weiteren Verlauf des Burgundenuntergangs erhält er die Rolle des Warners (II,301) und Racheverweigerers (II,303). Ähnlich wie auch im NL hält er sich jedoch während der Kämpfe zurück und tritt erst anläßlich von Roðingeirs/Rüdigers Fall in den Zweikampf mit Hǫgni/Hagen ein (Kap. 412). Im Gegensatz zum NL wird Þiðrekr am Ende der Saga aber selbst aktiver, indem er Hǫgni eine Frau zuführt, deren gemeinsamer Sohn Aldrian später zum Rächer der Burgunden wird, und indem er Grímhildr eigenhändig erschlägt, also indem Þiðrekr gewissermaßen selbst der Burgundengeschichte ein Ende bereitet. In den letzten 30 Kapiteln der Saga schließlich rückt der gealterte Held Þiðrekr - abgesehen von den Episoden von Hildibrandr und Alibrandr (Hadubrand), Attilas Tod und Heimis Klostererfahrung - ins Zentrum des Geschehens. Berichtet wird von seinen Erfolgen: der Heimkehr und Wiedererlangung seines Reiches, Königsherrschaft in Rom, Drachenkampf und erneute Heirat sowie Herrschaft über Húnaland/Hunnenland. Die beiden letzten Kapitel 443/44 schließlich kleiden sein Ende in eine Höllenfahrts- und Entrückungssage.

Eine Beschäftigung mit der Frage nach der Perspektive bzw. den Perspektiven der Þs. setzt zunächst einige kurze Bemerkungen zum Textcharakter und zur Struktur der Saga voraus. Bis in die späten 70er Jahre hinein hat man die Þs. - von wenigen Ausnahmen abgesehen - in der Forschung als ein Kompilationswerk betrachtet, als ein Konglomerat ohne erkennbare Struktur und ohne ersichtliche Erzählintention. Der Text interessierte selektiv stoffgeschichtlich und quellenkritisch, besonders als Parallelüberlieferung des NL-Stoffes und der mhd. Dietrich-Dichtung. Von Einzelbeobachtungen abgesehen, hat sich erst die neueste Forschung seit Beginn der 80er Jahre mit der Struktur des Textes befaßt und eine Unterteilung in Handlungssequenzen oder -segmente vorgenommen.[4] Zurecht wendet man sich heute gegen das alte Vorurteil, daß die Saga lediglich als anspruchslose Reihung einzelner Episoden zu betrachten sei. Als Organisationsprinzipien des Textes hat man vor allem den Lebenszyklus mit einer aufsteigenden Linie (Jugend und Heirat) und einer absteigenden Linie (Tod der Dietrichsmannen) herauskristallisiert (Klein, Andersson). Zudem erweist sich auch die Idee der gleichrangigen Helden (félagar ok iafningiar), die im Text in der zentral plazierten Heldenschau gipfelt, als eine Kernaussage der Saga (Wyss, Klein, Beck). Weiterhin hat man in der Neigung der Þs.-Redaktoren zur Verwendung von Anreihungs- und Verflechtungstechniken Züge einer typisch mittelalterlichen Erzählweise gesehen (Klein, Beck). Besonders die Fragen der Struktur- und Erzähltextanalyse müssen Aufgaben weiterer Forschung zur Þs. sein.

Auf den Punkt gebracht, impliziert also die jetzt aufzugreifende Frage nach der Perspektive der Þs. zugleich auch ein Bekenntnis zur Struktur und zur Intentionalität des Textes, wobei der im folgenden versuchte Aufweis einer Perspektive zugleich wiederum einen weiteren Beitrag zur Frage der Textstruktur darstellt.

---

[4] In den letzten Jahren haben sich mit Strukturproblemen befaßt (in chronologischer Reihenfolge): Ulrich Wyss: Struktur der Thidrekssaga, in: Acta Germanica 13, 1980, S. 69-80; - Thomas Klein, Zur Þiðreks saga, in: Heinrich Beck (Hrsg.), Arbeiten zur Skandinavistik. 6. Arbeitstagung der Skandinavisten des Deutschen Sprachgebietes: 26.9.-1.10.1983 in Bonn, Frankfurt a.M./ Bern/New York 1985 (Texte und Untersuchungen zur Germanistik und Skandinavistik, Bd. 11), S. 487-565, bes. 512ff. Klein (bes. 516/7, 525,541) unterteilt die Þs. (Erzählfolge Mb3AB) in drei Sequenzen oder "typisierte Lebensabschnitte", nämlich 'Jugend' (bis zum Abschluß der Isungenkämpfe), 'Heirat' (bis zum Abschluß der Apollonius-Iron-Geschichte) und 'Tod' (beginnend mit Sifkas Rache bis zum Ende des Textes); - Theodore M. Andersson: An interpretation of Þiðreks saga, in: Structure and Meaning in Old Norse Literature. New Approaches to Textual Analysis and Literary Criticism. Hrsg. v. John Lindow, Lars Lönnroth und Gerd Wolfgang Weber, Odense 1986, S. 347-377, bes. 368ff. Auch Andersson (bes. 371/2) findet das Organisationsprinzip des Textes in dem "life cycle: ancestry, birth, youthful adventure, mature prowess, marriage, and death" und betrachtet zudem den 'vanitas-Gedanken' als Strukturprinzip. - Und Heinrich Beck, Die Thidrekssaga in heutiger Sicht, in: Klaus Zatloukal (Hg.), 2. Pöchlarner Heldenliedgespräch: Die historische Dietrichepik. Symposium des Instituts für Germanistik der Universität Wien und der Nibelungenstadt Pöchlarn 3.4.-6.4.1991, Wien 1992 (Philologica Germanica, Bd. 13), S. 1-11. Beck mißt besonders dem Sequentierungsprinzip und den erzähltechnischen Verfahren der Anreihung und Verflechtung Bedeutung bei und befaßt sich auch mit der Frage der Erzählintention des Textes.

Ist man um den Aufweis einer Perspektive der Þs. bemüht, so fallen folgende strukturelle Momente des Textes besonders ins Auge, nämlich:

1) die Konzentration des Handlungsgeschehens auf die Interaktionen der Länder Ǫmlungaland (Italien), Húnaland (Hunnenland), Danmörk (Dänemark), Vilcinaland (slawisches Wilzenland) und Russialand und damit verbunden die bezeichnende Umlokalisierung von Húnaland und

2) eine prodänische, dänisch-sächsische, dem Oberdeutschen entgegengesetzte Zeichnung einiger Dietrichhelden.

Diesen beiden Aspekten ist im folgenden nachzugehen.

1) Mit Húnaland[5] meint die Þs. zweifelsfrei das von König Attila regierte Hunnenland; die Hauptstadt dieses Landes, nämlich Susat=Soest in Westfalen, lokalisiert die Saga jedoch deutlich anders als die oberdeutsche Überlieferung (NL und mhd. Dietrich-Dichtung), die Etzelnburc nach Ungarn verlegt. Die Sagageographie der betroffenen Länder läßt sich wie folgt beschreiben: Das im Text zentrale Húnaland grenzt im Westen an Niflungaland (das Reich der Wormser Burgunden) und im Osten an Vilcinaland (Wilzenland) und Pulinaland (Polen), wobei sich das Wilzenland in der Saga sogar bis nach Dänemark und Schweden erstreckt. Bedeutsam ist nun die Frage nach der geographischen Lokalisierung von Húnaland. Eine Reihe nordischer Belege verweisen Húnaland in das nördliche Deutschland (z.B. in der Kormák-Strophe, in der eddischen Überlieferung (Oddrúnargrátr und Guðrúnarkviða) und der Vǫlsungasaga). Eine sicher datierbare Lokalisierung des Húnalandes in den nordwestdeutschen Raum bietet aber erst die Þs. Vermutlich ist diese geographische Fixierung des Hunnenlandes als sagengeschichtlicher Entwicklungsvorgang zu interpretieren, der mit der Aufnahme der Burgunden- und Dietrich-Sage im niederdeutschen Raum einhergeht. Die Umlokalisierung des Hunnenlandes in der Saga nach Nordwestdeutschland mit Soest als Hauptstadt repräsentiert sagengeschichtlich im übrigen bereits eine dritte Sagenstufe, nachdem die Versetzung des Hunnensitzes nach Ungarn und des Burgundenzuges über die Donau selbst als sagengeschichtlich neuernde Umlokalisierung des ursprünglichen Burgundenunterganges am Rhein zu verstehen ist.[6]

[5] Zum Folgenden vgl. Heinrich Beck: Saxland = Húnaland? in: Iconologia sacra. Festschrift Karl Hauck, hrsg. v. Nikolaus Staubach u.a., Münster (im Druck).

[6] Vgl. Andreas Heusler: Nibelungensage und Nibelungenlied. Die Stoffgeschichte des Deutschen Heldenepos, Darmstadt 1991 (unveränd. Nachdr. d. 6. Aufl. 1965), S. 25, 34/35 und Beck (wie Anm. 5).

Solche und ähnliche Umlokalisierungen sind in der Heldendichtung häufig anzutreffen. Hermann Schneider etwa unterscheidet drei Arten von sagenspezifischen Lokalisierungen, unter denen der dritte Aspekt der "willkürlich aneignende[n]" Lokalisierung aufgrund eines "Aneignungswille[ns] einer Landschaft" auch für die Þs. Geltung beanspruchen darf. Als Beispiele lassen sich z.B. die Versetzung der dänischen Ermanrich-Sage nach Seeland oder der grönländischen Nibelungensage nach Dänemark anführen.[7] Entscheidend für diese Arten von Umlokalisierung ist allerdings, daß sie nicht willkürlich im Sinne von zufällig oder intentionslos anzusehen sind, sondern - wie im folgenden zu zeigen ist - durchaus aus zeitgeschichtlich, ja auch politisch aktuellem Anlaß vom jeweiligen Verfasser vorgenommen werden können. An der Húnaland-Umlokalisierung der Þs. läßt sich unseres Erachtens zeigen, daß diese Versetzung von Ungarn nach Niederdeutschland von einer bestimmten Intention des Verfassers zeugt und nicht etwa Aufschluß über seine mangelnden geographischen Kenntnisse gibt.[8] Die bereits angesprochene Konzentration des Handlungsgeschehens der Þs. auf die Länder Húnaland, Vilcinaland mit Danmörk und Russialand (sog. Wilzensaga) richtet die Perspektive auf das nordwestliche Deutschland und seine östlichen Nachbarn und baut hier ein Machtzentrum auf, das den südlichen und südwestlichen Reichen entgegengesetzt wird. Wie noch an den Heldenbildern der Saga zu zeigen ist, wird der dänisch-niederdeutsche Raum äußerst rühmend hervorgehoben. Ganz wesentlich für die Bestimmung der Perspektive der Þs. ist, daß Húnaland, also das nordwestliche Deutschland, zum Schauplatz für die Konfrontation mit den Niflungar, den von westlich des Rheins aus Vernica/Worms kommenden Nibelungen, und des Burgundenunterganges wird. Diese Lokalisierung der Þs. steht in einem bezeichnenden Gegensatz zur NL-Überlieferung, die den Burgundenunter-

---

[7] Hermann Schneider: Germanische Heldensage, Bd. I, Berlin ^{2}1962 (Grundriß der Germanischen Philologie, Bd. 10,1), S. 20-21. Vgl. auch W. Jungandreas: Umlokalisierung in der Heldendichtung, in: Zeitschrift für deutsche Philologie 59, 1934, S. 229-238. Weitere Umlokalisierungsbeispiele, etwa bei Saxo Grammaticus, bei Beck (wie Anm. 5).

[8] Georges Zink (Les Légendes héroïques de Dietrich et d'Ermrich dans les littératures germaniques, Lyon/ Paris 1950 = Bibliothèque de la société des études germaniques, III), S. 65, Anm. 1, etwa äußert folgende, in der älteren Forschung weit verbreitete Ansicht: "Le rédacteur de la saga n'a qu'une idée fort vague de la géographie de l'Allemagne. La résidence de Rüedeger-Roðingeir est située en réalité sur le Danube (c'est l'actuel Poechlarn). Il localise d'autre part l'empire d'Attila en Westphalie (capitale Susat-Soest)." Zu manchen "aller Geographie Hohn sprechenden Angaben" der Þs. vgl. auch Hempel, Niederdeutsche Heldensage (wie Anm. 2), S. 144/45.

gang ins entfernte Ungarn verlegt. Angesichts einer solchen Verlegung läßt sich mit Recht nach den zeitgeschichtlichen, möglicherweise auch politischen Hintergründen für diese Perspektive der Saga fragen. Schon Friedrich Panzer hatte für den Sachsen- und Dänenkrieg im NL auf einen möglichen historischen Anlaß, nämlich den Thronstreit Philipps von Schwaben mit dem mit Knut VI. von Dänemark verbündeten Welfen Otto IV. von Braunschweig, wie genereller auf die dänisch-sächsische, welfische Parteiung gegen die Staufer aufmerksam gemacht.[9] Der Historiker Heinz Thomas hat diesen Gedanken weitergeführt und im NL eine Allianz von Welfen und Dänen gegenüber den Staufern, als deren Vertreter die Wormser Könige zu verstehen seien, gesehen.[10] Wenn Thomas' Annahme als richtig gelten kann, daß die sagengeschichtliche Gleichsetzung von Nibelungenlied und Worms um 1200 realpolitisch auf den staufischen Machtbereich verweise, dann läßt sich für die Þs. kontrapunktieren, daß der dort aufgebaute und favorisierte Machtbereich Húnaland/Saxland und Vilcinaland mit Danmörk eine Zitatfunktion für den welfisch orientierten Nordosten haben und im Text wie auch im Rezeptionsmilieu als Gegengewicht verstanden worden sein mag. Der nahezu mythisch anmutende Ort der Þs., an dem Donau und Rhein zusammenfließen ("þar sem saman kemr dúná oc rín", II,285 = dort, wo Donau und Rhein zusammenkommen) und dessen Überschreiten das Schicksal der Burgunden unabänderlich besiegelt, muß nicht notwendig Zeugnis von den bisweilen gerügten mangelhaften Geographie-Kenntnissen des Textes ablegen (vgl. hier Anm. 8). Man könnte hier statt dessen an eine intentionale sagengeschichtliche Umlokalisierung denken, einen von sagageographischen Vorstellungen bestimmten buchstäblichen Scheideweg annehmen, an dem staufisch südwestlicher mit welfisch nordöstlichem Machtbereich konfrontiert und dem Untergang preisgegeben wird. Als anschauliches Beispiel für die unterschiedliche Perspektive von NL und Þs. mag die Sichtweise des Sachsen- und Dänenkrieges im NL gelten, aus dem Siegfried auf der (staufischen) Seite der Wormser als strahlender Held siegreich hervorgeht. Der sächsische König Liudeger und der dänische König Liudegast erweisen sich ihm als schmachvoll unterlegen:

---

[9] Vgl. Friedrich Panzer: Studien zum Nibelungenliede, Frankfurt a.M. 1945, S. 92-95.

[10] Vgl. Heinz Thomas: Dichtung und Politik um 1200: Das Nibelungenlied, in: Klaus Zatloukal (Hg.), 1. Pöchlarner Heldenliedgespräch: Das Nibelungenlied und der mittlere Donauraum, Wien 1990 (Philologica Germanica, Bd. 12), S.103-129, bes. S. 119 und H. T., Die Staufer im Nibelungenlied, in: Zeitschrift für deutsche Philologie 109, 1990, S. 321-354, bes. 337.

Die sigelôsen recken ze Tenemarke riten.
done heten ouch die Sahsen sô hôhe niht gestriten,
daz man in lobes jæhe; daz was den helden leit.
dô wurden ouch die veigen von vriwenden sêre gekleit.[11]

Ganz bezeichnend wird an dieser Stelle des NL aus staufisch oberdeutscher Perspektive die Niederlage gerade derjenigen verbündeten Völker Sachsen und Dänemark inszeniert, die in der Þs. den gegensätzlichen nördlichen Machtbereich repräsentieren.

Zudem läßt sich fragen, ob sich hinter der relativ umfangreichen Wilzenproblematik in der Þs. nicht auch weitere zeitgeschichtliche Reflexe auf die deutsche frühhansische Ostexpansion um die Mitte des 12. Jh.s vermuten lassen. Man denke etwa an die gemeinsame Unterwerfung der westslawischen Stämme durch Heinrich den Löwen und den dänischen König Waldemar I. (1157-1182), die in der Zerstörung der slawischen Tempelburg Arkona auf Rügen im Jahre 1168 durch Waldemar besonders drastisch manifest werden. Über all diese Feldzüge Heinrichs und Waldemars berichtet der zeitgenössische nordelbische Chronist Helmold von Bosau anschaulich in seiner Slawenchronik.[12] Solche Überlegungen hinsichtlich einer vermeintlichen zeitgeschichtlichen Aktualität treffen jedoch nur mit folgenden Einschränkungen zu: Literatur ist kein 'Spiegel' von Wirklichkeit; in der Þs. wie überhaupt genereller in der Literatur finden sich mögliche Reflexe auf rcalpolitische Begebenheiten immer in einer fiktional gebrochenen Weise, was sich in der Þs. schon allein darin zeigt, daß die Wilzenauseinandersetzungen von den - realhistorisch gesehen - ohnedies nicht zeitgenössischen Herrschern Attila und Theoderich geführt werden. Wir haben es in der Þs. nicht nur mit einer nach eigenen Gesetzen funktionierenden Sagageographie

[11] Das Nibelungenlied wird nach folgender Ausgabe zitiert: Das Nibelungenlied. Nach der Ausgabe von Karl Bartsch hg. v. Helmut de Boor. 21. revidierte und von Roswitha Wisniewski ergänzte Auflage, Wiesbaden 1979, hier Str. 220.

[12] Vgl. Helmold von Bosau: Chronica Slavorum/Slawenchronik, neu übertragen und erläutert von Heinz Stoob, Darmstadt 1963 (= Ausgewählte Quellen zur deutschen Geschichte des Mittelalters. Freiherr vom Stein-Gedächtnisausgabe, Bd. XIX), hier bes. Kap. 68, S. 238-241 und Kap. 108, bes. S. 370-373. Vgl. auch Johannes Schildhauer: Die Hanse. Geschichte und Kultur, Stuttgart/Berlin/Köln/Mainz 1984, hier S. 15/16. Beziehungen zwischen diesen Ereignissen und der Þs. haben schon Panzer (wie Anm. 9), S. 93/94 und Haupt (wie Anm. 2), S. 83-163 hergestellt. Haupt setzt jedoch bisweilen andere Akzente und wird dem fiktionalen, d.h. hier nicht auf ein konkretes historisches Ereignis festlegbaren, Charakter der Þs. zu wenig gerecht. Er beschäftigt sich allerdings ausführlich vergleichend mit dem Quellenwert Helmolds für die Þs.

(s.o.), sondern auch mit einem sagagemäßen eigenen Geschichtshorizont zu tun (s. auch hier S. 86f.).

2) Die Betonung eines dem oberdeutschen Machtbereich entgegengesetzten niederdeutschen Macht- und Handlungszentrums in der Þs. spiegelt sich auch in der Darstellung der Heldenbilder des Textes, indem vielfach eine prodänische, der oberdeutschen Sicht entgegengesetzte Akzentuierung der Heldengestalten festzustellen ist. Die beiden Helden Viðga/Witege und Heimir/Heime repräsentieren sagengeschichtlich ein altes Gefährten-Paar, das schon im Wídsíð (123-130) als Wudga und Háma vorkommt. Wie man auch im einzelnen die Vorgeschichte dieses Paares beurteilen mag[13], so gehören die beiden sowohl in der Þs. als auch in der mhd. Dietrich-Dichtung zu den Dietrichhelden, dies jedoch aus einer je unterschiedlichen Perspektive. In der Þs. wird ein eigentümlicher Nord-Süd-Gegensatz aufgebaut: Viðga stammt aus Danmörk/Dänemark, genauer aus Seeland, Heimir hingegen aus dem südwestlichen Svava(land) (Schwaben). Bezeichnenderweise wird das Heldentum dieser beiden Dietrichskämpen ganz unterschiedlich beurteilt: Während Viðga als der große dänische Held erscheint, sich im ersten Teil der Saga bis zur Gronsportschlacht-Episode sogar als deren 'Lieblingsheld' erweist[14], fällt auf Heimis Heldentum mancher Schatten. So will Heimir z.B. dem von Räubern bedrängten Viðga nicht zur Hilfe kommen (I,153, 158) und steht so da als der *ungetriuwe* Kamerad, der - aufgrund dieser Neidingstat schließlich von Þiðrekr aus der Gemeinschaft verbannt - sein Unwesen als Räuber im Falsterwald treibt (I,203-206). Auch ein zweites Mal erweist er sich Viðga gegenüber als 'untreu', indem er dem Ohnmächtigen das berühmte Schwert Mimung raubt und ihn - gegen die Regel des Dietrichsbundes - allein seinem Schicksal überläßt (I,257/58). Bezeichnenderweise wird der südwestliche Held Heimir dann auch von dem zweiten großen positiv gezeichneten Dänenhelden Þetleifr zur Flucht getrie-

---

[13] Vgl. dazu R.C. Boer: Die Sagen von Ermanarich und Dietrich von Bern, Halle a.S. 1910 (Germanistische Handbibliothek, X), S. 181-203.

[14] Schon Heinrich Hempel, Niederdeutsche Heldensage (wie Anm. 2) hat hinsichtlich der Viðgagestalt "eine seltsame Umzeichnung der überlieferten Dietrichgestalt" festgestellt (S. 145/46) und sie als Indiz für die niederdeutsch-sächsische Provenienz der sog. 'Viðgasaga' der Þs. gewertet. Vgl. auch H. H., Sächsische Nibelungendichtung (wie Anm. 2), S. 152-154. Zum Heldenbild Viðgas in Relation zum Dietrich-Bild der Þs. vgl. auch Susanne Kramarz-Bein: Zum Dietrich-Bild der Þiðreks saga, in: Bernhard Glienke und Edith Marold (Hgg.), Arbeiten zur Skandinavistik. 10. Arbeitstagung der deutschsprachigen Skandinavistik 22. - 27. 9. 1991 am Weißenhäuser Strand, Frankfurt a.M. u.a. 1993 (=Texte und Untersuchungen zur Germanistik und Skandinavistik, Bd. 32), S. 112-132.

ben (I,220). Es läßt sich also sagen, daß der südwestliche Held Heimir in der Þs. als der *ungetriuwe* erscheint, wohingegen Viðgas Heldenbild rühmend dargestellt wird. In der Þs. treten Heimir und Viðga als Antagonisten auf, und ihre oben angedeuteten größeren und kleineren Auseinandersetzungen durchziehen den Text leitmotivisch.

Eine deutlich anders akzentuierte Sichtweise Viðgas bzw. des Paares Viðga/Witege und Heimir/Heime findet sich hingegen in der oberdeutschen historischen Dietrich-Dichtung. Auffällig an der Charakterisierung des Gesellenpaares ist hier, daß Heime bisweilen als Witeges *trûtgeselle* bezeichnet wird (so z.B. in 'Alpharts Tod'[15], Str. 283, 287), eine Beschreibung, die im deutlichen Gegensatz zu der kontrastiven Darstellung des Paares in der Þs. steht. In 'Dietrichs Flucht', 'Rabenschlacht' und 'Alpharts Tod' erscheint Witege zudem in der Rolle des *ungetriuwen*, hinterhältigen, wetterwendischen Verräters, während Heime etwa im letztgenannten Text insgesamt positiver gezeichnet wird. Zwar verletzen in 'Alpharts Tod' beide die *triuwe* gegenüber Dietrich (Heime sogar gegen die eingangs gegebene Erklärung, nicht gegen Dietrich kämpfen zu wollen), aber es ist dann doch Witege, der für Ermenrîch die *warte* übernimmt und Heime zu dem unfairen, unritterlichen Kampf ('zwei gegen einen') gegen Alphart drängt. Bezeichnende Gegensätze werden schließlich deutlich, wenn der vorher von Alphart geschonte Witege den Erstgenannten feige von hinten, Heime ihn hingegen von vorne angreift und Witege endlich zusticht und das Schwert in Alphart noch brutal herumdreht ('Alpharts Tod', Str. 278-305). Auch in 'Dietrichs Flucht' spielt Witege die Rolle des die Seite wechselnden Verräters, der ursprünglich Ermrîchs Mann ist, dann aber zwischenzeitlich Dietrich die Treue schwört und in dessen Dienst tritt, somit Markgraf von Raben wird, aber schließlich durch seinen Verrat wiederum für Dietrichs Einbuße der Stadt Raben verantwortlich ist. In der 'Rabenschlacht' schließlich wird Witeges *untrǐuwe* gegenüber Dietrich und dem Land an etlichen Stellen explizit thematisiert, dies hauptsächlich seitens Diethers (Str. 380, 388, 390), aber auch im Munde des Etzelsohnes Orte (Str. 427) und des Erzählers (Str. 454, 460). Witeges *untriuwe* ist zugleich der tiefere Grund dafür, daß Diether und die Etzelsöhne ihn angreifen (Str. 380-88) und er auf diese Weise - zwar wider Willen und damit tragisch im Verständnis der Heldendichtung - auch noch zum "Mörder" (Str. 418) der drei Kinder wird.

---

[15] 'Alpharts Tod', 'Dietrichs Flucht' und 'Rabenschlacht' werden zitiert nach der Ausgabe: Ernst Martin (Hg.), Deutsches Heldenbuch II, Dublin/Zürich [2]1967 (unveränd. Nachdr. der 1. Aufl. 1866).

Diese unterschiedlichen Züge in der Charakteristik des Heldenpaares Heime/Heimir und Witege/Viðga in der mhd. Dietrich-Dichtung einerseits und der Þs. andererseits sind wohl kaum zufällig, sondern sprechen für eine unterschiedliche Perspektive der jeweiligen Texte. Für die Þs. ist jedoch folgende Einschränkung zu berücksichtigen: Das überaus positive Viðga-Bild dominiert vor allem im ersten Teil des Textes. In der späteren Gronsport(Raben)schlacht-Episode - und damit der eigentlichen Parallelüberlieferung zu dem mhd. Epos 'Rabenschlacht' - wandelt sich Viðga ebenfalls zu *hinn illi hundr Viðga* (II,247, 248, "dem üblen Hund Viðga"). Dieser relativ plötzliche Wandel ereignet sich vermutlich aus stoffgeschichtlichen Gründen, nämlich der auch der Þs. geläufigen Ermordung Þethers und der Attilasöhne durch Viðga. Trotz dieser Einschränkung ist die überaus positive Darstellung Viðgas im ersten Teil der Saga bemerkenswert im Vergleich zu der negativen Zeichnung Witeges als Verräter und Überläufer in der mhd. Dietrich-Dichtung.

Eine weitere prodänische Akzentuierung betrifft den Þiðreks-Kämpen Þetleifr, dem die Saga ausdrücklich den Beinamen *inn danski*, der Däne, verleiht. Während Dietleib in 'Biterolf und Dietleib'[16] ursprünglich ein spanischer Königssohn ist, der am Ende des Werkes zusammen mit seinem Vater die Steiermark erhält und dort ansässig wird (Dietleib von Stîre), versieht ihn die Þs. mit einer dänisch-sächsischen Abkunft. Auch seinen Vater Biterolf, in 'Biterolf und Dietleib' ursprünglich König von Toledo, später Herrscher über die Steiermark, macht die Þs. zu Biturulfr von *tvmma þorp* in Schonen und zu einem der bedeutendsten Helden des dänischen Reiches (I,209). Sowohl im oberdeutschen 'Biterolf und Dietleib' und anderer mhd. Dietrich-Dichtung als auch in der Þs. gehört Þetleifr/Dietleib zu den Dietrichshelden und kämpft dort (in einigen mhd. Epen) auf amlungischer Seite gegen die Burgunden. In der Þs. vermag es Þetleifr inn danski, den beiden mächtigen Königen Erminrikr/Ermanrich und Þiðrekr mittels eines opulenten Konkurrenzgelages, das dasjenige Ermanrichs an Pracht übersteigt, eine dreiste Posse zu spielen. Dank seiner gewitzten Eigenschaften geht der dänische Held ruhmvoll und straffrei aus dieser Episode hervor und demonstriert schließlich noch seine Überlegenheit, indem er Valtari vom Wasgenstein (hier auf Ermanrichs Seite) im Kampfspiel gleich zweimal bezwingt (I,246/47). Besonders diese humorvoll-ironisch gestaltete Þetleifr-Episode gehört zu den glänzend erzählten Passagen der Saga und spricht für

---

[16] 'Biterolf und Dietleib' wird zitiert nach der Ausgabe: Oskar Jänicke (Hg.), Deutsches Heldenbuch I, Berlin/Zürich ²1963 (unveränd. Nachdr. d. 1. Aufl. 1866).

eine - diesem Text bisweilen zu Unrecht streitig gemachte - erzählerische und ästhetische Qualität. Als interessant erweist sich auch hier ein Blick auf die oberdeutsche Überlieferung. Eine Auseinandersetzung zwischen Dietleib/Þetleifr (auf amlungischer) gegen Walther von Spanien (auf burgundischer Seite) in Form eines Zweikampfes findet sich in der mit der Þs. etwa zeitgleichen bairisch-österreichischen Fassung A des 'Rosengarten zu Worms' ('Der große Rosengarten', um 1250)[17], dessen Zentrum eine Zweikampf-Reihung der amlungischen Berner Helden gegen die burgundischen Wormser Helden ausmacht. Im 'Großen Rosengarten' geht dieser Zweikampf zwischen Dietleib und Walther unentschieden aus; Dietleib/Þetleifr vermag Walther hier nicht zu besiegen. Dies mag umso bedeutsamer erscheinen, als im Rosengarten A - mit Ausnahme von Dietleib - alle Amlungen siegreich aus den Zweikämpfen gegen die Wormser hervorgehen. Zwar bestehen hinsichtlich des Wettstreits um die Vorrangstellung zwischen Dietleib/Þetleifr und Walther/Valtari einige Unterschiede zwischen 'Rosengarten A' und der Þs. (so läuft etwa die Auseinandersetzung in der Þs. spielerisch ab und ist nicht an die Opposition amlungisch-burgundisch geknüpft, wie sie auch nicht in den Rahmen der Isungenkämpfe eingebunden ist, die in der Þs. die eigentliche Parallelpassage zum 'Großen Rosengarten' darstellen), aber es mag sich dennoch an der Konfrontation der Helden und dem Ausgang des Wettstreits eine Perspektive des jeweiligen Verfassers ableiten lassen. Dabei sind besonders die gerade erwähnten Isungenkämpfe aufschlußreich für die prodänische Perspektive der Þs.: Neben Amlungr und Þiðrekr (der allerdings nur mittels Viðgas Schwert Mimung (!) und aufgrund einer Eidlist über Sigurðr/Siegfried siegt) gehen wiederum allein die Dänenhelden Þetleifr und Viðga siegreich aus den Zwölfkämpfen gegen die Isungsmannen hervor, und der Däne Viðga löst schließlich auch alle seine gefangenen Kameraden aus (II,27-29).

Die prodänische Zeichnung der Saga, besonders ihrer Helden Viðga und Þetleifr, geht bisweilen soweit, daß sogar Schatten auf den Heldenglanz des ursprünglich oberdeutschen Haupthelden der Saga, nämlich Dietrich von Bern selbst, geworfen wird. Ähnliches gilt auch für die oben angedeutete Konfrontation Þiðreks mit Sigurðr/Siegfried, dem auch im Norden sehr beliebten Helden, so daß an einigen Stellen des Textes ein Nord-Süd-Gefälle in der Zeichnung der Heldenbilder zum Ausdruck kommt, das neben einer niederdeutschen vielleicht auch für eine nordische Perspektive des Textes

17 Georg Holz (Hg.): Die Gedichte vom Rosengarten zu Worms, Halle a.S. 1893. Zur Datierung vgl. S. XCV.

spricht.[18] Dabei bedarf gerade eine Analyse der nordischen Züge der Þs. einer weiteren umfassenderen Klärung. In jedem Falle läßt sich feststellen, daß sich die Perspektive der Þs. - sei sie nun niederdeutsch oder nordisch oder gar doppelperspektivisch mit beiden Aspekten ausgestattet - in einigen charakteristischen Zügen von der oberdeutschen[19] unterscheidet.

Ein weiteres Detail, das für die Perspektive der Þs. aufschlußreich ist und eine gewisse 'Umwertung' erkennen läßt, betrifft die in der Saga generell sehr bedeutsamen Waffen, und insbesondere die Schwerter. Þiðreks Schwert Eckisax und Sigurðs Schwert Gramr gelten als gleichwertig (I,355), so daß der Zweikampf der beiden Helden zunächst unentschieden ausgeht (Kap. 318). Bezeichnenderweise vermag dann erst das berühmte Schwert Mimung des Dänenhelden Viðga, das aus Vǫlunds/Wielands Schmiede stammt, den ersten Platz im Wettstreit der Waffen einzunehmen und letztlich den Zweikampf zwischen Þiðrekr und Sigurðr für den Berner zu entscheiden (II,34/35). Als prodänische Umzeichnung erweist sich dieses Detail erst im Vergleich mit der oberdeutschen Überlieferung, etwa wenn man sich die entsprechende Passage in 'Biterolf und Dietleib' in Erinnerung ruft, in der Wielands Werk geringer geschätzt wird als das der Schmiede Mime und Hertrîch:

> *er* [Wieland] *hete ez* [Mimung] *sînem kinde* [Witege]
> *geworht so er beste mohte;*
> *dannoch im niht tohte*
> *daz er an disem mære*
> *sô wol gelobet wære*
> *als Mime unde Hertrîch:*
> *ir kunst was vil ungelîch*
> ('Biterolf und Dietleib', Vv. 166-172)

---

[18] Zum Heldenbild Dietrichs der Þs. in Relation und Konfrontation mit den Dänenhelden Viðga, Þetleifr und anderen Helden wie Sigurðr/Siegfried und Herburt vgl. Kramarz-Bein (wie Anm. 14).

[19] An dieser Stelle ist allerdings der Begriff 'oberdeutsche Perspektive' zu problematisieren. Es soll damit keineswegs unterstellt werden, daß alle oben zum Vergleich mit der Þs. herangezogenen Texte (NL, 'Alpharts Tod', 'Dietrichs Flucht', 'Rabenschlacht', 'Biterolf und Dietleib' etc.) eine gleiche Perspektive aufweisen; hier müßte jeweils Text für Text nach der jeweiligen Intention und dem Aufzeichnungsinteresse differenziert werden, was an dieser Stelle nicht geschehen kann. Mit den obigen Beobachtungen soll auf einige grundsätzliche Unterschiede zwischen einer niederdeutsch-nordischen und einer oberdeutschen Sichtweise aufmerksam gemacht, der Blick auf die jeweiligen spezifischen Züge innerhalb des oberdeutschen Corpus aber nicht verstellt werden.

All die genannten Beispiele konturieren unseres Erachtens eine Perspektive der Þs., die sich von der oberdeutschen Sicht unterscheidet. Dabei kann die Frage, wie sich die Beziehungen zwischen der oberdeutschen und niederdeutsch-nordischen Dietrich-Dichtung im einzelnen gestalten, vom heutigen Standpunkt aus kaum mehr mit den bisweilen unfruchtbaren stoffgeschichtlichen und quellenkritischen Analysen der traditionellen Forschung beantwortet werden. Die Perspektive der Þs. ist wohl eher als eine zeitgeschichtlich bedingte intertextuelle Antwort auf gegensätzliche Konzeptionen und Perspektiven zu verstehen, als eine Art interliterarischer Dialog (auch schon auf oraler Stufe).

An die Frage nach einer Perspektive der Saga, damit letztlich auch nach ihrer Struktur bzw. ihrem Textcharakter ist zugleich die grundlegende Problematik der literaturgeschichtlichen Stellung der Þs. als Gesamttext geknüpft. Die in der Forschung kontrovers diskutierten Alternativen eines nordischen Kompilationswerkes oder der Übersetzung niederdeutscher Dichtung mögen vom heutigen Standpunkt aus als zu wenig differenziert und damit wenig geeignet erscheinen, um dem dynamischen Literaturbetrieb des hansischen Milieus und den komplexen intertextuellen Bezügen gerecht zu werden. Man wird sich die Entstehung der Saga wohl in einem literarischen Milieu vorstellen können, das einerseits - und dies auch von seiner Rezipientenseite her - empfänglich für eine niederdeutsche, 'welfische' Perspektive war, andererseits aber auch im weiteren Zusammenhang der Kulturpolitik Hákon Hákonarsons und seiner Bestrebungen des Anschlusses an die kontinentale Kultur des Mittelalters zu sehen ist. Zieht man u.a. einerseits die frühen Hanseverbindungen, vor allem zwischen Westfalen und Norwegen, die interskandinavischen politischen Beziehungen im 13. Jh., die verwandtschaftlichen Bindungen des norwegischen Königshauses mit Dänemark und Sachsen, aber auch die dänisch-sächsischen Bündnisse und dynastischen Verbindungen in Betracht[20], so ergibt sich ein komplexes, dynamisches

---

[20] Schon Gustav Storm (Sagnkredsene om Karl den Store og Didrik af Bern hos de nordiske folk. Et bidrag til middelalderens litterære historie, Kristiania 1874), bes. S. 96-99, zeichnete ein dynamisches Bild des kulturellen und politischen Austausches in Norwegen zur Regierungszeit Hákons. So war z.B. Hákons Sohn und Thronfolger Magnús mit der dänisch-sächsischen Prinzessin Ingeborg verheiratet. Ingeborg war dänische Prinzessin und Enkelin des Herzogs von Sachsen-Altenburg, was zur Folge hatte, daß der Brautwerber 'Bruder Nikolaus' im Jahre 1260 von Hákon zuerst nach Dänemark, dann aber direkt weiter zum sächsischen Herzog geschickt wurde (vgl. Storm, S. 95/96). Zu den dänisch-sächsischen Beziehungen vgl. auch Thomas (wie Anm. 10). Zu Otto IV. von Braunschweig vgl. die neuere Habilitationsschrift von Bernd Ulrich Hucker: Kaiser Otto IV., Hannover 1990 (MGH, Bd. 34).

Bild, das man mit den oben angesprochenen statischen Alternativen kaum fassen kann. Wenn sich der Entstehungsort der Þs. überhaupt geographisch greifen läßt, dann verfügt das norwegische Bergen als mittelalterlicher Königssitz und Hanseniederlassung - sowohl von seiten der hansischen Übermittler des Stoffes als auch von seiten der möglichen Verfasserschaft sowie von seiten eines potentiell höfischen Rezipientenkreises - über alle Voraussetzungen für ein solches literarisches Milieu.

Zum Schluß muß das Thema des Kolloquiums, in unserem Zusammenhang die Frage nach der Aktualität von Heldendichtung im 13. Jh., nochmals aufgegriffen werden. Gesteht man zu, daß sich die Perspektive der Þs. durchaus als zeitgeschichtlich aktuelle Antwort auf eine oberdeutsche Perspektive begreifen läßt, dann kann auch das Beispiel der Þs. zeigen, daß Heldendichtung keineswegs nur über ein historisches Interesse im Sinne einer Erinnerung an ferne historische Ereignisse verfügt, zeitlose menschliche Konflikte darstellen oder gar 'germanische Vorstellungen'[21] repräsentieren will, sondern durchaus auch zeitgeschichtliche Aktualität besitzt und aus aktuellem Anlaß aufs Pergament gelangt. Dabei muß dieser Anlaß nicht konkret realpolitischer Art sein, denn Literatur ist ja bekanntlich auch ein Medium zur Darstellung von Wünschen und Vorstellungen von Wirklichkeit- oder, wie Gert Kaiser und Jan-Dirk Müller zur Frage des 'Realitätsgehaltes' von mittelalterlicher höfischer Literatur formulieren: "Literarische Fiktionen [...] geben Auskunft darüber, wie es sein soll oder wie es sein könnte, würden einige Bedingungen der Alltagswelt beiseitegesetzt; sie bewahren Bilder unverfügbarer Möglichkeiten, einer anderen Welt, die doch

---

[21] Hinsichtlich der mhd. Heldendichtung des 13. Jh.s hat z.B. Heinz Rupp ('Heldendichtung' als Gattung der deutschen Literatur des 13. Jahrhunderts, in: Volk, Sprache, Dichtung. Festgabe für Kurt Wagner, hg. v. Karl Bischoff und Lutz Röhrich, Gießen 1960 [= Beiträge zur deutschen Philologie, Bd. 28], S. 9-25) deren "zeitgemäß[en]" Charakter betont (S. 15, 16) und sich gegen die vor allem von der älteren Forschung vertretene These einer 'germanischen Sichtweise' ausgesprochen. Auch Kurt Ruh (Verständnisperspektiven von Heldendichtung im Spätmittelalter und heute, in: Egon Kühebacher (Hg.), Deutsche Heldenepik in Tirol. König Laurin und Dietrich von Bern in der Dichtung des Mittelalters. Beiträge der Neustifter Tagung 1977 des Südtiroler Kulturinstitutes, Bozen 1979 [= Schriftenreihe des Südtiroler Kulturinstitutes, Bd. 7], S. 15-31) hat diesen Ansatz aufgenommen und sich mit dem "Zeitbewußtsein", den spezifischen "Verständnisperspektiven" der Heldendichtung des 13. Jahrhunderts befaßt (S. 26, 27).

immer von der bekannten aus imaginiert sind und mehr oder minder eng auf deren Vorgaben und Fragen bezogen bleiben."[22]

[22] Gert Kaiser und Jan-Dirk Müller (Hgg.): Höfische Literatur. Hofgesellschaft. Höfische Lebensformen um 1200. Kolloquium am Zentrum für interdisziplinäre Forschung der Universität Bielefeld (3. bis 5. November 1983), Düsseldorf 1986 (= Studia humaniora, Bd. 6), Vorwort der Hgg., S. 14. Zur Frage nach dem Geschichtsbewußtsein in der mhd. Literatur vgl. auch den Tagungsband: Christoph Gerhardt, Nigel F. Palmer und Burghart Wachinger (Hgg.), Geschichtsbewußtsein in der deutschen Literatur des Mittelalters. Tübinger Colloquium 1983, Tübingen 1985.

MICHEL ZINK

LE REFLÉT DU PRESENT ET L'OMBRE DE LA MÉMOIRE DANS LES CHRONIQUES DE FROISSART

Peut-on définir Froissart de façon à la fois plus adéquate et plus banale que comme un témoin de son temps? Ses immenses Chroniques couvrent les trois quarts du XIVe siècle: 1325-1400. Ces années sont pour l'essentiel celles qu'il a vécues: il est probablement né en 1337 et nous perdons sa trace après 1404. Toute sa vie il a voyagé. Il a enquêté. Il a rencontré, connu, fréquenté, interrogé à peu près tous ceux qui comptaient à son époque. Qui plus que lui a écrit et décrit l'actualité de son temps?

Mais, pas plus que le présent n'existe, il n'y a d'actualité du temps. Six cents ans plus tard, Froissart nous paraît un contemporain des événements qu'il relate. Mais au regard de sa vie, ce qu'il relate, c'est bien entendu le passé . Un passé qui, si proche soit-il, n'est pour lui rien d'autre que du passé quand il est antérieur à sa propre naissance. Un passé qui, pour les années ultérieures, appartient parfois à son expérience, a été le présent de sa vie, mais qu'il fixe plus tard sans feindre de réduire le décalage entre le vécu et l'écriture, mais, tout au contraire, en en faisant à l'occasion un élément de sa réflexion. Même lorsque son récit a rattrapé les événements, il ne s'autorise pas de ce que le passé est immédiat pour renoncer à son usage grammatical. Il ignore le présent de narration.

Pour présenter son travail, pour se le représenter, pour le concevoir, Froissart fait appel à deux notions, celle de mémoire et celle d'enquête. Les Chroniques sont le fruit de l'une et de l'autre. La mémoire, à vrai dire, recouvre deux réalités: la mémoire générale, collective et objective des événements, que les Chroniques permettent de garder, de sauver, de "mettre en mémoire" en les relatant; et la mémoire personnelle des informateurs ou du chroniqueur lui-même. Quant à l'enquête, elle fait apparaître le jeu, la vie, les aléas de la mémoire. Elle met en scène le moment, lui-même passé, où l'auteur s'est informé du passé, le moment où il a eu recours à la mémoire.

Confrontons ces banalités avec l'expression que Froissart leur donne:

> Affin que li grant fait d'armes qui par les guerres de Franche et d'Engleterre son avenus soient notablement registré et mis en memore perpetuel, par quoy li bon y puissent prendre exemple, je me voeil ensonnier de les mettre en prose. Voirs est que messires Jehans li Biaux, jadis canonnes de Saint-Lambiert de Liege, en cronisa a son temps auqune cose. Or ay je che livre et ceste histoire augmentee par juste enqueste que j'en ay fait en travillant par le monde et en demandant as

vaillans hommes, chevaliers et escuyers, qui les ont aidiet a acroistre, la verité des avenues...[1]

Tels sont les premiers mots des Chroniques. On y trouve, associée à l'intention exemplaire qui est celle de l'entreprise, la double mention de la mise en mémoire et de l'enquête. Froissart poursuit l'œuvre de mise en mémoire entreprise par Jean le Bel en l'augmentant des résultats de sa propre enquête. Mais une autre rédaction ajoute, entre autres modifications, quelques lignes qui précèdent la référence à Jean le Bel et visent à justifier Froissart de greffer son ouvrage sur celui d'un autre:

On dit, et voirs est, que tout edifice est ouvré et maçonné l'une pierre aprés l'autre, et toutes grosses rivieres sont faites et rassemblees de divers lieux et de plusieurs sourses: aussi les sciences sont extraites et compilees de pluseurs clers, et ce que l'un scet, l'autre ne scet mie; non pour quant rien n'est qui ne soit sceu ou loing ou prés.[2]

Cette réflexion est un lieu commun. On la trouve en particulier développée dans le prologue du 'Bestiaire d'Amour' de Richart de Fournival, que Froissart connaissait certainement:

Et par ce que nus ne puet tot savoir, ja soit ce que chascune chose puist estre seue, et ce que li uns ne seit qe li autres le sace, si que tout est seu, en tel maniere qu'il n'est seu de nului a part lui, mais de tous ensamble. Mais il est ainsi que totes gens ne vivent mie ensemble, ains sont li un mort ainçois que li autre naissent. Et cil qui ont esté cha en arriere on seu tel chose que nus qui soit orendrait ne le conquerroit de son sens, ne ne seroit seu, s'on ne le savoit par les anciens.
Et par çou, Dex qi tant aime home q'il le vint porveoir de quanque mestiers li est, a douné a home une maniere de force qui a non Memoire.[3]

Ce prologue est en effet consacré à la mémoire, mais à la mémoire personnelle, au souvenir et à la réminiscence.[4] Comme le fera Froissart, Richart de Fournival part de la mémoire collective, de son stockage et de

---

[1] Rédaction d'Amiens (la plus ancienne rédaction conservée du livre I), éd. Kervyn de Lettenhove, Œuvres de Froissart, Bruxelles, 1867-1877 (Chroniques t. 1-25), t. 2, Bruxelles, 1867, p. 1. La nouvelle édition de la rédaction d'Amiens, dûe à George T. Diler, (Genève, Droz) n'avait pas encore paru lors de la rédaction de cet article.

[2] Rédaction A/B, ibid., p. 4.

[3] C. Segre: Li Bestiaires d'Amours di Maistre Richart de Fornival e li Response di Bestiaire, Milan-Naples 1967, p. 3.

[4] Michel Zink: Révélations de la mémoire et masques du sens dans la poétique médiévale, dans: Masques et déguisements dans la littérature médiévale. Etudes recueillies et publiées par Marie-Louise Ollier, Montréal-Paris 1988, p. 251-260, partic. p. 253-8.

son enrichissement par les apports successifs des uns et des autres, dont le résultat est que tout finit par être su bien que chacun n'ait su qu'une partie, pour en venir au fonctionnement subjectif de la mémoire. Mais c'est le poète, le chanoine d'Amiens, qui raisonne en termes de mémoire historique: il y a des choses qu'ont sues "cil qui ont esté cha en arriere", "les anciens", et que nous ignorerions sans eux. Tandis que l'historien - à vrai dire lui aussi poète -, le chanoine de Chimay, n'envisage pas seulement l'accumulation des connaissances et leur transmission dans le temps, c'est-à-dire la relation qui le lie à Jean le Bel, mais aussi la simultanéité de connaissances séparées dans l'espace et qu'il s'agit de réunir, c'est-à-dire son travail d'enquête qui lui fera parcourir l'Europe: "ce que l'un scet, l'autre ne scet mie; non pour quant rien n'est qui ne soit sceu ou loing ou prés". Grâce à l'enquête, les mémoires personnelles confluent en mémoire collective. Mais mêler le récit de l'enquête à celui des événements collectés, comme le fera Froissart, c'est reconnaître ce que que la mise en mémoire des événements doit à la confrontation des mémoires subjectives avec celle de l'enquêteur et avec sa propre expérience du temps.

La mémoire ne se dédouble pas seulement en mémoire générale et en mémoire personnelle. Elle confronte aussi la mémoire du passé proche qu'enregistre la chronique et la mémoire littéraire - épique ou romanesque - qui est, d'une certaine façon, le critère de sa valeur. Pourquoi est-il souhaitable que "li grant fait d'armes qui par les guerres de Franche et d'Engleterre sont avenu soient notablement registré et mis en memore perpetuel", comme le dit la première phrase, déjà citée, des Chroniques? Parce que, répond Froissart quelques pages plus loin, reprenant d'ailleurs une formulation de Jean le Bel, la France n'avait plus connu de tels faits d'armes ni de telles guerres depuis le temps de Charlemagne. Exposant comment Edouard III a été écarté de la couronne de France au profit de Philippe de Valois, il conclut:

> Car c'est la vraie fondation de ceste histoire, pour raconter les grandes entreprises et les grands fès d'armes qui avenu en sont, car puis le tamps le bon roy Carlemainne, qui fu empereur d'Allemaigne et roys de Franche, n'avinrent si grans aventures de guerres ou royaume de France que elles sont avenues pour ce fait chy, ensi que vous orés en ce livre, mès que j'aye temps et loisir dou faire et vous dou lire.[5]

Ce qui vaut d'être raconté, ce sont les hauts, les grands faits d'armes, les grandes aventures de guerre. Et ces hauts faits valent d'être racontés s'ils

---

[5] [Note 1], t. 2, p. 21. [Cf. Jean le Bel, chap. I, p. 7.]

peuvent se comparer aux grands faits d'armes du passé, ceux que l'on raconte depuis toujours, ceux qu'on lit dans les livres, ceux qui ont illustré le temps de Charlemagne ou celui du roi Arthur. Froissart, toujours en suivant Jean le Bel, a un peu plus haut mentionné le roi Arthur dès la première phrase qui marque véritablement le début de son récit, dès les premiers mots consacrés au règne du roi d'Angleterre actuel, Edouard III:

> Certainne cose est que li oppinions communelment du Englès est telle, et jà par expériense l'a on veu avenir en Engleterre puis le temps du gentil roy Artus, que entre deux vaillans roys d'Engleterre a toudis eu ung moins suffisant de sens et de prouèce.[6]

Mais c'est de son propre mouvement qu'il comparera, dans la dernière rédaction du livre I, sa chère reine Philippa à la reine Guenièvre:

> Car depuis le temps de la roine Genoivre qui fu femme au roi Artus (...) si bonne roine n'i entra (en Angleterre) ne qui tant d'onneur reçuist.[7]

Il est légitime de garder la mémoire du présent, c'est-à-dire du passé proche, si elle est digne de la mémoire littéraire, qui, à cette époque, est une mémoire du passé lointain. Le récit de l'actualité doit être comparable au récit épique ou romanesque. "Pour le lecteur, qu'est-ce qui différencie l'histoire du roman?", demande Paul Veyne. Rien, répond Froissart, ou sinon, c'est que l'histoire ne vaut pas d'être écrite ni d'être lue.

Au dialogue entre ces deux mémoires qui s'instaure dès le début des Chroniques et qui paraît en justifier l'entreprise même en répond un autre, plus complexe, qui est suggéré peu à peu par la mise en scène de l'enquête et qui confronte le présent de l'informateur et celui de l'enquêteur à leur mémoire respective. Confrontation parfois provoquée par des monuments,

---

[6] Ibid., t. 2, p. 14. La mention du roi Arthur est une variante. [Cf. Jean le Bel, chap. I, p. 5.] Est-il nécessaire de rappeler les constantes références de l'époque à l'univers arthurien, comme par exemple la Table Ronde organisée par Edouard III presque au moment même où il fondait l'Ordre de la Jarretière. On songe aussi à ce roi d'armes de Richard II rencontré par Froissart lors de son voyage en Angleterre de 1394 et qui ne s'appelle certainement pas par hasard le "roi Marke" (cf. livre IV, ch. XLII, Buchon p. 213). Dans sa relation de la campagne d'Edouard III contre les Ecossais, à laquelle il a pris part, Jean le Bel, repris là encore par Froissart, ne manque pas de souligner que telle abbaye près de laquelle l'armée royale établit son camp est celle-là même qu'on appelait la Blanche Lande du temps du roi Arthur [Chap. 13, p. 61, cf. Froissart, livre I, chap. XLI, Buchon t. I, p. 29]. Voir Michel Zink: Les chroniques médiévales et le modèle romanesque, dans: Mesure 1, juin 1989, p. 33-45.

[7] Chroniques de Froissart, publiées par la Société de l'histoire de France (SHF), Paris, 1869-1975, 15 vol., t. 1, p. 286 (ms. de Rome).

par des vestiges qui gardent la trace du passé. On l'a souvent observé à propos du livre III, presque entièrement occupé par le récit du voyage de Froissart en Béarn, et qui montre ainsi abondamment l'historien au travail. En route pour Orthez, il voyage en compagnie d'un chevalier de Gaston Phébus, Espan de Lion. A Cazères où ils ont franchi la Garonne, n'ayant pu le faire à Palaminy, Espan de Lion attire l'attention de Froissart sur un endroit des murailles qui a été refait récemment et lui raconte l'événement qui s'y rattache et dont le pan de mur neuf porte témoignage:

> Le chevallier me monstra ung pan de mur de la ville et me dist: "Veez-vous ce mur illec?" -"Oil, sire, di-je; pour quoy le dictes-vous?" - "Je le di pour tant, dist le chevalier: vous veez bien que il est plus neuf que les autres." -"C'est verité ," respondi-ge. "Or, dist il, par quelle incidence ce fut, et quelle chose y a environ .X. ans il en avint ..."[8]

Le mouvement du récit en cet endroit a suffisamment frappé pour que cette scène anodine soit illustrée. Et cette miniature a été très judicieusement choisie par Shears pour orner la page de titre de son livre, comme l'emblème le plus significatif de la manière de Froissart.[9] Mais ce même mouvement se retrouve ailleurs: chevauchant aux côtés de Froissart, Edward Despenser, le fils du favori d'Edouard II victime de la vengeance de la reine Isabelle, tel un marquis de Carabas ruiné, montre à son compagnon les châteaux et les terres qui devraient lui appartenir et dont il a été dépossédé.

> Et pluisseurs fois avint que, quant je cevauchoie sus le païs avoecques lui, (...) il m'apelloit et me disoit: "Froissart, véés vous celle grande ville à ce haut clochier?" Je respondoie: "Monsigneur, oil: pourquoi le dittes vous? - Je le di pour ce: elle deuist estre mienne, mais il ot une male roine en ce païs, qui tous nous toli."[10]

D'une façon générale, à l'occasion du voyage en Béarn au livre III, à l'occasion de l'ultime voyage de Froissart en Angleterre au livre IV, la trame de la narration est constituée par l'autobiographie de l'auteur, dans laquelle viennent s'insérer, au hasard des rencontres, les récits porteurs des informations qui sont la raison d'être des Chroniques. A l'auberge d'Orthez

---

8 SHF, t. 12, p. 27-28.

9 F.S. Shears: Froissart Chronicler and Poet, Londres 1930.

10 SHF, t. 1, p. 257 (ms. de Rome). Encore une notation propre au manuscrit de Rome, comme si les premières rédactions du livre I avaient été encore trop proches des événements pour que Froissart osât y reproduire les récriminations du fils du personnage maudit qu'était Hugh Despenser. Ou peut-être le sort tragique de Richard II a-t-il alors refroidi le zèle de Froissart pour la couronne d'Angleterre.

où il est descendu, Froissart avise un personnage de grande apparence: c'est le Bascot de Mauléon, un capitaine de routiers. Il s'arrange pour faire sa connaissance, l'interroge et peut ainsi reproduire son témoignage sur les actions auxquelles il a participé. Au château d'Orthez, où tous les soirs il lit à Gaston Phébus son roman de 'Méliador', il devine qu'un sombre secret entoure les circonstances de la mort du jeune Gaston, le fils du comte. Ses questions se heurtent au silence et aux dérobades d'Espan de Lion:

> "- Et sire, di-ge, que devint cel enfant, le peut-on savoir?" - "Oïl, dist-il, mais ce ne sera pas maintenant, car la matiere en est trop longue et nous sommes à ville, si comme vous veez."[11]

Reproduire jusqu'aux difficultés et aux impasses de l'enquête, c'est bien entendu une façon d'entretenir le suspens. Finalement un vieil écuyer, que son âge et sa position rendent crédible, lui révèlera la terrible vérité et lui relatera le meurtre du fils par le père.

> Et tant en enquis que ung ecuyer anciens et homme moult notable le me dist. Si commença son compte ainsi ...[12]

Le même informateur lui révélera le somnambulisme de Pierre de Béarn, le demi-frère de Gaston Phébus, et la chasse à l'ours doué de parole qui l'a provoqué. C'est aussi "un ancien escuier" qui en 1366, au château de Berkeley, lui avait raconté la fin du roi Edouard II:[13] secret assez bien gardé pour qu'après cinq ans passés à la cour d'Angleterre il en ait encore ignoré les sordides détails.

Les interlocuteurs de Froissart sont d'autant plus diserts qu'ils le savent "historien", et donc intéressé par ce qu'ils ont à lui dire, quand ils n'espèrent pas passer grâce à lui à la postérité, comme le Bascot de Mauléon:

> Et ainsi que on parole et devise d'armes, un nuit aprés soupper, seans au feu (...), son cousin mist (le Bascot) en voye de parler et de recorder de sa vie et des armes, où en son temps il avoit été, tant de pertes que de prouffis, et trop bien lui en souvenoit. Si me demanda: "Messire Jehan, avez-vous point en vostre hystoire ce dont je vous parleray?" Je lui respondi: "Je ne sçay ai-ge ou non, di-ge. Faictes votre compte, car je vous oy volentiers parler d'armes, et il ne me put pas de tout souvenir, et aussi je ne puis pas avoir esté de tout infourmé." - "C'est voir," répondi l'escuier (c.-à -d. le Bascot). A ces mots il commença son conte et dist ainsi ...[14]

[11] SHF, t. 12, p. 63.
[12] SHF, t. 12, p. 79.
[13] SHF, t. 1, p. 247.
[14] SHF, t. 12, p. 96.

De même, au livre IV, l'écuyer Henri Crystead qui aborde Froissart à la cour de Richard II:

> (Il) imagina, si comme je vis les apparences par ses paroles, que je estoie un historien, et aussi il lui avoit esté dit de messire Richard Stury, et parla a moi sur la forme que je diray.
> "Messire Jehan, dit Henry Crystède, avés-vous point encores trouvé en ce pays, ne en la cour du roy, notre sire, qui vous ait dit ne parlé du voyage que le roy a fait en celle saison en Yrlande, et la manière comment quatre roys d'Yrlande, grans seigneurs assés, sont venus à obéissance au roy d'Angleterre?" Et je respondy pour mieulx avoir matière de parler: "Nennil." -"Et je vous le diray, dit l'ecuyer, qui pouvoit pour lors avoir l'eage de cinquante ans, affin que vous le mettés en memoire perpétuelle quand vous serés retourné en votre pays, et vous aurés de ce faire la plaisance et le loisir." De cette parole fuis-je tout resjouy, et respondy: "Grant merchis."[15]

Réjoui, Froissart peut l'être, car lorsque, quelques jours plus tôt, il avait voulu mettre son compagnon de route, le chevalier Guillaume de l'Ile, sur ce chapitre, ils avaient été malencontreusement interrompus.[16] D'où la ruse innocente qui lui fait prétendre ne rien savoir d'un sujet sur lequel il souhaite apprendre davantage.

Mais le plus frappant est le procédé littéraire. Loin de faire la synthèse de ses fiches, Froissart affecte de les égrener dans l'ordre où elles ont été collectées. Loin de cacher l'échafaudage préliminaire de son travail, il en fait le ressort ostensible de sa narration. Le seul plan, c'est le déroulement de son voyage en Angleterre: ses démarches avant d'être reçu par le roi, ses rencontres, les informations qu'il tire de ses interlocuteurs et qu'il livre dans l'ordre et en apparence dans les termes mêmes où elles lui sont livrées, informations souvent morcelées comme l'est une conversation à bâtons rompus, et qui appellent de sa part des efforts et de petites malices pour en apprendre davantage. Le récit de l'histoire est soumis à celui de l'autobiographie qui l'enchasse.

Ce procédé n'est pourtant pas dicté par la nécessité. Froissart n'écrit pas ses Chroniques au jour le jour. Il traite plus tard, dans le silence de son cabinet, les informations amassées au cours de ses enquêtes et de ses voyages. Il pourrait aussi bien les refondre en une présentation synthétique. Voyageant en compagnie d'Espan de Lion, il note chaque soir ce que son compagnon lui a appris au cours de la journée:

---

[15] [Note 1], t. 15, p. 168.
[16] Ibid., t. 15, p. 146.

> Des paroles que messire Espaeng de Lyon me comptoit estoie tout rafreschi, car elles me venoient grandement à plaisance et toutes très bien les retenoie, et si tost que aux hostelz, sur le chemin que nous fesismes ensamble, descendu estoie, je les escripsoie, fust de soir ou de matin, pour avoir en tout temps advenir mieulx la memoire, car il n'est si juste retenue que c'est d'escripture.[17]

Comme la remarque finale d'Henri Crystead citée plus haut ("affin que vous le mettés en memoire perpétuelle"), comme celles que Froissart lui-même fait à Espan de Lion pour le flatter un jour qu'il essaye une fois de plus de lui tirer les vers du nez touchant la mort du jeune Gaston de Foix,[18] ces lignes célèbres disent assez que le texte des Chroniques est différent de ces notes prises à chaud, soir après soir, et elles se désignent elles-mêmes comme ayant été écrites plus tard, au moment de la rédaction définitive. Cette rédaction pourrait se dispenser de suivre les étapes du voyage et de reproduire les informations dans l'ordre et en apparence dans les termes mêmes où elles lui ont été livrées. Elle s'y conforme pourtant.

Or Froissart ne s'abandonne que sur le tard à cette soumission du récit au fil de sa propre enquête. Il fallait que ses Chroniques, commencées en amont de sa propre naissance eussent d'abord rattrapé l'événement et que leur matière leur fût devenue contemporaine. Il fallait sans doute aussi - les exemples qu'on vient de donner le suggèrent - que lui-même fût reconnu comme l'historien de son temps et que sa seule présence suscitât récits et informations. Il lui suffit alors d'être là pour que l'histoire d'elle-même se raconte, et il se trouve ainsi justifié à expliquer d'abord dans quelles circonstances il se trouve là. Le mouvement de l'autobiographie n'imprime donc sa marque - et par moments seulement - que dans les deux derniers livres. C'est pourquoi ce mouvement ne le

---

17 SHF, t. 12, p. 65. La dernière remarque de Froissart correspond à un critère de fiabilité du témoignage que l'on trouve déjà dans le prologue du 'Roman de Troie' de Benoît de Sainte-Maure à propos du pseudo-Darès le Phrygien:

Tot quant qu'il faiseient le jor
O en bataille o en estor,
Tot escriveit la nuit aprés
Icist que je vos di Darés. (v. 107-110)

18 "Sainte Marie, sire, di-ge au chevalier, que vos paroles me sont aggreables et que elles me font grant bien, tandis que vous me les comptés, et vous ne les perdez pas, car toutes seront mises en memoire et en ramembrance et croniquiés en l'istoire que je poursieu, se Dieu donne que à santé je puisse retourner en la conté de Haynnau et en la ville de Valenciennes, dont je suy de nation." (SHF, t. 12, p. 70-71).

confronte pas seulement aux souvenirs de ses interlocuteurs tels qu'ils les lui ont livrés, mais aussi à ses propres souvenirs. Souvenirs, entretenus par les notes prises sur le vif, du moment où il a recueilli l'information, comme le souligne le passage qui vient d'être cité. Mais souvenirs aussi de son propre passé dont la profondeur enrichit celle de l'histoire. On l'a souvent relevé à propos du voyage en Angleterre de 1394, marqué du signe de la nostalgie. Froissart décide d'entreprendre ce voyage d'une part pour revoir un pays où il a vécu dans sa jeunesse des années si heureuses, d'autre part pour y compléter son information. L'exposé de la première raison occupe une page, celui de la seconde une ligne:

> Vérité fut et est que je, sire Jehan Froissart, pour ce temps trésorier et chanoine de Chymay, séant en la conté de Hainaut et de la diocèse du Liège, eus très grande affection et ymagination de aller veoir le royaulme d'Angleterre (...). Et plusieurs raisons me esmouvoient à faire ce voyage. La première estoit, pour ce que de ma joeunesse je avoie été nourri en la cour et hostel du noble roy Edouard, de bonne mémoire, et de la noble royne Phelippe sa femme, et entre leurs enfans et les barons d'Angleterre, qui pour ce temps vivoient et demeuroient; car toute honneur, amour, largesse et courtoisie je avoie veu et trouvé en euls. Si désiroie à veoir le pays. Et me sembloit en mon ymagination que, se veu l'avoie, j'en viveroie plus longuement; car par XXVII ans tous accomplis je m'estoie tenu d'y aller; et se je n'y trouvoye les seigneurs, lesquels à mon département je y avoie laissiés et veus, je y verroie leurs hoirs, et ce me feroit trop grand bien: aussi pour justifier les histoires et les matières dont je avoie tant écrit de euls.[19]

On sait sa déception en débarquant à Douvres:

> Et passay la mer à Calais, et vins à Douvres le douzième jour du mois de juillet; et quant je fuis venu à Douvres, je ne trouvai homme de ma congnoissance du temps que je avoie fréquenté en Angleterre; et estoient les hostels tous renouvellés de nouveau poeuple, et les joeunes enffans, fils et filles, devenus hommes et femmes, qui point ne me congnoissoient, ni moy euls.[20]

Autre déception quand il s'aperçoit qu'il ne connaît plus personne dans l'entourage du roi: "Si fus du premier ainsi que tout ébahi".
Mais pour l'historien qu'il est, la confrontation du passé et du présent ne met pas seulement en jeu le temps vécu et le vieillissement, mais aussi la patiente élaboration de ses Chroniques qui s'est confondue avec le temps de sa vie. Les deux s'imbriquent et se confondent, si bien qu'après tant d'années passées à écrire l'histoire de guerres interminables, l'opposition

---

[19] Kervyn de Lettenhove, t. 15, p. 140-141.
[20] Kervyn de Lettenhove, t. 15, p. 142.

n'est plus entre le récit présent et les événements passés, mais entre le récit présent d'événements présents et le récit passé, une opposition qui ne renvoie pas au passé et au présent de l'histoire, mais au passé et au présent de l'auteur. Dans le prologue du livre IV, un détail stylistique le signale dès la première phrase:

> Je, Jean Froissart, (...) me suis de novel resveillé et entré dedans ma forge, pour ouvrer et forgier en la haulte et noble matière de laquelle du temps passé je me suis ensonnié, laquelle traite et propose les faits et les advenues des guerres de France et d'Angleterre et de tous leurs conjoints et leurs adhers.[21]

La phrase est un peu embarrassée, et à la faveur de cet embarras la formule attendue "la haute et noble matière du temps passé dont je me suis occupé" devient "la haute et noble matière dont je me suis occupé au temps passé". Le seul temps passé qui est ici en cause est son temps passé à lui. Peut-on ne pas songer aux deux premiers vers du 'Joli buisson de Jeunesse' qui disent avec une simplicité si frappante que le sujet de la poésie, c'est le souvenir?

> Des aventures me souvient
> Dou temps passé.[22]

L'entreprise de Froissart, cette entreprise de création pour laquelle, tel Nature, il "entre dans sa forge" est une entreprise neuve, ou au moins renouvelée, commencée "de novel", au réveil, une entreprise dans le présent et qui concerne le présent - la formule "et de tous leurs conjoints et leurs adhers", absente du prologue du livre I, montrant que l'historien est désormais sensible, non plus seulement à la succession des événements, mais aussi à leurs ramifications et à leur interaction dans la synchronie, au jeu des effets et des causes simultanés, dans le présent, préoccupation effectivement nouvelle du livre IV. Le seul passé désormais en cause est son propre passé, le passé d'une vie et d'une œuvre. Les lignes qui suivent la phrase qu'on a citée sont l'admirable et célèbre rappel de cette vie et de cette œuvre. Est-il absurde d'y voir en quelque façon un pendant du rappel par le souvenir et par le rêve du passé sentimental et de la jeunesse amoureuse qui est l'objet du 'Joli buisson de Jeunesse' - rappel d'un passé qui est là aussi celui d'une œuvre et de son écriture, puisque le poème poursuit dix ans plus tard l'histoire sentimentale de

---

21 [S.H.F., t. XIV, p. 1-2.]

22 Ed. A. Fourrier, Genève 1975, v. 1-2.

l''Epinette amoureuse'? Froissart confie au lecteur, dans ce prologue du livre IV, ce qu'il n'avait jamais dit de cette façon: qu'il est né au moment où commençait la matière de ses Chroniques, impliquant qu'il y a entre elles et lui comme un lien vital; qu'il les a entreprises tout jeune, à vingt ans; qu'il a été heureux dans sa jeunesse auprès de la reine Philippa; qu'il a été à sa cour un poète fêté et comblé; qu'il a voyagé, enquêté à travers "la plus grande partie de la chrétienté"; que plus il travaille à ses Chroniques, plus il y prend plaisir; qu'il les poursuivra tant que Dieu lui en donnera la force; que ce travail est sa joie.[23]

Au moment où il entre à nouveau dans sa forge, Froissart ne néglige pas pour autant les débuts de son œuvre, ce livre I des Chroniques que toute sa vie il n'aura cessé de réécrire. Abrégée, épurée, plus lucide, son ultime rédaction, celle du manuscrit de Rome, témoigne elle aussi du dialogue constant entre le présent et le passé de l'œuvre.[24] Celle-ci tourne de plus en plus, à mesure qu'elle avance, à la confrontation des strates du passé. Froissart est amené à se mettre de plus en plus en scène pour

---

[23] "Or considérés entre vous qui le lisiés ou avés leu ou orés lire, comment je puis avoir sceu, ne rassemblé tant de fais, desquels je traitte et propose en tant de parties; et, pour vous informer de la vérité, je commençay jeune del eage de vingt ans, et je suis venu au monde avec les fais et advenues, et si y ay tousjours pris grant plaisir plus que à autre chose. Et si m'a Dieu donné tant de grâce que j'ay esté bien de toutes parties et des hostels des roys et par espécial du roy Edouard et de la noble royne sa femme madame Phelippe de Haynnau, royne d'Angleterre, dame d'Irlande et d'Aquitaine, à laquelle en ma jeunesse je fus clerc et la servoie de beaulx dittiers et traittiés amoureux; et pour l'amour du service de la noble et vaillante dame à qui j'estoie, tous autres grans seigneurs, ducs, contes et barons, chevalliers et nobles hommes, de quelconques nations qu'ils fuissent, m'amoient et me veoient voulentiers, et me faisoient grant prouffit.

Ainsi au title de la bonne dame et à ses coustages et aux coustages des haulx seigneurs, en mon temps je cerçay la plus grant partie de la crestienneté, voire qui à cercier fait, et partout où je venoie, je faisoie enqueste aux anciens chevalliers et escuiers qui avoient esté ès fais d'armes et qui proprement en savoient parler, et aussi à aucuns héraulx de crédence, pour vérifier et justifier toutes mes matières. Ainsi ay-je rassamblé et eu la haulte et noble histoire et matière, et le gentil conte de Blois dessus nommé y a rendu grant paine, et, tant comme je viveray, par le gré de Dieu je la continueray, car comme plus y suis et plus y labeure, et plus me plaist; car ainsi comme le gentil chevallier ou escuier qui ayme les armes, en persévérant et continuant, il s'i nourrist et parfait, ainsi en labourant et ouvrant sur ceste matière je me habilite et délite." (Note 1, t. 14, p. 2-3).

[24] Jehan Froissart: Chroniques. Dernière rédaction du premier livre. Edition du manuscrit de Rome Reg. lat. 869, par George T. Diller, Genève 1972. Voir George T. Diller, Attitudes chevaleresques et réalités politiques chez Froissart. Microlectures du premier livre des "Chroniques", Genève 1984 (Etudes de Philologie et d'Histoire 39).

mesurer la profondeur du passé à l'aune du souvenir, les siens et ceux des autres, à l'aune de son vieillissement, à l'aune de l'extension de son œuvre dans la durée, de l'amoncellement des pages nouvelles, de la réécriture des pages anciennes. C'est au prix de cette mesure du passé qu'il peut fixer l'actualité de son temps, le temps immédiat et le temps récemment révolu. C'est au prix de cette mesure du passé qu'il est présent.

MONIQUE LÉONARD

L'ACTUALITÉ DANS LES *DITS*

Les critiques contemporains ont remarqué depuis longtemps que l'apparition du *dit* dans la langue française avait coïncidé, tout à fait au début du XIIIe siècle, avec le moment où l'individu, s'ouvrant sur la société et le monde, avait dû créer un mode d'écriture nouveau, versifié mais non chanté, pour s'exprimer lui-même, faire part de ses réactions personnelles, de ses opinions, en un mot pour traduire sa 'subjectivité'.[1] Le *dit* étant pourvu de la faculté d'accueillir tous les sujets et de les traiter sur les tons les plus divers, il n'est guère étonnant qu'il soit vite devenu un lieu privilégié, un creuset, où sont apparus peu à peu les événements constituant l'actualité des hommes du Moyen Age. En 1923, Gustave Lanson classait déjà les *dits* parmi les "pièces d'actualité", nées à la fois de "circonstances" et d'une "particulière émotion des esprits".[2] Plus récemment, dans son étude sur Jean de Condé, Jacques Ribard a rapproché les *dits* de nos articles de revues, aptes comme eux, en particulier, à accueillir tout ce que nous considérons, *aujourd'hui*, comme "l'actualité"[3]: "aujourd'hui", car nous allons devoir partir d'une définition moderne pour cerner ce concept étranger à la mentalité médiévale.

Cette notion d'actualité peut être définie par opposition à l'histoire; l'actualité en effet concerne essentiellement ce que l'on vit au présent et n'englobe le passé que s'il est suffisamment récent pour que ses effets soient encore immédiatement sensibles; l'histoire en revanche traite plutôt d'événements que l'on considère comme appartenant définitivement au passé. En conséquence, l'actualité est constituée d'éléments hétérogènes évoqués sans qu'il soit pris de recul, donc sans que soit fait le tri entre l'essentiel et l'anecdotique. Ce sera le rôle de l'histoire de ne retenir que les faits majeurs déterminants pour l'évolution de la collectivité et de réaliser des synthèses significatives: ainsi, l'actualité dont on se souvient devient de l'histoire,

---

[1] Voir Michel Zink: La subjectivité littéraire, Paris 1985, p.62: "le dit, genre en lui-même informe, se définit par l'exhibition du moi face aux autres et face au monde", et p.67, "ce roman du moi qu'est le dit"; voir aussi en particulier pp.35-36, 43, 59-60, 62-67, 72-73.

[2] Gustave Lanson: Histoire illustrée de la langue française, 1ère partie: Le Moyen Age, Paris-Londres 1923.

[3] "Comme eux [les articles de revues], ils peuvent prendre occasion d'un fait d'actualité ... comme ils sont susceptibles de garder leurs distances vis-à-vis d'elle pour traiter une question d'intérêt plus général, de caractère moral le plus souvent à l'époque. Ce sont, si l'on veut, les ancêtres un peu bohèmes de toutes ces revues, spécialisées ou non, qui reposent, bien sagement rangées, sur les rayons de nos salles de périodiques.", Jacques Ribard: Un ménestrel du XIVème siècle: *Jean de Condé*, Genève 1969, p.101.

mais on ne la rencontre pas à proprement parler dans les *dits*. Précisons encore que l'actualité s'oppose aussi au fait divers et au quotidien dans la mesure où elle intéresse obligatoirement la collectivité et non quelques individus isolés. N'importe quel fait peut donc être "d'actualité" pourvu qu'il connaisse une certaine diffusion, une certaine notoriété à un instant donné et les enjeux seront alors aussi bien sociaux que politiques ou religieux.

A la lecture des *dits*, on est immédiatement frappé par l'abondance des références aux 'faits d'actualité': décisions papales, nouvelles autorisations accordées aux Ordres Mendiants, exhortation à partir à la prochaine croisade, éloge funèbre d'un personnage illustre, commentaires portant sur la politique royale aussi bien que sur l'enlèvement d'un enfant juif ou la trahison d'un gentilhomme, les exemples foisonnent. Mais, simultanément, on ne peut que constater l'inexistence de toute théorie de 'l'actualité' et même l'absence d'une claire conscience de ce que pourrait être l'histoire. Dans ces conditions, 'l'actualité' n'est pas traitée comme telle, c'est-à-dire comme nous l'avons définie, mais elle se trouve évoquée en des termes qui sont 'lexicalisés', c'est-à-dire avec d'incessants recours à des lieux communs moraux, à des tropes très courants comme l'allégorie en particulier et en des formes d'éloquence essentiellement littéraires telles que le débat, le songe, l'élégie ou la satire. En fait, malgré de multiples références au présent commun des auteurs, 'l'actualité' en tant que telle est un objet à peu près introuvable au Moyen Age ... On rencontre bien quelque chose qui est de l'ordre d'un présent irréductible dans ces *dits*, mais aujourd'hui on ne pourrait pas appeler cela de 'l'actualité'.

Il faut donc partir du constat qu'un nombre important d'auteurs, connus ou restés anonymes, ont considéré que cette part de leur présent commun pouvait faire l'objet d'une composition *littéraire*, fût-ce à partir d'un support dont la forme elle-même n'était pas bien fixée, le *dit*.

On peut estimer à une centaine, sur un corpus global de 684 *dits*, le nombre de pièces où 'l'actualité' intervient de façon plus ou moins ponctuelle, plus ou moins précise.[4] Pour cette enquête, on considérera essentiellement les textes choisis parmi les plus significatifs sans se limiter nécessairement à ceux qui sont les mieux écrits ou les plus connus (un auteur comme Rutebeuf, par exemple, ne sera pas privilégié).

---

[4] Travaillant actuellement à l'achèvement d'une thèse qui porte sur le "genre" littéraire du *dit* avant 1340, j'ai conservé pour cette étude les limites temporelles que je me suis fixée par ailleurs; elles trouvent bien sûr leur justification dans une approche générale du *dit*. Cet article est repris et développé dans ma thèse.

Ces œuvres pourraient assurément être réparties selon un classement thématique (*dits* moraux, religieux, satiriques, politiques ...); on pourrait aussi les regrouper autour de quelques grands problèmes inhérents à la société médiévale: les relations entre la royauté et la papauté, la question des croisades, la rivalité parisienne entre l'Université et les Ordres Mendiants, les problèmes de la foi, avec le traitement réservé aux Juifs et aux hérétiques en particulier. Certes, nous prendrions ainsi connaissance du contenu des textes, mais sans rendre compte des mécanismes de pensée et des procédés littéraires qui conditionnent le traitement de l'actualité.

Peut-on donc repérer des attitudes récurrentes chez les auteurs? Quelle utilisation font-ils de l'événement? L'actualité mentionnée a-t-elle une fonction dans les *dits*? Quels en sont les modes de représentation? Dans une forte majorité de pièces, l'insertion d'éléments empruntés à l'actualité semble obéir à quelques intentions premières: ces manières de faire habituelles permettent de définir un fonctionnement 'normal' de l'actualité. Par contraste, quelques cas originaux apparaissent: ils proposent une utilisation 'anormale' de l'actualité, peut-être significative d'une évolution en cours.

I. Le fonctionnement 'normal' de l'actualité

Commençons donc par décrire le traitement que les auteurs de *dits* font habituellement subir à l'actualité.

A. L'actualité comme toile de fond: les enjeux

Il est d'abord évident que l'événement d'actualité n'est pas représenté pour lui-même, à l'état brut, comme un motif digne d'intérêt en soi, mais qu'il devient, en revanche, régulièrement prétexte à tirer une leçon de morale, à exprimer une désapprobation ou à défendre une cause. En effet, ces enjeux masquent toujours plus ou moins les événements qui devraient pourtant assurer leur fondement. L'évocation des situations politiques donne en particulier matière à des condamnations totales, sans nuance aucune, sans appel. Le cas du *dit* composé à l'occasion de 'La Guerre de Metz' (1324) est particulièrement significatif à cet égard: l'auteur ne mentionne que les crimes des ennemis et les actions de bravoure des habitants de la ville; la situation de conflit, complexe, qui a réellement motivé la guerre n'est bien entendu pas évoquée. Dans les *dits* de ce type, l'actualité se trouve complètement subordonnée à l'expression d'un engagement partisan: elle n'apparaît qu'à l'arrière plan, en toile de fond, à peine évoquée de façon allusive.

Peut-on remarquer des constantes dans les modes de représentation des événements évoqués? Quels sont les procédés stylistiques utilisés?

B. L'actualité banalisée: clichés et idées reçues

Au lieu que l'événement soit isolé et exhibé dans sa singularité, il se trouve banalisé, réduit à l'état de clichés et de lieux communs par le mode d'expression qui le met en œuvre.

Nous avons la chance de posséder trois *dits* évoquant le même événement d'actualité: il s'agit d'œuvres composées à la suite de "l'affaire Pierre de La Broce". Cet homme était de petite noblesse bien que la tradition ait fait de lui un être de basse condition; il devint le favori de Philippe III après la mort de saint Louis, fit rapidement fortune et prit un ascendant considérable sur le roi. Ce parvenu ne sut cependant pas user de ses avantages et il s'attira l'hostilité de l'entourage royal par son ambition et son arrogance. En 1276, Marie, seconde femme du roi, fut accusée d'avoir fait mourir Louis, l'aîné des trois fils de Philippe III et Pierre de La Broce, qui prit parti contre la reine, fut lui-même suspecté pour ce crime. La même année, la reine Marie le rendit responsable de l'échec de l'armée royale en Castille et il fut enfin accusé de haute trahison en 1277. Le roi l'emprisonna et le fit pendre l'année suivante.[5]

Cet événement suscita donc l'écriture de trois *dits* où la même matière reçut un traitement différent. Le mode de présentation le plus banal consiste assurément à faire raconter l'histoire par un narrateur qui s'incarne dans la personne du jongleur au moment de la récitation publique. Le 'Dit de Fortune Mon(n)iot' appartient à ce type, à ceci près que l'auteur a imaginé un artifice de présentation: au lieu de raconter la vie de Pierre de La Broce, Jean Moniot de Paris[6] centre sa composition sur l'allégorie de *Fortune*. Le ton de l'œuvre est facétieux et des plaisanteries sont insérées dans le discours moral. Dans ce contexte, le personnage de Pierre de La Broce n'est pas présenté directement: son nom fait en effet l'objet d'une série de jeux de mots sur le radical *broche* qui le désignent implicitement, allusions à peine voilées pour des contemporains parfaitement au courant de la déchéance

---

[5] Pour le détail des éléments historiques concernant Pierre de La Broce, voir l'édition de F. Ed. Scheegans: Trois poèmes de la fin du XIIIe siècle sur Pierre de La Broce, dans: Romania 58, 1932, pp. 520-550.

[6] F. Ed. Scheegans s'accorde avec G. Raynaud pour identifier le *Monniot* qui se nomme lui-même à la fin du *dit* avec Jean Moniot de Paris; voir ibid., p. 530 et n. 3.

spectaculaire du parvenu arrogant. Il s'agit bien pour le poète de présenter avant tout une œuvre *pourfitable*[7], mais la leçon y gagne en agrément.

Dans le *dit* 'De Pierre de La Broce', en revanche, la parole est donnée au coupable qui se lamente et regrette ses fautes passées:

Convoitise m'a mort qui maint preudomme afonde.
Por ce vueil ma legende[8] *ainz que je muire fere.*
('De Pierre de La Broce', vv. 12-13).

L'origine du parvenu est déformée - nous avons vu que Pierre était de petite noblesse - pour que sa déchéance devienne mieux représentative de la bassesse du *vilain* parvenu:

Mon pere fu vilains qui amassoit deniers
Et de garir les plaies fu ses premiers mestiers ...
('De Pierre de La Broce', vv. 57-58).

Ainsi la morale est-elle dégagée par celui dont la parole ne saurait être mise en doute puisqu'il avoue ses fautes et le ton de l'œuvre est très sérieux:

J'ai deservie honte, bien est drois que je l'aie ... (v.123)

L'actualité est toujours traitée comme une occasion de mettre en lumière un sort exemplaire, mais cette fois le fait de donner la parole à l'intéressé qui se repent et confesse ses fautes à la première personne donne la force de l'évidence à la condamnation du personnage. La conclusion devient indiscutable, mieux encore que si un narrateur portait lui-même un jugement.

Le troisième texte participe des deux principes illustrés par les *dits* précédents; on y trouve en effet à la fois l'allégorie de *Fortune*, en compagnie cette fois de *Reson*, et Pierre de La Broce en personne. Le dit 'De Pierre de La Broce qui dispute a Fortune' par devant Reson a la forme d'un débat dans lequel le parvenu déchu se plaint du traitement que lui a infligé *Fortune* tandis que celle-ci lui retourne toute la responsabilité de ses malheurs; *Raison* doit trancher le débat. Cette fois, c'est à *Fortune* que revient la charge d'accuser le mauvais conseiller du roi:

Ta faussetez et tes orgueus
T'a fet en ceste dolor estre

---

[7] 'De Pierre de La Broce', v. 7.

[8] *Legende*: le sens habituel du mot est "recueil de vies de saints" (voir Tobler-Lommatzsch, V, 305-306 et Godefroy, 10, p.69); Godefroy relève également le sens de "récit merveilleux, populaire" au XVIème siècle. Ici, le mot semble bien désigner l'histoire de la vie de Pierre de La Broce.

Traïtres as et desloiaus
Esté vers ton seignor terrestre
('De Pierre de La Broce qui dispute ...', vv. 143-146);

Les vaines tentatives du traître pour se disculper ont pour unique fonction de permettre à *Fortune* de fonder son réquisitoire et au terme de la plaidoierie, *Raison* rend sa sentence et condamne Pierre sans appel.

Ainsi, l'"affaire Pierre de La Broce" donne cette fois matière à l'organisation d'un tribunal tout à fait dans le goût littéraire de ce dernier quart du XIIIe siècle.

Quel que soit le type de composition adopté par les différents auteurs, on constate en définitive que l'inculpé Pierre de La Broce est toujours déclaré coupable et condamné au nom de la morale sans que jamais les faits précis soient pris en considération: tout se passe comme si les jugements étaient bien établis à l'avance. En termes littéraires, la disgrâce et la chute de Pierre de La Broce sont interprêtées comme l'illustration de deux thèmes récurrents au Moyen Age: celui de la roue de Fortune et celui du vilain parvenu qui se révèle indigne de la confiance accordée par son seigneur. L'actualité est bien traitée comme une fiction exemplaire.

Allégories, métaphores, comparaisons, apostrophes et invectives lancées par les locuteurs, discours directs placés dans la bouche des protagonistes de l'actualité, débats: nous avons affaire à des auteurs qui usent de toute leur technique pour traiter l'actualité en des formes attendues.

C. L'actualité traitée comme une fiction: les mises en œuvre littéraires

Non contents d'utiliser des procédés d'énonciation extrêmement convenus, les auteurs de *dits* qui traitent d'un événement d'actualité choisissent souvent de composer l'ensemble de leur pièce sur le modèle des œuvres de fiction. Ils peuvent en particulier avoir recours au schéma du récit ou à une structure dramatique.

1. L'actualité traitée comme un récit

Les chroniques mentionnent le martyre d'un enfant chrétien de huit ans, Hugues de Lincoln, qui fut circoncis, crucifié puis tué par les Juifs en 1255. Il est possible que le *dit* d''Hugues de Lincoln', qui rapporte un fait similaire au sujet d'un enfant de trois ans, ait la même origine. Toujours est-il que le narrateur présente l'histoire de façon très détaillée, comme si elle s'était récemment produite: il situe la scène - lieu, temps et personnes sont précisés et nommés - les circonstances de l'enlèvement sont mentionnées ainsi que les réactions de la mère éplorée qui réclame son enfant au style direct; le narrateur met en scène l'appel lancé à Henri III et la réponse royale. La situation se trouve ainsi immédiatement dramatisée par cette démonstration d'autorité face à la mère démunie qui répond *mult ducement*.[9] Le narrateur reconstitue alors la scène où l'enfant chrétien se trouve entre les mains des Juifs qui, par dérision, répètent sur lui la scène de la passion du Christ: l'enfant est ligoté, puis dépouillé de ses vêtements, vendu pour trente deniers, condamné à être crucifié lors d'une parodie de jugement. Le narrateur ne recule devant aucun détail réaliste, ajoutant même que l'enfant eut le flanc et enfin le cœur percés, le summum du pathétique étant atteint au moment de la mort:

Pur un cri que l'enfant fist
Quant l'alme del cors en issist,
Sa mere apela, et tant dist:
"Pur mei priez a Jhesu-Crist."
('Hugues de Lincoln', str. 33).

Plus tard, le corps de l'enfant est retrouvé et le roi Henri demande aux Juifs de s'expliquer publiquement; c'est l'occasion pour le narrateur de reprendre tout le contenu de l'histoire, du point de vue des coupables cette fois. Ce second récit est censé porter l'événement à la connaissace de toute la ville mais il a surtout pour fonction d'augmenter le pathétique de la scène par l'effet de refrain qui est ainsi créé; l'émotion du lecteur s'en trouve accrue.

On voit que la relation de cette histoire présentée comme véridique est menée de façon semblable à celle d'une fiction. On retrouve ici précisément les procédés d'écriture qu'utilisent les auteurs de fables lorsqu'ils veulent faire croire à la réalité de leurs personnages et à la vérité de leur propos. Le fait d'actualité n'est pas considéré pour lui-même comme un matériau qu'il suffirait de porter à la connaissance d'un public. Il ne s'agit pas simplement d'informer un lecteur: il importe de donner à ce matériau une forme littéraire, en accord certes avec les sentiments de l'auteur, mais surtout conforme aux goûts et aux façons d'écrire habituelles de l'époque. C'est à ce prix que le lecteur sera touché et qu'il tirera profit du 'fait d'actualité'.

---

[9] 'Hugues de Lincoln', str. 17.

2. L'actualité traitée par la mise en scène

'Le dit du Chancelier Philippe' présente une forme de mise en scène différente. La pièce a été composée à la suite de la mort de Philippe de Grève, chancelier de l'Eglise de Paris, survenue le 26 décembre 1236. Le chancelier s'était engagé en particulier dans la lutte entre l'Eglise de Paris et l'Université. Henri d'Andeli décide donc de composer son éloge funèbre et de présenter le personnage pieux au moment de sa mort. Il va d'abord situer la scène de façon à tirer parti du jour et de l'heure de l'événement - Noël, à minuit - et établir ainsi un rapprochement entre la naissance du Christ et la mort du chancelier.[10] Henri d'Andeli crée alors un dialogue entre le mourant et son clerc, personnage familier qui va lui permettre de réaliser une véritable mise en scène de la mort du chancelier. Ce dernier s'enquiert en effet de l'heure, annonce sa mort imminente et l'auteur attribue au clerc les sentiments que le lecteur lui-même est prié d'éprouver:

Quand li clers la parole entent,
De pitié li cuers li fondi;
En sospirant il respondi:
"Sire, il est entor mienuit."
('Le dit du Chancelier Philippe', vv. 30-33).

La présence d'un spectateur ému, le fidèle clerc, accroît naturellement l'aspect pathétique de l'évocation. Mais la dramatisation de la scène permet aussi à Henri d'Andeli de donner directement la parole au chancelier, ce qui va entraîner deux conséquences fécondes d'un point de vue littéraire. Il s'offre ainsi tout d'abord la possibilité de faire prononcer au mourant un acte de contrition exemplaire: tous les clercs devraient prendre modèle sur lui, précise l'auteur; ce faisant, celui-ci remplit son contrat - faire l'éloge de Philippe de Grève - et il présente de surcroît un personnage qui met en pratique les pieux enseignements que se plaisent à dispenser bon nombre d'auteurs de *dits* en ce XIIIe siècle. Mais, à un second niveau, Henri d'Andeli tire un parti plus subtil de ce discours au style direct: indépendamment de ses fonctions de chancelier, Philippe de Grève avait été poète à ses moments de liberté et les propos qu'il tient avant de se présenter devant Dieu prennent subitement un relief exceptionnel, permettant aux jongleurs et trouvères, comme Henri d'Andeli par exemple, de se projeter dans l'illustre per-

[10] Comme Henri d'Andeli l'avait fait pour le Chancelier Philippe, Jean de Condé tire parti de la date de la mort du *Bon conte Guillaume* qui survint *en cele nuit hautisme / Dou saint espir*, c'est-à-dire la veille de la Pentecôte: il accentue ainsi la gravité et la solemnité de l'événement; vv. 188-189.

sonnage et de présenter du même coup une image très valorisante d'eux-mêmes[11]:

> "*Dex, tes jugleres ai esté*
> *Toz tens, et yver(s) et esté.*
> *De ma viele seront rotes*
> *En ceste nuit les cordes totes,*
> *Et ma chançons dou tout faudra;*
> *Mais, se toi plait, or me vaudra.*
> *Dieus, or me rent lou guerredon;*
> *De mes pechiez me fai pardon:*
> *Toz jors t'ai en chantant servi;*
> *Rent m'en ce que j'ai deservi.*"
> ('Le dit du Chancelier Philippe', vv. 45-54).

Tout se passe comme si le chancelier Philippe devenait ainsi, au moment tragique de sa mort, emblématique de toute la profession des trouvères.

Pour qu'ils deviennent exemplaires, les individus qui pourraient avoir une dimension historique sont donc traités comme des personnages de romans ou de contes que l'auteur modèle en fonction du message qu'il veut délivrer.

Il apparaît donc que, dans la majorité des *dits*, le désir d'interpréter l'actualité fait passer les événements au second plan et impose d'eux une représentation simplificatrice.[12] Alors même que 'l'actualité' pourrait jouer un rôle essentiel dans l'œuvre, elle se trouve privée de toute sa spécificité et réduite à l'état d'un matériau fictif par l'utilisation de procédés littéraires très classiques.

---

[11] Jean de Condé insère de même dans sa louange au 'Bon comte Guillaume' un trait qui donne un nouveau relief au personnage en établissant un lien entre le poète et le défunt:

> *C'ert li peres des menestrés;*
> *Cil doivent bien iestre espierdu,*
> *Quant il ont leur pere pierdu.*
> *Car moult estoit larges et preus.*
> ('Le dit du Bon comte Guillaume', vv. 54-56 et 174).

[12] E. Auerbach explique très clairement comment le désir d'interprétation fait passer la réalité au second plan et impose d'elle une représentation simplificatrice; Mimésis, la représentation de la réalité dans la littérature occidentale, Paris 1969, voir en particulier "La cicatrice d'Ulysse", pp.11-34.

II. Le fonctionnement 'anormal' de l'actualité

On pourrait, à l'issue de cette analyse, avoir le sentiment que la représentation de l'actualité dans les *dits*, n'échappe pas aux modes de pensée traditionnels, au point que la question de l'actualité n'émergerait même pas au sens que nous avons voulu lui donner initialement. Mais, en marge de ces cas usuels, quelques auteurs de *dits* réservent pourtant à l'actualité un traitement tout à fait nouveau. Ces auteurs nous ont paru 'inventer' à proprement parler l'actualité, qu'ils la fassent émerger de façon critique dans un cadre fantastique, qu'ils en proposent un surprenant compte-rendu à l'état brut ou qu'ils s'en fassent les interprètes originaux dans des cadres qui demeurent souvent classiques.

A. L'actualité et le fantastique

L'actualité peut surgir au sein d'une fiction, apportant un arrière-plan de réalité à une histoire fantastique. Le narrateur du *dit* 'De la Jument au diable' raconte qu'une nuit, en Normandie, le diable s'arrêta chez le maréchal-ferrant pour faire poser des fers à sa jument. Répondant aux questions du forgeron, il expliqua qu'il se rendait au Mont Moïmer[13], en Champagne, pour prendre livraison de l'âme d'une *prestresse*, c'est-à-dire de la concubine d'un prêtre, qui était en train de mourir et qui allait être métamorphosée en jument après sa mort, et conduite en enfer, comme le veut la tradition, en punition de ses péchés. Le diable ajouta encore que la noire jument qu'il chevauchait pour l'heure était, elle aussi, une *prestresse* en train d'expier ses turpitudes passées.

Mais, dans ce récit, le choix géographique du Mont Moïmer sert en réalité de prétexte à l'insertion d'une allusion tout à fait inattendue à un autodafé de Cathares qui eut lieu justement sur la terre du comte de Champagne, au Mont Moïmer. Pour fournir au lecteur les explications rendant l'évocation crédible, le narrateur interrompt son récit principal et opère un retour en arrière, rappelant comment un hérétique nommé Imer, chassé de Lombardie par saint Augustin, s'installa sur cette montagne pour prêcher si bien sa foi qu'il entraîna à sa suite un nombre important d'hérétiques, dont 180 descendants furent finalement brûlés en 1239. Ce récit enchâssé, à caractère pseudo-historique, a pour fonction évidente de renforcer l'authen-

[13] Il s'agit aujourd'hui du Mont-Aymer; voir l'édition du texte par Gaston Raynaud, dans: G. Raynaud: Mélanges de philologie romaine, Paris 1913, p. 233, n. 1.

ticité de l'autodafé et tous les détails fournis sont effectivement conformes au récit qu'en fait par ailleurs Albéric de Trois-Fontaines.[14] Le *dit* précise même que Robert, le grand inquisiteur, accorda 30 ans d'indulgence au peuple qui assista au spectacle:

Furent puis .IX.XX. bougres ars
Le merquedi de Pentecouste
Souz Moïmer iluec dejouste,
Voiant gent qui ierent venu
De meint païs, et apleü[15]
Por avoir le tres grant pardon
Dont frere Robert leur fist don;
Si sachiez que il en dona
.XXX. anz a chascun et bonna[16] ...
En l'en de l'incarnacion
Orent leur grant dampnacion
.M. et .CC. et .XXXIX. ...
('De la Jument au diable', vv. 38-46 et 51-53).

Il est extrêmement surprenant que cette référence apparaisse ici a priori comme dénuée de tout fondement. Le narrateur ne tire aucune leçon de l'événement, il ne l'exploite à aucune fin satirique. Il ne semble même pas avoir pour intention première d'informer son lecteur puisque le rappel de l'événement n'arrive qu'à l'occasion d'un récit mieux fait pour frapper l'imagination que pour appréhender la réalité. On peut certes penser que cette référence à un élément historique a pour fonction de 'faire vrai', de rendre plus crédible, s'il se peut, la chevauchée diabolique qui menace toutes les *prestresses* non repenties; reste que cette évocation si précise du fameux autodafé, au milieu d'un conte fantastique, ne trouve pas vraiment de justification. Il paraît pourtant évident que cet 'effet de réel' n'a pas été choisi au hasard: la nature de l'événement - l'autodafé des hérétiques - est singulièrement en harmonie avec la chevauchée nocturne du diable...

On risquera donc une hypothèse interprétative un peu différente: la proximité métonymique dans le récit de ce thème traditionnel (le diable et sa jument, femme métamorphosée pour expier ses péchés de chair), et d'une

[14] Gaston Raynaud renvoie à Albrici monachi Trium Fontium Chronicon, éd. par Paul Scheffer-Boichorst, Hannover 1874 (MGH SS t. XXIII), p. 631-950, part. p. 712-713 et 944-945, (ibid., p. 234, n. 1 et 3).

[15] *Aplovoir*, "accourir en foule".

[16] *Bonner*, "fixer", "déterminer".

allusion aussi développée[17] à un événement de l'actualité religieuse et politique ne serait pas fortuite: les Cathares, la femme pécheresse, le diable seraient trois évocations d'un unique principe, le Mal. Mais le merveilleux chrétien, parfaitement admis, sert ici à évoquer une peur et à renforcer la condamnation, tragique cette fois, de l'hérésie. Autrement *dit*, dans une perspective qui peut faire penser à celle qu'adoptera Balzac dans 'La Peau de chagrin', le fantastique sert ici à nommer (fût-ce de façon biaisée, oblique) ce que le 'réalisme' n'aurait pas atteint dans sa platitude descriptive.[18] Le bûcher du Mont Moïmer, surgissant au milieu de la chevauchée satanique, se charge d'une force poétique inconnue: le fantastique nomme le réel en ce sens qu'il en fait comprendre le véritable fonctionnement et le vrai péril.

B. La vulgarisation par le compte rendu

Exceptionnel aussi, mais très différent du précédent, un seul texte, sur un large ensemble de près de 700 *dits*, se rapproche de l'idée que nous, modernes, nous faisons de l'actualité. Il s'agit d'une œuvre que nous qualifierions volontiers aujourd'hui de 'compte rendu' de séance: un auteur raconte par le menu (la pièce comporte 847 vers) tout ce qui s'est passé lors du concile de Lyon, tenu en 1274. On assiste à l'arrivée du pape, Grégoire X, à Lyon, à la conférence avec les cardinaux, à la convocation des prélats à travers le monde et à l'arrivée des députés en ville. Le concile ayant commencé, l'auteur évoque longuement les pourparlers du pape avec les prélats et pousse la conscience jusqu'à rapporter les paroles de Sa Sainteté.

Il consigne les explications du pape qui justifie la levée de la dîme par le financement d'une expédition outremer et qui menace aussi d'excommunication les esprits récalcitrants. Vient ensuite la deuxième journée de travaux, puis la troisième. Notre chroniqueur raconte - un peu laborieusement certes - la suite des événements, le départ des abbés, l'arrivée des députés

---

17 L'évocation de l'autodafé des Cathares occupe exactement 37 vers (vv.18-54).

18 Dans cette perspective, il s'agirait d'un éclairage oblique, qui a été jugé parfois plus suggestif qu'une présentation directe et 'réaliste'. Pensons à la justification que donne Montaigne de ses digressions: "Je m'esgare, mais plustot par licence que par mesgarde. Mes fantasies se suyvent, mais par fois c'est de loing, et se regardent, mais d'une veuë oblique." (Essais, III, 9); plus généralement, A. Maurois analyse cette forme d'esthétique à partir d'une citation de la poétesse Emily Dickinson: "Tell all the truth, but tell it slant", "Dites toute la vérité, mais dites-la de manière oblique, indirecte." (L'art n'est pas la vie, dans: Les Nouvelles Littéraires, 25 mars 1954).

grecs et la dernière session avant le départ. Au fil de ce minutieux rapport, l'auteur intervient à de nombreuses reprises pour définir ses intentions[19]: il a précisément entrepris de faire un compte-rendu exhaustif, de dire *toute* la vérité. Il s'est assigné à proprement parler un rôle de publiciste. Il souligne, comme nombre de ses contemporains certes, qu'il écrit *en romans*[20], mais son travail minutieux rend son sens plein à des expressions aussi usées que *Ja en orrés la verité*[21] ou *Si le vos di en remembrance*[22]. Ce *dit* est un exemple littéraire extrêmement rare de pièce qui enregistre précisément un événement d'actualité.[23]

Ayant achevé le récit du déroulement du concile, l'auteur récapitule enfin les décisions qui ont été prises. Durant tout ce compte rendu, il ne formule aucune critique; c'est seulement dans les 150 derniers vers, lorsqu'il enregistre les mesures tendant à limiter la liberté d'action des ordres religieux, des avocats et des usuriers, des clercs bigames et des Juifs, qu'il fait part de son propre point de vue: on trouve en effet à cette occasion quelques traits de satire traditionnelle à l'encontre des ordres religieux. Nous rencontrons donc ici, pour la première fois, une attitude qui pourrait faire penser de celle de nos journalistes: comme eux, cet auteur prétend livrer la matière de l'information à l'état brut, avec objectivité, et il ne fait qu'ajouter quelques commentaires personnels.

C. Les signes de l'actualité

Le 'Songe' et le *dit* 'De la Comète et de l'éclipse et de la lune' et du soleil sont deux œuvres de Geffroi de Paris où l'actualité se trouve traitée, d'une troisième manière, en des termes paradoxaux. On s'expliquera par la suite du regroupement de ces deux textes qui ne se situent pas pourtant sur un même plan de 'réalité', le songe étant fictif - il s'agit du récit d'un songe

---

[19] *Dit* inc. *Bien doit estre chascuns* ..., vv. 2, 12-15, 23, 30, 48-52, 193, 202-204, 225, 260.

[20] *Ibid.*, v. 2.

[21] *Ibid.*, v. 52; le souci de *dire* la *verité* est encore évoqué vv.203 et 204.

[22] *Ibid.*, v.30.

[23] Félix Lecoy, qui a présenté un compte rendu de l'édition de ce texte, qualifie la pièce de *dit d'actualité*, et la considère comme "un bon exemple de cette littérature d'information, sorte de nouvelle à la main ou de gazette rimée comme il a dû en circuler beaucoup, mais comme nous n'en possédons plus que fort peu pour le moyen âge."; dans: Romania, 85, 1964, pp.127-131, particulièrement pp.127-128.

fabriqué et non, bien sûr, d'un 'compte rendu' de rêve - alors que les événements constitués par l'éclipse et le passage de la comète sont authentiques.

Le 'Songe', qui a été composé en 1316, fait l'objet d'une mise en scène en guise de prologue. Un dialogue commence de façon abrupte:

- Amis, ses tu nulles nouvelles?
- Ouïl, assés. - Et quelles?
- Celles qui courent ou monde orendroit.
- Or m'en di donc d'aucun endroit;
Dy moy comment s'en va le monde.
('Un Songe', vv. 1-5).

Geffroi, qui se nomme un peu plus loin dans le texte, tient le rôle du personnage interrogé et répond à la demande de son ami en une vingtaine de vers, expliquant que le monde se *bestourne*[24] et que tout va de travers:

Chascun vueut estre le greigneur
Et contrester a son seigneur.
('Un Songe', vv. 19-20).

L'autre manifeste alors sa déception et lui fait remarquer que tout ceci n'est guère 'nouveau' et qu'il le savait: n'a-t-il rien d'autre à dire? Si, concède Geffroi, il a fait un *songe* qu'il ne comprend pas; il le raconterait bien à quelqu'un qui pourrait le lui expliquer ....: l'ami curieux insiste pour le connaître et le récit du rêve va commencer, suivi de son décryptage.

Dans ce prologue, on remarque le parallélisme qui est établi entre les 'nouvelles' du monde, dont s'enquiert l'ami - et nous avons vu qu'il n'y avait rien de nouveau - et les 'nouvelles' que Geffroi, pressé par son ami, peut effectivement présenter: un songe. A ce stade initial de l'œuvre, on semble se détourner de la réalité immédiatement perceptible pour pénétrer dans la subjectivité de l'auteur, dans son univers mental.

Geffroi raconte alors son rêve[25]: il a rencontré d'abord un roi entouré de gens qui chassaient tandis que lui était à l'écart et jouait aux échecs; puis un autre roi perdait au jeu de paume et était objet de dérision; plus tard une noble dame était heureuse d'apporter un gâteau contenant une fève, mais elle la perdait; enfin, une assemblée honorait celui qui était appelé le "Roi des coqs", chargé de protéger les siens en chassant les *mauvés* à l'aide de ses *esperons*.[26] Le récit achevé, l'ami révèle immédiatement la signification du songe: il s'agit d'une évocation des quatre derniers rois de France.

---

24 'Un Songe', v.8.

25 Le récit du songe occupe les vers 49-143.

26 'Un Songe', vv.138-141.

Le premier, le "roi des échecs", est Philippe IV Le Bel: sous son règne, on "chassa" beaucoup les Juifs, les Lombards, et surtout les Templiers dont l'ordre fut supprimé en 1312; mais le roi perdait au "jeu" à cause de l'ambition des "alliés", c'est-à-dire des ligues de nobles qui lui causèrent un grand tort. Le deuxième roi, le "roi de paume", était naturellement Louis X, qui n'a régné que deux ans, et qui, dit-on, est mort d'un mal pris en jouant au jeu de paume. La troisième scène évoque la mort du "roi de fève", l'héritier Jean Ier, qui, tel une graine qui ne put germer, ne vécut que cinq jours; quant au dernier roi, le "Roi des coqs", c'est celui qui est actuellement au pouvoir, Philippe V. Le coq est un animal qui a souvent été pris pour modèle et Jean de Condé a même écrit un *dit* en son honneur.[27] L'animal symbolise ici le noble défenseur de ses sujets, le modèle du parfait roi.

On voit que Geffroi ne présente pas ici une actualité événementielle mais qu'il décrit une conjoncture politique tout en faisant la portrait du roi idéal qu'il assimile à Philippe V régnant.

Tout se passe donc comme si l'actualité ne trouvait sa place que par une énonciation singulière, une implication subjective de l'auteur, faute de quoi il n'y aurait que des lieux communs à articuler: c'est exactement le sens des propos de l'ami dans le prologue: *Est ce tout? Ceci bien savoie.*[28] Mais ce détour par la perception individuelle ne va pas sans obscurité, les signes ne sont pas immédiatement compréhensibles et l'intervention d'un interprête, double du poète, s'avère nécessaire. On assiste donc à l'émergence d'une vision médiatisée qui fait tout l'intérêt et toute l'originalité de cette représentation de l'actualité: au lieu d'un engagement partisan au premier degré, on passe par une voie détournée au terme de laquelle on trouve des réactions personnelles. Loin d'être banalisée par une plate description, l'actualité se trouve solemnisée par le songe, l'implicite étant que tout cela vient de Dieu.

Le *dit* 'De la Comète et de l'éclipse et du soleil et de la lune', du même Geffroi de Paris, commence de façon étrangement similaire au 'Songe'. Le poète évoque une situation où il se trouve confronté à un entourage qui réclame des 'nouvelles'; mais le monde est ce qu'il est, et ce sont toujours les mêmes histoires qui circulent:

---

[27] Dans son édition du 'dit du Coc' de Jean de Condé, Francesco Novati fait un historique de l'usage exemplaire qui a été fait de l'animal depuis saint Ambroise (dans: Studi Medievali 1, 1904-1905, pp.465-512, particulièrment p.467-473). Jean de Condé le donne en exemple aux trois ordres de la société, mais il insiste tout particulièrement sur son rôle de justicier qui maintient la paix autour de lui grâce à ses *esperons* (vv.37-56).

[28] 'Un Songe', v.25.

Chacun me demande nouvelles,
Et j'en sai, mais (c)e sunt de celles
Dunt ou monde court la matire.
('De la Comète et de l'éclipse', vv. 1-3).

Pourtant, le monde est chargé d'une signification qu'il suffit de savoir déchiffrer: peut être faut-il avoir un *mestre*[29] pour donner leur plein sens aux événements présents; l'auteur questionne:

N'es[*t*] *ce pas bien nouvelleté*
De ce qui en France a esté?
('De la Comète et de l'éclipse', vv. 7-8).

Geffroi rappelle alors l'éclipse du soleil et celle de la lune qui ont eu lieu récemment, puis le passage de la comète suivi d'une série de catastrophes - épidémies, denrées très chères ... - et il interpelle une fois encore son lecteur:

La terre trembla sans doutante:
N'es[*t*] *ce pas bien nouvel en France?*
('De la Comète et de l'éclipse', vv. 19-20).

On retrouve donc dans ce prologue un parallélisme entre les 'nouvelles' du monde, ressenties a priori comme insignifiantes à force de banalité - c'est ce que chacun se dit - et la *nouvelleté* que peut percevoir l'observateur attentif des événements qui sait décrypter leur sens. Dans la suite du *dit*, Geffroi explique en effet que les deux éclipses du soleil et de la lune qui se produisirent en France en 1314 sont à interpréter comme les signes de la mort du pape, Clément V, et de celle du roi, Philippe IV, qui survinrent précisément toutes deux cette année là. Quant à la comète qui traversa le ciel en 1315, elle annonça la série de malheurs que connut la France par la suite: d'abord la mort Louis X, mais aussi les pluies, les mauvaises récoltes, le tremblement de terre du 10 septembre, l'accusation d'adultère qui frappa les trois belles-filles du roi[30] et encore d'autres malheurs.

Dans le 'Songe', il n'y a rien de 'nouveau' si on ne fait pas un détour par la vision personnelle et les images du rêve; ici, de la même façon, le texte propose d'accomplir un autre détour en se fondant sur un événement réel cette fois, les deux éclipses et le passage de la comète qui sont à con-

29 'De la Comète et de l'éclipse', v. 6.

30 Trois belles-filles du roi Philippe IV furent accusées d'adultère cette année-là: la femme de Louis X, celle de Charles IV et celle de Philippe V; seule la dernière, Jeanne de Bourgogne, fut innocentée, les deux premières furent emprisonnées.

sidérer non seulement comme des phénomènes naturels[31], mais surtout comme des signes. A l'égal des songes, les signes viennent de Dieu et le rôle de l'interprète qui les *estudie*[32] est capital: lui seul, lesté d'un poids d'autorité nouveau qui lui vient du sacré, dit ce qu'*il faut* comprendre, et la leçon finale - "que chacun serve Dieu en attendant l'heure du jugement" - s'en trouve renforcée.

A travers les trois exemples de traitement inhabituel de l'actualité que nous venons d'examiner - la mention des Cathares dans le *dit* 'De la Jument au diable', le compte rendu de la séance du concile et ces deux derniers *dits* de Geffroi de Paris - nous avons pu observer que l'actualité jouait un rôle de plus en plus important pour elle-même et dans l'œuvre. Dans le *dit* 'De la Jument au diable', d'abord, l'événement d'actualité, extraordinaire en soi, acquerrait paradoxalement la véritable force du fait réel grâce à la contiguïté du merveilleux chrétien qui est parfaitement admis à l'époque et qui lui apporterait donc, pourrait-on dire, sa caution. Le compte rendu de la séance du concile, quant à lui, présente très directement les événements relatés. Enfin, chez Geffroi de Paris, l'observation des faits qui demeurent obscurs au plus grand nombre, est désormais soumise à l'interprétation d'un exégète. Tout se passe donc comme si l'actualité devenait de plus en plus présente au fur et à mesure que le temps passe.

Conclusion

L'actualité, nous avons tenté de le démontrer, suit un difficile chemin, partout menacée de ne figurer que comme une toile de fond, d'être détruite par le cliché et le lieu commun, d'être éliminée par la mise en fiction littéraire. L'utilisation de ces procédés classiques est d'ailleurs nécessaire à l'époque pour que les idées véhiculées soient reçues: par ces voies, les auteurs transmettent des leçons de morale intemporelles plus qu'ils n'examinent les événements d'actualité. Toutefois, des signes - tous à repérer du côté des mises en scène, des contiguïtés, des glissements d'un 'genre' à l'autre, pourrions-nous dire aujourd'hui, même si les 'genres' ne sont pas constitués comme tels à l'époque, sont révélateurs d'un traitement nouveau du fait qui commence à devenir objet de réflexion et de discussion.

---

[31] Geffroi précise que l'explication naturelle des phénomènes est insuffisante, 'De la Comète et de l'éclipse', v. 216: *Estre pout par nature point ...*

[32] 'De la Comète et de l'éclipse', v. 220.

Au fil du temps, il semble en effet que l'utilisation des topoi, des clichés stylistiques tels que l'allégorie et autres tropes, soient de plus en plus mal adaptée à une matière événementielle ressentie comme de plus en plus importante. Avec Geffroi de Paris, nous avons vu que la recherche du sens concentrait l'attention sur l'actualité et que l'obscurité voulue du point de départ justifiait la création du rôle de cet interprête qui préfigure, en quelque sorte, celui du mémorialiste.

Il semble donc que l'on puisse parler d''invention' de l'actualité, dans la mesure où il y a à la fois rencontre (*invenire*) avec l'actualité au sens où nous l'entendons aujourd'hui, et instauration d'un rapport différent avec la matière événementielle. Cette émergence de l'actualité dans la littérature reste encore éminemment subjective, mais elle va entraîner les auteurs vers l'utilisation de formes, elles aussi en évolution, mieux adaptées à leur objet, et l'histoire naissante se racontera désormais essentiellement en prose. Le traitement subi par l'actualité dans les *dits* et les types de représentation que nous avons analysés, nous ont en effet permis d'assister à l'apparition du fait d'actualité traité comme tel mais peut-être aussi à l'émergence d'une conscience historique.

THOMAS BEIN

POLITISCHE LYRIK UND CHRONISTIK

Zur Rekonstruktion von Zeitgeschehen am Beispiel Walthers von der Vogelweide (L. 105,13)

Ich möchte sprechen über den Stellenwert von politischer Lyrik im Kontext historiographischer Zeugnisse. Ich gehe zunächst kurz auf fachgeschichtliche und -theoretische Aspekte ein (I-III), illustriere sodann mein Anliegen paradigmatisch anhand einer Spruchstrophe Walthers von der Vogelweide (IV) und formuliere vorsichtig einige vorläufige, vielleicht in größeren Kontexten bedenkenswerte Konsequenzen (V).

I.

In den 70er Jahren, freilich mit Vorläufern, fand in der Germanistik eine methodologische Neubesinnung statt, z.T. begleitet von entsprechenden Reflexionen in der Geschichtswissenschaft[1]: Literatur wurde verstärkt als Ausdruck sozialen Handelns verstanden, das Forschungsinteresse richtete sich in besonderer Weise auf die gesellschaftlichen Bedingungen von Literatur, auf ihre Pragmatik, auf das Wechselspiel von Produktion und Rezeption. Literatur wurde - auch was die hermeneutische Theorie und Praxis anging - zu einem im engeren Sinne historischen Gegenstand, der nicht nur ein überzeitliches (?) ästhetisches Eigenleben hat, sondern immer auch eingebettet ist in eine einmalige historische Situation[2], die es zum adäquaten

---

[1] Vgl. die einschlägigen Sammelbände der Reihe 'Theorie der Geschichte/ Beiträge zur Historik' (Bde. 1-4): 1) Objektivität und Parteilichkeit in der Geschichtswissenschaft. Hg. von Reinhart Koselleck, Wolfgang J. Mommsen, Jörn Rüsen, München, 1977. 2) Historische Prozesse. Hg. von Karl-Georg Faber und Christian Meier, München 1978. 3) Theorie und Erzählung in der Geschichte. Hg. von Jürgen Kocka und Thomas Nipperdey, München, 1979. 4) Formen der Geschichtsschreibung. Hg. von Reinhart Koselleck, Heinrich Lutz und Jörn Rüsen, München, 1982. - Einschlägige Beiträge versammelt auch der Band: Geschichte - Ereignis und Erzählung. Hg. von Reinhart Koselleck und Wolf-Dieter Stempel, München, 1973. - Vgl. ferner: Mittelalterliche Texte im Unterricht. Hg. von Helmut Brackert, Hannelore Christ, Horst Holzschuh. 2 Bde, München, 1973/ 1976; insbesondere dort den Beitrag von Hartmut Kokott: *Swer nû des rîches irre gê*. Politische Sprüche Walthers von der Vogelweide im Deutschunterricht (Bd.2, 130-169). - Vgl. ferner: Bernd Thum: Politik und soziales Handeln im Mittelalter. In Elementarformen dargestellt an der Chronistik und der politischen Spruchdichtung des Ostalpenraumes im 13. und 14. Jahrhundert. Unveröff. Habil.schrift, Karlsruhe 1976.

[2] Ich vermeide hier den Begriff 'Ereignis', da er durch geschichtstheoretische Diskussion zu belastet erscheint, benutze ihn allerdings später in einem 'naiven', alltagssprachigen Sinne.

Verständnis von Texten zu rekonstruieren gilt, freilich mit der - allerorten akzeptierten - Einschränkung, dies niemals vollständig erreichen zu können.[3]

Erich Kleinschmidt hat denn auch, im Rekurs auf theoretische Arbeiten von Barthes[4], Jauß[5], Stierle[6], Warning[7] und andere, deutlich gemacht, daß literarische Texte auch für einen Historiker Quellenwert haben bei seinem Geschäft, vergangene Wirklichkeit zu rekonstruieren und zu interpretieren. Er schrieb:

> "Der literarische Text besitzt für den Historiker dadurch besonderen Quellenwert, daß er aus philologischer Sicht nicht nur Realität abbildet, sondern in der fiktionalen Projektion eine imaginierte Wirklichkeit entwirft, die über reale Gegebenheiten hinausgeht. [...] Literarische Texte [...] sind als Entwürfe von Geschichtlichkeit in doppelter Weise Ausdruck sozialer Wirklichkeit. Zum einen gehören sie wie jeder, auch der außerliterarische Text als vom Menschen geschaffenes Werk in den allgemeinen Prozeß seiner Geschichte, zum anderen aber sind sie das Medium, in das Geschichtlichkeit nicht nur eingeht, sondern sogar als sprachliches Handeln konkret entworfen wird."[8]

Vgl. mit wichtigen Referenzen Hans Robert Jauß: Versuch einer Ehrenrettung des Ereignisbegriffs. In: Geschichte - Ereignis und Erzählung [Anm.1], S.554-560. Im gleichen Band weitere Beiträge zum Thema.

[3] Vgl. zur ersten Orientierung den Sammelband: Philologie und Geschichtswissenschaft. Demonstration literarischer Texte des Mittelalters. Mit Beiträgen von Helmut Brackert, Thomas Cramer, Wolfgang Haubrichs, Johannes Janota, Erich Kleinschmidt, Beat Koelliker, hg. von Heinz Rupp, Heidelberg, 1977. - Einschlägige Literaturangaben, auch zur theoretischen Neuorientierung, finden sich dort im Beitrag von Erich Kleinschmidt: Zum Erkenntniswert literarischer Texte für die Historie, S.1-11, hier S.11. - Vgl. auch, mit Forschungsüberblick, Ulrich Müller: Untersuchungen zur politischen Lyrik des deutschen Mittelalters, Göppingen, 1974.

[4] Vgl. Roland Barthes: Literatur oder Geschichte, Frankfurt/M., 1969.

[5] Vgl. Hans Robert Jauß: Literaturgeschichte als Provokation der Literaturwissenschaft, Frankfurt/M., 1970.

[6] Vgl. K. Stierle: Text als Handlung. Perspektiven einer systematischen Literaturwissenschaft, München, 1975.

[7] Vgl. R. Warning: Funktion und Struktur. Die Ambivalenz des geistlichen Spiels, München, 1974.

[8] [Anm.3], S.9.

II.

In besonderem Maße gilt dies für die sogenannte 'politische Lyrik'[9], die zwar keine historische Quelle im Sinne einer Urkunde oder Chronik darstellt, aber doch Zeitgeschehen reflektiert, kommentiert und - im Sinne Kleinschmidts - imaginiert. Solche Texte verstehen zu können, das liegt auf der Hand, ist zunächst nur möglich, wenn wir annähernd den historischen Rahmen kennen, in dem dieses und jenes Gedicht geschrieben wurde.

Kommentare und größere Interpretationen mittelhochdeutscher politischer Lyrik haben sich denn auch darum bemüht, diesen Rahmen mit Hilfe einschlägiger Arbeiten fachhistorischer Art zu rekonstruieren[10], damit die Aussage des Dichters verständlich wird, wie Wolfgang Haubrichs formulierte:

> "Die literarhistorische Interpretation eines Textes muß daher seine pragmatische Verankerung, den Prozeß der Kommunikation und die Gemeinschaft, in der, für die er verwendet wird, den 'Sitz im Leben' mitrekonstruieren - und sie muß sichtbar machen, welche Botschaft im Kommunikationsprozeß durch ihn vermittelt wird, welche Wirkung er intendiert und gegebenenfalls erzielt".[11]

Die Fachhistorie dient bei diesem Geschäft gleichsam als Hilfswissenschaft, ihre Erkenntnisse - gewonnen aus nicht poetischen Quellen - werden dem politischen Gedicht als eine Art Fundament untergeschoben. Damit ist sehr oft das hermeneutische Interesse des Germanisten befriedigt, einmal abgesehen von enger philologischen Fragestellungen, z. B. nach Stil, Autorprofil, literarischer Tradition u.a.

---

9 Eine recht repräsentative Textsammlung stellen die folgenden zwei Bände dar: Politische Lyrik des deutschen Mittelalters. Texte I. Von Friedrich II. bis Ludwig dem Bayern, hg. von Ulrich Müller, Göppingen, 1972; [...] Texte II. Von Heinrich von Mügeln bis Michel Beheim. Von Karl IV. bis Friedrich III., [...] Göppingen, 1974.

10 Vgl. z.B. Ulrich Müller [Anm. 3]. Ferner Friedrich Maurer: Die politische Lieder Walthers von der Vogelweide, Tübingen, 1954. Ein jüngeres Beispiel: Roland Richter: Wie Walther von der Vogelweide ein "Sänger des Reiches" wurde. Eine sozial- und wissenschaftsgeschichtliche Untersuchung zur Rezeption seiner 'Reichsidee' im 19. und 20. Jahrhundert, Göppingen, 1988 (dazu meine Rezension in: ZfdPh 109, 1990, 440-443).

11 Wolfgang Haubrichs: Grund und Hintergrund in der Kreuzzugsdichtung. Argumentationsstruktur und politische Intention in Walthers 'Elegie' und 'Palästinalied', in: Philologie und Geschichtswissenschaft. Demonstration literarischer Texte des Mittelalters. Mit Beiträgen von Helmut Brackert, Thomas Cramer, Wolfgang Haubrichs, Johannes Janota, Erich Kleinschmidt, Beat Koelliker, hg. von Heinz Rupp, Heidelberg, 1977, 12-62, hier 12.

III.

Was - so weit ich sehe - weniger beachtet, vor allem methodologisch und hermeneutisch weniger reflektiert wurde und wird, ist das Phänomen, daß politische Lyrik Inhalte bergen kann, die keinen 'festen Halt' auf historisch bekannten Fakten finden, Inhalte, die sozusagen in 'chronistische Lücken' fallen, dadurch aber selbst zu einer unersetzlichen Quelle werden.

Es versteht sich freilich von selbst, daß der literarische Text Wirklichkeit nicht platt abbildet und daß es keine streng ausdifferenzierbare Opposition "von *res fictae* (Dichtung) und *res factae* (Historiographie)"[12] gibt. Paul Zumthor (C. Segre folgend) hat das Verhältnis von Text und Wirklichkeit, von Ideologie (in einem allgemeinen Sinne verstanden) und Historie, wie ich meine treffend so beschrieben:

> "'Geschichte' und 'Ideologie' [bilden] eine mehr oder weniger konfuse und unbeständige Konstellation, deren Koordinationszentrum der Text ist".[13]

Etliche Jahre später formulierte Günther Schweikle in anderem Zusammenhang:

> "Dichtung, auch politische Lyrik, ist nicht historische Dokumentation, protokolliert nicht bestimmte realhistorische Geschehnisse. Sie nimmt herausragende Momente der Realität auf und gestaltet sie nach zeittypischen topischen und poetischen Prinzipien".[14]

Insofern bleibt es nach wie vor eine schwierige hermeneutische Aufgabe, den historischen Stellen- und Quellenwert von politischer Lyrik zu bestimmen.

---

[12] Alfred Ebenbauer: Das Dilemma mit der Wahrheit. Gedanken zum 'historisierenden Roman' des 13. Jahrhunderts, in: Geschichtsbewußtsein in der deutschen Literatur des Mittelalters. Tübinger Colloquium 1983, hg. von Christoph Gerhardt, Nigel F. Palmer und Burghart Wachinger, Tübingen, 1985, 52-71, hier 52.

[13] Vgl. Paul Zumthor: Der mittelalterliche Text und die Geschichte: Methodologische Vorschläge [1973], in: Zum mittelalterlichen Literaturbegriff, hg. von Barbara Haupt. Darmstadt 1985, 297-311, hier 307.

[14] Günther Schweikle: Walther und Wien. Überlegungen zur Biographie, in: Walther von der Vogelweide. Beiträge zu Leben und Werk, hg. von Hans-Dieter Mück. Stuttgart 1989, 75-87, hier 76f. - Vgl. zur Problematik im Grundsätzlichen Peter von Moos: *Poeta* und *historicus* im Mittelalter. Zum Mimesis-Problem am Beispiel einiger Urteile über Lucan, in: Beiträge (T) 98, 1976, 93-130. - Klaus Heitmann: Das Verhältnis von Dichtung und Geschichtsschreibung in der älteren Theorie, in: Archiv für Kulturgeschichte 52, 1970, S. 244-279.

Bei dem Bemühen, vergangene Wirklichkeit zu rekonstruieren, darf es - so denke ich - eigentlich keine 'Hilfs'wissenschaft geben, denn historische Wirklichkeit begegnet uns sowohl im chronikalen Bericht als auch in poetischer Vertextung. Wohl erst in der Auswertung beider Quellen, unter Berücksichtigung der je anderen hermeneutischen Differenz, kann Vergangenheit zu vergegenwärtigen versucht werden.

IV.

Anhand eines Beispiels aus der politischen Dichtung Walthers von der Vogelweide möchte ich auf Probleme hermeneutischer und methodologischer Art aufmerksam machen, wie ich sie oben mehr abstrakt angesprochen habe, und mögliche Schlußfolgerungen zur Diskussion stellen.

Es geht um die erste Strophe des sog. 'Meißner-Tons' (L. 105,13), der sich insbesondere auch deshalb für eine Diskussion anbietet, weil er jüngst von historischer und germanistischer Seite neu in Augenschein genommen wurde.[15]

Ich teile zunächst den mittelhochdeutschen Wortlaut, sodann eine neuhochdeutsche Übersetzung mit[16] (zur Textkritik siehe Anm. 17, der Problemfall *vur brechen* vs. *versprechen* wird zudem noch weiter unten diskutiert):

Nû sol der keiser hêre
versprechen dur sîn êre
des lantgrâven missetât.
wand er was doch zwâre
sîn vîent offenbâre.
die zagen truogen stillen rât.
si swuoren hie, si swuoren dort
und pruoften ungetriuwen mort.
von Rôme fuor ir schelden.

---

[15] Vgl. Bernd Ulrich Hucker: Kaiser Otto IV. Hannover 1990. - Matthias Nix [im Druck befindliche Dissertation über die politische Dichtung Walthers von der Vogelweide; die hier wesentlichen Passagen sind bei Hucker, der die Arbeit im Ms. einsehen konnte, paraphrasiert].

[16] Auf die beiden anderen im 'Meißner-Ton' gedichteten Strophen (L. 105, 27; 106, 3), die eine mehr persönliche Abrechnung Walthers mit dem Markgrafen Dietrich von Meißen darstellen, muß ich in unserem Zusammenhang nicht eingehen. Vgl. dazu meinen Beitrag: Walther von der Vogelweide: *Nû sol der keiser hêre*... (Der Meißner-Ton), in: Helmut Tervooren (Hg.): Deutsche Lyrik des Mittelalters (Reclam-Bändchen, im Druck).

ir dûf enmohte sich niht verheln,
si begunden underzwischen steln
und alle einander melden.
seht, diep stal diebe,
drô tet liebe.[17]

Nun möge der erhabene Kaiser
seinem Ansehen zuliebe
das Vergehen des Landgrafen verzeihen.
Denn er war doch, wie man weiß,
ganz offen sein Feind.
Die Feiglinge [aber] gingen im Geheimen zu Rate.
Sie schworen mal hier, mal dort
und diskutierten treulose Schandtaten.
Ihre Schmähreden rührten von Rom her.
Ihre Dieberei konnte nicht geheim bleiben,
sie bestahlen sich gegenseitig,
und einer diffamierte den anderen.
Seht nur, der Dieb bestahl den Dieb,
Drohung schuf Gunst.

In seiner Rolle als Sänger ergreift Walther Partei für einen namentlich nicht genannten Landgrafen. Der erste Stollen enthält die Aufforderung an einen Kaiser, ein bestimmtes Vergehen des Landgrafen zu verzeihen, der zweite führt ein Argument dafür an: der Landgraf sei offen des Kaisers Feind gewesen. Seine Schuld wird zur 'Tugend' umstilisiert: der Graf erscheint als couragierter Mann, der offen zu Entscheidungen steht. Im Abgesang wird ihm kontrastiv eine Horde anonymer, heimtückischer, wetterwendiger, prinzipienloser Chaoten gegenübergestellt, die ihre Direktiven aus Rom erhalten

---

[17] Zum Text: Er orientiert sich - normalisiert - an den Hss. (Große und Kleine Heidelberger Liederhandschrift: C, A) und weicht von den gängigen Editionen ab, auch in der Interpunktion. Strittig mag die Entscheidung sein, im 2. Vers der 1. Strophe das in beiden Hss. überlieferte *vúr brechen* in *versprechen* zu 'verbessern'. Das Problem ist in der Geschichte der Walther-Philologie vielfach diskutiert worden; allein, die Versuche, das *vürbrechen* zu verstehen, können mich (und andere) nicht recht überzeugen (vgl. dazu Carl von Kraus: Walther von der Vogelweide. Untersuchungen. Zweite, unveränderte Auflage. Berlin 1966, S. 380. - Walther von der Vogelweide. Hg. und erklärt von W. Wilmanns. Vierte, vollständig umgearbeitete Auflage besorgt von Victor Michels. Bd. 2. Halle/S. 1924, S. 365.). Die Logik des Textes fordert wohl zwingend einen Gegensatz zwischen dem Landgrafen und den *zagen*. Ich gehe darauf weiter unten näher ein. - In Vers 14 bleibe ich bei den Hss. und setze drei beschwerten Hebungen an.

und nurmehr Verbrecher (*diebe*) genannt werden können. Ihr Verbrechen (eigentlich: Diebstahl, *dûf*, der Begriff ist aber wohl nicht zu wörtlich zu nehmen) wurde jedoch bekannt, und Verrat hielt Einzug in die eigenen Reihen. Das abschließende Reimpaar führt dem Publikum (dem Kaiser) diese *zagen* rhetorisch vor Augen (*seht*). Ich möchte den letzten Vers als eine Art Sentenz recht allgemein verstehen: 'Drohung schuf Gunst', d.h., in ihren Reihen herrscht nur das Gesetz der Gewalt.[18]

In der Strophe wird kein präziser Name genannt. Das heißt, daß dem zeitgenössischen Publikum die Personen und anzitierten Situationen bekannt gewesen sein müssen. Die Strophe hat unmittelbaren tagespolitischen Bezug. Ihre Relevanz kann erst dann deutlich werden, wenn wir einerseits die historische Situation und die pragmatischen Bedingungen für den Vortrag der Strophe zu rekonstruieren versuchen[19], andererseits aber auch - und darauf

---

[18] *tuon* im Sinne von 'schaffen' ist ausreichend belegt (anders von Kraus [Anm. 17], 380), auch in Verbindung mit Abstrakta (ohne Artikel); vgl. Leser II, Sp. 1575-1578. - Konkreter verstehen Wilmanns/Michels [Anm.17], S.365: "Des Kaisers Drohung flößte ihnen wieder Liebe ein". - Mit einer Konjektur von v. Kraus (*drô tet diebe liebe*) übersetzt Friedrich Maurer (Walther von der Vogelweide. Die Lieder. Mhd. und in nhd. Prosa. [...], München, 1972, S.215): "Drohungen machten Diebe freundlich".

[19] Bei meinem Bemühen, die historischen Ereignisse (soweit sie hier von Belang sind) darzustellen, stütze ich mich auf folgende Literatur (alphabetisch): J.F. Böhmer: Regesta imperii V. Die Regesten des Kaiserreiches unter Philipp, Otto IV., Friedrich II., Heinrich (VII.), Conrad IV., Heinrich Raspe, Wilhelm und Richard. 1198-1272. Nach der Neubearbeitung und dem Nachlasse Johann Friedrich Böhmer's neu hg. und ergänzt von Julius Ficker [1.u. 2. Bd.] und Eduard Winkelmann [2. Bd.]. 1. Bd. (I. und II. Abtheilung). Kaiser und Könige, Innsbruck, 1881-1882. - 2.Bd. (II. und IV. Abtheilung). Päpste und Reichssachen, Innsbruck, 1892-1894. - Konrad Burdach: Walther von der Vogelweide. Philologische und historische Forschungen. Erster Theil, Leipzig, 1900. - Arthur Hatto: Die Ottonischen Gedichte Walthers von der Vogelweide. Eine neue Interpretation, in: Walther von der Vogelweide, hg. von Siegfried Beyschlag. Darmstadt 1971, 230-250. - Bernd Ulrich Hucker [Anm. 15]. - Ernst Kirmse: Die Reichspolitik Hermanns I., Landgrafen von Thüringen und Pfalzgrafen von Sachsen (1190-1217), in: Zeitschrift des Vereins für thüringische Geschichte und Altertumskunde NF 19, 1909, 317-348 und NF 20, 1911, 1-42. - Carl von Kraus: Walther von der Vogelweide [Anm. 17] - Manfred Laufs: Politik und Recht bei Innozenz III. Kaiserprivilegien, Thronstreitregister und Egerer Goldbulle in der Reichs- und Rekuperationspolitik Papst Innozenz' III, Köln, Wien, 1980. - Wolf Rudolf Lutz: Heinrich der Erlauchte (1218-1288). Markgraf von Meißen und der Ostmark (1221-1288). Landgraf von Thüringen und Pfalzgraf von Sachsen (1247-1263), Erlangen, 1977. - Hans Patze: Die Entstehung der Landesherrschaft in Thüringen. I. Teil, Köln, Graz, 1962. - Hans Patze / Walter Schlesinger (Hgg.): Geschichte Thüringens. 2. Bd. 1. Teil Hohes und spätes Mittelalter, Köln, Wien, 1974. - Leben und Dichten Walthers von der Vogelweide. Von W. Wilmanns. Zweite

kommt es mir hier im besonderen an - die Eigendynamik und den historiographischen Eigenwert des Textes stets im Auge behalten.

In der Forschung unstrittig und wohl das Richtige treffend (wenngleich lediglich auf einer Indizienkette beruhend) ist folgendes: Der *keiser* ist Otto IV. (um 1182-1218), der *lantgrâve* Herrmann I., Landgraf von Thüringen und Pfalzgraf von Sachsen (um 1155-1217). Nahezu alles andere ist jedoch unsicher, wenngleich dies in vielen philologischen Beiträgen nicht oder kaum deutlich gemacht wird. Vor allem aber wurde daraus noch keine Konsequenz bezüglich des Stellenwertes der Strophe gezogen (die hier freilich immer auch als Paradigma zu betrachten ist).

Im folgenden soll es darum gehen, bisherige Deutungen mit den chronistischen Daten einerseits und mit Walthers Text andererseits erneut zu vergleichen, um auf Fragwürdiges, Unsicheres und 'anders Mögliches' hinzuweisen. Ich gehe folgendermaßen vor: Ich stelle Fragen, die Walthers Text aufwirft, resümiere die Antwort(en) der Forschung und stelle das chronikalisch 'gesicherte' Geschehen dem gegenüber.

1. Wann und wo hat sich Hermann I. offen (*offenbâre*, wie Walther sagt) gegen Otto ausgesprochen?

Die Forschung hat darauf keine präzise Antwort gegeben, sondern lediglich den Waltherschen Text nhd. paraphrasiert. Versuchen wir daher, dieses 'Ereignis' anhand der historischen Berichte enger einzugrenzen:

1208, nach dem Tode Philipps von Schwaben, ist Hermann noch ganz auf der Seite Ottos und nimmt an dessen zweiter Wahl am 11. November in Frankfurt teil. Dann jedoch treten Veränderungen ein: Bereits im Spätsommer 1210 müssen sich verschwörerische Umtriebe gegen Otto breitgemacht haben, denn am 30. Oktober drückt Papst Innozenz III. (um 1160-1218) einigen deutschen Fürsten gegenüber seine Freude über ottofeindliche Einstellungen aus.[20] Innozenz steht nicht mehr hinter Otto, da dieser

vollständig umgearbeitete Auflage besorgt von Victor Michels, Halle a.d. Saale, 1916. - Eduard Winkelmann: Philipp von Schwaben und Otto IV. von Braunschweig. Zweiter Band. Kaiser Otto IV. von Braunschweig. 1208-1218, Leipzig, 1878.

Im folgenden werde ich wesentliche Daten lediglich mit Verweisen auf die aktuelle, umfangreiche und gründlich recherchierte Monographie von Hucker [Anm. 15] versehen, die auf auch für Fachfremde lucide nachgewiesenen Quellen beruht (Quellen- und Literaturverzeichnis S. XV-XC).

[20] Hucker [Anm.15], 291, konstatiert, daß bereits im September 1210 "eine feste Koalition oppositioneller Reichsfürsten" existiert, nämlich: die Erzbischöfe Siegfried von Mainz und Albrecht von Magdeburg, König Ottokar von Böhmen, Hermann von Thüringen, Herzog Otto von Meranien und der Bamberger Bischof Ekbert von Meranien. - Im November 1210 habe

vertragsbrüchig wird, der Kirche einstmals zugestandenes Land zurückfordert und in Sizilien einmarschiert. Er teilt Otto die Exkommunikation als *sententia lata* bereits im Februar 1210 mit, macht sie im Frühsommer allgemein bekannt[21] (offizielles Inkrafttreten: 18. November 1210), setzt die deutschen Fürsten davon in Kenntnis, spricht sie von der Treuepflicht zu Otto los und ermahnt sie, die politische Situation zu verändern. Diese und andere Agitationen dürften sich hinter Walthers Vers *von Rôme fuor ir schelden* verbergen.[22] Hermann seinerseits scheint verstimmt zu sein, "weil ihm Otto die thüringischen Reichsstädte, die er vermutlich 1204 verloren hatte, nicht zurückgab".[23] Im Frühjahr (April/ Juni) 1211 findet in Naumburg ein konspiratives Treffen statt, das möglicherweise identisch ist mit jener Zusammenkunft, an der u.a. die Erzbischöfe Siegfried von Mainz und Albrecht von Magdeburg, König Ottokar von Böhmen, Hermann von Thüringen, Herzog Otto von Meranien und der Bamberger Bischof Ekbert von Meranien teilnehmen und in einer Art 'Geheimvorwahl' Friedrich II. zum König wählen, wie eine Wahlanzeige der Reichsfürsten beurkundet.[24] Im Juni setzt sich in Bamberg das verschwörerische Treiben fort und Anfang September kommen die o.g. Reichsfürsten sowie die Herzöge von Baiern und Österreich u.a. zu einer Fürstenversammlung nach Nürnberg, erklären Otto für einen Häretiker und wählen Friedrich II. zum König.[25]

Offenbâre handelt Hermann wohl erst jetzt, wenn denn diese Form offiziellen Handelns mit dem von Walther gewählten Ausdruck übereinstimmt; doch daran zu zweifeln hat man wenig Anlaß.

2. Wer sind die *zagen*, die heimlich (*stille*) intrigierten?

Die Forschung wartet hier mit einigen Namen auf: Wilmanns/ Michels, die auf Winkelmann[26] Bezug nehmen, schreiben dazu:

> "Die Fürsten, die der Dichter hier so wegwerfend behandelt, sind natürlich die, welche mit dem Landgrafen zur Opposition gehört, sich dann aber gleich wieder

---

Philipp von Frankreich, den Innozenz im Juni/ Juli um militärisch Hilfe gebeten hat, mit Hermann von Thüringen, einem führenden Kopf der Verschwörung, Kontakt aufgenommen (291f).

21 Vgl. Hucker [Anm. 15], 291.

22 Hucker [Anm.15], 291ff weist darauf hin, daß Innozenz bereits im Januar 1210 gegen Otto zu agieren beginnt, aber doch auch versucht, sich mit ihm zu einigen, ein Taktieren, das erst am 21. 2. 1211 ein Ende findet, als Otto ein Kompromißangebot Innozenz' ablehnt. Möglicherweise willigt Innozenz erst jetzt ein, daß ein neuer König gewählt wird.

23 Patze/Schlesinger [Anm. 19], 31.

24 Vgl. Hucker [Anm.15], 292, 298ff. Er nennt diese geheime 'Vorwahl' eine "Einmaligkeit in der Verfassungsgeschichte des mittelalterlichen Reiches" (300).

25 Vgl. Hucker [Anm.15], 299.

26 Eduard Winkelmann: Philipp von Schwaben und Otto IV. von Braunschweig. Zweiter Band. Kaiser Otto IV. von Braunschweig. 1208-1218, Leipzig, 1878, bes. 205-309.

zu Otto bekehrt hatten: Herzog Ludwig von Baiern, der am 20. März schon in Frankreich dem Kaiser aufs neue Treue schwor und dafür Geiseln stellen mußte, und der Herzog Leopold von Österreich, der im April zu Otto übertrat".[27]

Maurer bringt zudem noch - ohne Nachweise - Dietrich von Meißen ins Spiel, wobei er stets alle drei Strophen des Tons zusammensieht und schon von daher einen Angriff gegen den Meißner auch in der Strophe 105, 13 sehen will.[28]

Diese Zuordnungen sind aus zwei Gründen problematisch. Zum einen ist fraglich, wie wörtlich Walthers Ausdrücke *zage* (Feigling) und *stille* aufzufassen sind. Das Problem scheint banal zu sein, ist es jedoch nicht, wenn wir uns die Personen näher ansehen, die von der Forschung genannt wurden. Zunächst zu Ludwig I. von Baiern (um 1173-1231) und Leopold von Österreich (1176-1230):

Heimlichkeit kann man ihnen kaum vorwerfen, da sie - genauso wie Hermann - im September 1211 öffentlich auf der Nürnberger Fürstenversammlung Friedrich II. wählen; bei der geheimen 'Vorwahl' sind sie nicht zugegen. *zagen* könnte man sie schon eher nennen, denn als Otto - über die Opposition unterrichtet - schleunigst von Italien nach Deutschland zurückkehrt und im März 1212 in Frankfurt einen Hoftag abhält, schlägt sich Ludwig wieder auf Ottos Seite, und Leopold tut es ihm in der zweiten Aprilhälfte gleich.[29] Aber: Walthers Vers *von Rôme fuor ir schelden* würde schlecht zu einer dergestalt konkretisierten Situation passen, denn Leopold und Ludwig sind nach dem Übertritt freilich nicht mehr romhörige Oppositionelle.

Zu Dietrich von Meißen (gest. 1221):

Dietrichs Stellung im staufisch-welfischen Kampf ist nicht so eindeutig, wie die Walther-Forschung glauben macht. Er ist zwar einem thüringischen Chronisten gemäß (dem Historiker nicht unbedingt Glauben schenken!) im Frühjahr 1211 unter den

---

[27] [Anm. 19], 131. - So auch Helmut Protze: "Herzog Ludwig von Bayern und wohl auch Herzog Leopold von Österreich - sie meint Walther mit seiner Rüge" (Walther von der Vogelweide. Sprüche und Lieder. Gesamtausgabe, hg. und eingeleitet von Helmut Protze, Leipzig, 1983, 73f.).

[28] "[Hermann] wird zugleich mit dem Angriff auf den Meissner verteidigt: er hat sich im Gegensatz zu Dietrich und anderen immerhin nicht heimlich und intrigierend, sondern öffentlich gegen den Kaiser gestellt" (Friedrich Maurer: Die politischen Lieder Walthers von der Vogelweide, Tübingen, 1954, 65-68, hier 65). So auch Joerg Schaefer: "zu den heimtückischen, von Rom aufgestachelten Gegnern rechnet W[alther] wohl den Meißner" (Joerg Schaefer: Walther von der Vogelweide. Werke. Text und Prosaübersetzung, Erläuterung der Gedichte, Erklärung der wichtigsten Begriffe, Darmstadt, 1972, 500).

[29] Vgl. u.a. Hucker [Anm.15], 301.

Naumburger Verschwörern zu finden.[30] Es fällt aber auf, daß Dietrich förderhin nicht mehr in konspirativen Kreisen anzutreffen ist (soweit die Quellen uns berichten). Er scheint weder in Bamberg zu sein noch in Nürnberg. Und im März 1212 in Frankfurt preist Walther den Markgrafen Otto gegenüber als einen loyalen Verbündeten an: *her keiser ... die fürsten sint iu undertan ... und ie der Missenære, derst iemer iuwer âne wân* (L. 11,30ff) (diese Aussage muß man ja nicht ironisch-polemisch verstehen). Ferner muß zu denken geben, daß Dietrich mit Otto einen Beistandspakt schließt und Otto die Zusage erteilt, als Gegenleistung Dietrichs Neffen Wratislaw mit dem böhmischen Königreich zu belehnen (was er am 13. Mai 1212 auch tut). Dietrich kämpft fortan auf Ottos Seite gegen die Opposition (er führt u.a. in Ottos Auftrag Kapitulationsverhandlungen mit seinem Schwiegervater Hermann[31]), und er wechselt - anders als andere - nicht so schnell die Fronten, als Ottos Kriegsglück schwindet. Erst im Herbst 1213 finden wir ihn auf der Seite Friedrichs II.

Alles in allem: Eine Attacke Walthers gegen Dietrich in der Strophe zu vermuten, scheint mir höchst spekulativ zu sein.

Das gilt auch für die jüngste Propagierung dieser These von historischer Seite: Bernd Ulrich Hucker, der sich an Deutungen unserer Strophe von Matthias Nix orientiert[32], glaubt, daß Dietrich ein doppeltes Spiel spielte und bei den Friedensverhandlungen zugunsten Hermanns operierte.[33] Walther habe "das zweideutige Verhalten Dietrichs von Meißen [...] als verräterisch gegeißelt".[34] Diese Interpretation geht jedoch am Text Walthers und seiner sprachlichen Argumentationslogik vorbei, worauf noch zurückzukommen ist.

Auch die Herzöge von Bayern und Österreich kann Walther kaum gemeint haben (so aber Hucker[35]), denn ich finde kein plausibles Motiv da-

---

[30] Vgl. Hucker [Anm.15], 299: es handelt sich um die Erfurter Chronik von St. Peter, die von einem *marchio Misnensis* berichtet. Sowohl Winkelmann [Anm. 19], 272f als auch Hukker zweifeln an der Identität des Gemeinten; Hucker hält "eine Verwechslung mit dem Herzog von Meranien" für wahrscheinlich, "der mit Sicherheit dabei war" (299).

[31] Vgl. Hucker [Anm.15], 302.

[32] [Anm. 15]. Vgl. dazu auch weiter unten.

[33] Vgl. Hucker [Anm.15], 302f: "denn er [Dietrich] brachte einen Waffenstillstand mit der Besatzung zustande, wonach diese zwar die Stadt zu räumen hatte, aber die beschädigte Burg, die in ihrer Hand blieb, bis zu Entscheidung des Landgrafen ausbessern durfte. Als Otto erfuhr, daß Hermann die Besatzung insgeheim zum Widerstand ermunterte, und dieser also keinen Frieden wollte, nahm er die Beschießung der Burg wieder auf" (302).

[34] Ebda.

[35] Vgl. Hucker [Anm.15], 301: "Daß von der Treue dieser Fürsten [sc. Herzöge von Bayern, Österreich, Egbert von Bamberg, Otto von Meranien], die sich zuvor durch Schwüre miteinander verbunden hatten, nicht viel zu halten sei, hat Walther von der Vogelweide in einem seiner Sprüche aus dieser Zeit thematisiert".

für, daß in einer um Ottos Gnade buhlenden Strophe genau die Fürsten schlecht gemacht werden, die (z.T. gerade wieder) auf der Seite des Welfen stehen.

Solange historische Quellen keine weiteren Informationen hergeben, wäre es aufrichtiger, die *zagen* so anonym zu lassen, wie es auch Walther - vielleicht vorrangig aus rhetorischen Gründen - tat. Gemeint sein können Sympathisanten, die nicht den Mut haben, offen ihre Position zu demonstrieren. Ihr konspiratives Tuscheln bleibt aber nicht ganz ungehört, und aus Angst, nun doch Rückgrat zeigen zu müssen, diffamiert und bedroht einer den anderen.

3. Es stellt sich schließlich die komplexe Frage, wann, bei welcher Gelegenheit und in wessen Auftrag die Strophe vorgetragen wurde. Eindeutigkeit ist auch hier nicht zu gewinnen, wenngleich die Forschung mit Antworten - wenn auch kontroverser Art - nicht zögerlich war. Insbesondere hier erstaunt, daß die unterschiedlichen Antworten nicht zu einer Reflexion über den Status poetischer Zeitzeugnisse geführt hat.

Im einzelnen finden sich folgende Einschätzungen:
Karl Lachmann meinte, unter Verweis auf eine Erfurter Chronik:

> "wohl 1215 kurz vor dem tode des landgrafen Hermanns gedichtet, der starb als er sich eben wieder von Otto hatte gewinnen lassen und im begriff stand sich mit ihm zu verbinden".[36]

Auf ein Jahr später, 1216, datieren Wilhelm Wackernagel/ Max Rieger, allerdings ohne jede Begründung.[37]
Max Rieger macht geltend, daß

> "der spruch sich auf eine uns unbekannte frühere und gleichfalls folgenlos gebliebene annäherung des landgrafen an otto bezieht. Sie müßte im sommer 1213 statt gefunden haben".[38]

Franz Pfeiffer/Karl Bartsch referieren den Forschungsstand ohne eigene Festlegung:

---

[36] Die Gedichte Walthers von der Vogelweide. Zweite Ausgabe. Von Karl Lachmann, Berlin, 1843, 210.

[37] Walther von der Vogelweide nebst Ulrich von Singenberg und Leithold von Seven. Hg. von Wilhelm Wackernagel und Max Rieger, Giessen, 1862, 51.

[38] Max Rieger: Das Leben Walthers von der Vogelweide, Gießen, 1863, hier 21. Rieger sieht das Problem einer Spätdatierung völlig richtig und ist der einzige, der der Strophe ein Ereignis zugrundelegt, das sonst nicht bezeugt ist.

"Gleich nach dem über K. Otto verhängten Banne fiel Landgraf Hermann von Thüringen von ihm ab und zeigte sich unverhohlen unter seinen eifrigsten Gegnern. In den beiden folgenden Jahren, 1212 und 1213, zog Otto siegreich gegen ihn zu Felde; jedoch erst 1216, kurz vor seinem Tode (Ende April) zeigte sich Letzterer zu einer neuen Aussöhnung und Verbindung bereit, und in diese Zeit setzen Lachmann, Wackernagel u.A. unsern Spruch, während Rieger S. 19-23 ihn, allerdings mit beachtenswerthen Gründen, auf eine frühere unbekannte und erfolglos gebliebene Annäherung des Landgrafen an Otto im Sommer 1213 bezieht".[39]

Für die folgende Zeit (bis 1990: Huckers Otto-Biographie erscheint; im Druck befindlich ist die Arbeit von Nix[40]) wird fast allerorten die Monographie Eduard Winkelmanns 'Philipp von Schwaben und Otto IV. von Braunschweig'[41] von 1878 zur alleinigen historiographischen Referenzgröße, vor allem, wenn es darum geht, Walthers Stellung und sein Wirken im politischen Umfeld Ottos IV. zu bestimmen.[42]

---

[39] Walther von der Vogelweide, hg. von Franz Pfeiffer. Sechste Auflage, hg. von Karl Bartsch, Leipzig, 1880, 266.

[40] Vgl. Anm. 15.

[41] Eduard Winkelmann [Anm. 15]. Rückgriffe und Verweise auf Winkelmann finden sich noch in jüngerer Zeit, auch bei Historikern, z.B.: Werner Goetz: Gestalten des Hochmittelalters. Personengeschichtliche Essays im allgemeingeschichtlichen Kontext, Darmstadt, 1983, 403. - Kurt Ruh: Walthers König-Heinrich-Ton (L. 101,23), in: Walther von der Vogelweide. Hamburger Kolloquium 1988 zum 65. Geburtstag von Karl-Heinz Borck, hg. von Jan-Dirk Müller und Franz Josef Worstbrock, Stuttgart, 1989, 9-15, hier 12f. - Franz Josef Worstbrock: Politische Sangsprüche Walthers im Umfeld lateinischer Dichtung seiner Zeit, in: Walther von der Vogelweide. Hamburger Kolloquium 1988 [wie oben], 61-80, hier 61. - Bernd Ulrich Hucker: Ein zweites Lebenszeugnis Walthers?, in: Walther von der Vogelweide. Beiträge zu Leben und Werk, hg. von Hans-Dieter Mück, Stuttgart, 1989, 1-30, hier 1.

Kritisches Hinterfragen findet man selten. Eine Ausnahme in jüngerer Zeit stellt Eberhard Nellmann dar, der etwa die sog. 'Klosterneuburg'-These in Frage stellt und auf Quellenprobleme aufmerksam macht. Vgl. E. N.: Spruchdichter oder Minnesänger? Zur Stellung Walthers am Hof Philipps von Schwaben, in: Walther von der Vogelweide. Hamburger Kolloquium 1988 [wie oben], 37-59, z.B. 42 u. Anm. 25; 48ff. - Ähnlich kritisch auch ders.: *Philippe setze en weisen ûf.* Zur Parteinahme Walthers für Philipp von Schwaben, in: Stauferzeit. Geschichte, Literatur, Kunst, hg. von Rüdiger Krohn, Bernd Thum, Peter Wapnewski, Stuttgart 1979, 87-104.

[42] 1900 gesellt sich Konrad Burdach dazu, der ebenfalls gerne zitiert wird: K. B.: Walther von der Vogelweide. Philologische und historische Forschungen. Erster Theil, Leipzig, 1900, 79f. -Vgl. dazu auch Ursula Schulze: Zur Vorstellung von Kaiser und Reich in staufischer Spruchdichtung bei Walther von der Vogelweide und Reinmar von Zweter, in: Stauferzeit. Geschichte, Literatur, Kunst, hg. von Rüdiger Krohn, Bernd Thum, Peter Wapnewski,

So plädiert Hermann Paul unter Verweis auf Winkelmann für eine frühe Datierung, die sich bis heute durchgesetzt hat:

> "Diese fürbitte für den landgrafen Hermann kann nicht gut in eine andere zeit fallen, als in das jahr 1212, wo derselbe, von den meisten übrigen parteigenossen, die mit ihm im jahre zuvor die wahl Friedrichs beschlossen hatten, in stich gelassen, von Otto hart bedrängt wurde".[43]

Wilhelm Wilmanns/ Victor Michels und andere folgen dem:

> "Während der Belagerung von Weißensee, ehe der Landgraf die Übergabe der Burg abgelehnt hatte, als der Markgraf Dietrich sich bemühte, den Frieden zu vermitteln, wird Walther seinen Spruch gesungen haben. Die Vermählung in Nordhausen mag einen geeigneten Anlaß gegeben haben, die Gnade des Kaisers zu erbitten".[44]

Etwas vager und ohne weitere Nachweise formuliert Ursula Schulze:

> "gegen Hermann ging Otto kriegerisch vor und belagerte ihn in Weißensee. Auf diesem Hintergrund formulierte Walther ein Versöhnungsersuchen trotz unleugbarer Schuld".[45]

Noch offener bleibt Joerg Schaefer: "Spätjahr 1212".[46]

Stuttgart, 1979, 206-219, hier 207.

[43] Die Gedichte Walthers von der Vogelweide, hg. von Hermann Paul, Halle, 1882, 114. Paul wunderte sich als einziger zurecht über die Strophe ("Auffallend ist nur, dass sonst keine spur davon vorhanden ist, dass der landgraf die gnade des kaisers nachgesucht hätte. Im gegenteil gab er in dem schlimmsten momente seinem in Weissensee eingeschlossenen heere ausdrücklich die weisung im widerstande zu verharren", 114), zog allerdings keine weiteren Konsequenzen daraus.

[44] [Anm. 19]. - So auch diess. im Editionsteil (Bd. 2 [Anm. 17]): "wahrscheinlich noch während der Belagerung von Weißensee, ehe der Landgraf die Übergabe der Burg abgelehnt hatte, gesungen worden (Juli 1212)" (364). - Helmut Protze folgt ihnen: "wohl im Sommer 1212 gedichtet[]", bei der Nordhauser Hochzeit (Walther von der Vogelweide. Sprüche und Lieder. Gesamtausgabe, hg. und eingeleitet von Helmut Protze, Leipzig, 1983, 73f.) - So auch Friedrich Maurer (ohne weitere historiographische Nachweise): "bei der Nordhauser Hochzeit scheint am Ehesten ein Annäherungsversuch des Landgrafen Hermann an Otto denkbar (also am 22.7.1212). Kurz danach ändert sich die Lage so sehr zu Ungunsten Ottos, daß kaum noch ein Anlaß zu Walthers Verteidigung bestand; erst kurz vor dem Tod Ottos (1218) soll Hermann erneut eine Verständigung gesucht haben" [Anm. 28].

[45] Ursula Schulze: Der mythische und der historische Walther, in: Walther von der Vogelweide. In dieser Welt geht's wundersam. Die Gedichte. Texte, Versübertragungen und Gedichtfolge nach der Ausgabe von Hubert Witt. Mit einer Einführung von Ursula Schulze, München, 1984, XXII.

[46] Joerg Schaefer: Walther von der Vogelweide. Werke. Text und Prosaübersetzung,

Und auch Friedrich Maurer konstatiert vage (wobei er stets ein dreistrophiges 'Lied' vor Augen hat!):

> "Das Lied würde also die Lösung des Verhältnisses zum Markgrafen von Meissen widerspiegeln und die Rückkehr zum Thüringer Hof oder jedenfalls die Annäherung an den Thüringer Landgrafen vorbereiten".[47]

Jüngst wurde die Situation ganz anders verstanden. Der Paraphrase Huckers zufolge ("Matthias Nix verdanken wir eine neue Interpretation der 'Meißnerschelte' Walthers") sieht Nix sie so:

> "Einer dieser Sprüche [sc. L. 105, 13], gedichtet offenbar im Auftrag eines führenden Ministerialen - vieles spricht für Gunzelin von Wolfenbüttel -, verlangt vom Kaiser die rasche und gnadenlose Niederwerfung Hermanns".[48]

Der Historiker Hucker schließt dann aus diesen Deutungen Nix', daß - wie oben schon angedeutet - Otto "offenbar den falschen Ratgebern vertraut hat", d.h. auch Dietrich von Meißen.[49] Soweit der Stand der Forschung.

Wenn wir die Strophe erneut genauer auf ihre gedankliche Logik und ihre situationsbedingte Pragmatik hin untersuchen, ergeben sich andere Gesichtspunkte und damit neue Probleme.

Ich gehe zunächst auf die Interpretation von Nix und Hucker als aktuellste Forschungsmeinung ein: Ihr Verständnis ist eng verknüpft mit einem textkritischen Problem. Ist es möglich, die hs. Lesung *vürbrechen* (V.2) zu akzeptieren? Nix geht davon aus. Doch scheint der Argumentationsgang der Strophe dies nicht zuzulassen, denn wie würden die Verse 6-14 an die Verse 1-5 anzubinden sein? Die *zagen* werden von Walther ganz deutlich in negativen Zügen dargestellt (man beachte die Lexik: *zage*, *hie - dort*, *ungetriuwer mort*, *schelden*, *dûf*, *steln*, *einander melden*, *diep*, *drô*). Dieser massiv tendenziösen Darstellung entspricht in den Versen 1-5 nur ein Begriff, nämlich die *missetât*; der *vîent* wird durch das Adjektiv/ Adverb *offenbâre* in seinem pejorativen Charakter schon geschmälert. Beide Strophenteile verhalten sich kontrastiv zueinander. Während die *zagen* die eigentlichen Verbrecher sind, wird die *missetât* des Landgrafen als entschuldbar bzw. 'übergehbar' dargestellt. An einer Konjektur kommt man wohl nicht vorbei, wie immer sie

---

Erläuterung der Gedichte, Erklärung der wichtigsten Begriffe, Darmstadt 1972, 500; weiter heißt es: "Erst kurz vor dem Tode hat Hermann sich mit Otto versöhnt; solch späte Datierung unwahrscheinlich, da zu der Zeit W. längst von Otto abgefallen ist".

47 [Anm. 28].

48 Hucker [Anm.15], 302.

49 Ebda.

aussehen mag[50] (so sehr ich auch sonst den Handschriften das Beste abgewinnen möchte und mir der Probleme von philologischen 'Besserungen' sehr bewußt bin). Mit der - wie mir scheint unverzichtbaren - Korrektur fällt aber auch die Nixsche und Huckersche Deutung.

Fragen wir uns weiter, wessen Interessen die Strophe vertreten mag. Wie es scheint, sind es diejenigen Hermanns von Thüringen. Wir müssen dann voraussetzen, daß Hermann durchaus die Absicht hatte, wieder auf Ottos Seite zu wechseln, er aber Sorge hatte, daß Otto ihm nicht verzeiht.

Die chronikalen Zeugnisse sprechen gegen eine solche Annahme: Hermann war nicht bereit, seine von Otto belagerte Festung Weißensee herauszugeben; er wartete - mit Erfolg - auf Friedrich II.

Wir müßten ferner annehmen, daß Otto grundsätzlich bereit war, Gnade walten zu lassen.

Auch hier sprechen die Quellen eine andere Sprache: Otto hegte Rache für Hermanns Verrat. Überdies mußte Otto wissen, welch ein unsicherer Kandidat Hermann war; kaum ein anderer Landesfürst hatte so oft die Fronten gewechselt wie er.

Arthur Hatto brachte die These vor, die Strophe sei im Interesse Dietrichs von Meißen geschrieben worden.[51]

Dietrich war in der zweiten Julihälfte 1212 als Unterhändler tätig und schloß ein Abkommen mit den belagerten Thüringern, die Stadt Weißensee aufzugeben und sich in die innere Burg zurückzuziehen.[52] Walthers Spruch sollte die Kapitulationsverhandlungen Dietrichs unterstützen und "durch einen wirksamen Appell an die öffentliche Meinung Otto unter Druck setzen", sich mit Hermann zu versöhnen.[53] Die These hat einiges für sich, wenngleich auch sie sich nicht anhand historischer Quellen verifizieren läßt.

Fest steht nur, daß Dietrich nach Ottos 'taktischer' Hochzeit mit Beatrix von Schwaben (Tochter des Staufers Philipp) am 22. Juli 1212 mit den in Weißensee eingeschlossenen Thüringern verhandelte. Ob Dietrich aber Otto "unter Druck setzen" konnte und wollte, ob es sich Dietrich 'leisten' konnte, Otto zum ersten Schritt aufzufordern, ob Otto einen solchen zu gehen bereit gewesen wäre und ob dies an der starren Haltung Hermanns etwas geändert hätte, bleibt fraglich.

---

50 Christoph Cormeau plädiert in seiner Revision der Lachmann-v. Kraus-Kuhnschen Walther-Edition für *verbrechen*.

51 Vgl. Hatto [Anm. 19], S.230-250.

52 Vgl. auch Hucker [Anm.15], 302.

53 Hatto [Anm. 19], S.242.

Der Verlauf der Geschichte zeigt jedenfalls, daß die Strophe keines der zu vermutenden Ziele erreichte: Otto verzieh Hermann nicht, und Hermann gab seinerseits die Festung Weißensee nicht auf und blieb staufischer Gesinnung.

Und doch muß die Strophe zu einem bestimmten Zeitpunkt noch Sinn gemacht haben, zumindest in den Augen dessen, der sie verfassen ließ. Die Feindseligkeiten zwischen Otto und Hermann müssen noch als behebbar angesehen worden sein.

Das kann nach Ottos Nürnberger Reichstag (13. Mai 1212) gewesen sein, nachdem er politische Erfolge erzielt hatte; das kann kurz vor Ottos Heerfahrt gegen Hermann (Juli 1212) gewesen sein; das kann - von der Walther-Forschung ja häufiger genannt - auf der Hochzeitsfeier Ottos und Beatrix' (22. Juli 1212) oder wenig später gewesen sein. Sie kann im Auftrag Dietrichs verfaßt sein, sie kann gar im Auftrag des Bischofs Wolfger von Aquileia[54] verfaßt sein, dem Otto am 30. Juli 1212 brieflich mitteilt, er werde Weißensee bald eingenommen haben[55]; sie kann - wer will es wissen - im Auftrag Hermanns verfaßt sein, der zu irgendeinem Zeitpunkt vielleicht doch überlegte, sich Otto wieder zu nähern. Nach dem 11. August, nach dem plötzlichen Tod Beatrix', der Ottos Koalition mit seinen Verbündeten weitgehend auflöst, ist die Strophe nur noch schwer denkbar (insofern sind die späten Datierungen Lachmanns und Wackernagels/Riegers wohl zu verwerfen).

V.

Walthers Sangspruch zeigt uns also Nuancen und Feinheiten historischer Realität, die von Chroniken und ähnlichen historiographischen Zeugnissen nicht aufgezeichnet wurden. Der historische Ort, an den der Text gehört, kann nur vage mit Hilfe der Historiographie ermittelt werden. Das aber bedeutet, daß der Text selbst eine historiographische Größe ist, daß er eine historische Situation spiegelt, von der wir ohne ihn keine Kenntnis hätten.

Wir müssen daher, um Zeitgeschehen in Ansätzen rekonstruieren zu können, sowohl die chronikalen als auch die literarischen Zeugen gleichermaßen ernstnehmen und zueinander in Beziehung setzen, freilich auch gleichermaßen kritisch auf ihr ideologisches Potential hin befragen. Beide Zeugnistypen stellen Reflexe historischer Wirklichkeit dar, ausschnitthaft und

---

[54] Vgl. zu Wolfger allgemein: Werner Goetz: Gestalten des Hochmittelalters. Personengeschichtliche Essays im allgemeingeschichtlichen Kontext, Darmstadt, 1983, 293-314 ("Wolfger, Bischof von Passau, Patriarch von Aquileia").

[55] Vgl. u.a. Hucker [Anm.15], 301.

interessengelenkt. Dabei kann die politische Lyrik aufgrund ihrer pragmatischen 'Nähe' zum Ereignis womöglich Aspekte aufzeigen, die die Chronistik aufgrund ihrer 'Berichtsferne' vom Ereignis nicht tradiert.

Und vielleicht müssen wir auch - dies sei als Ausblick nurmehr angedeutet - die Motivation von Handschriftensammlern und -redaktoren unter einem weiteren Gesichtspunkt betrachten: Sammelten sie politische Lyrik, die oftmals (wenn auch nicht immer) Bezug auf punktuelle, lang vergangene Ereignisse nahm, nur aus ästhetischen Gründen oder nicht (auch!) aus Gründen chronikalischer Konservierung...?

PETER KONIETZKO

DARSTELLUNG ALS DEUTUNG: DIE *WÎSEN* BEI KÖNIG PHILIPPS MAGDEBURGER WEIHNACHT (1199)

Überlegungen zu Walthers 1. Philippston (L. 19,5)

Erster Philippston[1]

Ez gienc eines tages, als unser hêrre wart geborn 19,5
von einer maget, die er im ze muoter hât erkorn,
ze Megdeburc der künig Philippes schône.
dâ gienc eins keisers bruoder und eins keisers kint
in einer wât, swie doch die namen drîge sint,
er truoc des rîches zepter und die krône.
er trat vil lîse, im was niht gâch,
im sleich ein hôhgeborne küneginne nâch,
rôse âne dorn, ein tûbe sunder gallen.
diu zuht was niener anderswâ,
die Düringe und die Sahsen dienten alsô dâ,
daz es den wîsen müeste wol gevallen.

108 B 292 [310] C.
2 mageet *C*, megde *B*. 3 phylippe *B*. 4 er ist baidv́ kaisers bruoder vñ ist kaisers kint *B*. 5 d^{s} namen zwene *B*. 6 den zetmen vñ des riches krone *B*. 7 vil lîse] gemach *B*. 10 dv́ vroede was da nien ander swa *B*. 11 dv́ringen *B*. 12 mvoste *B*.

I.

Walthers Strophe im 1. Philippston, der feierliche Kirchgang des jungen Staufers in Magdeburg am Weihnachtstag des Jahres 1199: Darstellung höfischer Repräsentation, so scheint es. Da schreitet an dem Tag, an dem der Herr von einer *maget* geboren wurde, König Philipp in Magdeburg, der 'Stadt der Jungfrau(en)', in höfischem Glanz einher. In dem einen Ornat - obwohl es doch drei *namen* sind - gehen zugleich der Bruder und der Sohn eines Kaisers: der Bruder Heinrichs VI. und der Sohn Friedrichs I. Der König trägt die Reichsinsignien, Zepter und Krone, und schreitet in würdevoller Gelassenheit. Die Königin aus edelstem Geschlecht, Maria Eirene, Tochter des byzantinischen Kaisers, "Rose

[1] Den Text der neubearbeiteten Walther-Ausgabe hat Christoph Cormeau entgegenkommenderweise vorab zur Verfügung gestellt.

ohne Dorn, Taube ohne Galle", wie Walther sie nennt, folgt ihm feierlich. Einen solchen höfischen Anstand gibt es nirgendwo sonst, behauptet er. Die Thüringer und die Sachsen leisten ihre Dienste auf vorbildliche Weise. Soweit Walther.

Cum ingenti magnificentia hat Philipp auch nach der Halberstädtischen Chronik das Weihnachtsfest in Magdeburg gefeiert[2]:

> Feierlich schritt der König an diesem heiligen Tag *regalibus indumentis et imperiali dyademate insignitus* einher. Ihm folgte *tam decentissime quam venustissime* seine Gemahlin Erina Augusta, gleichfalls in königlichem Schmuck, geleitet von der Äbtissin Agnes von Quedlinburg und Herzog Bernhards Gemahlin Judith mit einer großen Schar anderer edler Damen. Auch die anwesenden Bischöfe geleiteten *pontificalibus indumentis ornati* ehrerbietig das Herrscherpaar zu beiden Seiten. Herzog Bernhard von Sachsen trug das königliche Schwert voran, dann folgten die übrigen Fürsten, edle Männer, Grafen, Freiherren und *omnis generis plebs*. Die zahllosen Anwesenden *corde gaudentes, animis exsultantes, manibus applaudentes, vocibus perstrepentes, opere vigilantes huic sollempnitati uniformiter arriserunt* [...].

Selbst der Bericht des Chronisten vermittelt mit seinem rhetorischen Schmuck die festlich gehobene Stimmung der Anwesenden.

Nicht nur alte fürstliche Freunde des Staufers wie Erzbischof Ludolf von Magdeburg, die Bischöfe Konrad von Würzburg und Otto von Freising und Herzog Bernhard von Sachsen waren in Magdeburg versammelt, sondern auch solche jüngeren Datums wie Herrmann von Thüringen und vielleicht Dietrich von Meißen. Die vielen Fürsten, Grafen und Edelherren mit ihren zahllosen Begleitern bildeten eine so stattliche Versammlung, daß selbst der ganz welfisch gesinnte braunschweigische Reimchronist zugesteht, es sei das größte Fest dieser ganzen Zeit gewesen.[3]

Walther habe "mit der poetischen Vollmacht jener Dichter, die 'das Ewige' 'stiften', diesen höfischen Glanz ins sakrale Sinnbild erhoben", schreibt Halbach.[4] Daß Walther in dem dargestellten Ereignis geheimnisvolle Beziehungen sieht, ist offensichtlich und bereits vielfach angemerkt worden: "aus einer beinahe mystischen darstellung des kirchenfestes" fließen "dem verzückten sänger einst und jetzt, Bethlehem und Magdeburg, himmlisches und irdisches wunder-

---

[2] Neben der Magdeburger Schöppenchronik (im Anschluß an Benecke 1818) und anderen zeitgenössischen Quellen bereits von Lachmann zu dieser Strophe herangezogen: Gesta episcoporum Halberstadensium, hg. v. L. Weiland, Hannover 1874 (=MGH SS XXIII), S.113f.

[3] Eduard Winkelmann: Philipp von Schwaben und Otto IV. von Braunschweig, Bd.I, Leipzig 1873, unv. ND Darmstadt 1963, S. 149.

[4] Kurt Herbert Halbach: Walthers Philipps-Triade. Weihnachten/Drei Könige 1199/1200, in: FS Fr. Beißner, hg. von U. Gaier und W. Volke, Bebenhausen 1974, S. 121-146; hier S. 127 A.8.

bar ineinander" - so Wallner 1909.[5] Da ist die Feier der Geburt Christi aus einer Jungfrau in der Stadt der Jungfrauen, Magdeburg; die Anspielung auf die Trinitätsformel von dem einen Gott in drei Personen (*una substantia in tribus personis*), und da sind die Attribute der Königin: *rosa sine spina, columba sine fele*, die 'eigentlich' nur der Mutter Gottes zukommen, wie bei Walther selbst an anderer Stelle belegt.[6]

"Walther [...] sakralisiert den Vorgang und überführt ihn damit in den Bereich der christlich-mittelalterlichen Reichsmetaphysik und eschatologischen Heilserwartung", meint P. Wapnewski.[7] "Der fromme Anlaß ermöglicht es dem Dichter, im weltlichen Gepränge des prachtvollen Aufzugs Gott selber mitschreiten zu lassen" und "gibt damit dem Ereignis nahezu die Weihe göttlicher Realpräsenz". So feiere "das Fest der Geburt des Herrn zugleich das Fest der Wiedergeburt seines irdischen Stellvertreters, des zeitlichen Friedensfürsten". Soweit Wapnewski (ebd. S. 75f.).

"Durch die Verwendung der Dreifaltigkeits- und Mariensymbolik hebt er das Herrscherpaar in eine gottnahe Sphäre heiliger Unantastbarkeit. Ohne direkt zu argumentieren, nutzt er die Suggestion symbolischer Sprache, ähnlich wie diese in der staufischen Kanzlei und Historiographie eingesetzt wurde", meint auch Ursula Schulze.[8]

Diesen Aspekt, den bereits K. Burdach gesehen hatte[9], hat besonders Achim Masser hervorgehoben.[10] Danach ist die Strophe das Werk mittelalter-

---

[5] Anton Wallner: Zu WvdV, in: PBB 35, 1909, S. 191-203; hier S. 193.

[6] Vgl. Leich II, 2. 9a, 4ff. (Maurer; L. 7,17f.):

nu senfte uns, frouwe, sinen zorn,
barmherzic muoter uz erkorn,
du frier rose sunder dorn [...]

Zur Mariensymbolik Anselm Salzer: Die Sinnbilder und Beiworte Mariens in der deutschen Literatur und lateinischen Hymnenpoesie des Mittelalters, Linz 1893, ND Darmstadt 1967.

[7] Peter Wapnewski: Die Weisen aus dem Morgenland auf der Magdeburger Weihnacht, in: Lebende Antike. Symposion für R. Sühnel, hg. v. H. Meller und H.-J. Zimmermann, Berlin 1967, S. 74-94; hier S. 76.

[8] Im Anschluß an Gottfried Koch: Auf dem Wege zum Sacrum Imperium. Studien zur ideologischen Herrschaftsbegründung der deutschen Zentralgewalt im 11. und 12. Jahrhundert, 1972 (=Forschungen zur mittelalterlichen Geschichte 20); Ursula Schulze: Zur Vorstellung von Kaiser und Reich in staufischer Spruchdichtung bei WvdV und Reinmar von Zweter, in: Stauferzeit. Geschichte Literatur Kunst, hg. v. R. Krohn, B. Thum und P. Wapnewski, Stuttgart 1979 (=Karlsruher Kulturwissenschaftliche Arbeiten 1), S. 206-219; hier S. 208.

[9] Konrad Burdach: WvdV. Philologische und historische Forschungen. 1.Teil, Leipzig 1900, S. 259ff. Vgl. auch: Ders.: Der mythische und der geschichtliche Walther (1902); zitiert nach: WvdV, hg. v. S. Beyschlag, Darmstadt 1971 (=WdF 112), S. 51.

[10] Zu Walthers Propagandastrophen im ersten Philippston (L. 18,29 und 19,5), in: Studien zur

licher politischer Publizistik: Walther "suggeriert" "als Helfer im politischen Geschäft, als Propagandist seines Brotgebers" (S. 59) "geheimnisvoll-wunderbare 'Beziehungen'", die "vielleicht auch geglaubt werden" (S. 56). Philipps Auftritt in Magdeburg, "zugleich Spectaculum, kirchlicher Akt und Demonstration politischer Macht" (S. 57), habe in Walthers Lied den wirksamsten literarischen Niederschlag gefunden. Masser sieht die Strophe "als engagierte, tendenziöse, ganz in der aktuellen Situation verwurzelte 'politische Tageslyrik'" an: Es ist "politische Agitation"(S. 56), "bezahlte Propaganda im 'Sinn und Auftrag' (Burdach) einer politischen Institution"(S. 59). Wilmanns-Michels sprechen denn auch eher entschuldigend von "Vergleiche(n) mit dem Heiligsten", deren sich Walther bediene, "um der ehrerbietigen Begeisterung der Versammlung Ausdruck zu geben"[11]. Als Sakralisierung des dargestellten Vorgangs bzw. Säkularisierung religiöser Vorstellungen im Dienste einer politischen Institution bewertet die bisherige Forschung ganz überwiegend Walthers Verfahren in dieser Strophe, die Philipp als "prädestiniert zur Kaiserwürde" erscheinen lassen solle.[12]

II.

Wo das Mittelalter zur Darstellung 'profaner' Stoffe sich sakraler Sprache und Denkformen bedient, hat die Vermischung des 'Profanen' mit dem 'Heiligsten' die Forschung seit je irritiert:

> Die Geistlichen zeigen sich verweltlicht, sie verleihen religiösen Stoffen einen fremdartigen, sinnlichen Reiz und sie gehen als Didaktiker gern auf die Anschauungen des Ritterthums ein. Die Spielleute umgekehrt nehmen eine geistliche Maske vor und hängen über die verrücktesten Erfindungen einige Lappen von himmlischem Costüm.[13]

Das Befremden moderner Interpreten angesichts der (wie Wapnewski findet) "ungewöhnlichen Anreicherung mit religiösen und theologischen Termini"[14] in Walthers Strophe hat aber zu einer Verschiebung der Perspektiven geführt. 'Sakralisierung' impliziert als unausgesprochene und vermutlich auch gar nicht bewußte Voraussetzung, daß es ein Weltliches gebe, das solcher Sakralisierung unterworfen werde. Ob aber 'Welt' eine Konstante ist, die unter den Elementen

---

deutschen Sprache und Literatur des Mittelalters. FS für Hugo Moser, Berlin 1974, S. 49-59.

[11] Leben und Dichten Walthers vdV, Halle ^{2}1916, S. 95.

[12] Masser [Anm. 10], S. 56.

[13] Wilhelm Scherer: Geschichte der deutschen Dichtung im elften und zwölften Jahrhundert, Straßburg 1875, S. 21.

[14] Die Weisen aus dem Morgenland [Anm. 7], S. 77.

theologischer Herkunft jederzeit wieder zutage treten könnte, ist die Frage. Es ist daher zunächst die Begrifflichkeit zu klären, mit der eine 'Übertragung' von Sprache und Denkformen religiöser Herkunft auf anscheinend profane Gegenstände erfaßt werden kann und zu fragen, ob Interpretationskategorien des 19./20. Jahrhunderts den Zugang zu Phänomenen des 12. Jahrhunderts nicht eher verstellen.[15]

In die schließliche Metaphorisierung des ursprünglich juristischen Aktes der Enteignung von Kirchengütern, die seit Karl Martell praktiziert und seit dem Westfälischen Frieden von Münster und Osnabrück 'Säkularisierung' genannt wurde[16], mündet eine lange Tradition geistlich besorgter Vorhaltungen über die 'Verweltlichung' der Kirche und ihrer Vertreter.[17] Beiden Bedeutungen des Terminus gemeinsam ist die Eigenschaft der Illegitimität aus kirchlicher bzw. christlicher Sicht: handelt es sich in der transitiven Bedeutung um die Usurpation geistlicher Rechte und Güter durch die weltliche Gewalt, so haftet dem intransitiven Verweltlichen der Makel des Abfalls und der Sündhaftigkeit an. In seiner allgemeinsten, geistesgeschichtlichen Bedeutung meint der Begriff der Säkularisierung wohl "die Verwandlung ursprünglich religiöser Vorstellungen und Einsichten in solche der vom Glauben unabhängigen, allgemein menschlichen säkularen Vernunft, schließlich überhaupt den Vorgang der Ent-

---

[15] Vgl. Hermann Zabel: Verweltlichung/Säkularisierung. Zur Geschichte einer Interpretationskategorie, phil.Diss. Münster 1968, S. 11: "Die Interpretationskategorie Säkularisierung ist Mode geworden"; vgl. W.Binder: Grundformen der Säkularisation in den Werken Goethes, Schillers und Hölderlins, in: ZfdPh, Sonderheft 1963, S.42-69; Albrecht Schöne: Säkularisation als sprachbildende Kraft. Studien zur Dichtung deutscher Pfarrerssöhne, Göttingen 1958; Gerhard Kaiser: Pietismus und Patriotismus im literarischen Deutschland. Ein Beitrag zum Problem der Säkularisation, Frankfurt ^{2}1973; Hans Blumenberg: Säkularisierung und Selbstbehauptung, Frankfurt 1974; Art. 'Säkularisierung' in RGG, Bd.V, Tübingen ^{3}1961, Sp.1280; H.Lübbe: Säkularisierung. Geschichte eines ideenpolitischen Begriffs, Freiburg 1965; weitere Literaturangaben bei Zabel: Verweltlichung; ders., in: Archiv für Begriffsgeschichte 14, 1970, S.69-85; W. Conze/H.-W. Strätz/H. Zabel: Art. 'Säkularisation, Säkularisierung' in: O. Brunner/W. Conze/R. Koselleck (Hgg.): Geschichtliche Grundbegriffe 5, Stuttgart 1984, S. 789-829; G. Marramao: Art. 'Säkularisierung'in: Historisches Wb. d. Philosophie, Bd. 8, Darmstadt 1992, Sp. 1133-1161.

[16] Am 8.6.1646 hat der französische Gesandte Longueville den Terminus 'séculariser' erstmals als Bezeichnung für die Einziehung von Kirchengut verwendet; vgl. RGG und Zabel: Verweltlichung [Anm. 15], S.11 f. Vgl. aber H.-W. Strätz in: Brunner/Conze/Koselleck [Anm. 15], S. 792-802.

[17] Nach Zabel: Verweltlichung [Anm.15], S.262, ist das ältere Wort "verweltlichen" nicht früher als "in der ersten Hälfte des 19.Jahrhunderts als Interpretationskategorie der Kirchengeschichtsschreibung nachweisbar und bezeichnet den Abfall der Kirche und ihrer Glieder in illegitime Weltlichkeit". Es steht jedoch ursprünglich in keiner Beziehung zu der als Lehnwort eingeführten "Säkularisierung".

kirchlichung und des Glaubensverlustes".[18] So kann schließlich die moderne Welt weitgehend als Ergebnis einer Säkularisierung des Christentums verstanden werden.[19] Als geistesgeschichtliche Interpretationskategorie erlangt dieser Begriff seine heutige Bedeutung vor allem durch Karl Löwiths einflußreiches Buch "Weltgeschichte und Heilsgeschehen".[20]

Den entscheidenden Epochen-Einschnitt sieht Löwith im Verfall der antiken Kosmos-Idee und ihres zyklischen Geschichtsbildes und im Auftreten des sich auf historisch-einmalige Ereignisse der Heilsgeschichte berufenden Christentums. Als eschatologische Verkündigung des Reiches Gottes stehe jedoch die Bibel und die neutestamentliche Theologie eines Johannes der politischen Geschichte dieser Welt im wesentlichen gleichgültig gegenüber[21]: "Die ersten Generationen der Christen glaubten an den eschatologischen Sieg und die künftige Offenbarung des Reiches Gottes, wie sie der verborgenen Gegenwart des Reiches des Gekreuzigten gewiß waren".[22] Wenn aber für die Welt keine Zeit mehr ist, liegt die Sorge um das eigene Seelenheil am nächsten und für das 'historische' Interesse der Bibel ist nach Löwith charakteristisch, daß sich die Wichtigkeit oder Unwichtigkeit der Begebenheiten "an ihrer möglichen Bedeutung für Gericht und Erlösung" bemißt.[23] Erst die wiederholte Enttäuschung der eschatologischen Naherwartung zwingt zum "Arrangement mit den Gegebenheiten der fortbestehenden Welt", wie H. Blumenberg formuliert.[24] Im Kampf mit dem Heidentum und in den Auseinandersetzungen um das Verhältnis von Staat und Kirche habe sich das Christentum "in die Geschichte dieser Welt eingelassen und verwickelt".[25] Die Evangelien dagegen enthalten nach Löwith "nur die Botschaft von der Erlösung durch Christus, und zwar *von* allem irdischen Geschehen".[26] Das Sich-Einlassen mit der Welt als Folge der enttäuschten eschatologischen Naherwartung kennzeichne die Geschichte der Kirche als "Verweltlichung" und als

---

[18] A. Schöne [Anm. 15], S. 22; auch Blumenberg [Anm. 15], S.9, sieht darin "einen langfristigen Prozeß, durch den ein Schwund religiöser Bindungen, transzendenter Einstellungen, lebensjenseitiger Erwartungen, kultischer Verrichtungen und festgeprägter Wendungen im privaten wie täglichen öffentlichen Leben vorangetrieben wird".

[19] C.F. von Weizsäcker: Die Tragweite der Wissenschaft I, Stuttgart 1964, S. 178.

[20] Wenn er auch in dieser Bedeutung bereits zu Beginn des 20. Jahrhunderts von Ernst Troeltsch benutzt worden war; K. Löwith: Weltgeschichte und Heilsgeschehen, Stuttgart 1953; zuerst unter dem Titel: Meaning in History. The Theological Implications of the Philosophy of History, Chicago 1949; vgl. Zabel: Verweltlichung [Anm. 15], S.24; ebd. S.194: "Durch seine Weiterentwicklung des Säkularisierungsbegriffs als einer philosophiegeschichtlichen Interpretationskategorie ist Löwith wie Gogarten maßgeblich am Prozeß der Dogmatisierung der Kategorie beteiligt"; erst durch ihre Arbeiten "ist die Kategorie [...] in das allgemeine Bewußtsein eingedrungen"(ebd. S.231).

[21] Vgl. Löwith, S.172.

[22] Ebd. S.173.

[23] Ebd. S.170,

[24] [Anm. 15], S. 53.

[25] Löwith, S. 173.

[26] Ebd. S.175.

einen Abfall von der Botschaft Christi, die lautet: "Mein Reich ist nicht von dieser Welt".[27]

Freilich kann Löwith bereits das Sich-Einlassen des Christentums auf die Welt nur als Verweltlichung interpretieren, weil er die Relevanz der Geschichte für die neutestamentliche Verkündigung überhaupt aufhebt.[28] Der neuzeitliche Fortschrittsglaube erscheint damit als eine Verkehrung des urchristlichen Verständnisses der biblichen Heilsgeschichte und als fortschreitender Verweltlichungsprozeß.

Ein Säkularisationsbegriff, der die gesamte Geschichte des Christentums als Abfall von wahrer Religiosität interpretiert, scheint indessen für unsere Zwecke unbrauchbar; es liegt auf der Hand, daß eine Interpretationskategorie, nach der dieser Verfall gewissermaßen schon beim Erzvater Abraham oder König Salomon in seiner Herrlichkeit einsetzt, für die Erkenntnis und Einordnung mittelalterlicher Phänomene wenig hergibt. Den biblischen Warnungen vor der 'Welt'[29] und dem Wort Jesu: "Mein Reich ist nicht von dieser Welt" steht eben auch der universale Sendungsbefehl[30] und die Verheißung gegenüber: *et ecce ego vobiscum sum omnibus diebus, usque ad consummationem saeculi.*[31]

Die augustinische Geschichtstheologie von "De civitate Dei" ist e i n e Antwort auf dieses Faktum: weil die beiden *civitates perplexae* [...] *sunt* [...] *in hoc saeculo invicemque permixtae* und erst im Jüngsten Gericht geschieden werden, braucht "diese Welt" nicht als Ganzes abgelehnt und verdammt zu werden[32], denn *apud apertissimos adversarios praedestinati amici latitant, adhuc ignoti etiam sibi.*[33] Umgekehrt finden sich auch unter denen, die nach außen der *civitas Dei* zugehören, solche, die "einmal mit jenen die Theater, dann mit uns die Kirchen füllen", aber nicht mit ihr zum ewigen Heil bestimmt sind.[34] Augustin identifiziert also nicht die *civitas Dei* mit der irdischen *Ecclesia* und die *civitas terrena* mit dem *Imperium Romanum*, sondern sie sind beide *in hoc saeculo* dem beschränkten Blick des Menschen "verborgen".[35]

---

27 Joh. 18,36; vgl.auch Franz Overbeck, bei Zabel: Verweltlichung [Anm. 15], S. 256.

28 Zabel: Verweltlichung, S.218; nach A.v. Harnack: Lehrbuch der Dogmengeschichte, S. 211 ff, ist bereits der Katholizismus eine Verweltlichung des Christentums.

29 Vgl. 1 Ep. Joh. 2,15ff: *Nolite diligere mundum, neque ea quae in mundo sunt. Si quis diligit mundum, non est charitas Patris in eo: quoniam omne quod est in mundo, concupiscentia carnis est, et concupiscentia oculorum et superbia vitae: quae non est ex Patre, sed ex mundo est. Et mundus transit et concupiscentia eius*; vgl. Ep. Jac. 4,4; Röm. 12,2.

30 Matth. 28,19: *euntes ergo docete omnes gentes.*

31 Matth. 28,20.

32 De civitate Dei, I, 35.

33 Ebd.

34 Ebd.

35 *latitant* I,35. Ob das dualistische Geschichtsbild Augustins im 12. Jahrhundert 'richtig' verstanden wurde, kann hier nicht diskutiert werden, ist auch für die obigen Überlegungen nicht entscheidend.

Aus dieser Spiritualisierung der beiden *civitates*[36] aber folgt eine solche der 'Welt', in der jene als *perplexae* [...] *invicemque permixtae* leben. Erst mit der Konstituierung der beiden *civitates*, von denen die eine jeweils nur das Korrelat der andern und an deren Existenz gebunden ist, wird das, was 'Welt' bedeutet, von der andern Instanz aus bestimmbar.[37]

Die Gegenthese lautet folglich: 'Verweltlichung' des Christentums als Durchformung ursprünglich profaner, nicht-kultischer Lebensbereiche durch religiöse Sprach- und Denkformen hat es legitimerweise gegeben, seit mit dem Christentum eine Volksreligion ihrem missionarischen Auftrag nachzukommen versuchte, die alles Irdische nur in einer wie auch immer gearteten Beziehung auf das jenseitige Heilsziel zu sehen imstande ist. Der Begriff des *saeculum* setzt die fortdauernde Geltung des Transzendenten und sein ständiges Gegenwärtigsein *im* 'weltlich' Irdischen voraus. Solange der Glaube an ein in der Transzendenz liegendes Ziel der Geschichte verbindlich bleibt, wird jedes aus dem programmwidrigen Fortbestehen der 'Welt' resultierende Problem, jede in ihr mögliche Erfahrung allein schon durch diese Relativität tendenziell verchristlicht und damit nicht mehr 'ursprünglich', d.h. metaphysikfrei erfahrbar. Die 'weltliche' Welt des Mittelalters ist das Ergebnis eines Spiritualisierungsprozesses derjenigen Welt, die entsprechend urchristlicher Enderwartung gar nicht mehr sein dürfte.[38]

Wo jedoch 'Wirklichkeit' nur in den Deutungsmustern des Sakralbereichs erfahrbar ist, gibt es keine Welt, die gleichsam daneben noch zutage treten könnte: im Hochmittelalter ist 'Welt' als Inbegriff objektiver, begrifflich fixierter Erscheinungen und aller Gegenstände möglicher Erfahrung nicht denkbar. Unter der Voraussetzung einer "Fortgeltung der religiösen Ursprungssphäre"[39]

---

36 Vgl. XV, 1, PL 437; CCSL 48, 453, 14ff: das *genus humanum* [...] *in duo genera distribuimus, unum eorum, qui secundum hominem, alterum eorum, qui secundum Deum uiuunt; quas etiam mystice appellamus civitates duas, hoc est duas societates hominum* [...].

37 *Quod dicendum arbitror* [...] *expediam propter gloriam ciuitatis Dei, quae alienis a contrario comparatis clarius eminebit* (De civit. Dei, I, 35).

38 Vgl. Blumenberg [Anm. 15], S. 55: "Um sich der bedrängenden, aber auch selbst bedrängten Umwelt als gemeinnützig zu erweisen, verweltlicht sich die alte Kirche zum stabilisierenden Faktor. Zugleich damit 'organisiert' sie ihre Weltlichkeit nach innen, am deutlichsten in ihrer Gemeindegerichtsbarkeit, die Tertullian als 'höchste Vorwegnahme des künftigen Gerichts' bezeichnet. Das mit Gebetsgewalt für die Welt erstrittene Interim füllt sich mit Surrogaten der absoluten Gerechtigkeit auf; diese wird dadurch nicht vorbereitet, sondern hinsichtlich des Bedürfnisses nach ihr entbehrlich gemacht."

39 Blumenberg [Anm. 15], S. 120.

bedient sich der Profanbereich sakraler Sprach- und Denkformen in gleicher Weise wie die Sakralsprache 'weltliche' Formen und Inhalte übernimmt.[40]

Nicht der Übergang einer Vorstellung vom Sakral- zum Profanbereich entscheidet über ihre 'Verweltlichung', sondern ihre eventuelle Verfügbarkeit für übergeordnete Ideologien.[41] Diese bilden eigene Ordnungssysteme aus, in denen Säkularisate an die Stelle des geistlichen Elements treten können, das aus der beherrschenden Position verschwunden ist. Andererseits hat auch der religiöse Bereich vieles als 'weltlich' ausgeschieden, was im Mittelalter ganz selbstverständlich dem christlichen Ordnungssystem zugerechnet wurde. Wenn wir daher von den heute festgeschriebenen, genau definierten, weil eingeschränkten Vorstellungen von dem, was christlich, geistlich, religiös ist, ausgehen, stellt sich, als Ergebnis dieses Differenzierungsprozesses, der Eindruck einer Verweltlichung im Mittelalter bei vielen, nach diesen modernen Kategorien befremdlichen 'Übertragungen' ein. In Wirklichkeit handelt es sich um einen reziproken Vorgang: in dem Maße, wie die urchristliche Naherwartung einer zeitlich unbestimmten Eschatologie Platz macht, 'verweltlicht' zwar das Christentum - jedoch nur im gleichen Maße, wie die 'Welt' geistlich wird. Die Kategorie 'Verweltlichung' wäre unverständlich, wenn nicht auch wir noch wüßten, was 'unweltliche' Transzendenz bedeutet.[42] Wo es aber nichts Weltliches gibt, kann weder etwas säkularisiert noch "sakralisiert" werden. "Säkularisation als Stilwillen, als Überformung und Verwandlung genuin weltlicher Gegenstände durch religiöse Elemente"[43] hat es im Mittelalter nicht gegeben, da es keine genuin weltlichen Gegenstände gab.[44] Ein lediglich propagandistisches Verfügen über religiöse Vorstellungen und Sprache wie in der Neuzeit

---

[40] Die Hohelied-Exegese und die bernhardische Mystik verdanken wohl ebensoviel der profan--kulturellen Errungenschaft und Erfahrung 'weltlicher' *minne*, wie diese der christlichen Spiritualisierung aller Lebensbereiche.Vgl. Blumenberg, S. 120: "Zumeist wird [...] inhaltlich aus der sakralen Sprache nur zurückgeholt, was ihr die profane überlassen hatte."

[41] Wenn im 19. Jahrhundert vom 'Opfer auf dem Altar des Vaterlandes' die Rede ist, nimmt eben dieses Vaterland in der herrschenden Ideologie die Stelle eines Absolutums ein, das in keiner verbindlichen Beziehung mehr zur christlichen Heilsgeschichte und Eschatologie steht. Vgl. Hasko Zimmer: Auf dem Altar des Vaterlands. Religion und Patriotismus in der deutschen Kriegslyrik des 19. Jahrhunderts, Frankfurt 1971, und Gerhard Kaiser [Anm. 15].

[42] "Die Rede von Säkularisierung ist also in ihrer Möglichkeit bedingt durch den Vorgang, der allererst 'Weltlichkeit' begründet hatte. 'Weltlichkeit' gab es nicht, bevor es nicht 'Unweltlichkeit' gab": Blumenberg [Anm. 15], S. 59.

[43] Wie Kaiser [Anm. 15] für das 18. Jh. feststellt; vgl. Vorwort und Forschungsbericht zur 2. Aufl., S. XV.

[44] Vgl. Blumenberg [Anm.15], S.59: "Diese genuine Weltwerdung ist nicht eine Verweltlichung als Transformation von Vorgegebenem, sie ist so etwas wie die primäre Kristallisation einer zuvor unbekannten Realität".

kann es im Mittelalter nicht geben, denn dies würde die Existenz eines anderen als des christlichen Absolutums voraussetzen, auch wenn in den politischen Auseinandersetzungen seit dem Investiturstreit religiöse Interpretationsmuster selbstverständlich benutzt werden.[45]

III.

Eine Äußerung Innozenz' III. in seinem Manifest an die deutschen Fürsten vom November 1210 ist in diesem Zusammenhang gleich in mehrfacher Hinsicht interessant: *Nam deus, qui omnia noverat antequam fierent, promoveri fecit Saulem, statura procerum, in regem, quem ipse ipsius culpa postea reprobavit et ei pium substituit iuniorem, qui regnum optinuit et possedit.*[46]

Der von Samuel an die Stelle des hochgewachsenen Saul[47] gesetzte David ist der Jüngste der Söhne des Isai.[48] Friedrich II. war, als Otto gebannt wurde, gerade 16 Jahre alt und von kleiner Gestalt, während des Letzteren hochgewachsene Statur von Gegnern wie Sympathisanten hervorgehoben wird.[49] Die Beziehung zwischen David und Saul einerseits, Friedrich und Otto andererseits ist für die Zeitgenossen evident und bedarf keiner weiteren Begründung bei Adressaten, denen die spezifisch mittelalterliche Denkform der Analogie vertraut und selbstverständlich ist: die Jugend des frommen David und die Körpergröße des von Gott verworfenen Saul verweisen über ihre bloße Faktizität hinaus auf eine analoge Konfiguration der Zeitgeschichte, wodurch erst sichtbar wird, was diese Fakten 'bedeuten', nämlich die vom Papst betriebene Absetzung des bereits gebannten Otto zugunsten des jungen Friedrich. Terminologisch scheinbar exakt bezeichnet wird das Verfahren (und dies durch die denkbar höchste Autorität) im Nachsatz des obigen Zitats: *quae res instantis temporis est*

---

45 Vgl. etwa Jacques Le Goff: Kultur des europäischen Mittelalters, München 1970, S. 329.

46 Acta imperii selecta. Urkunden deutscher Könige und Kaiser. Mit einem Anhange von Reichssachen, hg. von Joh. Friedrich Böhmer, Innsbruck 1870, Nr. 921, S. 631. Samuel, Saul und David benutzt Innozenz mehrfach als *figurae*; Nachweise bei F. J. Worstbrock: Politische Sangsprüche Walthers im Umfeld lateinischer Dichtung seiner Zeit, in: WvdV. Hamburger Kolloquium 1988, Stuttgart 1989, S. 61-80; hier S. 73, A. 59.

47 1 Reg 9,2; 10,3; 16,7.

48 1 Reg 16,11.

49 Vgl. Burchard von Ursberg: Chronicon, MGH SS XVI, S. 81: *superbus et stultus, sed fortis videbatur viribus et statura procerus*, vgl. Winkelmann [Anm. 3], I, S. 75, bes. A. 4. Zu Friedrichs Gestalt vgl. E. Kantorowicz: Kaiser Friedrich II., 2 Bde, Berlin ²1928, Bd.1, S. 33f, Bd.2, S. 29f.

figura. Das alttestamentliche Ereignis präfiguriert also aktuelles Zeitgeschehen.[50]

Ohne hier auf die Diskussion um halbbilblische und außerbiblische Typologie näher eingehen zu können[51], sei noch aus einem Brief Friedrichs II. von 1239 an seine Geburtsstadt Jesi zitiert:

> [...] so werden auch Wir [...] geleitet und gehalten, Jesi, der Marken edle Stadt, Unseres Ursprungs erlauchten Anbeginn, wo Unsere Mutter Uns zum Lichte brachte, wo Unsere Wiege erglänzte, mit innigster Liebe zu umfangen, auf daß diese Stätte nicht aus Unserm Gedächtnis entschwinden könne und Unser Bethlehem, die Heimat und Ursprungsstätte des Kaisers, Unserer Brust um so tiefer eingewurzelt bleibe. Und so bist Du, Bethlehem, Stadt der Marken, nicht die geringste unter den Fürsten Unseres Geschlechtes. Denn aus Dir ist der Herzog hervorgegangen, der Fürst des Römischen Reiches, auf daß er über Dein Volk herrsche und es schirme und nicht gestatte, daß es länger Fremden untertan sei.[52]

---

[50] Vgl. Fr. Ohly: Halbbiblische und außerbiblische Typologie, in: F.O., Schriften zur mittelalterlichen Bedeutungsforschung, Darmstadt 1977, S. 361-400. Grundlegend zum exegetischen Verfahren Henri de Lubac: Exégèse médiévale. Les quatre sens de l'Écriture. 4 Teile in 2 Bänden, Paris 1959-1964 (=Théologie 41, 42, 59); vgl.auch E. Auerbach: Figura, in: E.A., Gesammelte Aufsätze zur romanischen Philologie, Bern/München 1967, S. 55-92, und ders.: Typologische Motive in der mittelalterlichen Literatur, Krefeld 1953; zusammenfassend zum mehrfachen Schriftsinn Fr. Ohly: Vom geistigen Sinn des Wortes im Mittelalter (1958/59). Jetzt in: F.O., Schriften zur mittelalterlichen Bedeutungsforschung, S. 1-31.

[51] Vgl. Hartmut Hoefer: Typologie im Mittelalter. Zur Übertragbarkeit auf weltliche Dichtung, Göppingen 1971 (=GAG 54); Peter Jentzmik: Zu Möglichkeiten und Grenzen typologischer Exegese in mittelalterlicher Predigt und Dichtung, Göppingen 1973 (=GAG 112); Ohly: Halbbiblische und außerbiblische Typologie.

[52] Kaiser Friedrich II. in Briefen und Berichten seiner Zeit, hg. und übersetzt von K.J. Heinisch, Darmstadt 1968, S. 452f.; Constitvtiones et acta pvbliva imperatorvm et regvm, Bd. 1 (1198-1272), hg. v. L. Weiland, Hannover 1896, S. 304, Nr. 219 (=MGH Legvm sectio IV, II): *Si loca nativitatis indifferenter quodam native voluntatis affectu specialiter ab omnibus diliguntur, si natalis amor patrie sua dulcedine cunctos ducit nec sinit eos inmemores esse sui, non dispari ratione natura succedente ducimur et tenemur, Esium nobilem Marchie civitatem, insigne originis nostre principium, ubi nos diva mater nostra eduxit in lucem, ubi nostra cunabula claruerunt, intima dilectione complecti, ut a memoria nostra non possit excidere locus eius, et Bethleem nostra, terra cesaris et origo, pectori nostro maneat altius radicata. Unde tu, Bethleem civitas Marchie, non minima es in generis nostri principibus. Ex te enim dux exiit, Romani princeps imperii, qui populum tuum reget et proteget et alienis ultra subesse manibus non permittet. Exurge igitur prima parens et de iugo excute te alieno! Quia vestris et aliorum nostrorum fidelium gravaminibus miserentes disposuimus vos et alios fideles nostros tam Marchie quam ducatus Spoleti ab iniuriatoris onere liberare. Quo apud nos et imperium propter manifestam ingratitudinem demerente, vos a iuramento ecclesie salvo iure imperii prestito duximus absolvendos, premittentes dilectum filium nostrum etc.*

Ersichtlich 'zitiert' Friedrich II. hier Mt 2,6: *Et tu Bethlehem terra Iuda, nequaquam minima es in principibus Iuda: ex te enim exiet dux, qui regat populum meum Israel*, wobei die Abweichungen durchwegs im Rahmen dessen bleiben, was nach dem mittelalterlichen Verfahren der Akkomodation üblich ist.[53]

Seit dem hohen Mittelalter[54] feiert die Kirche im Proprium der Vigil von Weihnachten die Geburt des Erlösers als unmittelbar bevorstehend: *Hodie scietis, quia veniet Dominus et salvabit nos: mane videbitis gloriam eius.*[55]

In der Oratio bittet der Zelebrant: *Deus, qui nos redemptionis nostrae annua expectatione laetificas* [...]. Im Offertorium der ersten Weihnachtsmesse heißt es mit dem Psalmisten (95,11 und 13) entsprechend: *Laetentur caeli et exsultet terra ante faciem Domini: quoniam venit.* Is 9,2, 9,6f und Lc 1,33 akkommodierend verkündet der Priester: *Lux fulgebit hodie super nos: quia natus est nobis Dominus et vocabitur Admirabilis, Deus, Princeps pacis, Pater futuri saeculi.*[56] In Fest und Liturgie bleibt das einmal Geschehene, das die eschatologische Verwandlung der Welt nur antizipierte, gegenwärtig, denn in der mythischen Gleichsetzung des Festes mit dem 'historischen' Ereignis ist die Zeit aufgehoben; das bereits Vergangene steht noch bevor.[57]

Die Geburt Christi als gegenwärtig miterleben kann die Kirche nur als spirituale Ecclesia. Möglich wird eine solche Vergegenwärtigung - wie am Beispiel Davids und Sauls bereits gezeigt - u.a. durch die mittelalterliche Denkform der Typologie, die in den Quellen auch als *allegoria* bezeichnet wird (wie hier bei Hugo von St. Victor): *Est autem allegoria, cum per id, quod ex littera*

---

53 Vgl. J. Schildenberger; Art. 'Akkommodation', in: LThK I, S. 239f.

54 Vgl. Theodor Klauser: Kleine abendländische Liturgiegeschichte. Bericht und Besinnung, Bonn 1965. Cyrille Vogel: Medieval Liturgy. An Introduction of the Sources. Rev. and transl. by W.G. Storey/N.K. Rasmussen O.P., Washington 1986. Breviarium Romanum ex decreto s. concilii Tridentini restitutum [...], Regensburg 1961; die vortridentinische Geschichte des Missale, der Antiphonarien und Breviarien ist noch recht unübersichtlich.

55 Introitus und Graduale; vgl. Ex 16 ,6-7.

56 Introitus der zweiten Weihnachtsmesse.

57 Vgl. W. Pannenberg: Mythos und Dogma im Weihnachtsfest, in: Poetik und Hermeneutik XIV, München 1989, S. 53-63; ebd. S. 62: "Die im Wechsel der Zeit fortdauernde Gegenwart der bereits geschichtlich eingetretenen Endgültigkeit der Wahrheit [...] findet zumindest eine der Formen ihrer Darstellung in der zyklischen Wiederkehr im Jahreslauf, in der Form also, durch die die ursprüngliche Wahrheit des Mythos im Kultus gegenwärtig wird". In den berühmten Reflexionen Augustins über die Zeit (Confessiones XI, cap. 20) kommt dem Vergangenen Gegenwärtigkeit zu in der *anima*: *Tempora sunt tria, praesens de praeteritis, praesens de praesentibus, praesens de futuris. Sunt enim haec in animna tria quaedam, et alibi ea non video; praesens de praeteritis memoria, praesens de praesentibus contuitus, praesens de futuris expectatio.*

significatum proponitur, aliud aliquid sive in praeterito, sive in praesenti sive in futuro factum significatur.[58]

Wie in der typologischen Exegese das neutestamentliche Ereignis die Bedeutung eines alttestamentlichen enthüllt,so daß letzteres ohne sie als *littera occidens* verworfen werden kann[59],so ist aber auch die volle Bedeutung des neutestamentlichen Ereignisses erst in seiner Auslegung vor dem Horizont des alttestamentlichen gegeben. Das 'historische' Ereignis und sein geistiger Sinn sind so untrennbar eins wie signifiant und signifié in der Zeichentheorie de Saussures[60]: wie der *sensus historicus* der Schrift notwendig ist, um den geistigen Sinn zu begründen, so, umgekehrt, dieser für den Buchstabensinn, den er allererst erfüllt. Aus dem wechselseitigen Bedingungsverhältnis der beiden Sinnebenen folgt die Aufhebung des Zeit-Parameters.

Die Ereignisse, von denen die Schrift berichtet, sind aber nur geschehen, damit das christliche Leben ihnen in spiritualer Weise gleichgestaltet werde. Die Tropologie ist der geistige Sinn kat'exochen, denn in der eigenen Gleichgestaltung mit Christus nimmt der Gläubige an dessen Heilstat durch ihre Vergegenwärtigung teil; in ihr wird das zeitliche Nacheinander gewissermaßen aufgehoben im effektiven *nunc* einer durch das Auftreten Christi der Menschheit ein für alle Mal angebotenen Heilsmöglichkeit. Das Wunder von Bethlehem, die Geburt des *princeps pacis*, wiederholt sich *hodie* aber nicht nur in jedem einzelnen Glied der Gemeinde, sondern gerade in ihrem hervorragendsten Vertreter, dem 'weltlichen' Friedensfürsten. Wie durch spirituelle Gleichgestaltung Christus in jedem einzelnen Glied der Gemeinde wiedergeboren wird und aufersteht, so in dieser seiner Eigenschaft im 'weltlichen' Herrscher.[61] Weil Friedrich II. in

---

[58] De scripturis et scriptoribus sacris, cap. 3, PL 175 ,12A; vgl. Auerbach: Typologische Motive [Anm. 50], S. 21: "die typologische Anschauungsweise schöpft ihre Inspiration, trotz ihres historisch realen Grundcharakters, aus der Weisheit Gottes, in der es keinen Unterschied der Zeiten gibt. Was hier und jetzt geschieht, ist von Anbeginn an geschehen, und wird wieder und wieder geschehen." In der typologischen Sichtweise findet eine "Verschmelzung von historischem Realismus, in welchem die Ereignisse wirklich geschehen, mit jederzeitlicher und außerzeitlicher Deutung und Bedeutung" statt (ebd. S. 22).

[59] Das hermeneutische Mißverständnis der paulinischen Antithese von 2 Cor 3,6: *littera enim occidit, Spiritus autem vivificat* durch Origines und die von der alexandrinischen Philologie ausgehende exegetische Tradition des Mittelalters als Gegensatz von 'toter' Schrift und ihrem 'geistigen' (=allegorischen) Sinn, d.h. als formale Differenz verschiedener Verstehensweisen, interferiert mit der Interpretation dieser Stelle als heilsökonomischer Formel bei Augustinus, vgl. De spiritu et littera 4,6; vgl. ebd. 5,7; PL 44,203; CSEL 60, 158 f.

[60] Vgl. Grundfragen der allgemeinen Sprachwissenschaft, Berlin/New York ^{2}1967, S.136ff.

[61] Vgl. Reichston, L. 8,26; dazu Burdach: WvdV [Anm. 9], S. 260ff. und S. 319f. mit Hinweis auf: Vincenti et Gerlaci Annales, hg. v. W. Wattenbach, Hannover 1861(=MGH SS XVII), S. 709: *Sic mortuo imperatore mortua est simul iusticia et pax imperii.*

der Tradition der mittelalterlichen Könige und Kaiser sich selbstverständlich als *princeps pacis* versteht, ist Bethlehem also 1239 eine "Stadt in den Marken". Entgegen den bekannten Definitionen von Tropologie und Typologie, die eine klare Unterscheidung erlauben, belegen die beiden hier besprochenen Beispiele, daß man in der Praxis diesen Unterschied wohl oft verschwimmen ließ: Christus kann nicht Friedrich II. präfigurieren, weil Präfiguration eine Steigerung zwischen 'Typus' und 'Antitypus' voraussetzt. Und auch wenn Innozenz III. - bekanntlich ein hochgebildeter Mann auf der wissenschaftlichen Höhe seiner Zeit - die von ihm benutzte Analogie selbst als *instantis temporis figura* bezeichnet, handelt es sich genaugenommen um eine Handlungsanweisung an die Fürsten: *quid agas* lehrt aber der *sensus moralis*-[62] eben die Tropologie. Die quasi-Objektivität der gewissermaßen heilsgeschichtlich garantierten Typologie wird genutzt, um das nur Erwünschte als von Gott vorbestimmt erscheinen zu lassen.

Innozenz III. und Friedrich II. - bzw. deren Kanzleien - verstanden sich nun ganz gewiß auf Propaganda. Wie Friedrich sich als Friedenskaiser darstellen läßt oder sich als solcher versteht - die im Mittelalter beliebte Namensetymologie bot hierfür zusätzliche Anknüpfungsmöglichkeit[63], so gilt er der päpstlichen Gegenpropaganda bald als Verkörperung des Antichrist.[64] Um wirksam zu sein, müssen die dahinterstehenden geistlichen Denkformen jedoch (zumindest bei den Adressaten) unbefragte Geltung besitzen. Zwischen dem Glauben an den göttlichen Heilsplan und Propaganda besteht also nicht zwangsläufig eine Antinomie. Wenn aber selbst die politische Wirklichkeit der Zeit nur in heilsgeschichtlichen Denkformen darstellbar ist, stellt sich auch die Frage nach den für Walthers Text vorauszusetzenden Interpretationsmustern.

Bereits 1938 hat Wilhelm Berges in seinem Buch über die mittelalterlichen Fürstenspiegel die Geschichte der Lehre vom *rex* als *imago Dei* ausführlich

---

[62] Entsprechend dem oft zitierten Merkvers des Augustin von Dacien:
Littera gesta docet, quid credas allegoria,
M o r a l i s q u i d a g a s , quo tendas anagogia.

[63] Vgl. Tilmann Struve: Art. 'Friedenskaiser', in: LdM IV, Sp. 921-923; Franz Kampers: Die deutsche Kaiseridee in Prophetie und Sage, München 1896, bes. S. 70; H.M. Schaller: Endzeiterwartung und Antichrist-Vorstellung in der Politik des 13. Jahrhunderts, in: Stupor Mundi. Zur Geschichte Friedrichs II. v. Hohenstaufen, hg. v. Gunter G. Wolf, Darmstadt 1982 (=WdF 101), S. 418-448; als er sich 1229 zum König von Jerusalem krönen ließ, "faßte und verwirklichte Friedrich II. die Idee seines Davidkönigtums; in Jerusalem umgab er sich zum erstenmal mit dem Nimbus der Gottesunmittelbarkeit. Und so faßten es auch die Zeitgenossen auf" (ebd. S. 429).

[64] Vgl. Schaller und Horst Dieter Rauh: Das Bild des Antichrist im Mittelalter: Von Tyconius zum Deutschen Symbolismus, Münster ^{2}1979 (=Beitr. z. Gesch. d. Phil. und Theol. des Mittelalters. N.F. 9).

dargestellt.[65] Die Abhandlung ist von den Interpreten unserer Strophe bisher nicht zur Kenntnis genommen worden.[66] Ich muß mich in diesem Rahmen auf einige wenige Hinweise beschränken. Die Begründung des Königtums als eines Faktums der Heilsgeschichte wird bereits in der Salbung Sauls, des ersten *christus domini*, durch Samuel gesehen.[67] Wo immer jemand Macht besitzt - selbst wenn er sie mißbraucht - hat Gott sie verliehen: *Omnis potestas a Deo*[68]; Gott ist der *rex regum et dominus dominantium.*[69] Jeder König ist daher schon, insofern er Macht hat, *imago Dei*.

Diese Lehre hat eine lange exegetische Tradition, die mit den "Quaestiones Veteris et Novi Testamenti" des Ambrosiaster in der zweiten Hälfte des 4. Jahrhunderts beginnt und ihre Wirkung v.a. der Zuschreibung an Augustinus verdankt.[70] Der König ist durch sein *imperium* im Anschluß an die allgemeine Gottesebenbildlichkeit (Gn 1,26ff) Gott nur in besonderem Maße ähnlich.[71] Indem er seine Macht als das Göttliche entsprechend Gottes Willen gebraucht, wird seine geschöpfliche Ebenbildlichkeit immer mehr zu einer erkannten und gewollten, zu einer *similitudo imitationis.*[72] Nach dem Mainzer Krönungsordo soll er als hervorragender Wahrer der Gerechtigkeit mit dem Erlöser der Welt - *cuius typum geris in nomine*, wie es dort heißt - ohne Ende zu regieren verdienen.[73] Der König ist aber nicht nur in ethischer Hinsicht *imago Dei*, sondern auch, weil nach der Appropriationenlehre der Frühscholastik dem Vater die *potentia* zugeordnet wird. Als Gesalbter (*christus*) ist er *typus Christi*, als Inhaber der Macht *imago Dei* (*patris*).

---

[65] Die Fürstenspiegel des hohen und späten Mittelalters, Leipzig 1953 (=Schriften des Reichsinstituts f. ältere deutsche Geschichtskunde (MGH) 2).

[66] Nur beiläufig erwähnt Wapnewski die Vorstellung vom Kaiser als *imago Dei* unter Hinweis auf Benzo von Alba und Schramm [Anm. 7], S. 76 und A. 12.

[67] Vgl. Deut 17,14-20; Berges [Anm. 65], S. 25.

[68] Rm 13,1.

[69] 1 Tm 6,15; Apc 17,14, 19,16; vgl. Berges, S. 25.

[70] Quaestiones XCI, 8; CVI, 17: *Haec imago Dei est in homine, ut unus factus sit quasi dominus ex quo ceteri orirentur, habens imperium Dei quasi vicarius, quia omnis rex Dei habet imaginem* (CSEL 50, S.243); vgl. Berges, S. 26 A. 5.

[71] Vgl. auch Augustinus' Aussagen über die *trinitas creata* im 13. Buch der Confessiones, XIII c. 11 und De trinitate libri XV; Berges, S. 27.

[72] Vgl. Berges, S. 33.

[73] *Cum mundi Salvatore, cuius typum geris in nomine, sine fine merearis regnare*: Mainzer Ordo 19; vgl. P.E. Schramm: Der Ablauf der deutschen Königsweihe nach dem 'Mainzer Ordo' (um 960), in: P. E. S., Kaiser, Könige und Päpste. Gesammelte Aufsätze z. Gesch. d. Mittelalters, Bd. 3, Stuttgart 1969, S. 59-103; ebd. S. 100; zur künftigen Mitherrschaft im Himmel vgl. Mainzer Ordo 22: *coronatus, cum redemptore ac salvatore Iesu Christo, cuius nomen vicemque gestare crederis, sine fine glorieris* (ebd. S. 100).

Gottes Wille ist aber nicht nur in der Heiligen Schrift geoffenbart, sondern auch im *ordo* der *natura bene instituta*, in der nach den Schöpfergesetzen lebenden Schöpfung[74], an der sich daher menschliches Handeln ebenfalls ausrichten soll.[75] Andererseits versucht man unter dem Einfluß des Pseudo-Dionysius Areopagita durch mystische Vertiefung in die hierarchische Ordnung des *regnum caeleste* ein Gleichnis (*similitudo*) für die irdische Herrschaft zu finden. Daraus folgt eine "Verpflichtung zur Nachbildung der *hierarchia divina*".[76] Nicht nur den drei Ordnungen der Engel liegt das trinitarische Prinzip zugrunde, sondern es ist das Ordnungsprinzip schlechthin. Wir finden dies Prinzip überall, wo der gottgesetzte Ordo unerschüttert blieb, und haben es dort zu verwirklichen, wo sich der freie menschliche Wille für oder gegen ein Leben nach dem Gleichnisse Gottes entscheiden kann.[77]

Im Bild- und Steinprogramm der Reichskrone hat sich diese Vorstellung vom Königtum niedergeschlagen. Über die Wiener Krone als Abbild des Himmlischen Jerusalem ist in den vergangenen Jahren so oft und ausführlich gehandelt worden, daß ich mich auf einige Hinweise beschränken kann.[78] Die 12 Steine auf Stirn- und Nackenplatte deuten auf den hohepriesterlichen Brustschild Aarons (Ex 28,15ff; 39,8ff) und auf die 12 Steine im Fundament des Himm-

---

[74] Vinzenz von Beauvais, vgl. Berges [Anm. 65], S. 32.

[75] So liefern die Gemeinschaftsformen der Tiere ebenso wie die Wechselwirkung und das Zusammenwirken aller Glieder und Kräfte des menschlichen Organismus dem *rex* die Normen des Handelns; vgl. WvdV, Reichston L. 8,28; dazu R. Kienast: Walthers vdV ältester Spruch im 'Reichston': *ich hôrte ein wazzer diezen* (8,28 Lachmann), in: Gymnasium 57, 1950, S. 201-218; auch in: WvdV, hg.v. S. Beyschlag, Darmstadt 1971 (=WdF 112), S. 251-274. Zuletzt Th. Cramer: *Ich sach swaz in der welte was*. Die Ordnung des Kosmos in Walthers zweitem Reichsspruch, in: ZfdPh 104, 1985, S. 70-85. Der Zusammenhang mit der *imago-Dei*-Lehre blieb bislang unbeachtet.

[76] Berges [Anm. 65], S. 32f.

[77] Ebd. S. 33.

[78] Hansmartin Decker-Hauff: Die 'Reichskrone', angefertigt für Kaiser Otto I., in: P.E. Schramm: Herrschaftszeichen und Staatssymbolik. Beiträge zu ihrer Geschichte v. 3. bis zum 16. Jahrhundert, Bd. 2, Stuttgart 1955 (=Schriften der MGH 13/2), S. 560-637; Reinhart Staats: Theologie der Reichskrone. Ottonische 'Renovatio imperii ' im Spiegel einer Insignie, Stuttgart 1976 (= Monographien z. Gesch. des Mittelalters 13); Hubert Herkommer: Der Waise, *aller fürsten leitesterne*. Ein Beispiel mittelalterlicher Bedeutungslehre aus dem Bereich der Staatssymbolik, zugleich ein Beitrag zur Nachwirkung des Orients in der Literatur des Mittelalters, in: DVjs. 50, 1976, S. 44-59; Eberhard Nellmann: *Philippe setze en weisen ûf*. Zur Parteinahme Walthers für Philipp von Schwaben, in: Stauferzeit [Anm. 8], S. 87-104; zuletzt M. Schulze--Dörrlamm: Die Kaiserkrone Konrads II. (1024-1039); eine archäologische Untersuchung zu Alter und Herkunft der Reichskrone, Sigmaringen 1991 (= Monographien Röm-Germ. Zentralmuseum, Forschungsinstitut für Vor- und Frühgesch. 23).

lischen Jerusalem (Apc 21).[79] Die Summe der auf der Krone angebrachten Perlen (ohne Kreuz und Bügel) ergibt 144, die Zahl der Auserwählten (Apc 7,4ff), die als Produkt der Multiplikation von 12 mit sich selbst für die Apokalypse "geradezu konstitutiv" ist.[80]

Bestätigt wird dieses theologische Programm durch die Bildplatten, die die Einheit von Priester- und Königtum im Herrscher darstellen: die alttestamentlichen Könige David, Salomon und Hiskia scheinen typologisch auf Christus zu verweisen, dessen Maiestas-Domini-Darstellung auf der vierten Bildplatte die Inschrift trägt: *Per me reges regnant* (Prv 8,15). Christus proklamiert sich hier selbst mit den Worten der *Sapientia* aus den Sprüchen Salomons zum König der Könige.[81] So, wie der Träger der Krone sein Amt als *imitatio* der biblischen Könige aufzufassen hat, so soll er v.a. Typus Christi sein im Vorgriff auf die Mitherrschaft im Himmel, die in den liturgischen Texten des Krönungsordo verheißen wird.[82] Von Christus aber sagt der Arme Hartmann in der 'Rede vom Glauben': *in dem uberisten thronel die keiserliche cronel/di ist ime uf gesezzet.*[83] Im Anschluß an Eccle 45,14 ist die Krone ein *signum sanctitatis.*[84]

Auch wenn die Geschichte der Wiener Krone im 12. und 13. Jahrhundert völlig im dunkeln liegt und die Lokalisierung des 'Waisen' auf dieser bekanntlich Schwierigkeiten bereitet[85], kann nur sie mit *(des rîches) krône* (Vers 3) gemeint sein, denn die Argumentation Walthers beruht - neben ihrer durch den Waisen verbürgten Einzigartigkeit - in L. 18,29 auf ihrem Alter, was vermutlich auch schon im 12. Jahrhundert bedeutete, daß man sie als die Krone Karls des Großen ansah, der auf Veranlassung Friedrichs I. eben erst (1165) heiliggesprochen worden war.[86] Als Reichsinsignie erhielt sie wohl jetzt erst eigent-

---

[79] Die Entdeckung von A. Bühler: Die alttestamentliche Deutung der deutschen Reichskrone, in: Das Münster 5, 1952, S. 332-338, wird allgemein akzeptiert. Vgl. DeckerHauff, S. 601: "Die Reichskrone ist [...] nach Zahlensystem, Steinsetzung und Farbskala, wohl auch nach Perlenzahl, nichts anderes als ein Abbild des himmlischen Jerusalem"; ebenso Staats, S. 33.

[80] Ebd.

[81] Vgl. Staats, S. 47.

[82] Vgl. Staats, S. 51 und oben Anm. 73.

[83] Die religiösen Dichtungen des 11. u. 12. Jahrhunderts, hg. v. Friedrich Maurer, Bd. II, Tübingen 1965, 86,5 f.

[84] Vgl. Eccle 45,14: *corona aurea expressa signo sanctitatis*; Decker-Hauff [Anm. 78], 618f.

[85] Überblick über die kontroverse Diskussion bei Nellmann [Anm. 78], S. 90ff.

[86] So schon Burdach: WvdV [Anm. 9], S. 253f., ohne Nachweis; der erste urkundliche Beleg für die Zuschreibung an Karl d. Gr. stammt erst vom März 1350; vgl. Nellmann [Anm. 78], S. 102f.

lich den herausragenden Stellenwert, den Walthers Strophen im 1. Philippston und im Reichston (L. 8,28) voraussetzen.[87]

Die Festkrönungen der mittelalterlichen Könige und Kaiser waren keineswegs "nur 'Schauspiel', in dem die Rechtmäßigkeit und die Macht des Gekrönten sinnfällig gemacht wurde, sondern auch kirchliche Feier, vor der sich der Herrscher innerlich läuterte."[88] H. W. Klewitz hat bereits 1939 alles Wesentliche über die Festkrönungen von Otto I. bis zu Friedrich II. zusammengetragen. Danach hängt das Aufkommen dieses Brauchs unmittelbar zusammen mit der "Vergeistlichung des Königtums, die auch im (ostfränkisch-)deutschen Reich die vom Ritus der Bischofsweihe beeinflußte geistliche Herrscherweihe einbürgert."[89] Die Quellen bezeugen seit der Zeit der Salier, daß die Könige die hohen Feiertage des Kirchenjahres mehr und mehr in einer Bischofsstadt verbrachten; dies "verkirchlichte endgültig die Form [...] und schuf die Voraussetzung für die Prozession im Krönungsornat, die sich vom *palatium* zur Kathedrale und von dort zurück zum *palatium* bewegte."[90] Höhepunkt bildet nicht die Krönung selbst, sondern die vor den Augen des Volkes sich vollziehende Prozession des gekrönten Königs.[91] Um den König als Herrscher des Volkes auszuweisen, bedurfte die Festkrönung selbstverständlich eines über das Gefolge und den Hof hinausgehenden Publikums.[92] Zu unserer Magdeburger Festkrönung

---

[87] Vgl. dazu Hartmut Hoffmann: Die Krone im hochmittelalterlichen Staatsdenken, in: FS f. Harald Keller z. 60. Geb., Darmstadt 1963, S. 71-85 und besonders Peter Classen: Corona imperii - Die Krone als Inbegriff des römisch-deutschen Reiches im 12. Jahrhundert, in: FS Percy Ernst Schramm zum 70. Geburtstag, Bd. 1, Wiesbaden 1964, S. 90- 101. Für den Gebrauch von *corona* im Sinne nicht nur des Herrschaftszeichens, sondern in dem des in der Krone verkörperten Herrschaftsrechts des Kaisers bringt Classen zahlreiche Belege bei. Im Schreiben der deutschen Fürsten an Innozenz III. von 1202 erscheint das *diadema imperiale* als Träger des Kaiserrechts bei der Papstwahl sogar "ganz abgelöst von dem sichtbaren Zeichen wie auch von der Person des einzelnen Herrschers" (ebd. S.98). "Aber wenn der Ausdruck auch [...] in die Rechtssphäre dringt und zum Rechtsträger wird, so löst er sich doch nicht vom jeweiligen Träger der Krone, sondern meint gerade die ihm zukommenden Rechte" (ebd. S. 100).

[88] P.E. Schramm: Herrschaftszeichen und Staatssymbolik, Bd. 3, Stuttgart 1956 (=Schriften der MGH 13/3), S. 916; von Otto I. berichtet Widukind: "So oft er aber die Krone tragen muß, hält er zuvor, wie man für wahr versichert, stets Fasten"; von Heinrich III. heißt es, daß er seine Herrschaftszeichen nie anlegte, bevor er nicht gebeichtet hatte (ebd.).

[89] Die Festkrönungen der deutschen Könige, in: Zs. der Savigny-Stiftung f. Rechtsgeschichte 59, 1939, Kanonistische Abtlg. 28, S. 48-96; ebd. S.67.

[90] Ebd. S. 86.

[91] Ebd. S. 71; über den Schwertträgerdienst bei solchen Anlässen als Symbol der Vasallität vgl. H. Mitteis: Lehnrecht und Staatsgewalt, Weimar 1933, S. 261 A.4. Geradezu "als unabdingbarer Bestandteil der königlichen Festtagsfeier" erscheint die Festkrönung bei Benzo von Alba; vgl. Klewitz [Anm. 89], S. 73.

[92] Ebd. S. 67.

stellt Klewitz fest: "ein Ereignis von hoher politischer Bedeutung, aber nichts Ungewöhnliches; folgte Philipp doch nur einem althergebrachten Brauch, welcher die deutschen Könige an hohen Kirchenfesten, vornehmlich zu Weihnachten, Ostern und Pfingsten unter der Krone gehen ließ."[93]

Von den Chronisten werden Festkrönungen, so Klewitz, daher zumeist nur dann erwähnt, wenn ein besonderer Anlaß von allgemeiner oder persönlicher Bedeutung vorlag.[94] Die Huldigung des erst im Sommer 1199 zu Philipp übergetretenen Landgrafen Herrmann von Thüringen[95] und die des Sachsenherzogs in Magdeburg, vor Ottos Haustüre also, und die damit verbundene positive Wende der staufischen Sache, könnte dieser besondere Anlaß gewesen sein.

Das Mittelalter reagiert auf Formeln, Zeremonien, Sinnbilder, Zeichen ungleich empfindlicher als auf das gesprochene oder geschriebene Wort.[96] Die spezifisch mittelalterliche Fähigkeit, "Unsichtbares in Sichtbares einzukleiden und im Sichtbaren Unsichtbares aufzuspüren"[97], ist jedoch keine unverbindliche Spielerei, sondern hängt offensichtlich zusammen mit der besonderen ontologischen Qualität der Bilder und Zeichen im Mittelalter. Nach dieser ontologischen Qualität der *imago*, der durch geschöpfliche Ebenbildlichkeit, göttliche *dispensatio* oder auch bewußte *imitatio* bewirkten *similitudo*, ist also zu fragen.

Die platonische Lehre von der Teilhabe (*participatio*) hatte, über den Neuplatonismus, zu der Vorstellung einer hierarchischen Verfassung des geschaffenen Universums bereits bei Augustinus geführt: Das Sein als unbegrenzte Vollkommenheit wird 'partizipiert' von den endlichen Wesen. Diese sind nichts anderes als die verschiedenen Weisen, in denen die unendliche göttliche Vollkommenheit nachgeahmt werden kann.[98] Indem aber das endliche, unvollkommen Seiende "in seinem Sein selbst den Charakter der Ähnlichkeit und damit den Verweis auf anderes in sich trägt, erweist es sich in eben seinem Sein als bedingt oder verursacht."[99] Die allgemeinste Form des mittelalterlichen Kausalitätsprinzips besagt nun aber, "daß eine Realität, deren Existenz und Verstehbarkeit nicht selbstverständlich, d.i. nicht durch sich selbst verständlich sind

---

[93] Ebd. S. 48.

[94] Ebd. S. 51 und 66.

[95] Vgl. Winkelmann [Anm. 3], S. 142 A. 2.

[96] Vgl. Karl Bosl: Frühformen der Gesellschaft im mittelalterlichen Europa, München / Wien 1964, S. 27.

[97] Schramm [Anm. 88], S. 1086.

[98] Vgl. Bela Weissmahr: Ontologie, Stuttgart u.a. 1985 (= Grundkurs Philosophie 3), S. 99; vgl. auch L. Oeing-Hanhoff: Art. 'Partizipation', in: LThK 8, Sp. 118-120.

[99] Fernand van Steenberghen: Ontologie. Aus d. Französischen übersetzt [...] v. Alois Guggenberger, Einsiedeln u.a. 1953 (=Philosophia Lovaniensis, dt., 4), S. 209.

[...], irgendwie von einer ihr äußeren Realität oder von einer Wirkursache abhängt."[100]

Für eine ontologische Interpretation sind also die Begriffe 'Ursache' und 'Wirkung' entscheidend. Ganz allgemein ist 'Ursache' jede Realität, die 'bewirkt', daß eine andere Realität 'ist'. Zu unterscheiden sind dabei 'innere' und 'äußere' Ursachen. Letztere sind von dem betreffenden Seienden verschiedene Realitäten, die auf sein Zustandekommen oder seine Entwicklung einen Einfluß ausüben. Im engeren Sinn ist dies die 'Wirkursache', in einem weiteren Sinn die 'Exemplarursache' und 'Finalursache'. Darunter ist der Plan oder Gegenstand zu verstehen, die als Urbild für die Realisierung der 'Wirkung' fungieren. Exemplarursache und Finalursache haben folglich "keinen direkten Einfluß auf die Wirkung, sondern einen indirekten, über den Geist der Wirkursache"; darauf wirken sie unmittelbar, indem sie ihre Erkenntnis leiten und sie so intentional beeinflussen.[101] Realitäten, die aus sich selbst nicht verstehbar sind, sind in Abhängigkeit von ihrer Ursache: "darum lassen sie sich in ihrem vollen Sein nicht erkennen, ohne ihre Beziehung zu ihrer Ursache mitzuerkennen."[102]

Gott ist nun aber als *creator mundi* nicht nur die Wirkursache, sondern - in einer spezifisch christlichen Umbildung der (neu-)platonischen Ideenlehre - auch die Exemplarursache, d.h. das, was als Urbild für die Nachbildung im Irdischen vorschwebt. Die Lehre von der Exemplarursache wurde v.a. durch den Pseudo-Dionysius Areopagita vertreten[103], jedoch schon von Augustinus in die christliche Philosophie eingeführt.[104] Bernhard von Clairvaux formuliert im 12. Jahrhundert: *coelestia exemplaria sunt terrestrium*[105]. Bonaventura unterscheidet dann eine *similitudo participationis* und eine *similitudo imitationis*.[106] Der *rex imago Dei*-Lehre liegt also ein Trinitätsexemplarismus zugrunde. Belege für diesen Trinitätsexemplarismus findet Berges schon im 7. Jahrhundert.[107]

---

[100] Ebd. S. 205.

[101] Ebd. S. 203.

[102] Ebd. S. 204.

[103] De divinis nominibus V,8.

[104] Quaestiones 83, qu. 48.

[105] De consideratione ad Eugenium, PL 182, c. 727ff.; vgl. Berges [Anm. 65], S. 53.

[106] Vgl. E. Gilson: La philosophie de S. Bonaventure, Paris 1924, S. 199 A.1; vgl. Berges, S. 33. A.4. In der offiziellen kirchlichen Interpretation des 13. Jahrhunderts kommt dem König als *imago Dei* nur die *similitudo imitationis* zu.

[107] 663 fordern aufständische Soldaten vom byzantinischen Kaiser Konstantin Pogonatos, seine Brüder Heraklius und Tiberius zu Mitkaisern zu bestimmen, damit die drei Kaiser ein Abbild der Dreifaltigkeit seien (ebd. S. 32f); dort auch der Hinweis auf WvdV und Girald von Wales, De instructione principum I,19: *Divus etiam imperator dici solet, quasi divinus, eo quod in tribus diis*

> Im ganzen hat die eigentlich exemplaristische Richtung der *rex imago Dei*-Lehre vielleicht am nachhaltigsten gewirkt. [...] Niemand aber hat geglaubt, das Ideal sei diesseits ganz erreichbar und Gott bestimme als ihr Prinzip und ihre Exemplarursache auch die Modalität irdischer Gewalt, d.h. er bestimme, ob und wie sie in seinem Sinne gebraucht sei. Das Königtum gilt vielmehr als heilsgeschichtlicher Auftrag.[108]

Zwischen der *imago* und dem, was sie 'abbildet', kann eine imitatorische Beziehung bestehen, aber auch eine verweisende, wie die *umbra* oder *imago* des Alten Testaments z.B. auf die neutestamentliche *veritas* verweist.[109] Zwei Personen oder Ereignisse bedeuten nicht nur sich selbst, sondern auch das andere, das das Bedeutende einschließt und 'erfüllt'[110]: Der Mensch selbst, als Ebenbild Gottes, erhält in der Trinitätsdeutung seit Augustins "De Trinitate" den Charakter einer *figura trinitatis.*[111] Da aber der *rex* als *figura trinitatis* nicht Erfüllung, Steigerung Christi sein kann, kommt nur in Betracht, daß er, wie im Mainzer Krönungsordo, als Typus vorausdeutet auf die e s c h a t o l o g i s c h e Erfüllung, Christus, den k o m m e n d e n Weltherrscher: das Diesseits ist nur *imago*, *umbra futurorum* der wahren Wirklichkeit,

> *figura* des Eigentlichen, Zukünftigen, Endgültigen und Wahren, welches, die Figur enthüllend und bewahrend, die wahre Wirklichkeit enthalten werde. Auf diese Art wird jedes irdische Geschehen nicht als eine endgültige, sich selbst genügende Wirklichkeit angesehen [...], sondern es wird zunächst im unmittelbaren vertikalen Zusammenhang mit einer göttlichen Ordnung betrachtet, in der es enthalten ist und die selbst eines künftigen Tages geschehende Wirklichkeit sein wird [...]. Diese aber ist nicht nur zukünftig, sondern in Gottes Auge und im Jenseits jederzeit gegenwärtig, so daß dort jederzeit, oder auch zeitlos, die enthüllte und wahre Wirklichkeit vorhanden ist.[112]

Der *rex* als *imago Dei* nimmt also gewissermaßen eine Mittelstellung ein in einer Beziehung, die imitatorisch ist in bezug auf die vergangenen Ereignisse der Heilsgeschichte, aber *figura* in bezug auf die Eschata. Er antizipiert damit ebenso die zukünftige Herrschaft Christi, wie dies bereits das 'historische' Ereignis der Epiphanie tat. Indem die eschatologische *veritas* sichtbar ist in ihrer diesseitigen Präfiguration, ist sie für das mittelalterliche Verständnis - wenn auch nur unvollkommen - bereits gegenwärtig.[113] Weder 'ist' Philipp die Tri-

---

quoque similis esse debeat pietate scilicet et patientia et beneficiorum largitione.

[108] Ebd. S. 34.

[109] Vgl. Auerbach, Figura [Anm. 50], S. 67.

[110] Ebd. S. 77.

[111] Ebd. S. 83; vgl. auch Thomas v. Aquin: Summa theologiae 1,45,7.

[112] Figura [Anm. 50], S. 89.

[113] Weil sich Transzendenz und Immanenz nicht ausschliessen, schließen die Theoretiker des

nität noch 'bedeutet' er sie nur: die Lösung des Problems der Einheit des Verschiedenen hat auf ihre Weise die mittelalterliche Ontologie gegeben.

Der Exkurs in die mittelalterliche Ontologie hat deutlich gemacht, daß die Art der "geheimnisvoll-wunderbaren 'Beziehungen'" in Walthers Strophe von den Interpretationskategorien der Forschung nicht erfaßt wird: weder handelt es sich um bloße "Vergleiche mit dem Heiligsten" (Wilmanns/Michels), noch um "göttliche Realpräsenz"[114]; Walther "suggeriert" nicht Beziehungen, "die vielleicht auch geglaubt werden" (Masser), noch "sakralisiert" er den Vorgang (Wapnewski): in der Selbstauffassung der mittelalterlichen Herrscher spätestens seit den Ottonen ist der Träger der sakralen Herrschaftszeichen ganz selbstverständlich *imago Dei*. Walther spricht nur aus, was jeder 'sehen' konnte, denn Grundlage der Wahrnehmung ist bereits ein unausgesprochener Konsens über die jeweils geltenden Interpretationsmuster und Wirklichkeitsmodelle. Sprache aber verweist nicht auf 'die' Wirklichkeit, sondern auf die in einer Gesellschaft verbindlichen Wirklichkeitsmodelle - dies hat die Philosophie der Alltagssprache und die linguistische Pragmatik zeigen können.[115] Sie erscheinen als selbstverständlich und als natürlich, weil die jeweils mögliche Alltagserfahrung durch den Prozeß der zeitspezifischen Sozialisation bereits weitgehend determiniert ist. "Was eine Tatsache ist, ist eine Frage des geschichtlichen und gesellschaftlichen Konsens."[116]

Der Einwand, daß der eingangs zitierte Halberstädtische Chronist offenbar davon nichts bemerkt habe, erledigt sich durch den Hinweis auf die unterschiedlichen Textsorten. Der Chronist will nur Vergangenes dem Gedächtnis überliefern, Walther dagegen will etwas b e w i r k e n durch die Vergegenwärtigung des Geschehenen. Indem er aber in Worte faßt, was dem Augenzeugen durch *signa* 'bewiesen' wurde, muß er zwangsläufig zum Mittel der Auslegung greifen, um vergleichbare Wirkung zu erzielen; die Auswahl unter den möglichen bedeutsamen Eigenschaften bleibt dabei dem 'Exegeten' überlassen und richtet sich zweifellos nach dem zu erzielenden "propagandistischen Effekt"[117]. Doch die Propaganda Walthers zielt auf den wiederherzustellenden *ordo* der

---

12. und 13. Jahrhunderts methodisch nicht nur von den *caelestia* auf die *terrestria*, sondern auch umgekehrt; vgl. Berges [Anm. 65], S. 54.

[114] Wapnewski [Anm. 7], S. 75. "Der kühne Schritt [...] besteht in der I d e n t i f i z i e r u n g des irdischen Königs mit dem himmlischen, wie ihn die mittelalterliche Geschichtsspekulation und Herrscher-Metaphysik gewagt hat." (Ebd. S. 86; Hervorhebung P.K.)

[115] Vgl. S.J. Schmidt: Text als Forschungsobjekt der Texttheorie, in: DU 24, 1972, S. 7-28; ebd. S. 14.

[116] Ekkehard Eggs: Zum Universalitätsanspruch der Sprechakttheorie, in: LiLi 4, 1974, H. 14, S. 31-64; hier S. 52.

[117] Masser [Anm. 10], S. 53.

Christenheit als Vorbedingung des ewigen Heils, das im irdischen Herrscher als Typus der kommenden Herrschaft Christi präfiguriert wird.

Gewiß brauchte Walther über unbestritten Selbstverständliches nicht zu reden: nur dort, wo die Berechtigung eines Anspruchs zweifelhaft ist, tritt die Notwendigkeit auf, diesen Anspruch zu stützen. Wie erfolgreich Walther dabei ist, wird noch an der Wirkung auf seine modernen Interpreten deutlich: F. Maurer etwa sieht "in der angeführten Dreiheit [Hervorhebung P.K.] (Kaiser [sic], Kaisersbruder, Kaiserskind) in 'einem Gewand'" nur die "bewußte Parallele zur Dreiheit und Einheit der Trinität", ohne zu bemerken, daß Walther durch die Trinitätsanalogie suggeriert, daß Philipp auch substantialiter sei, was er als Träger der Reichskrone doch nur dem Anschein nach ist.[118]

Ist deshalb die Herrscherdarstellung in Walthers Strophe schon die "Hauptsache"?[119] Daß Festkrönungen einen Regelfall darstellen, hatte H.W. Klewitz

---

[118] Die politischen Lieder Walthers vdV, hg. v. Friedrich Maurer, Tübingen ^{3}1972, S. 20; ebenso Joerg Schaefer: WvdV und Frauenlob. Beispiele klassischer und manieristischer Lyrik im Mittelalter, Tübingen 1966 (=Hermaea N.F. 18), S. 106f: "Der weihnachtliche Gang des Kaisers [...]"; "Kaiserbruder, Kaisersohn und Kaiser selbst" (Hervorhebungen P.K.). Ebenso Rotraut Ruck: WvdV. Der künstlerische Gedankenaufbau im ersten Philippston und im ersten Ottenton, phil. Diss. Basel 1954, S. 11: "Dort [sc. L. 18,29] schauten die Fürsten, hier geht der Kaiser." (Hervorhebung P.K.) Ganz anders - und sogar gegen den Wortlaut Walthers - Wapnewski: Walther v.d.V. Spruch von der Magdeburger Weihnacht, in: Geschichte im Gedicht. Protestlied, Bänkelsang, Ballade, Chronik, hg. v. W. Hinck, Frankfurt 1979, S. 27: "Drei *namen*, drei *personae*, drei Begriffe wohnen in einer einzigen Substanz - und so ist es denn möglich, daß hier ein König seinen Weg geht, der als solcher indes auch Sohn eines Königs (nämlich Barbarossas) und Bruder eines Königs (nämlich Heinrichs) ist." (Hervorhebungen P.K.) - Zumindest ein 'Unter Krone Gehen' Philipps fand bereits Ostern 1198 in Worms statt, Monate vor der eigentlichen Krönung und Salbung am 8. September in Mainz. Ob aber eine echte Festkrönung mit geistlichem Coronator vorausgegangen war, ist eher zweifelhaft. Vgl. dazu Klewitz [Anm. 89], S. 64, und Carlrichard Brühl: Kronen und Krönungsbrauch im frühen und hohen Mittelalter, in: HZ 234, 1982, S. 1-31; ebd. S. 11. Das Ereignis, das offensichtlich bewußt als politisches Mittel eingesetzt wurde, um zu zeigen, daß Philipp schon vor der echten Krönung das Recht hatte, als legitimer König aufzutreten, wird bereits in der zeitgenössischen Chronistik kritisch bewertet (ebd.). Hier haben wir in einem Repräsentationsakt die genaue Entsprechung zum dichterischen Verfahren Walthers, das lediglich, gemäß der inzwischen veränderten Situation, eine Stufe höher (Kaisertum) ansetzt.

[119] Ulrich Müller: Untersuchungen zur politischen Lyrik des deutschen Mittelalters, Göppingen 1974 (=GAG 55/56), S. 420. Vgl. auch Fr. Maurer: Die politischen Lieder [Anm. 118], S. 20: "Das sogleich hervortretende Thema der Strophen ist die Darstellung der kaiserlichen Majestät [...]. Der innere Zusammenhang der beiden ersten Strophen (L. 18,29 und 19,5) leuchtet ohne Weiteres ein. Sie stellen die Würde des Kaisers unmittelbar dar". Nach Gerhard Hahn: Möglichkeiten und Grenzen der politischen Aussage in der Spruchdichtung Walthers vdV, in: Deutsche Literatur im Mittelalter. Hugo Kuhn z. Gedenken, Stuttgart 1979, S. 338-355, leistet

nachgewiesen. Die Frage ist: handelt es sich bei der Darstellung Walthers um die ausgesprochenen Schlußfolgerungen seiner politischen Argumentation oder um 'Fakten', die noch andere, nicht ausgesprochene Schlußfolgerungen nahelegen? Sollen das *tertium commune* der Trinitätsspekulation und die auf die Königin angewandten Attribute der Muttergottes lediglich den Anspruch Philipps auf die Krone stützen (die er ja trägt) oder erfüllt das Faktum des Unter-der-Krone--Gehens (mit allen metaphysischen Implikaten) in der Argumentation Walthers noch eine andere Funktion?

IV.

Es mag zunächst überraschen, von Argumentation zu sprechen in bezug auf einen Text, der aus einer Reihe von Sätzen eines einzigen Sprechers besteht, die man fast alle durch performative Verben aus der Klasse der Repräsentativa umschreiben könnte[120]: behaupten, feststellen, versichern usw.; versteht man doch unter Argumentation "einen Handlungszusammenhang, in dem widerstreitende Voraussetzungen bzw. Behauptungen ausgetragen werden".[121] Auf den isolierten Text Walthers trifft dies sicher nicht zu. Da sich in dem hier untersuchten Text nur Behauptungen oder Feststellungen finden, wäre er nichts weiter als Panegyrik, wenn man nicht annehmen müßte, daß er selbst dann Teil eines vorauszusetzenden Handlungszusammenhangs war und die Antwort auf vorangegangene 'Fragen' oder Einwände. Er wäre folglich erst dann verstanden, wenn die Frage rekonstruiert ist, auf die der vorliegende Text die Antwort darstellt; ebenso gut könnte er aber auch die Rolle der Begründung wie die der Behauptung gespielt haben. Die Schwierigkeit liegt offensichtlich in der Bestimmung der argumentativen Funktion konkreter Textelemente in diesem zu rekonstruierenden Handlungszusammenhang.[122]

Das Modell der Argumentation liefert seit der antiken Logik der philosophische Syllogismus. Einem allgemeingültigen Satz (a) wird eine konkrete Feststellung (b) subsumiert - beide zusammen bilden die Prämissen - aus denen die

---

sich ein König politisches Herrscherlob aus dem Munde eines Fahrenden, "um die Identität seines Hofes mit einem verpflichtenden Hof-Ideal, um die Identität seiner Person mit einem verpflichtenden Herrscherbild, um die Identität seines politischen Handelns mit verpflichtenden Mustern politischen Handelns öffentlich darstellen zu lassen" (ebd. S. 354).

120 Terminologie nach John R. Searle: Sprechakte. Ein sprachphilosophischer Essay, Frankfurt 1973.

121 U. Maas: Sprachliches Handeln II: Argumentation, in: Funk-Kolleg Sprache. Eine Einführung in die moderne Linguistik, Bd.2, Frankfurt 1973, S. 158-172; hier S. 158.

122 Vgl. Stephen Toulmin: Der Gebrauch von Argumenten, Kronberg/Ts. 1975, S. 90.

Schlußfolgerung oder *conclusio* (c) gezogen wird[123]: 'Alle Menschen sind sterblich' (a); 'Sokrates ist ein Mensch' (b); 'also ist Sokrates sterblich' (c). Vom philosophischen Syllogismus unterscheidet sich das Verfahren der rhetorischen Argumentation dadurch, daß an die Stelle des allgemeingültigen Satzes (a) etwas treten kann, was die konkreten Zuhörer für wahr halten oder was ihren Überzeugungen entspricht und daher gar nicht ausgesprochen zu werden braucht: "Geltende Meinungen sind solche Sätze, die allen oder den meisten Verständigen [...] wahr erscheinen."[124] Dieser verkürzte Syllogismus, das Enthymem, ist die spezifische Argumentationsweise der Rhetorik, die ihre Stärke nicht aus formal-logischen Ableitungen bezieht, sondern aus der materialen Qualität der vorausgesetzten Prämissen, ihrer Evidenz und dem Grad der Zustimmung beim konkreten Publikum.[125]

Das Enthymem ist ein Teil der Topik. Quintilian nennt sieben Quellen, aus denen die Prämissen des Enthymems zu gewinnen sind, darunter: das, was wir mit den Sinnen wahrnehmen. "Von dieser Art sind die *signa*"; das, worüber nach allgemeiner Anschauung Übereinstimmung besteht und das, was auf überliefertem Brauchtum beruht.[126] Die allgemeine Prämisse des Enthymems muß also historisch-konkrete und partnerbezogene Geltung besitzen. Fakten oder die spezielle Prämisse allein - von Toulmin 'Datum' genannt - können Behauptungen niemals wirklich begründen.[127] Die allgemeinen Prämissen, Grundsätze

---

[123] Vgl. dazu Karl-Heinz Göttert: Argumentation. Grundzüge ihrer Theorie im Bereich theoretischen Wissens und praktischen Handelns, Tübingen 1978 (=Germanistische Arbeitshefte 23), S.1: "Der Syllogismus gibt ein Muster dafür an, wie Thesen bewiesen werden können, deren Wahrheit sich aus unmittelbarer Erfahrung oder Beobachtung nicht ergibt." Aristoteles unterscheidet in seiner Rhetorik zwischen logischem und rhetorischem Syllogismus (1355a 13, 1356b 5); letzteren bezeichnet er in der Topik als dialektischen Syllogismus (100a 25), der anstelle von "wahren und ersten Sätzen" von "geltenden Meinungen" ausgehe.

[124] Aristoteles, Topik 100a 25.

[125] Vgl. J. Kopperschmidt: Allgemeine Rhetorik. Einführung in die Theorie der Persuasiven Kommunikation, Stuttgart u.a. [2]1976, S. 127: "Die 'Wahrheit' dialektischer Prämissen ist an ihre Geltung geknüpft, die nur über die Zustimmung der kommunizierenden Partner zu ermitteln ist". Sie "beruht auf ihrer sozialen Gewißheit".

[126] Ausbildung des Redners, hg. und übersetzt v. H. Rahn. 2 Bde, Darmstadt 1972/75; 5.10.12.

[127] Vgl. Göttert [Anm. 123], S. 32 und 48. - Ohne Wissen über die Einstellungen des konkreten Publikums ist wirksame Argumentation unmöglich. Argumente, mit denen man an diese Einstellungen anknüpfen kann, liegen allerdings nicht immer schon an den 'Örtern' (Topoi) bereit, sondern müssen oft erst erfunden werden. Besonders kreativ ist in dieser Hinsicht bekanntlich die Werbung, die regelmäßig und besonders wirksam nur aus der speziellen b-Prämisse besteht: "Das beste Persil, das es je gab" wird deshalb zur angestrebten *conclusio* des Verbrauchers (c) führen, weil die der *communis opinio* zuzurechnende allgemeine Prämisse (a), daß der wissenschaftliche

oder ‘Schlußregeln’ (in der Terminologie von Toulmin) legen die aus den ‘Daten’ zu ziehenden Schlüsse durch quasi-logische Operationen bereits im voraus fest.[128] Das heißt aber auch: Daten werden erst bedeutsam im Lichte allgemeiner Prämissen (der Schlußregeln Toulmins). Die Auswahl der Beschreibungsmittel (Daten) ist jedoch ebenso argumentationsentscheidend wie die Schlußregeln der Begründungsprache, weil die Art der angeführten Daten die unausgesprochenen Schlußregeln ihrerseits festlegen kann.[129] Anders gesagt: allein schon durch das Akzeptieren von möglicherweise evidenten Daten stimmt das Publikum unter Umständen auch der Begründungssprache zu; diese wäre nur durch eine neue, Schlußregel-begründende Argumentation in einem Normdiskurs, metasprachlich also, zu überprüfen.[130]

Die für die Behauptung oder erwünschte Schlußfolgerung notwendigen Prämissen müssen aber in rhetorischer Argumentation gar nicht ausgesprochen werden, im Gegenteil beruht ihre Wirkung vielfach gerade auf den unausgesprochenen Schlußregeln, die der Zuhörer je nach seinen Einstellungen von sich aus ergänzt - v. a. aber auf dem Nicht-Aussprechen der Schlußfolgerung oder Behauptung.[131] Dadurch werden diese dem Begründungszwang entzogen oder es wird die Akzeptanz bestimmter Daten für die Zustimmung zu einer Schlußfolgerung genutzt, die nur innerhalb der durch die Daten festgelegten Begründungssprache als zwingend erscheint.

Wenn durch die sprachliche Äußerung aber nur Phasen des rhetorischen Syllogismus explizit gemacht werden, bleibt u.U. unsicher, welche Funktion das im Text sprachlich realisierte Element im Argumentationsgang haben soll. Die Bestimmung eines Satzes als Schlußfolgerung(c), Datum(b) oder Schlußregel(a)

Fortschritt immer bessere Produkte hervorbringe, zwischen (b) und (c) eine quasi-logische Folgebeziehung herstellt.

[128] Ebd. - In der Argumentationstheorie Toulmins [Anm. 122] ist dieses Modell noch um modale Operatoren und die ‘Stützung’ (backing) der Schlußregeln erweitert worden, von denen hier nur letztere interessiert. Es handelt sich dabei um Erfahrungen und Erklärungsmodelle, aus denen die Schlußregeln abgeleitet werden - etwa das gegenwärtige wissenschaftliche Weltbild oder, im Mittelalter, die christlich-theologische Deutung aller Erfahrungen mit der Welt. Insofern "haben in den Naturwissenschaften solche Leute wie Kepler, Newton, Lavoisier, Darwin und Freud nicht nur unsere Meinungen verändert, sondern auch unsere Argumentationsweisen und unsere Standards der Relevanz und des Begründens" (S. 223).

[129] Vgl. S. 91: "Auf Daten wird explizit Bezug genommen, auf Schlußregeln implizit". Vgl. auch Göttert [Anm. 123], S. 51.

[130] Vgl. Toulmin, S. 109 und zum metasprachlichen Normdiskurs J. Habermas: Vorbereitende Bemerkungen zu einer Theorie der kommunikativen Kompetenz, in: Habermas/ Luhmann: Theorie der Gesellschaft oder Sozialtechnologie, Frankfurt 1971, S. 101-141.

[131] Vgl. H. Lausberg: Handbuch der literarischen Rhetorik, München 1960, S. 199f.; ausgesprochen werden zumeist nur die b-Prämissen bzw. Daten.

hängt zusammen mit der unterschiedlichen Perspektive, aus der man eine Argumentation betrachten kann: dieselbe Äußerung kann so die illokutionäre Rolle entweder eines Arguments (Datum bzw. Schlußregel) oder auch der Schlußfolgerung übernehmen - vielleicht sogar beide zugleich.[132] Daß die Bedeutung dieser Äußerung dann eine je andere wäre, versteht sich.

Daß Walther in seinen 'politischen Liedern' eine bestimmte Bewertung oder Handlung als empfehlenswert erscheinen lassen will, ergibt sich bereits aus der Textsorte.[133] Unterstellt werden darf ferner, daß er gerade zu solchen Themen Stellung nimmt, die in der 'Öffentlichkeit' umstritten sind. Wer etwas behauptet, muß aber damit rechnen, Argumente oder Gründe für diese Behauptung nennen oder Evidenzen vorweisen zu müssen, die das Behauptete erhärten.[134]

Da Walther textimmanent - von einer noch zu besprechenden Ausnahme abgesehen - offensichtlich gar nicht argumentiert, können die 'Behauptungen' nur die Funktion von Begründungen haben für Schlußfolgerungen, die eben nicht ausgesprochen werden. Für persuasive Argumentation charakteristisch ist gerade, daß die Evidenz von Daten (den b-Prämissen des Syllogismus) genutzt wird, um mit Hilfe der beim Publikum geltenden Meinungen eine Konklusion nahezulegen, die eigentlich umstritten ist: die Akzeptanz der Daten (welche die 'zulässigen' Schlußregeln der Begründungssprache ebenfalls schon vorgeben können) läßt die erwünschte, aber unausgesprochene Schlußfolgerung als zwingend erscheinen. Die Wahl des Beschreibungssystems ordnet die Phänomene in eine bereits strukturierte Erfahrungswelt ein, welche die Schlußregeln bereitstellt. Nicht ihr Bezug zur 'Wirklichkeit' entscheidet somit über die Bedeutung sprachlicher Äußerungen, sondern ihr Bezug auf das Handlungs- und Kommunikationssystem einer Gesellschaft.

Walthers Wahl der Beschreibungsperspektive - Weihnachten, Magdeburg, *maget/muoter*, die Marienattribute *rôse âne dorn, tûbe sunder gallen*, drei Personen (*die namen drîge*) in einem Ornat, die Dienenden *gentes* aus Ps 71,11 - legt die Schlußregeln der Begründungssprache eindeutig fest. Die Frage ist nur, was damit begründet werden soll. Die ältere Forschung, irritiert und fasziniert von der 'Übertragung' religiöser Vorstellungen auf einen angeblich profan-

---

132 Vgl. Toulmin [Anm. 122], S. 90.

133 Unter Verwendung rhetorischer Kategorien fragt U. Baltzer nach "grundlegende(n) übergreifende(n) Persuasionsstrategien" in den Sprüchen Walthers: Strategien der Persuasion in den Sangsprüchen Walthers von der Vogelweide, in: ZfdA 102, 1991, S. 119-139. Die Beobachtungen Baltzers bestätigen von einem anderen Ansatz aus die hier vorgetragenen argumentationstheoretischen Überlegungen.

134 Vgl. D. Wunderlich: Behauptungen, konditionale Sprechakte und praktische Schlüsse, in: D. W., Studien zur Sprechakttheorie, Frankfurt 1976, S. 251-292; ebd. S. 254.

politischen Vorgang, sah in eben dieser scheinbaren Übertragung - argumentationstheoretisch gesprochen - die begründenden Daten für z.B. die Schlußfolgerung Wapnewskis, "daß zur Feier des Erlösers der Menschheit hier nun der Mensch einherschreite, der als Erlöser begriffen werden muß von den Übeln der politischen Wirrnis [...]"[135]; in äußerster Vereinfachung: Philipp ist nicht nur der 'richtige' König (wie in der Nachbarstrophe L. 18,29),sondern beansprucht, in einer wie auch immer gearteten Beziehung zur Trinität zu stehen (*conclusio*), weil auf ihn die Aussagen der Trinitätsspekulation zutreffen und auf die Königin die Attribute der *maget* und Gottesmutter. Doch ist das die von Walther gewünschte und einzig mögliche Schlußfolgerung? Wie ich gezeigt zu haben glaube, liegt hier für ein mittelalterliches Publikum gar nicht das Problem. Walthers Darstellung der Magdeburger Festkrönung von 1199 liefert seinem Publikum nur Daten; durch die Sprache macht er die Übereinstimmung der Person des Staufers mit dem gültigen Herrscherbild ebenso öffentlich wie es die Festkrönung selbst als symbolische Handlung durch die unmittelbare Anschauung tat.[136]

Walthers Bericht über den weihnachtlichen Kirchgang gibt aber durch die Auswahl der Daten gewissermaßen die Koordinaten vor, in denen eine unausgesprochene Schlußfolgerung als einzig sinnvoll erscheint oder überhaupt erst denkbar ist. Als Begründung für die erwünschte Konklusion sind die von ihm 'veröffentlichten' Daten deshalb wirksam, weil nach der zu seiner Zeit allgemein akzeptierten, 'geltenden Meinung' der *rex imago Dei* ist. Die immer noch unentschiedene Frage nach der Funktion der *wîsen* in Vers 12 legt es nahe, sich mit der auch möglichen Schlußfolgerung nicht zufrieden zu geben, Philipp sei der *princeps pacis*, dessen Kommen Isaias vorausgesagt hat, und Walther setze lediglich "eine damals gebräuchliche Herrschervorstellung 'ins Bild'."[137] Möglicherweise liefert Walther auch damit nur Daten, die sein Publikum vor dem Hintergrund der zu seiner Zeit allgemein für 'wahr' gehaltenen Vorstellungen vom legitimen Herrscher als evident empfindet und die es erst zu einer ganz bestimmten, unausgesprochenen Schlußfolgerung oder Handlung veranlassen sollen.

---

135 [Anm. 7], S. 75.

136 Vgl. dazu G. Hahn [Anm. 119], S. 350f.

137 Um damit "den politisch-propagandistischen Zweck dieser Veranstaltung auszudrücken: herrscherliche Machtdemonstration [...] "; U. Müller [Anm. 119], S. 422.

V.

Die umstrittene Frage, ob es sich bei den *wîsen* in Vers 12 um das "Institut des Hofprotokolls"[138] oder die Weisen aus dem Morgenlande handelt, läßt sich von hier aus möglicherweise einer Lösung näherbringen, die sowohl den von Wapnewski beigebrachten Belegen für vor-lutherische Übersetzungen von *magi* als die *wîsen* wie auch den Bedenken des überwiegenden Teils der Forschung Rechnung trüge.[139] Als erster hat meines Wissens Wallner sein Unbehagen angesichts der scheinbaren Trivialität der Abschlußzeile artikuliert: "Walther concipiert seine spruchstrophen durchwegs von der schlusszeile aus. Sie ist die trägerin der pointe [...]"[140] - eine Beobachtung, die bestätigt, was vom argumentationstheoretischen Ansatz her zu erwarten war. Außer bei Rotraut Ruck[141], Wapnewski und Halbach hat seine These von den Weisen aus dem Morgenlande jedoch keine Zustimmung gefunden; Wapnewski meint, daß "intensiver [...] der Sinn der Magdeburger Weihnacht und ihres Hoftages nicht vertieft werden (konnte) als durch Einbeziehung der *wîsen* und ihrer evangelischen Funktion".[142] So wie Walther den irdischen mit dem himmlischen König identifiziert, identifiziere er "annähernd" die huldigenden Fürsten zu Magdeburg mit den Weisen aus dem Morgenland.[143] Achim Masser hat dem ausdrücklich widersprochen.[144]

Die von Wapnewski unterstellte "Herbeirufung der 'Magi'" und die Identifizierung der Thüringer und Sachsen mit den d r e i Weisen[145] zeigt einmal

[138] Wapnewski [Anm. 7], S. 89: "die *wîsen* sind nicht das Institut des Hofprotokolls, sondern die *Magi* des Matthäus".

[139] Auch G. Hahn: WvdV. Eine Einführung, München/Zürich 1989 (=Artemis Einführungen), S. 119, hält die Entscheidung offen: "Die weisen Beurteiler der Szene? die drei Weisen aus dem Morgenlande, Inbegriff dienender Herrscher?"

[140] A. Wallner [Anm. 5], S. 193.

[141] Sie möchte "sogar so weit gehen, hier mit Handschrift C [...] für Z 12 *müeste* statt bisherigem *muoste* vorzuschlagen, womit also *magi* die Hauptbedeutung wäre" [Anm. 118], S. 11 und 13.

[142] [Anm. 7], S. 85.

[143] Ebd. S. 86.

[144] [Anm. 10], S. 55f. Anm. 13: Es "ist trotz der von Wapnewski zusammengestellten Belege nicht an die nach Bethlehem eilenden *magi* der Bibel zu denken. Gewiß ist richtig, daß sie schon von Otfrid (I 17,41) *thie wisun man* genannt werden und daß in den folgenden Jahrhunderten Entsprechendes begegnet. Doch stets in einem ganz eindeutigen Kontext, d.h. meist im Zusammenhang mit der biblischen Erzählung [...]. Wenn es dagegen - und das ist entscheidend - gilt, sie als solche vorzustellen oder zu erwähnen, dann heißen sie die (heiligen) *drî künege*, und zwar bis heute - in katholischen Landen."

[145] [Anm. 7], S. 90; vgl. ebd. S. 86: "Es zeigt sich je länger je mehr, daß die Anwesenheit der

mehr, daß Walthers persuasorische Technik noch bei seinen wissenschaftlichen Interpreten nicht versagt.[146] Wenn es ihm darum gegangen wäre, "die Anwesenheit der Heiligen Drei Könige bei dem Huldigungsakt zu Magdeburg" darzutun, hätte er zweifellos den fehlenden dritten Fürsten auch noch zur Huldigung herbeizitieren können. Ist damit die Beziehung hinfällig? Ich glaube nicht.

Zunächst ist zu beachten, daß in V. 12 anscheinend der Sprechakt einer Aufforderung vorliegt: den *wîsen* müßte wohlgefallen, wie hier dem *princeps pacis* gehuldigt wurde[147]; abweichend vom gelassen-epischen Präteritum in Walthers Darstellung des Festzuges steht diese Aufforderung im Konjunktiv. Damit bietet die Hs. C die *lectio difficilior*.[148] Angesichts der vorbildlichen Huldigung der Fürsten dürfte es für die *wîsen* nur diese Schlußfolgerung geben - doch ist die hier ausgesprochene *conclusio* merkwürdig trivial in einer lehnsrechtlich organisierten Gesellschaft. Das Lehnsverhältnis verpflichtet bekanntlich die Vasallen, ihrem Lehnsherrn an Hoftagen zu huldigen. Der Dienst des Schwertträgers, den nach der Halberstädtischen Chronik Bernhard von Sachsen ausübte, galt als besondere Auszeichnung, um die sich bei dem großen Mainzer Pfingstfest von 1184 sogar ein Streit erhoben hatte zwischen den Herzögen von Böhmen, Österreich und Sachsen, dem Pfalzgrafen bei Rhein und dem Landgrafen von Thüringen. Es war vermutlich ein Vorrecht der königlichen Lehnsträger, das der sächsische Herzog bei der Magdeburger Festkrönung Philipps ausübte, nachdem er es bereits 1184 erfolglos beansprucht hatte.[149]

Heiligen Drei Könige bei dem Huldigungsakt zu Magdeburg nicht nur nicht verwunderlich sondern recht selbstverständlich und natürlich ist".

[146] Vgl. oben, S. 158 u. Anm. 118.

[147] Tilgt man auch noch den letzten der von Lachmann/Kraus verschwenderisch gesetzten Doppelpunkte (nach *anderswâ*), so bezieht sich *wol gevallen* in erster Linie auf *dienten alsô dâ*; Inbegriff höfischer *zuht* ist der ganze Aufzug, den V. 10 zusammenfassend charakterisiert. Wenn aber die *wîsen* nur die Huldigung der Thüringer und Sachsen zu würdigen haben, besteht kein Grund mehr, in ihnen "Kenner des Hofzeremoniells" zu sehen, wie (zumindest als Nebensinn) die gesamte Forschung bisher.

[148] Gegen die meisten älteren Ausgaben, die aus Hs. B *muoste* einsetzen, z.B. Lachmann/-Kraus, Wilmanns/Michels, Maurer, Wapnewski. Letzterer entscheidet sich nicht, vgl. [Anm. 7], S. 74; dagegen S. 83: "Wer sich dem König so beugt wie einstmals sie, der wird auch vor ihrem Urteil bestehen können. Der dient *alsô, daz ez den wîsen müeste wol gevallen.*" (Hervorhebungen P.K.) Tatsächlich läßt sich aus der Schreibweise der Hs. B gar nicht eindeutig entnehmen, daß dort der Ind. Präteritum gemeint ist (mündliche Mitteilung von Christoph Cormeau). Nur paßt eben der Konjunktiv nicht zu der von der Forschung favorisierten Interpretation der *wîsen* als 'Kenner des Hofzeremoniells', wie schon Kraus, Untersuchungen, bemerkt. So auch Halbach [Anm. 4], S. 124.

[149] Vgl. Klewitz [Anm. 89], S. 72.

Die Aufforderung in V. 12, an dieser bereits mehr oder weniger lange zurückliegenden Huldigung anderer Fürsten[150] Wohlgefallen zu haben, beträfe also eine Selbstverständlichkeit, die keiner besonderen Erwähnung bedürfte; dieser Aufforderung ist die Zustimmung zumindest eines dem Staufer zuneigenden Publikums sicher. Eine Forderung zu erheben, der zu entsprechen eine Selbstverständlichkeit ist, wäre aber eine Trivialität und redundant, wenn sie nicht offensichtlich an eine Bedingung geknüpft wäre: nur den *wîsen* müßte das vorbildliche Dienen der Thüringer und Sachsen wohlgefallen. Der Konjunktiv nötigt dazu, das *wîse*-Sein als Bedingung des Wohlgefallens zu verstehen: wer nicht (wie z.B. die Anhänger Ottos) in irdischer Verblendung befangen ist, sondern wen selbst das unvollkommen Irdische noch *spiritualiter* auf das Höchste zu verweisen vermag, wem Natur und Geschichte zum 'Zeichen' werden[151], dem müßte wohlgefallen, wie hier dem *princeps pacis* gehuldigt wurde.

Was zunächst wie die (allerdings triviale) Schlußfolgerung der textimmanenten Argumentation aussah - die Thüringer und Sachsen huldigen König Philipp vorbildlich (b), also ist Ihnen der Beifall der *wîsen* sicher (c), weil es als erstrebenswert und als eine Auszeichnung gilt, dem Lehnsherrn zu huldigen (a) - erweist sich bei näherem Zusehen als Prämisse einer ganz anderen, enthymematischen Argumentation, deren Schlußfolgerung unausgesprochen bleibt: die Angesprochenen haben nur noch die Wahl, sich selbst entweder als *unwîse* und als *tôren* anzusehen oder am Dienen der Thüringer und Sachsen Wohlgefallen zu haben. Wenn es ihnen wohlgefällt (was bei dieser Alternative zu erwarten ist), sind sie die *wîsen*. Dann aber müssen sie d i e n e n wie die huldigenden Weisen aus dem Morgenlande: *reges Tharsis et insulae munera offerent, reges Arabum et Saba dona adducent*, (11) *et adorabunt eum omnes reges, omnes gentes servient ei* [...] (Ps 71, 10f). Mit dem konjunktivischen Schluß fordert Walther die noch abseits stehenden Fürsten indirekt auf, sich den *viri prudentissimi*, den *wîsun man* der Weihnachtsgeschichte, durch *imitatio* gleichzugestalten, indem sie dem in seiner Vorbildhaftigkeit gar nicht anzuzweifelnden Beispiel der Thüringer und Sachsen folgen. Walther "suggeriert" nicht - obwohl es modernen Interpreten so scheinen mochte - "geheimnisvoll-wunderbare 'Beziehungen'", sondern eine Handlungsweise der Reichsfürsten, durch die sie - wie die drei Weisen - die Königswürde erst zur 'Erscheinung' bringen. Vers 12

150 V. 1: *ez gienc eines tages* [...]; zur hier wohl demonstrativen Bedeutung von mhd. *ein* vgl. Carl v. Kraus: Das sog. demonstrative *ein* im Mhd., in: ZfdA 67, 1930, S. 1-22; Paul/Moser/-Schröbler: Mhd. Grammatik, [20]1969, § 293.

151 Wie es Guibert von Nogent von Gregor von Nazianz, *vir mirabiliter eruditus*, berichtet (PL 156,29D).

(L.19,16) bildet den Abschluß einer enthymematische Beweisführung im Rahmen der rhetorischen *persuasio*.[152] Der Haupteffekt der Strophe liegt in der zusammenfassenden Abschlußwirkung des Epiphonems.[153]

Wie Walthers Trinitätsanalogie in einem unvollkommenen Zustand den vollkommenen so überzeugend aufscheinen ließ, daß selbst philologisch-genaue Leser noch getäuscht werden, so zielt auch die Schlußpointe der Strophe nicht auf die verklärende Darstellung einer völligen Entsprechung und Aktualisierung der Weihnachtsgeschichte im irdischen Geschehen, sondern erhebt in der Form des Enthymems, insinuierend (und damit um so wirkungsvoller), dieselbe Forderung wie die Schlußterzine der Nachbarstrophe im 1. Philippston:

Swer nû des rîches irre gê,
der schouwe wem der weise ob sîme nacke stê:
der stein ist aller fürsten leitesterne.[154]

Die beiden Strophen sind Variationen über dasselbe Thema und rücken daher eng zusammen.[155]

VI.

Damit stellt sich allerdings die Frage nach dem entstehungsgeschichtlichen Verhältnis und einer möglichen Vortragsfolge - was auseinanderzuhalten ist. Auch wenn Walther in seinen Sangsprüchen "ausnahmslos an der Selbständigkeit der Einzelstrophe" festhält[156], scheint er einen neuen Ton nur aus besonderem Anlaß zu schaffen, thematisch Zusammengehöriges vorzugsweise in be-

---

[152] Vgl. Lausberg [Anm. 131], §§ 256-257.

[153] Ebd. § 879.

[154] L. 19,2ff.; vgl. Wapnewski [Anm. 7], S. 81: "Form wie Inhalt dieser beiden Sprüche [...] zwingen dazu, sie unmittelbar aufeinander zu beziehen und sie als Aussagen zu dem gleichen Thema zu begreifen"; "Die Krone ist *signum sanctitatis*, und der in ihr strahlende Steinstern ist der Leitstern von Bethlehem. Dieser Stern aber ist die Manifestation des Friedensfürsten: *Christus stella duce Gentibus est manifestatus*: so hat es Augustinus formuliert, der den *Magi* ihren eigentlichen theologischen Rang verliehen hat" (ebd. S. 82). Vgl. auch Hartmut Kokott: *Swer nû des rîches irre gê*. Politische Sprüche Walthers v.d.V. im Deutschunterricht, in: Mittelalterliche Texte im Unterricht, hg. v. H. Brackert u.a., Bd. 2, München 1976 (=Literatur in der Schule 2), S. 130-169. - Die Wendung an die Fürsten ("dort implicite, hier expressis verbis") haben bereits Ruck, Maurer und Halbach [Anm. 4], S. 132, gesehen.

[155] R. Ruck [Anm. 118], S. 23, hat "kaum einen Zweifel, daß diese Sprüche zusammen vorgetragen wurden"; auch Halbach [Anm. 4], S. 131f, schließt sich Ruck und Maurer an.

[156] "In dieser findet ein Gedanke, eine Vorstellung, eine Meinungs- und Willensäußerung ihre sprachliche Formung." K. Ruh: Mittelhochdeutsche Spruchdichtung als gattungsgeschichtliches Problem, in: DVjs. 42, 1968, S.309-324; ebd. S. 319.

stimmten Tönen zu umkreisen und mit einer Strophe abzuschließen, die eine weitere Verwendung des Tons nicht mehr zuläßt.[157]

Allen Kohärenzbehauptungen bezüglich des ersten Philippstons stellen sich aber die Philippsschelte (L. 19,17) und auch L. 20,4 entgegen: Warum hat Walther seine Kritik an Herrmann und dem Thüringer Hof gerade im ersten Philippston verfaßt? Und, damit zusammenhängend, die andere Frage: In wessen Dienst sind die Strophen entstanden? Diese Fragen sind durch L. 19,35f. keineswegs so eindeutig beantwortet wie allgemein angenommen[158], denn die Philippsschelte, aber auch L. 20,4 sind in diesem Zusammenhang schwer zu erklären; daß der persönliche Bezug von L. 19,29 und 20,4 Rahmenfunktion haben soll, wird weder von Maurer noch Halbach oder Ruh überzeugend und textsortenspezifisch begründet.[159] Schwer vorstellbar ist aber auch, daß Walther ein so kunstvolles Gebilde wie den ersten Philippston erfunden hat, um seinen Dank an einen neuen Gönner auszudrücken[160]: Form (*dôn*) und Aussage sind in keiner der fünf Strophen so im Einklang wie in L. 19,5 und 18,29.[161]

Frühestens im Juni 1198 - jedenfalls erst, nachdem Herzog Friedrichs Tod im Heiligen Land in Wien bekanntgeworden sein konnte - verließ nach allgemein akzeptierter Meinung Walther den Wiener Hof. In der negativen Charakteristik von L. 20,7ff. jedenfalls scheint die spezifische Attraktivität des Thüringer Hofs auf Fahrende noch deutlich genug hindurch. Und: Landgraf Herrmann ist Walthers beständigster (*staeteclîchen* L. 35,7) und möglicherweise (nach Herzog Friedrich) auch ältester Gönner: *er was ez ê und ist ez noch* wird Walther Jahre später noch behaupten.[162] Nach seinem unfreiwilligen

---

157 "Es gibt unter den Spruchstrophen 'gewachsene' Einheiten, sie sind es sogar in der Regel"; ebd. S. 321, und S. 310f.: es verbiete sich die Annahme, Walther "habe nach Zufall und Laune Strophen mit ungleicher Thematik, mit wechselnden Gesichtspunkten und mit verschiedenen Adressaten die selbe metrisch-musikalische Form verliehen. Die Einheit des Tons fordert m.a.W. zum Verständnis anderer Einheiten auf." Vgl. auch Maurer [Anm. 118], S. 7f.

158 Vgl. zuletzt U. Liebertz-Grün: Rhetorische Tradition und künstlerische Individualität. Neue Einblicke in L. 19,29 und L. 17,11, in: WvdV. Beiträge zu Leben und Werk, hg. v. H.-D. Mück, Stuttgart 1989, S. 281-297; ebd. S. 282f. und die dort Anm. 3 angegebene Literatur.

159 Vgl. Maurer [Anm. 118], S. 21ff; Halbach [Anm. 4], S. 143 und Anm. 25; Ruh [Anm. 156], S. 324; mögliche Vortragsfolge und genetisch-chronologische Reihung werden überdies nicht immer auseinandergehalten.

160 L. 19,36: *mich hât daz rîche und ouch diu krône an sich genomen* [...].

161 Vgl. auch Halbach [Anm. 4], S. 123: "eine der monumentalsten und genialsten Strophen"; vgl. ebd. auch S. 128f und S. 137.

162 L. 35,10; *terminus ante* ist für diese Strophe im Unmutston 1217. - Daß die Aussage geschönt sein wird, versteht sich fast von selbst. Vgl. aber J. Bumke: Mäzene im Mittelalter. Die Gönner und Auftraggeber der höfischen Literatur in Deutschland 1150-1300, München 1979, S. 163f.

Abschied von Wien könnte sich Walther also sehr wohl zunächst an den Thüringer Hof gewandt haben.[163] Herrmann aber trat erst im Sommer 1199 zu Philipp über.[164]

Zunächst im Gefolge des Landgrafen wäre Walther an Philipps Hof gelangt und hätte mit einer glanzvollen Probe seines Könnens (L. 19,5) Ende 1199 dort Aufnahme gefunden[165] - ohne allerdings seine Bindungen an Herrmann zunächst aufzugeben, wofür gerade L. 19,15, die lobende Erwähnung der Thüringer, sprechen könnte. Warum sollte Walther schließlich seine Kritik an Herrmann gerade im ersten Philippston verfaßt haben, wenn der nicht auch - freilich heute nicht mehr beweisbar - mit der Entstehung von L. 19,5, wahrscheinlich aber auch mit L. 19,17, zu tun gehabt hätte?[166]

Walthers Beziehung zu ihm verlor in dem Augenblick an Bedeutung, wo *daz rîche und ouch diu krône* ihn aufgenommen hatte (19,36) und könnte sogar schon vor dem spätestens 1202 erfolgten Abfall Herrmanns[167] für ihn selbst abträglich geworden sein. Er hätte sich daher von ihm mit einer Strophe in eben dem Ton distanziert, der im Dienste des sich dem Staufer nähernden Landgrafen erfunden worden war. Die eigentliche Funktion dieser Strophe (L. 20,4) in einer hypothetischen Vortragseinheit scheint mir jedoch darin zu bestehen, in der Gegenüberstellung mit L. 19,29 die exklusivere Gastfreundschaft des neuen Gönners - vor allem aber den ihrer würdigen Sänger selbst - unausgesprochen in umso hellerem Glanze erstrahlen zu lassen. Es korrespondieren also über das gemeinsame Thema des (wahren bzw. falschen) Gönners L. 19,29 und 20,4.[168]

Der erste Philippston könnte somit durchaus am Anfang der politischen Dichtung Walthers gestanden haben.[169] Anlaß für die Entstehung wäre der

---

[163] Dies erwägen auch Wilmanns/Michels [Anm.11], Bd. I, II Anm. 145. - Die seit Burdach geradezu kanonische Datierung der ersten beiden Strophen im Reichston auf 1198 und, damit zusammenhängend, die Annahme, daß W. sich schon im Sommer 1198 in den Dienst Philipps gestellt habe, ist neuerdings mit bedenkenswerten Gründen von verschiedenen Seiten wieder zur Disposition gestellt worden; vgl. G. Serfas: Die Entstehungszeit der 'Sprüche im Reichston' Walthers vdV, in: ZfdPh 102, 1983, S. 65-84, ebd. S. 82; C. Edwards: Walther's Third Song in the 'Reichston': *Ich sach mit mînen ougen*, in: FMLS 21, 1985, S. 105-120. Zuletzt P. Kern: Der Reichston - Das erste politische Lied Walthers vdV? in: ZfdPh 111, 1992, S. 344-362, ebd. S. 357ff.

[164] Winkelmann [Anm. 3], S. 142 Anm. 2.

[165] Anders, jedoch ohne Begründung, Liebertz-Grün [Anm. 158], S. 291: "Diese Preisstrophe auf Philipp ist [...] wahrscheinlich schon nicht mehr im Dienst Philipps entstanden, sondern im Auftrag Herrmanns von Thüringen [...]". Auch nach Bumke [Anm.162], S. 163, ist sie "schon im Dienste des Landgrafen" verfaßt.

[166] Vgl. oben, Anm. 157, die Überlegungen Ruhs, bes. S.310f.

[167] Der konnte bereits "zu Anfang 1202 kaum mehr als staufisch gelten"; vgl. Winkelmann [Anm. 3], S. 255 Anm. 1; S. 266; S. 267 Anm. 1.

[168] Nicht jedoch, wie Maurer [Anm. 118] vorschlägt, L. 19,17 und 20,4 (ebd. S. 21).

[169] Ganz entschieden vertritt diese Auffassung G. Serfas [Anm. 163], S. 84, und, mit anderer Begründung, Kern [Anm. 163], S. 355-358; dessen Überlegungen zur Entstehung (zuerst L. 20,4)

(erstrebte) Dienst für einen potentiellen neuen Gönner gewesen, gesicherter *terminus post quem* Weihnachten 1199. Keineswegs zwingend ist eine Vordatierung von L. 18,29 auf die Mainzer Krönung vom 8. September 1198, wie seit Wilmanns/Michels üblich[170]: das 'Passen' der Krone konnte man schließlich auch noch bei der Magdeburger Festkrönung als erwiesen ansehen. Was sollte es im übrigen für einen Sinn machen, zuerst die Fürsten offen aufzufordern, sich Philipp anzuschließen und danach noch einmal auf so verhüllte und geradezu 'theologisch' argumentierende Weise wie in L. 19,5?[171] Wenn die Interpretation von L. 19,5 richtig ist, drängt sich eine Umdatierung von L. 18,29 geradezu auf[172]: Zuerst wäre, noch im Dienste Herrmanns, L. 19,5 entstanden, dann in engem Zusammenhang L. 18,29.[173] Daß König Philipp die Krone zu Recht trägt und der vollkommene Herrscher ist, wird sodann auch am biographischen Einzelfall Walther vorgeführt (L. 19,29).

Mit L. 19,17 muß sich Walther aus der engeren Umgebung Philipps -möglicherweise im Zusammenhang von Herrmanns 1202 erfolgtem Abfall vom Staufer - bereits verabschiedet haben.[174] Die taktlose Anspielung auf Geiselnahme und Erpressung von Richard Löwenherz durch den Bruder Philipps, Heinrich VI. (19,26), wird, wie erst recht die Spießbratenstrophe im zweiten Philippston, wohl eher aus 'sicherer' Distanz, jedenfalls kaum auf eigene Rechnung und Gefahr, vorgetragen worden sein. Mit der *milte* wird Philipp hier auch die Legitimation von Herrschaft indirekt abgesprochen[175]; daß Wal-

---

bedürfen allerdings zusätzlicher Hilfshypothesen ("der wenig heikle Landgraf" darf "keineswegs gekränkt sein", vgl. Anm. 50 S. 358). Die *opinio communis* beruht allerdings auf kaum weniger spekulativen Annahmen.

170 Walther vdV, hg. u. erklärt v. W. Wilmanns, Bd. II, 4. vollständig umgearbeitete Aufl. bes. v. V. Michels, Halle 1924, S. 108.

171 Wie W. vom *integumentum* zur 'Auslegung' und dann erst zur biographischen Konkretisierung fortschreitet, hat gerade Ruh überzeugend am ersten Atzeton gezeigt, [Anm. 156], S. 311-313.

172 So auch Halbach [Anm. 4], S. 134; anders Ruck [Anm. 118], S. 23: "Fortsetzungscharakter des Spruchs 19,5 im Verhältnis zu 18,29".

173 Im Gegensatz zu Liebertz-Grün [Anm.158] und Bumke [Anm. 162] wäre L. 19,5 nicht "schon", sondern n o c h im Dienste Herrmanns entstanden. Vgl. auch L. 19,7: *künec Philippes* und L. 18,32: *sîn keiserlîchez houbet*. Wenn man *keiserlîch* nicht als unspezifisch lobendes Epitheton auffassen will, läge hier eine Steigerung vor; vgl. Wilmanns/Michels [Anm. 170], Bd. I, S. 93, und Halbach [Anm. 4], S. 134f. und 143 Anm. 25.

174 1204 im Gefolge des Patriarchen Wolfger (das einzige Lebenszeugnis!), ist er ab 1205 mit großer Wahrscheinlichkeit (wieder) in Eisenach.

175 So auch Liebertz-Grün [Anm.158],S. 283. Vgl. zu L. 19,17 Christa Ortmann: Der Spruchdichter am Hof. Zur Funktion der Walther-Rolle in Sangsprüchen mit *milte*-Thematik, in: WvdV [Anm. 46], S. 17-35; ebd. S. 32: der Spruchdichter "fordert *milte* nicht nur für sich, sondern als Akt legitimer Herrschaft, der alle umgreift, für 'alle' [...]; am Maßstab der *milte* gemessen, [können] Herrscherqualitäten zu- oder abgesprochen werden [...]".

ther, angesichts der Größenordnung des von Richard erpreßten Lösegelds, nicht mehr nur die Sicherung der eigenen Existenz im Auge haben wird, ist zumindest wahrscheinlich.

Der Rückgriff auf den früheren Ton verleiht diesem eine neue literarische Qualität[176]; mit der Scheltstrophe auf den einst so gerühmten Staufer hätte Walther den ersten Philippston vor 1202 abgeschlossen und danach nicht mehr benutzt. Das Schwanken zwischen Panegyrik und Kritik ließe sich durch die wechselnde Einstellung des Thüringers zu Philipp zwischen 1198 und 1202 und Walthers Beziehung zu beiden hinreichend erklären.

Entgegen der sonst schlechteren Überlieferung in B, hat diese Handschrift beim ersten Philippston in der Strophenfolge offenbar eine alte und sinnvolle Ordnung bewahrt[177], entspricht sie doch weitgehend einer zumindest plausiblen, wenn auch natürlich kaum beweisbaren Entstehungsweise; über eine der jeweiligen Aufführungssituation angepaßte, höchstwahrscheinlich variable Vortragsfolge ist damit allerdings nichts gesagt.

Es hat sich gezeigt, daß die vorgeschlagene Deutung von L. 19,5 auch in einem allerdings nur hypothetischen Entstehungszusammenhang des 1. Philippstons nicht nur sinnvoll ist und bestätigt wird, sondern daß die Strophe von hier aus sogar eine zusätzliche Sinndimension erhält. Macht man sich erst von der Fixierung auf die aus moderner Sicht befremdlichen Analogien und 'Übertragungen' religiöser Sprache auf einen nur scheinbar profan-politischen Vorgang frei, wird deutlich, daß Walthers Darstellung der Magdeburger Festkrönung nicht nur zugleich Deutung ist, sondern mit dieser Deutung eine Handlungsanweisung auf der theologischen Sinnebene gegeben wird, die, nachdem die D a r s t e l l u n g einmal akzeptiert ist, gar nicht mehr in Frage gestellt werden kann. Walthers Beschreibung der Festkrönung gibt dafür nur die Koordinaten vor, die im angestrebten Sinne argumentativ wirksam sind, weil vom Herrscher gar nichts anderes erwartet wird und von den Adressaten selbst auf die sich daraus zwingend ergebende Handlungsweise zu schließen ist.

Das Bild, das Walther in seiner Darstellung des Magdeburger Festzuges entwirft, ist auf produktive Ergänzung, auf 'Erfüllung' hin angelegt. Die Art dieser intendierten Erfüllung braucht vom Autor nicht eigens ausgesprochen zu werden: es ist die aus der mittelalterlichen Exegese bekannte tropologische Auslegung mit ihrer Forderung der spirituellen Gleichgestaltung des einzelnen Gläubigen mit den Vorbildern der Heilsgeschichte. So wenig Philipp Kaiser ist, obwohl dies die Anspielungen auf das Trinitätsdogma suggerieren, so wenig sind die drei Weisen aus dem Morgenlande auf dem Magdeburger Hoftag 'an-

---

[176] Vgl. H.-J. Behr: Walthers Sprüche im 'Unmutston'. Überlegungen zu ihrer Kohärenz, in: WvdV [Anm.158], S. 391-401; ebd. S. 392.

[177] So auch Halbach [Anm. 4], S. 126.

wesend'[178], vielmehr ist, als Gegenstand des gegenwärtigen Wohlgefallens der *wîsen*, in Walthers Darstellung das Vergangene gegenwärtig. Wenn man die Lesart der Hs. C beibehält, sind die *wîsen* eben nicht auf dem Hoftag, sondern unter den Adressaten von Walthers Sangspruch zu suchen: Der Konjunktiv in V. 12 holt das Vergangene als gegenwärtig Wirksames in die Aktualität der heilsgeschichtlichen *imitatio*. Nicht der höfische Anstand soll Kennern des Hofzeremoniells gefallen, sondern die Huldigung der anwesenden Fürsten den abwesenden.[179]

Weder "sakralisiert" Walther den Vorgang, noch 'säkularisiert' er religiöse Vorstellungen im Dienste politischer Interessen: in der Sprache und mit den Argumenten seiner Zeit will er indirekt, aber möglicherweise desto wirksamer, auch in L. 19,5 zu Handlungen auffordern, die jedenfalls nach Meinung seiner Gönner die Situation erfordert.

---

[178] Vgl. Wapnewski [Anm. 7], S. 86 ; es sei denn, man unterstellte eine imitatorische Beziehung zwischen den Thüringern und Sachsen und den drei Weisen aus dem Morgenland, an deren Sein sie dann 'partizipierten' (s.o.). Im Text ist davon aber nicht die Rede.

[179] Die Rolle der *wîsen* ist jedoch gewissermaßen für alle beim Vortrag Anwesenden offen: nicht ausgeschlossen, angesichts der Vieldeutigkeit symbolischen Sprechens, daß bereits L. 19,5 vom König das Honorar für Herrmanns Unterwerfung einfordert und nicht erst L. 19,17.

Karl Reichl

SATIRISCHE UND POLITISCHE LYRIK IN DER ANGLO-IRISCHEN KILDARE-HANDSCHRIFT (HS. BL HARLEY 913)

Ein Anglist, der sich im Kreis von Romanisten und Germanisten mit einem Thema zur mittelenglischen Lyrik zu Wort meldet, muß mit einer Apologie beginnen. Schließlich läßt sich fast die gesamte englische lyrische Produktion des 13. Jahrhunderts zwischen den beiden Deckeln eines kleinen Bandes mit knapp hundert Titeln abdrucken, ein Textkorpus, das sich äußerst bescheiden neben der zeitgenössischen französischen oder deutschen Lyrik ausnimmt.[1] So beginnt auch das 1927 erschienene Buch von Jean Audiau, Les Troubadours et l'Angleterre, in einem apologetischen Ton:

> Tandis que les chansons des troubadours faisaient éclore, dans les pays voisins du Midi de la France, toute une poésie nouvelle, et que déjà l'Allemagne ellemême s'inspirait des poètes méridionaux, seule l'Angleterre restait, en apparence, insensible à cette influence.[2]

Doch die englische insensibilité ist, wie Audiau andeutet, nur apparente. Es kommt auch in England zu einer éclosion der Lyrik, wenn auch in typisch britischer Zurückhaltung später als anderswo und in sehr maßvollen Formen. Unsere Hauptquelle für die frühmittelenglische Liebeslyrik ist eine Handschrift im Britischen Museum (jetzt British Library), die Handschrift Harley 2253. Sie enthält zwar nur ca. ein Dutzend Liebeslieder, aber diese zeigen doch, daß die Troubadourlyrik — und noch mehr die Trouvèrelyrik — auch in England volkssprachige Dichtung inspirierte und daß es in England im 13. Jh. eine blühende Tradition der Liebeslyrik gab, von der freilich durch die Zufälle der Überlieferung nur weniges erhalten geblieben ist.[3] Typischer Zug dieser Liebeslyrik, wie allgemein der frühmittelenglischen Lyrik (der Lyrik vom 12. bis zur Mitte des 14. Jhs.), ist ihre Anonymität. Wir kennen keinen mittelenglischen Bernart de Ventadorn oder Thibaut de Champagne, Walther von der Vogelweide oder Neithart von Reuenthal.[4]

---

[1] Siehe English Lyrics of the XIIIth Century, hg. v. Carleton Brown, Oxford 1932.

[2] Jean Audiau: Les troubadours et l'Angleterre. Contribution à l'étude des poètes anglais de l'amour au moyen-âge (XIIIe et XIVe siècles), Paris 1927, S. 17.

[3] Zu den sog. 'Harley-Lyrics' siehe The Harley Lyrics. The Middle English Lyrics of MS. Harley 2253, hg. v. G. L. Brook, Manchester ^{3}1964; vgl. auch Theo Stemmler: Die englischen Liebesgedichte des MS. Harley 2253, Diss. Bonn 1962.

[4] Vgl. die Untersuchung von Raymond Oliver: Poems Without Names. The English Lyric, 1200-1500, Berkeley/CA 1970.

Um uns ein Bild von den Dichtern dieser Lyrik zu machen, ihrem Publikum, dem Milieu, in welchem lyrische Dichtung vorgetragen wurde, von wem und für wen, ist mehr als in anderen mittelalterlichen Literaturen ein Studium der Handschriften notwendig: nicht nur der zu interpretierenden handschriftlichen Texte selbst, dies selbstredend, sondern der Handschriften als solcher, als Quelle für Informationen über die Schreiber und Kopisten, ihre Interessen und Idiosynkrasien, ihre Stellung und Herkunft, kurz als wichtigstes Indiz für literatursoziologische Erkundungen.

Die folgenden Ausführungen sollen allerdings nicht der eben erwähnten Handschrift gelten, sondern einer anderen Harley-Handschrift, Harley 913. Diese Handschrift stammt aus der gleichen Zeit wie die berühmtere Lyrik-Handschrift, nämlich aus dem beginnenden 14. Jahrhundert. Sie wurde in Irland geschrieben, wahrscheinlich im Franziskanerkloster in Kildare (ca. 50 km südwestlich von Dublin).[5] Wie andere englische und anglo-irische Handschriften aus dieser Zeit, die volkssprachige Texte beinhalten, ist Harley 913 dreisprachig, enthält also lateinische, französische und englische Texte. Vieles in der Handschrift ist so, wie wir es von einer von Geistlichen geschriebenen Handschrift erwarten: wir finden lateinische Traktate über die mystische Bedeutung der Buchstaben, über Buße und Sündennachlaß, Auszüge aus Beda oder der 'Historia Tripartita' des hl. Franziskus, eine Passionsmeditation des Franziskaners und Erzbischofs von Canterbury Johannes Pecham (gest.1292), eine Aufstellung der Franziskanerklöster in Irland u.ä; wir finden englische Passionslyrik und Dichtungen über die Sieben Todsünden oder die Fünfzehn Zeichen vor dem Jüngsten Gericht, eine moralisierende Verspredigt, die Zehn Gebote in Reimform u.ä; wir finden Sprichwörter in Französisch und, hier sind wir beim Thema des Kolloquiums, eine längere anglonormannische Dichtung über die Verschanzung von Ross (New Ross in Leinster).[6] Das historische Ereignis, auf das diese Dichtung zurückgeht, ist das Jahr 1265 (Explicit *Ce fu fet l'an del incarnacion nostre Seignur, m.cc.lxv*), in dem die Bürger von New Ross damit begannen, ihre Stadt mit Befestigungsanlagen zu versehen, aus Angst vor einem Angriff zweier verfeindeter Adelsparteien:

---

[5] Die Handschrift läßt sich nicht eindeutig Kildare zuordnen, aber vieles spricht dafür, daß die Handschrift im Franziskanerkloster in Kildare entstanden ist; siehe unten. Die beste Ausgabe und Studie der Handschrift ist noch immer die Arbeit von Wilhelm Heuser: Die Kildare-Gedichte. Die ältesten mittelenglischen Denkmäler in anglo-irischer Überlieferung, Bonn 1904 (Bonner Beitr. zur Anglistik 14).

[6] Zum Inhalt der Handschrift, wie ihn der Katalog der Harley-Handschriften angibt, siehe Heuser [Anm. 5], S. 4-8; im einzelnen sind diese Angaben allerdings ergänzungsbedürftig.

Talent me prent de rimaunceir,
S'il vous plet de escoteir,
Kar parole, qe n'est oie,
Ne vaut pas un aillie.
Pur ce vous prie d'escoter,
Si me oies ben aucer
De une vile en Ireland,
La plus bele de sa grand,
Qe je sache en nule tere.
Mes poure avoint de un gerre,
Qe fu par entre deus barouns.
Veici escrit amdeus lur nuns:
Sire Morice e Sire Wauter.
Le noun de la vile voil nomer,
Ros le devez apeler. (V. 1-15, f.64r)[7]

Ich habe Lust, Reime zu schmieden,
Falls es euch beliebt zuzuhören,
Denn Worte, die nicht gehört werden,
Sind keine Knoblauchzehe wert.
Deshalb bitte ich euch zuzuhören:
Hört mich Gutes sagen[8]
Von einer Stadt in Irland,
Der schönsten weit und breit,
Die ich irgendwo auf Erden kenne.
Aber Angst hatten die Leute vor einem Krieg,
Der zwischen zwei Baronen herrschte.
Seht hier ihre beiden Namen aufgeschrieben:
Sire Morice und Sire Wauter.
Den Namen der Stadt will ich bekannt geben:
Ross sollt ihr sie heißen.

[7] Die im folgenden zitierten Texte aus der Harley-Handschrift sind aus der Handschrift transkribiert, wobei Abkürzungen stillschweigend aufgelöst wurden und die Zusammen- und Getrenntschreibung, die Groß- und Kleinschreibung sowie in französischen und lateinischen Texten die Schreibung von <i>/<j> und <u>/<v> regularisiert wurden; die Interpunktion stammt von mir. — Zu einer (im einzelnen verbesserungsbedürftigen) Ausgabe des Gedichts (Nr. 43 im von Heuser nachgedruckten Handschriftskatalog) siehe The Popular Songs of Ireland, hg. v. T. Crofton Croker, London 1839, S. 277-304. Die Blätter, auf denen die Dichtung steht, sind in der Handschrift vertauscht: f. 64^r-64^v = Z. 1-57, f. 61^r-61^v = Z. 58-113, f. 55^r-56^v = Z. 114-219. Der Text zeigt die für das Anglonormannische typischen sprachlichen und metrischen Merkmale.

[8] Ich lese *aucer* als *haucier*, "erheben".

Diese Dichtung ist nicht der einzige Text, der aus dem Rahmen einer sonst als religiöse Miszellenhandschrift zu beschreibenden Sammlung fällt. Es sind außer der religiös-moralisierenden zwei Arten von Dichtung in der Handschrift vertreten: historische (wie die Verschanzung von Ross) und satirische und parodistische Texte, in Latein wie in Englisch. Ich beginne mit der Verschanzung von Ross. Dieses Gedicht hat zwar ein historisches Ereignis zum Thema, doch wird diese Begebenheit in einer eigentümlichen Weise behandelt. Über die beiden verfeindeten Barone erfahren wir nichts Näheres, und auch kriegerische Taten kommen in der Dichtung nicht vor. Das Gedicht beschreibt, wie sich die Bürger dazu entschließen, eine Stadtmauer aus Stein und Mörtel (*un mure de morter e de pere*, V. 21) zu bauen und an Mariä Lichtmeß damit beginnen, den Graben auszuheben. Sehr viel weiter als mit dem Grabenausheben ist man auch am Ende der 219 Zeilen umfassenden Dichtung noch nicht. Jeden Tag arbeitet eine andere Gruppe von Zünften: am Montag früh die Weinhändler, Seiden- und Tuchwarenhändler sowie andere Kaufleute, nach der Messe die Priester und schließlich die Seeleute; am Dienstag arbeiten die Schneider und Habitmacher, die Färber, Walker und Sattler und so weiter bis zum Sonntag, als die Damen erscheinen und Steine aufhäufen für das Mauerwerk:

E quant ont la pere aportee,
Tant cum plest a volunte
Entur la fosse vont chanter,
Avant qe en vile volen entrer.
E quant en la vile sunt entres,
Les riches dames sunt ensembles,
E juent et beivent e karolent
E de bons enveisurus en parolent,
E chescun a autre en conforte
E dient qe ferunt un porte,
La Port de Dames avera a noune.
E la en ferunt lur prisune:
E qi en lur prisun est entre,
De tut n'en avera sa volunte.
Je ne di pas pur nule blame,
Bon serreit estre en prisun de dame,
Kar bone dame est deboner,
Qe ja ne li leireit vileni fere. (V. 140-157, f.55v)

Und nachdem sie die Steine herbeigetragen hatten,
Ganz nach ihrem Gefallen
Tanzen sie um den Graben herum,

Bevor sie in die Stadt zurückkehren.
Und als sie die Stadt betreten hatten,
Versammeln sich die feinen Damen
Und spielen und trinken und tanzen im Reigen
Und sprechen von angenehmen, kurzweiligen Dingen,
Und eine jede spricht der anderen Mut zu,
Und sie sagen, daß sie ein Tor bauen wollen,
Das den Namen "Damentor" tragen soll.
Und dort werden sie ihr Gefängnis einrichten:
Und wer das Gefängnis betreten hat,
Wird alles nach seinem Wunsch bekommen.
Ich sage ganz ohne zu tadeln,
Daß es schön im Damengefängnis wäre,
Denn eine gute Dame ist von mildem Sinn,
Die es niemals zuließe, daß einem Gemeines widerfährt.

Die Dichtung fährt fort mit der Versicherung, daß nach der Errichtung der Stadtmauer die Bürger in Frieden leben und des Nachts ruhig schlafen können, und endet mit einem Lob auf die gastfreundliche Stadt:

Kar ce est la plus franch vile,
Qe seit en certeinne en yle.
E tot hom estrange est ben venu
E de grant joi est resceu,
E chater e vendre en pute ben,
Qe nul hom ne li demandra reen.
A Deu la vile je command
E tous qe dedens sunt habitand.
Amen, amen, amen. (V. 212-219, f.56v)

Denn es ist die edelste Stadt,
Die es sicherlich auf einer Insel gibt.
Jeder Fremde ist herzlich willkommen
Und wird mit großer Freude empfangen,
Und er kann gut einkaufen und verkaufen,
Ohne daß jemand etwas von ihm (an Steuer) will.
Ich empfehle Gott die Stadt
Und alle, die darin wohnen.

Was sich zunächst als ein historisches Gedicht ankündigt, entpuppt sich als ein Preisgedicht auf die verschiedenen Zünfte, allem Anschein nach verfaßt von einem, der in den Genuß der Gastfreundschaft der Stadt Ross gekommen ist. Der Verfasser sah die — historisch verbürgten — Aktivitäten der Einwohner freilich auch von der komischen Seite: Wenn er die in ihren Häusern aufgehäuften Waffen und Mordwerkzeuge aufzählt und die Verteidigungsbereitschaft der Bürger rühmt, kann man sich des Eindrucks nicht erwehren, daß er das martialische Gebaren der Bürger von Ross nicht ganz ernst nehmen will (V. 168-192). Und die Damen erscheinen zum Steineschleppen herausgeputzt und aufgemacht, ein Kontrast, der eines gewissen grotesken Effekts nicht entbehrt (V. 128ff.). Das geplante Damentor ist vielleicht der spätere Maiden Tower von New Ross; andere Türme in der Befestigungsanlage trugen noch im 18. Jh. Namen wie Weaver's Tower und Brogue Makers' Tower und weisen so auf den historischen Hintergrund unseres Gedichts.[9] Mit dem Damenturm als Gefängnis mag der Autor auf zeitgenössische Minneallegorien anspielen, eine *Cité des dames* schwebt ihm aber wohl kaum vor. Die Begebenheiten werden in einem spielerischen, heiteren Ton vorgetragen, mit ironischen Untertönen, so daß der Leser das Gefühl hat, der Lobpreis könnte jeden Augenblick in Spott umschlagen.

Waren die verschiedenen Zünfte in dieser anglonormannischen Dichtung noch gepriesen worden, wenn auch mit einem Augenzwinkern, so werden sie in einem englischen Gedicht aus der gleichen Handschrift (mit dem Incipit *Hail seint Michael*) deutlich verspottet. Kaufleute, Schneider, Stiefelmacher, Kürschner, Töpfer, Bäcker, Bierbrauer, Hausierer und Wollkämmer werden ob ihrer schlechten Waren, ihrer Raffgier und ihrer Skrupellosigkeit angeprangert und in ihrem Tun verhöhnt. Drastisch heißt es bei den Kürschnern:

Hail be ʒe skinners wiþ ʒure drenche kiue!
Who so smilliþ þerto, wo is him aliue.
Whan þat hit þonneriþ, ʒe[10] *mote þerin schite.*
Daþeit ʒur curteisie, ʒe stinkeþ al þe strete!
Worþ hit wer þat he wer king
Þat ditid þis trie þing. (V. 79-84, f.8r)[11]

Gegrüßt seid ihr Kürschner mit euren Einweichkübeln!
Wer daran riecht, dem vergeht Hören und Sehen.
Wenn es donnert, dann werdet ihr wohl da hinein eure Notdurft verrichten.
Verflucht sei euer höfliches Gehabe: ihr erfüllt die ganze Straße mit eurem Gestank.

---

[9] Siehe Croker [Anm. 7], S. 289.

[10] In der Handschrift ist davor *þ* expungiert.

[11] Das Gedicht hat die Nummer 1078 in Carleton Brown, Rossell Hope Robbins: The Index of Middle English Verse, New York 1943, und Rossell Hope Robbins, John L. Cutler: Supplement to the Index of Middle English Verse, Lexington/KY 1965 [im folgenden abgekürzt als 'Index']. Das Gedicht findet sich auf f. 7^r-8^v in der Handschrift und ist ediert bei Heuser [Anm. 5], S. 154-158; ich zitiere aus der Handschrift.

Es wäre geziemend, daß derjenige König wäre,
Der diese auserlesene Dichtung verfaßte.

In dieser Dichtung werden aber nicht nur die verschiedenen Zünfte auf den Arm genommen, der Spott des Autors gilt auch den verschiedenen Vertretern des geistlichen Standes:

Hail be 3e freris wiþ þe white copis!
3e habbiþ a hus at Drochda, war men makiþ ropis.
Euir 3e beþ roilend þe londis al aboute.
Of þe watir daissers 3e robbiþ þe churchis.
Maister he was swiþe gode
Þat þis sentence vnderstode.

Hail be 3e Gilmins wiþ 3ur blake gunes!
3e leuith þe wildirnis and filliþ þe tunis,
Menur wiþoute and prechur wiþinne.
3ur abite is of gadering, þat is mochil schame.
Sleilich is þis uers iseid,
Hit wer harme adun ileiid.

Hail 3e holi monkes wiþ 3ur corrin,
Late and raþe ifillid of ale and wine!
Depe cun 3e bouse, þat is al 3ure care.
Wiþ Seint Benetis scurge lome 3e discipline þ.
Takeþ hed[12] *al to me!*
Þat þis is sleche, 3e mow wel se.

Hail be 3e nonnes of Seint Mari house,
Goddes bourmaidnes and his owen spouse!
Ofte mistrediþ 3e 3ur schone, 3ur fete beþ ful tendre:
Daþeit þe sotter þat tawiþ 3ure leþir!
Swiþe wel 3e vnderstode
Þat makid þis ditee so gode.

Hail be 3e prestis wiþ 3ur brode bokes!
Þo3 3ur crune be ischaue, fair beþ 3ur crokes.
3ow and oþer lewidmen deleþ bot ahouue.
Whan 3e deliþ holibrede, 3iue me botte a litil.
Sikirlich he was a clerk
Þat wrochete þis craftilich werk. (V. 31-60, f.7v)

[12] In der Handschrift ist *d* über der Zeile eingefügt.

Seid gegrüßt, ihr Bettelmönche mit den weißen Kapuzen!
Ihr habt ein Haus in Drogheda, wo man Stricke macht.
Dauernd schweift ihr überall in der Gegend herum;
Aus den Kirchen stehlt ihr die Weihwasserwedel.
Ein sehr guter Meister war der,
Der diese Sentenz (zu dichten) verstand.[13]

Seid gegrüßt, ihr Gilminen mit den schwarzen Kutten!
Ihr verlaßt die Wildnis und füllt die Städte,
Außen Franziskaner und innen Dominikaner;
Eure Gewohnheit ist es, Reichtümer anzuhäufen: das ist eine große Schande.
Kunstvoll wurde diese Strophe gesprochen,
Es wäre eine Sünde, wenn man sie nicht beachtete.[14]

Seid gegrüßt, ihr heiligen Mönche mit euren Trinkbechern[15],
Früh und spät mit Bier und Wein gefüllt!
Tief könnt ihr in die Becher schauen, das ist euer ganzes Trachten,
Mit der Geisel des hl. Benedikt kasteit ihr euch häufig.
Paßt alle auf meine Worte auf!
Ihr könnt wohl sehen, daß sie weise sind.

Seid gegrüßt, ihr Nonnen vom Kloster der hl. Maria,
Gottes Mägde und seine eigene Braut!
Oft tretet ihr eure Schuhe aus, eure Füße sind ja so zart:
Verflucht sei der Schuhmacher, der euer Leder gerbt!
Sehr wohl hat euch derjenige erkannt,
Der dieses Gesetzlein so gut gemacht hat.

Seid gegrüßt, ihr Priester mit euren breiten Büchern!
Obwohl ihr die Tonsur habt, tragt ihr hübsche Locken.
Ihr und andere Laien teilt recht geizig aus;
Wenn ihr das heilige Brot austeilt, dann gebt mir nur ein kleines bißchen.
Sicherlich war der ein Klerikus,
der diese kunstvollen Verse schmiedete.

---

[13] Die beiden Endzeilen des Gedichts stellen jeweils ein Selbstlob des Dichters und seines Könnens dar. Me. *sentence* ist vieldeutig und bedeutet u. a. "Weisheit", "moralischer Ernst", aber auch "Ausspruch", "wörtliche Bedeutung"; siehe Middle English Dictionary, hg. v. Sherman M. Kuhn u.a., Ann Arbor/MI 1956 ff. [im folgenden abgekürzt als MED], IX, 438-441.

[14] Zur Bedeutung "ignorieren" von *leien adoun* siehe MED, V, 795 (s.v. *leien*, 10).

[15] Die englischen Texte der Kildare-Handschrift weisen eine Reihe von irischen Lehnwörtern aus, so hier mittelenglisch *corrin* von irisch *coirín*, "kleiner Kübel", "Krug".

Mit den Bettelmönchen mit den weißen Kapuzen sind die Karmeliter gemeint, die sich nach 1272 in Drogheda (ca. 45 km nördlich von Dublin) niederließen. Unter den Gilminen sind die williamitischen Eremiten (von Siena) zu verstehen, eine der Eremitengruppen, aus denen die Augustinermönche (nicht Chorherren) hervorgegangen sind.[16] Interessanterweise werden die Franziskaner und Dominikaner nicht kritisiert, wohl aber werden in den ersten Strophen des Gedichts der hl. Franziskus und der hl. Dominikus (zusammen mit dem hl. Michael, dem hl. Christopherus und dem hl. Jakobus [dem Apostel) angerufen.[17] Die Vorwürfe, die später gegen die Bettelmönche, vor allem auch gegen die Franziskaner in der satirischen Literatur Englands gemacht werden, werden hier gegen die 'Konkurrenz' von den Nachbarorden erhoben.[18] Alle vier Bettelmönchsorden (Franziskaner, Dominikaner, Karmeliter und Augustiner) waren zur Zeit der Abfassung der Handschrift (bis 1340) nur in Dublin und Drogheda vertreten; in Kildare z.B. gab es nur Franziskaner (1254-1260) und Karmeliter (1290), in New Ross nur Franziskaner und Augustiner (vor 1320).[19]

Wer ist der Autor dieses Gedichts und um welche Stadt handelt es sich, deren Zustände er anprangert? In einem religiösen Gedicht der Handschrift heißt es am Ende:

Þis sang wro3t a frere [*menour*],
Ihesus Crist be is socure!
Louerd, bring him to þe toure,

---

[16] Zu den Karmelitern und anderen Bettelmönchorden (außer den Franziskanern und Dominikanern) in England siehe Dom David Knowles: The Religious Orders in England, 3 Bde., Cambridge 1948-1959, I, 194-204; zu den Karmelitern und Augustinermönchen in Irland siehe John Watt: The Church in Medieval Ireland, The Gill History of Ireland 5, Dublin 1972, S. 85-86.

[17] Man mag Formulierungen wie *Þo3 þou be a gode clerk, be þou no3t to hei3* ("obwohl du ein guter Kleriker bist, sei nicht zu hochmütig"), bezogen auf den hl. Dominikus, und *Mani bold begger siwiþ þi route* ("so mancher kühne Bettler folgt deinem Weg"), bezogen auf den hl. Franziskus, als Kritik der Dominikaner bzw. der Franziskaner auffassen, doch ist diese Kritik im Vergleich zu dem, was über die anderen Orden gesagt wird, sehr mild ausgefallen.

[18] Eine der bekanntesten Figuren der mittelalterlichen antifranziskanischen Literatur ist Chaucer's *Friar* in seinen Canterbury Tales; vgl. Jill Mann: Chaucer and Medieval Estates Satire. The Literature of Social Classes and the 'General Prologue' to the 'Canterbury Tales', Cambridge 1973, S. 37-54. Zu einigen mittelenglischen satirischen Gedichten siehe Historical Poems of the XIVth and XVth Centuries, hg. v. Rossell Hope Robbins, New York 1959, S. 157-168.

[19] Siehe die Übersicht in: Watt [Anm. 16], S. 61.

Frere Michel Kyldare!
Schild him fram helle boure,
Whan he sal hen fare!
Leuedi, flur of al honur,
Cast awai is care!
Fram þe schoure of pinis sure
Þou sild him her and þare! Amen. (V. 141-150, f.10r)[20]

Diesen Gesang dichtete ein minderer Bruder,
Jesus Christus sei sein Beistand,
Herr, bringe ihn zum Himmelsturm[21],
Den Bruder Michel von Kildare;
Bewahre ihn vor dem Höllengemach,
Wenn er das Zeitliche segnet!
Jungfrau, von höchster Ehre,
Befreie ihn von seiner Sorge;
Vom Hagel der sicheren Pein
Bewahre ihn hier wie dort! Amen.

Da das satirische Gedicht mit einer Anrufung des hl. Michael beginnt, wäre es zumindest denkbar, daß der nämliche Michael von Kildare sein Autor ist. Ob er mit seiner Satire auf die Geistlichen und Zünfte dabei Kildare im Auge hatte, ist fraglich. W. Heuser, der Herausgeber der englischen Gedichte in der Kildare-Handschrift, war der Meinung, daß Dublin gemeint sein müsse, da hier einmal Karmeliter wie Augustiner vertreten waren, zum anderen es dort auch ein Nonnenkloster zur hl. Maria (genauer sogar zwei) gab. Der Autor des Gedichts nennt sich wiederholt einen *clerk* (*Þe best clerk of al þis tun/ Craftfullich makid þis bastun.* "Der beste Klerikus der ganzen Stadt/ Machte diese Strophe mit Kunstfertigkeit.") Und an einen Klerikus läßt auch die letzte Strophe dieses Gedichts denken:

Makiþ glad, mi frendis, ȝe sittiþ to long stille,
Spekiþ now and gladieþ and drinkeþ al ȝur fille!
ȝe habbeþ ihird of men lif þat woniþ in lond.
Drinkiþ dep and makiþ glade, ne hab ȝe non oþer nede!
Þis song is yseid of me,

[20] Der Text (Index, 3234) ist abgedruckt in: Heuser [Anm. 5], S. 81-85. Statt *menour* hat die Handschrift eine Rasur; Heuser (S.79) weist darauf hin, daß man auch *prechour* ("Prediger" = Dominikaner) ergänzen könne, doch ist aufgrund des handschriftlichen Inhalts ein Franziskanerkontext wahrscheinlicher.

[21] Zur Bedeutung "Himmelsturm, Himmel" von me. *toure* (ne. *tower*) siehe The Oxford English Dictionary, hg. von J.A.H. Murray u.a., Oxford ^{2}1989, s.v. *tower*, 2b.

Euer iblessid mot 3e be. (V. 115-120, f.8v)

Vergnügt euch, meine Freunde, ihr sitzt schon zu lange still,
Sprecht jetzt und seid fröhlich und trinkt, soviel ihr wollt!
Ihr habt das Leben von den Leuten gehört, der hier im Land wohnen,
Trinkt fest und seid vergnügt, euch tut nichts anderes not.
Dieser Gesang ist von mir vorgetragen worden,
Möge Gottes Segen auf euch ruhen.

Der ganze Ton des Gedichts weist in die Richtung der Vaganten- und Goliardendichtung, und ein Blick auf die noch nicht genannten lateinischen Texte der Handschrift bestätigt diese Vermutung.

Es sind hier zunächst drei Liturgieparodien zu nennen, die 'Missa de potatoribus' (mit dem Incipit *Introibo ad altare Bachi*, f.13v-14v), ein parodistisches Stundengebet (f.12r-13r) und eine 'Passio unius monachi secundum Bachum' (f.60r-60v). Die Saufmesse ist in zahlreichen Handschriften überliefert; die Harley-Handschrift ist davon die früheste; sie wurde von Paul Lehmann in der 2. Auflage seines klassischen Buches zur Parodie im Mittelalter herausgegeben.[22] Auch die 'Passio unius monachi secundum Bachum' teilt Lehmann mit, allerdings in einer anderen (volleren) Version. Sie erzählt die fabliauartige Geschichte eines lüsternen Mönchs, der vom Ehemann seiner Geliebten ertappt wird und von ihm an demjenigen Körperteil bestraft wird, der gesündigt hat. Die Dialoge des Textes sind dabei größtenteils aus der Bibel genommen (aus den Psalmen, dem Hohen Lied, den Evangelien usw.).[23]

Die Handschrift enthält noch drei weitere lateinische Texte, die in diesen Zusammenhang gehören, zunächst eine Satire auf das Gerichtswesen, in der die verschiedenen Träger der richterlichen Gewalt vom Gerichtsschreiber bis zum Richter scharf kritisiert werden (Incipit *Beati qui esuriunt*).[24] Mit dieser Dichtung wäre eine englische Satire auf die geistlichen Gerichtshöfe in der Handschrift Harley 2253 zu vergleichen, in der in ähnlicher Weise die üblen Praktiken der Gerichte, die einen Mann um Hab und Gut

---

22 Siehe Paul Lehmann: Die Parodie im Mittelalter. Mit 24 ausgewählten parodistischen Texten, 2., neu bearb. u. erg. Aufl., Stuttgart 1963, S. 233-241.

23 Siehe Lehmann [Anm. 22], S. 224-230.

24 Das Gedicht findet sich auf f. 59r-59v; siehe Hans Walther: Alphabetisches Verzeichnis der Versanfänge mittellateinischer Dichtungen, Göttingen ^{2}1969, Nr. 2098 [abgekürzt als Walther]. Das Gedicht ist aus der Hs. Harley 913 ediert in: The Political Songs of England, From the Reign of John to that of Edward II, hg. und üb. v. Thomas Wright, Camden Soc., London 1839, S. 224-230.

bringen, angeprangert werden.[25] Eingebettet in eine Tierfabel werden Unrecht und Bestechlichkeit auch in einem englischen Gedicht der Kildare-Handschrift thematisiert.[26] Ein weiteres lateinisches satirisches Gedicht unserer Handschrift ist unter dem Titel "Das Fest des Abts von Gloucester" bekannt (Incipit *Quondam fuit factus festus*). Der Abt von Gloucester (in anderen Versionen von Leicester) lädt den Prior und seine Mönche zu einem Saufgelage ein, bei dem sich Abt und Prior sinnlos betrinken und in Streit geraten. Wieder ist der geistliche Stand und insbesondere das Mönchtum Zielscheibe des Spottes.[27] Auch das Gedicht mit dem Incipit *Quis nescit quam sit monachorum nobilis ordo* richtet sich gegen die alten Mönchsorden, insbesondere die Unersättlichkeit der Mönche.[28] Ich möchte auf diese Texte, die von Paul Lehmann, Wilhelm Meyer und anderen ausführlich besprochen worden sind, nicht näher eingehen. Festhalten kann man aber, daß diese lateinischen Texte, die der Handschrift den Charakter einer Goliardenhandschrift geben, offensichtlich Modell für die satirische bis burleske englische Dichtung der Harley-Handschrift waren.

Damit möchte ich zu dem bekanntesten englischen Gedicht der Kildare-Handschrift, dem 'Land of Cokaygne', kommen. Es beginnt mit der Beschreibung des Schlaraffenlandes weit im Westen von Spanien als einem Land, in dem Milch und Honig fließen:

Fur in see bi west Spayngne
Is a lond ihote Cokaygne.
Þer nis lond vnder heuenriche
Of wel, of godnis hit iliche.
Þo3 Paradis be miri and bri3t,
Cokaygn is of fairir si3t.
What is þer in Paradis
Bot grasse and flure and grene ris?
Þo3 þer be ioi and gret dute,
Þer nis met bote frute;
Þer nis halle, bure, no benche,
Bot watir manis þurst [*t*]*o*[29] *quenche.*
Beþ þer no men bot two:

[25] Index, 2287; ediert in: Robbins [Anm. 18], S. 24-27.

[26] Index, 4144; f. 44^v-47^v; ediert in: Heuser [Anm. 5], S. 133-139.

[27] Walther Nr. 16347; f. 10^r-12^r; ediert in: Reliquiae Antiquae, hg. v. Thomas Wright, James Orchard Halliwell, 2 Bde., London 1841-1843, I, 140. Vgl. auch Lehmann [Anm. 22], S. 136.

[28] Walther, Nr. 16086; f. 57^r.

[29] Die Handschrift hat *o*.

Hely and Enok also.
Elinglich mai hi go
Whar þer woniþ men no mo.
In Cokaigne is met and drink
Wiþvte care, how and swink.
Þe met is trie, þe drink is clere,
To none, russin and sopper. (V. 1-20, f. 3r)[30]

Loin en mer, à l'ouest de l'Espagne,
Il est un pays que l'on appelle Cocagne.
Il n'existe pas de pays sous les cieux
Qui lui soit égal en biens et en vertu.
Même si le Paradis est gai et attrayant,
Cocagne a un aspect encore plus agréable.
Qu'y a-t-il d'autre au Pardis
Que de l'herbe, des fleurs et des branches vertes?
Sans doute y trouve-t-on la joie et un grand plaisir,
Mais les fruits y constituent la seule nourriture;
On n'y voit ni salle, ni chambre, ni banc,
On n'y trouve que de l'eau pour étancher sa soif.
Il n'y a que deux hommes au Paradis —
Elie et Enoch;
Il errerait misérablement celui qui irait
Là où ne vivent pas d'autres hommes.
En Cocagne, on trouve nourriture et boisson
Sans souci, anxiété ou effort;
Les mets y sont de premier choix, la boisson clairette,
A midi, à quatre heures[31] et au dîner.[32]

---

[30] Das Gedicht (Index, 762) ist ediert in: Heuser [Anm. 5], S. 141-150; zu einer neueren Ausgabe siehe Early Middle English Verse and Prose, hg. v. J.A.W. Bennett, G.V. Smithers, mit einem Glossar v. Norman Davis, Oxford [2]1968, S. 136-144. Der Text ist hier aus der Handschrift transkribiert. — Das Gedicht ist verschiedentlich interpretiert und übersetzt worden, auch ist die Frage, welche Orden in welcher irischen Stadt hier parodiert werden, mehrfach behandelt worden (siehe unten). Zum folkloristischen Hintergrund der Dichtung vgl. Johannes Poeschel: Das Märchen vom Schlaraffenlande, in: PBB, 5 (1878), 389-427; zu einer deutschen Übersetzung der mittelenglischen Dichtung siehe Wolfgang Biesterfeld-Marlis H. Haase: The Land of Cokaygne. Eine englische Version des Märchens vom Schlaraffenland, in: Fabula, 25 (1984), 76-83; zu einer französischen Übersetzung siehe Juliette De Caluwé-Dor: L'anti-paradis du 'Pays de Cocagne'. Cocagne I. Étude et traduction du poème moyen-anglais, in: Marche romane. Mélanges de philologie et de littératures romanes offerts à Jeanne Wathelet-Willem, Cahiers de l'A.R.U.Lg., Liège 1978, S. 103-123.

[31] Me. *russin*, "Nachmittagsimbiß", gehört zur Gruppe der irischen Lehnwörter in den Harley-Gedichten (aus irisch *roisín*, "Mittagessen").

Das Besondere an diesem Schlaraffenland ist aber nun, daß dort Mönche wohnen:

Þer is a wel fair abbei
Of white monkes and of grei.
Þer beþ bowris and halles:
Al of pasteiis beþ þe walles,
Of fleis, of fisse and[33] *rich met,*
Þe likfullist þat man mai et.
Fluren cakes beþ þe schingles alle
Of cherche, cloister, boure and halle.
Þe pinnes beþ fat podinges,
Rich met to prince3 and kinges. (V. 51-60, f. 4r)

Il s'y trouve une fort belle abbaye
De moines blancs et gris.
On y voit des chambres et des salles:
Les murs y sont entièrement de pâtisserie,
De viande, de poisson et de riches mets,
Les plus délicieux que l'on puisse manger.
Tous les aisseaux de l'église, du cloître, de la chambre
Et de la salle sont faits de gâteaux de farine.
Les chevilles sont de gras puddings —
Une riche nourriture pour princes et rois.[34]

Das Leben in diesem Kloster entspricht den Zuständen des Bruegelschen Schlaraffenlandes:

3ite I do 3ow mo to witte:
Þe gees irostid on þe spitte
Flee3 to þat abbai, God hit wot,
And grediþ: 'Gees, al hote, al hot!'
Hi bringeþ garlek gret plente,
Þe best idi3t þat man mai se.
Þe leuerokes, þat beþ cuþ,
Li3tiþ adun to manis muþ,
Idi3t in stu ful swiþe wel,
Pudrid wiþ gilofre[35] *and canel.* (V. 101-110, f. 5r)

Et pourtant je vais vous en faire connaître plus:

---

32 De Caluwé-Dor [Anm. 30], S. 105.
33 Danach ist in der Handschrift *and* expungiert.
34 De Caluwé-Dor [Anm. 30], S. 106.
35 In der Handschrift verbessert aus *ginigelofre*.

Les oies rôties à la broche
Volent vers cette abbaye, Dieu le sait bien,
Et crient: "Chaudes les oies, bien chaudes!"
Elles traînent à leur suite une grande quantité d'ail
Et sont les mieux préparées que l'on puisse voir.
Les alouettes, bien dressées,
Tombent dans la bouche des gens
Tout imprégnées du jus de cuisson,
Saupoudrées de girofle et de canelle.[36]

Da sich ganz in der Nähe ein Nonnenkloster befindet, beschränken sich die fleischlichen Genüsse der Mönche nicht auf den kulinarischen Bereich. An heißen Tagen springen die jungen Nonnen in den Milchfluß und lassen sich von den Mönchen entführen und verführen: und so läßt der Dichter am Ende seiner zölibatären Phantasie ihren freien Lauf.

Über diese Dichtung ist viel gerätselt worden. Ist sie eine Parodie oder eine Satire? Steht die Dichtung in einer literarischen Tradition und wenn ja, in welcher? Von welchen Klöstern ist hier die Rede? Wo lagen sie? Läßt sich ein faktischer Hintergrund überhaupt rekonstruieren? Das Mönchskloster wird im 'Land of Cokaygne' an einer Stelle Grey Abbey genannt (*þe mochil grei abbei*, V. 164), und W. Heuser war der Meinung, daß damit die Grey Abbey der Franziskaner in Kildare gemeint sein müsse. Er dachte auch, daß es sich bei den "weißen und grauen Mönchen" (*Of white monkes and of grei*, V. 52) um die Karmeliter und die Franziskaner handle. Der Autor spricht jedoch von *monkes*, nicht von *freres*, auch nennt er nur ein einziges Mönchskloster, in dem "weiße und graue Mönche" leben, so daß man auch an die Zisterzienser (die im Unterschied zu den schwarzen Benediktinern oft die weißen Mönche genannt werden) denken könnte, zumal die Zisterzienser ebenfalls eine Grey Abbey, nämlich in County Down, N. Irland, hatten.[37] Daß mit den verspotteten Mönchen Zisterzienser gemeint sind, wird von verschiedenen Interpreten des Gedichts angenommen, allerdings besteht keine Einigkeit über die Frage, welches Mönchskloster (bzw. auch welches Nonnenkloster) der Dichter im Auge hatte.[38] Es ist gut mög-

---

[36] De Caluwé-Dor [Anm. 30], S. 107.

[37] Siehe Bennett, Smithers [Anm. 30], S. 341. Zur Grey Abbey der Zisterzienser siehe Watt [Anm. 16], S. 55; Roger Staley: The Cistercian Monasteries of Ireland. An Account of the History, Art and Architecture of the White Monks in Ireland from 1142 to 1540, New Haven/CT 1987, S. 245.

[38] Thomas Jay Garbáty: Studies in the Franciscan 'The Land of Cokaygne' in the Kildare MS, in: Franziskanische Studien 45 (1963), plädiert für Athlone am Shannon; dagegen

lich, daß ein bestimmtes Kloster gemeint ist, doch verbietet die poetische Lizenz wohl eine eindeutige Lokalisierung. Wie immer man den historischen Hintergrund der Dichtung beurteilen mag, es kann kein Zweifel daran bestehen, daß das 'Land of Cokaygne' in Irland entstanden ist und auf irische Verhältnisse in satirischer Verzerrung anspielt.

Daneben steht das mittelenglische Gedicht jedoch auch in einer literarischen Tradition, so daß es angebracht ist, es nicht nur als eine (ortsbezogene) satirische Dichtung, sondern auch als eine Parodie anzusehen. Die Dichtungen, die dem 'Land of Cokaygne' am nächsten stehen sind zwei französische Dichtungen, das altfranzösische ''Fabliau' de Cocagne' und die anglonormannische Dichtung 'L'Ordre de Bel Ayse'. Mit dem sog. *fabliau* (die Dichtung ist kein Fabliau im eigentlichen Sinn) verbindet unser Gedicht die Zeichnung des Schlaraffenlandes als eines Landes, in dem die Häuser aus Eßbarem gebaut sind und in dem es möglich ist, ein Leben in Saus und Braus ohne Mühen und Anstrengungen zu leben.[39] Es fehlt allerdings die Ordenssatire, und eben diese findet sich in einer anglonormannischen Dichtung aus der Handschrift Harley 2253, 'L'Ordre de Bel Ayse', in der eine Regel vorgestellt wird, die von den verschiedenen Mönchs- und Bettelmönchsorden genau das aufnimmt, wofür sie jeweils kritisiert werden: von den Benediktinern die Völlerei, von den weltgeistlichen Kanonikern das Liebesspiel, von den Kartäusern die Abgeschiedenheit des mönchischen Pärchens in seiner Zelle, von den Franziskanern die Bettelei — natürlich nur bei den Reichen, bei denen man gute Unterkunft und saftige Braten erwarten kann, usw. Kein Orden bleibt ungeschoren in dieser Regel, die selbstverständlich davon ausgeht, daß die beiden Geschlechter munter unter einem Dach zusammenwohnen.[40] 'L'Ordre de Bel Ayse' ist nicht die einzige altfranzösische Dichtung, in der die religiösen Orden, seien es die der alten Mönchsorden oder die der Bettelmönche, kritisiert und lächerlich gemacht werden. Von Rutebeuf etwa ist aus der Mitte des 13. Jhs eine Ordenssatire erhalten, in der die Pariser Bettelmönchsorden von den Dominika-

bemerkt P. L. Henry: The Land of Cokaygne. Cultures in Contact in Medieval Ireland, in: Studia Hibernica 12 (1972), 120-141, daß es sich bei dem von Garbáty vorgeschlagenen Kloster um keine Zisterzienser-, sondern eine Kluniazensergründung handle, und postuliert seinerseits das Zisterzienserkloster Inislounaght am Fluß Suir, nordwestlich von Waterford, als historischen Adressaten der Satire.

39 Zu einer Diskussion und Edition des Gedichts siehe Veikko Väänänen: Le 'fabliau' de Cocagne, in: Neuphilologische Mitteilungen 48 (1947), 3-36.

40 Zu einer Edition und Übersetzung der Dichtung siehe Anglo-Norman Political Songs, hg. v. Isabel S.T. Aspin, Oxford 1953 (Anglo-Norman Text Soc. 11), S. 130-142.

nern und Franziskanern bis hin zu den Beguinen und Gilminen der Heuchelei und Falschheit angeklagt werden.[41] Diese Art von Dichtung gehört zweifellos zu denjenigen Formen der mittelalterlichen satirischen und parodistischen Dichtung, die sich einer besonderen Beliebtheit erfreuten.[42] Wie wir gesehen haben, ist die Ordenssatire auch sonst unter den Texten der Kildare-Handschrift vertreten, sowohl den lateinischen ('Quondam fuit factus festus', 'Quis nescit quam sit monachorum nobilis ordo') als auch den englischen ('Hail seint Michael'); 'The Land of Cokaygne' entspricht also ganz der goliardischen Ausrichtung der Handschrift.[43]

Außer religiöser und moralisiernder sowie parodistischer und satirischer Dichtung enthält die Kildare-Handschrift auch ein politisches Gedicht. "Die Ballade auf Peter von Birmingham", schreibt W. Heuser, "besingt in volkstümlich rohen Versen die Taten und den Tod dieses Vorkämpfers der englischen Ansiedler gegen die wilden Iren."[44] Dieser Pers von Birmingham ist 1308 gestorben und liegt in der Grey Abbey von Kildare begraben (auch dies ein Indiz, daß unsere Handschrift wohl aus Kildare stammt).

Sith Gabriel gan grete
Vre ledi Mari swete
Þat Godde wold in hir li3te,
A þousand 3er hit isse
Þre hundred ful iwisse
And ouer 3eris ei3te.

Þan of þe ei3t 3ere
Tak twies ten ifere,
Þat wol be XXti fulle:
Apan þe XX dai
Of aueril bifor mai
So deþ vs gan to pulle.

He pullid us of on,
Al Irlond makiþ mon,
Engelon ek as welle.

[41] Zu einer Edition mit neufranzösischer Übersetzung siehe Rutebeuf, Poèmes de l'infortune et autres poèmes, hg. u. üb. v. Jean Dufournet, Paris 1986, S. 264-271; zu einigen anderen bekannten Gedichten Rutebeufs gegen die Bettelmönche siehe ebd., S. 194ff.

[42] Zu einigen lateinischen Ordenssatiren vgl. Lehmann [Anm. 22], S. 68-75.

[43] Gelegentlich ist das Gedicht auch mit irischen Jenseitsreisen und Visionen in Verbindung gebracht worden; siehe Henry [Anm. 38], De Caluwé-Dor [Anm. 30].

[44] Heuser [Anm. 5], S. 158.

Ful wel ye witte his nam:
Sire Pers þe Birmingham.
Non nede hit is to telle. (V. 1-18, f. 50r)[45]

Seit Gabriel
Unserer lieben Frau Maria
Verkündete, daß Gott bei ihr einkehren wolle,
Sind tausend Jahre vergangen
Und gewiß noch dreihundert
Und dazu acht Jahre.

Dann vom achten Jahr
Nimm zweimal zehn,
Das sind genau zwanzig:
Am zwanzigsten Tag
im April vor dem Mai
Hat uns der Tod heimgesucht.

Er hat uns einen weggenommen,
Worüber ganz Irland klagt
Und England dazu.
Ihr kennt seinen Namen sehr gut:
Sir Pers von Birmingham.
Man braucht ihn gar nicht zu sagen.

Das Gedicht beginnt als ein Planctus auf den Tod des Pers von Birmingham, der in den folgenden Strophen als bester Ritter (Str. 4), edler Krieger (*noble werrure*, V. 25, Str. 5), Schlachtkämpe (*In batail stif to stond/ Iwis is þere nas nond* [Wenn es darum ging, in der Schlacht Mut zu zeigen, so hatte er sicherlich nicht seinesgleichen], V. 34-35, Str. 6) und "Immergrün der Ritterschaft" (*peruink of ham alle*, V. 42, Str. 7 und 8) gepriesen wird. Doch ab der 9. Strophe (das Gedicht umfaßt 22 Strophen) wird klar, worum es dem Dichter hauptsächlich geht: Pers als einen rücksichtslosen Kämpfer gegen die irische Opposition darzustellen (Str. 9-11):

Anoþer þing also:
To Yrismen he was fo
Þat wel wi[l]de whare.[46]

---

[45] Das Gedicht (Index, 3126) ist ediert in: Heuser [Anm. 5], S. 158-164. Ich zitiere aus der Handschrift.

[46] Die Handschrift hat *wide whare*, wohl in Anlehnung an *widwhar* wie in der letzten Strophe (siehe unten).

Euer he rode aboute
Wiþ streinþ to hunt ham vte,
As hunter doþ þe hare.

For whan hi wend best
In wildernis hab rest
Þat no man ssold ham see,
Þan he wold driue a quest
Anon to har nest,
In stid þer hi wold be.

Of slep he wold ham wake,
For ferdnis hi wold quake
And fond to sculk awai.
For þe[47] *hire of har bedde*
He tok har heuid to wedde,
And so he ta3t ham plai. (V. 49-66, f. 50v-51r)

Und noch eins:
Er war der Feind der Iren,
Die sehr wild waren.[48]
Dauernd ritt er herum,
Um sie mit Gewalt aus ihrem Versteck zu jagen,
Wie ein Jäger den Hasen.

Denn wenn sie am meisten glaubten,
In der Wildnis Ruhe zu haben,
Daß niemand sie sehen würde,
Dann brach er zu einer Hetzjagd auf
Zu ihrem Nest,
Dort, wo sie sich aufhielten.

Aus dem Schlaf weckte er sie,
Und sie zitterten vor Furcht
Und versuchten zu entfliehen.
Als Bezahlung für ihr Bett
Pfändete er ihren Kopf.
Und so ließ er sie nach seiner Pfeife tanzen.

Wie Edmund Curtis in seiner Geschichte Irlands feststellt, wurde die Jagd auf Iren vom anglo-normannischen Adel wie ein Sport betrieben:

---

[47] In der Handschrift über der Zeile.
[48] Oder vielleicht: "die in der Wildnis lebten".

> ... for a long time yet war upon the Irish was the sport of the Englishry. Among those most praised in this field was Piers of Bermingham, baron of Tethmoy, the ruins of whose strong castle in the 'Carrick' or Rock of Carbery near Edenderry may still be seen. The O'Conners, lords of Offaly, were his neighbours, and in open war could not be subdued.[49]

Kein Wunder, daß unter diesen Umständen die Iren Rache schwuren (Str. 12) und planten, die Spitzen der Eroberer, insbesondere Sir Pers, zu ermorden (Str. 13):

Þos Yrismen of þe lond
Hi swor and tok an hond
Þe Englis men to trai
And seid hi wold quelle
As fale as ich ȝou telle
Al apon o dai:

Þe Erl of Vluester,
Sire Emond þe Botiler,
Sire Ion le fiz Tomas,
Algate al bi name,
Sire Pers þe Birminghame.
Þis was har compas. (V. 67-78, f. 51r)

Die Iren des Landes
Schwuren und planten,
Die Engländer zu verraten,
Und sie sagten, daß sie
So viele wie ich euch sagen werde
An einem Tag töten würden:

Den Earl von Ulster,
Sir Emond den Bottler,
Sir John le fiz Thomas,
Alle zusammen, sicherlich,
(Dazu) Sir Pers von Birminham.
Das war ihr Plan.

Es handelt sich hier um Vertreter alter normannischer Adelshäuser, die maßgeblich an der Eroberung Irlands seit 1171 unter Heinrich II. beteiligt waren. Der Earl of Ulster gehört zur Familie der De Burgos (Richard de Burgo, 1271-1326) und Sir John le fiz Tomas zur Familie der Fitzgeralds.

---

[49] Edmund Curtis: A History of Ireland, rev. ed., London 1943, S. 94.

Letzterer wurde 1316 Earl von Kildare, wo er wie Pers of Birmingham in der Grey Abbey begraben liegt. Sowohl John Fitz Thomas als auch Edmund Butler kämpften gegen die Schotten, als sie 1315 in Irland einfielen; Edmund Butler starb 1321.

Die Verschwörung der Iren wird jedoch ruchbar, und die Engländer holen zum Gegenschlag aus (Str. 14-17). Pers lädt am Dreifaltigkeitssonntag 1305 den irischen König O'Connor[50] zusammen mit den Führern anderer Clans nach Totmoy (oder Tethmoy, in der Grafschaft Kildare) ein, wo sie erbarmunglos niedergemetzelt werden:

O Konwir þat was king
His keþerin he gan bring,
Þe maister heet Gilboie,
Ri3t at þe Trinite,
Whan hodes sold best be,
To Pers in Totomoye.

And 3ite of oþer store[51]
Com Eþe Mac Malmore
And oþer fale bi name.
Sire Pers lokid vte,
He seei such a rute:
Him þo3t hit nas no game.

Sire Pers sei ham com,
He[52] *receiuid al and som,*
No3t on iwernd nas.
Siþ hoodis he let make,
No3t on nas forsake,
Bot al he did ham grace.

Saue o wreche þat þer was,
He cuþe no3t red in place,
No sing whar he com.
He was of Caymis kinne.

[50] Es handelt sich genauer um Muirchertach mac Muirchertaig aus dem Geschlecht der O' Connor von Offaly; siehe T.W. Moody, F.X. Martin, F.J. Byrne (Hgg.): A New History of Ireland. IX. Maps, Genealogies, Lists. A Companion to Irish History, Part II, Oxford 1984, S. 170. Diesen Hinweis verdanke ich Frau Susanne Bäcker, die sich in ihrer Magisterarbeit (Bonn 1990) mit diesem Gedicht und seinem historischen Hintergrund beschäftigt hat.

[51] In der Handschrift verbessert über durchgestrichenem *sttore*.

[52] In der Handschrift am Rand eingefügt.

And he refusid him:
He wend vnhodid hom. (V. 103-126, f. 51v)

O'Connor, der König war,
Brachte seine Truppe irischer Fußsoldaten[53],
Ihr Anführer hieß Gilboie,
Zum Dreifaltigkeitsfest,
Wenn Kapuzen am besten sind,
Zu Pers nach Totmoy.

Und mit einer anderen Gruppe
Kam Ethe Mac Maelmora
And viele andere, sicherlich.
Sir Pers blickte hinaus
Und sah eine solche Rotte,
Da schien es ihm, daß es kein Spaß werden würde.

Sir Pers sah sie kommen
Und empfing sie alle zusammen,
Keinem wurde der Zutritt verwehrt.
Dann ließ er ihnen Kapuzen machen,
Nicht einer wurde übergangen,
Sondern allen erwies er die Gnade.

Bis auf einen armen Kerl, der dabei war,
Der dort weder lesen konnte
Noch singen [und sagen], woher er kam.
Er war aus Kains Geschlecht.
Den wies er ab,
Und er ging ohne Kapuze nach Hause.

Der Text ist schwierig an dieser Stelle. Was sollen die Kapuzen? Offensichtlich ist mit dem Kapuzenmachen bzw. Kapuzenaufsetzen gemeint, daß er ihnen den Kopf abschlug. Wie wir aus zeitgenössischen Quellen wissen, hatte Pers die Iren tatsächlich enthauptet bzw. enthaupten lassen:

> For, from of old they [die englischen Herren] have had this wicked unnatural custom, which even yet has not ceased among them but every day becomes stronger and more established, viz. when they invite noblemen of our nation [die Iren] to a banquet, during the very feast or in the time of sleep they mercilessly shed the blood of their unsuspicious guests, and in this way bring their horrible

[53] Bei me. *keþerin* handelt es sich wieder um ein irisches Lehnwort, aus irisch *ceithern*, "Fußtruppe".

banquet to an end. When this has been thus done they have cut off the heads of the slain and sold them for money to their enemies, as did the baron Peter Brunechehame (Bermingham), a recognized and regular betrayer, in the case of his gossip Maurice de S. and his brother Caluache, men of high birth and great name among us. Inviting them to a banquet on Trinity Sunday, on that same day when the repast was finished, as soon as they had risen from the table he cruelly murdered them with twentyfour of their following and sold their heads dear to their enemies.[54]

Das Kapuzenaufsetzen könnte ganz wörtlich so zu verstehen sein, daß den hinterrücks Überfallenen die Augen verbunden wurden; wahrscheinlicher ist aber wohl, daß die Wendung "eine Kapuze aufsetzen" als "täuschen" zu verstehen ist. Man vergleiche dazu englisch *to hoodwink* — wörtlich "die Augen (mit einem *hood*) verbinden", im übertragenen Sinn "täuschen" (das Verbum ist allerdings erst seit der frühneuenglischen Zeit belegt). In Strophe 18 wird gesagt, daß Pers die Iren zum Dreifaltigkeitsfest eingeladen habe, wenn Kapuzen am besten sind (*Ri3t at þe Trinite,/ Whan hodes sold best be*). Was der Dichter hier meint, ist nicht ganz klar. Das Dreifaltigkeitsfest erfreute sich im Hochmittelalter großer Beliebtheit; 1334 wurde dem Fest durch Papst Johannes XXII der Status eines *festum duplex maius* verliehen. Da *hoden* im Mittelenglischen nicht nur "eine Kapuze aufsetzen", sondern auch "zum Priester weihen, einkleiden" bedeutet, könnte hier eine Anspielung auf einen Brauch, am Dreifaltigkeitssonntag Priester zu weihen, vorliegen. Allerdings ist ein solcher Brauch nicht nachzuweisen.[55] Mittelenglisch *hod* bedeutet auch eine der drei Gestalten der Dreifaltigkeit, was zum Dreifaltigkeitssonntag passen würde, allerdings ist das Wort in dieser Bedeutung nur in der frühmittelenglischen Prosa überliefert.[56] Es muß also offen

---

54 Edmund Curtis, R.B. McDowell (Hgg.), Irish Historical Documents. 1172-1922, London 1943, S. 42. Es handelt sich hier um einen Brief der irischen Fürsten an Papst Johannes XXII aus dem Jahr 1317. Mit Maurice de S. ist O'Connor gemeint (mit Substitution von lateinisch Mauritius für irisch Muirchertach), mit Caluache (Calvagh) wird in den historischen Quellen ein Bruder Muirchertach O'Connors bezeichnet, der nach den 'Annals of Loch Cé' identisch mit Maelmora (in unserem Gedicht *Eþe Mac Mal More* [V. 110] genannt) ist. Vgl. Heuser [Anm. 5], S. 159; The Annals of Loch Cé, hg. u. üb. v. William M. Hennessy, 2 Bde., London 1871 (Rolls Ser.), I, 531.

55 Vgl. Adalbert Klaus: Ursprung und Verbreitung der Dreifaltigkeitsmesse, Werl 1938, S. 148ff.; Peter Browe: Zur Geschichte des Dreifaltigkeitsfestes, in: Archiv für Liturgiewissenschaft, 1 (1950), 65-81.

56 Zu me. *hod*, "Kapuze" etc., und *hod*, "Stand; Priesterstand; Gestalt der Dreifaltigkeit", sowie zu me. *hoden*, "konsekrieren, zum Priester weihen" und *hoden*, "eine Kapuze aufsetzen" siehe MED, IV, 823-825.

bleiben, welche Bedeutung hier im einzelnen vorliegt, auch wenn der grundsätzliche Sinn der Passage klar ist.

Offensichtlich entkam einer dem Massaker, bei dem 24 (bzw. nach einer anderen Quelle 29) Iren ermordet wurden.[57] Der ungeschoren (*vnhodid*) Davongekommene wird *wreche* (V. 121) genannt, was "armer Kerl", aber auch "Verbannter" bedeutet, und als Abkömmling Kains charakterisiert (*of Caymis kinne*, V. 124). Als Nachkomme Kains wird im altenglischen 'Beowulf' auch das Ungeheuer Grendel eingeführt (*in Caines cynne*, V. 107).[58] Die Sippe Kains als Ausgangspunkt von Fabelwesen und Monstern ist vor allem in der irischen Tradition als *clanna Cain* bekannt.[59] Wenn der Dichter den heil Entronnenen zu Kains Sippe zählt, so ist dies wenig schmeichelhaft für den Betroffenen, bei dem es sich, wie die Verse 123-124 nahelegen, um einen geistig Zurückgebliebenen oder auch Taubstummen gehandelt haben mag.

Das Gedicht endet:

He þat þis sang let mak
For Sir Persis sake
Wel wid haþ igo,
Widwhar iso3t
And god pardon ibro3t,[60]
Two hundrid daies and mo. (V. 127-132, f. 51v)

Der, der dieses Lied machen ließ
Für Sir Pers,
Ist weit herumgekommen,
Hat viele Orte aufgesucht
Und einen guten Ablaß mitgebracht,
Von zweihundert Tagen und mehr.

Die letzte Strophe suggeriert das Bild eines Vaganten, der zugleich auch Ablaßkrämer ist: Goliardisches und Franziskanisches scheinen sich auch hier

---

[57] So in den 'Annals of Ireland by the Four Masters'; vgl. Heuser [Anm. 5], S. 159.

[58] Siehe Beowulf and The Fight at Finnsburg, hg. v. Fr. Klaeber, Lexington/MA [3]1950, S. 5. Die Handschrift hat *Cames* statt *Caines*, eine Schreibung, die eine vor allem in Irland häufige Vermischung von Kain und Cham reflektiert; vgl. in unserem Gedicht die Form *Caym* mit *m*.

[59] Siehe Charles Donahue: Grendel and the *Clanna Cain*, in: Celtic Studies 1 (1950), 167-175; R. Mellinkoff: Cain's Monstrous Progeny in *Beowulf*: Part 1, Noachic Tradition, in: Anglo-Saxon England 8 (1979), 143-162.

[60] In der Handschrift ist *i-* eingefügt über der Zeile.

zu vermischen. Mit der Fügung *let mak* (V. 127) wird allerdings ein Unterschied zwischen Dichter und Auftraggeber gemacht, eine Unterscheidung, die, wie schon Heuser bemerkte, merkwürdig anmutet. Heusler schlägt vor, hier *did mak* zu lesen, mit periphrastischem *do*.[61] Unter Umständen sollte die Unterscheidung zwischen Dichter und Auftraggeber jedem Vortragenden die Rolle des Ablaßbringers ermöglichen, auch wenn er offensichtlich nicht der Autor des Gedichts sein konnte.

Jedenfalls gehört das Gedicht, von dem wir annehmen können, daß es gesungen wurde (*sang*, V. 127), in den Bereich der volkstümlichen Lyrik. Heuser ist in der Grundeinschätzung des Liedes beizupflichten, wenn er schreibt: "Das Ganze macht den Eindruck einer etwas holprigen Lokalballade, in der die grausame Freude der englischen Bevölkerung an dem verräterischen Verfahren des Sir Pers gegen die Eingeborenen zu recht naivem Ausdruck kommt."[62] Die Dichtung ist in 6-zeiligen Strophen mit im allgemeinen dreihebigen Versen und dem Reimschema a-a-b-c-c-b abgefaßt. Diese Strophenform erinnert an die Schweifreimstrophe (bei der die b-Verse, die sogenannten Schweifreime, in der Regel kürzer sind), eine Strophenform, die in England besonders bei den volkstümlichen Romanzen beliebt war.[63] Zweifellos gehen wir nicht fehl, wenn wir diese Art von historisch-politischem Lied im Umkreis der volkstümlichen Lyrik ansiedeln.

Als kämpferisches Propagandalied steht unser Gedicht in der Tradition der politischen Lyrik, die, wie die umfangreiche Textsammlung von Thomas Wright dokumentiert, im mittelalterlichen England sowohl in Latein, Französisch als auch Englisch ausgiebig gepflegt wurde.[64] Aus der Gruppe vergleichbarer englischer Gedichte wären etwa der 'Song of Lewes' aus der Handschrift Harley 2253 zu nennen, in dem die Niederlage König Heinrichs III. und insbesondere seines Bruders Richards von Cornwall (dem gewählten deutschen König) durch Simon von Montfort (Graf von Leicester, Sohn des Albigensersiegers) am 14. Mai 1264 besungen wird. Das Gedicht mit seinem zündenden Refrain: *Richard, þah þou be euer trichard, / Tricchen shalt þou neuermore!* ("Richard, obwohl du ein Betrüger bist, sollst du nie wieder

---

[61] Siehe Heuser [Anm. 5], S. 160-161.

[62] Heuser [Anm. 5], S. 160.

[63] Zu den mittelenglischen Schweifreimromanzen vgl. Urs Dürmüller: Narrative Possibilities of the Tail-Rime Romance, Bern 1975 (Schweizer Anglistische Arbeiten 83).

[64] Siehe Political Poems and Songs Relating to English History, Composed during the Period from the Accession of Edward III to that of Richard III, hg. und üb. v. Thomas Wright, 2 Bde., London 1859-1861 (Rolls Ser.); Wright [Anm. 24]; vgl. auch die Sammlung historischer und politischer, sowie politisch-satirischer Gedichte von Robbins [Anm. 18].

betrügen!") gehört zu den am besten gelungenen mittelenglischen politischen Spott- und Propagandagedichten.[65] Die gleiche Handschrift enthält ein Gedicht über die Hinrichtung Simon Frasers, der bei einem Aufstand gegen Edward I. in Gefangenschaft geraten war und am 7. September 1306 in London hingerichtet wurde; auch hier wird das narrative Element mit dem propagandistischen verbunden: das Gedicht ist Bericht und Warnung zugleich, metrisch anspruchsvoller als das Pers-Lied, aber von der gleichen Direktheit der Diktion, die dem Zuhörer keine Wahl bei der Parteinahme läßt.[66]

Der erste Band der von Wright edierten politischen Gedichte aus England umfaßt die Periode von der Regierungszeit König Johanns (1199-1216) bis zu der Edwards II. (1307-1327). Er enthält nicht nur Dichtungen in den drei Sprachen des mittelalterlichen England, sondern auch drei provenzalische Sirventese.[67] Und hier möchte ich noch einmal auf das eingangs zitierte Buch von Jean Audiau, Les Troubadours et l'Angleterre, zurückkommen. Audiau beschäftigte sich auch mit der Frage, ob die Troubadours direkten Kontakt mit England hatten, und kommt dabei zu einer positiven Antwort (Bernart de Ventadorn folgte offensichtlich Heinrich II. und Aliénor nach England). Ein zur gleichen Zeit erschienenes Buch mit dem gleichen Titel von H. J. Chaytor[68] geht wie Audiau nicht nur dem Troubadoureinfluß auf die mittelenglische Lyrik nach, sondern auch der Rolle, die die englische Politik in der Dichtung der Troubadours, speziell im Sirventes, spielte. Solche politische Troubadourdichtung, in der Partei für oder gegen England ergriffen wird, wurde noch bis zum Ende des 13. Jhs. geschrieben. Unser Autor, wie weit gereist auch immer er gewesen sein mag, hat vielleicht keinen provenzalischen Sirventes gelesen. Dennoch kann auch sein Gedicht als in der Nachfolge dieser Dichtungstradition stehend gesehen werden.

Zusammenfassend möchte ich zu den hier kurz vorgestellten Gedichten der Kildare-Handschrift sagen, daß sie historische Realität in verschiedener Weise spiegeln und brechen: die Mißstände in Kirche und Gesellschaft in

---

[65] Index, 3155; ediert in: Brown [Anm. 1], S. 131-132; Wright [Anm. 24], S. 69-71; Wright teilt auch ein langes lateinisches Gedicht über die Schlacht von Lewes mit; ebd., S. 72-121. Zum 'Song of Lewes' vgl. auch Elisabeth Danninger: Sieben politische Gedichte der Hs. B.L. Harley 2253: Textausgabe und Kommentar, Würzburg 1980, S. 1-33.

[66] Index, 1889; ediert in: Robbins [Anm. 18], S. 14-21; Wright [Anm. 24], S. 212-223; vgl auch Danninger [Anm. 65], S. 159-205.

[67] Es handelt sich dabei um einen Sirventes von Bertran de Born (Wright [Anm. 24], S. 3-6) und zwei Sirventese von Bernard de Rovenac (ebd., S. 36-41).

[68] H.J. Chaytor: The Troubadours and England, Cambridge 1923.

satirischer Verzerrung und parodistischer Verfremdung und das politische Geschehen in parteilicher Verkürzung und volkstümlich-propagandistischer Ausgestaltung. Der handschriftliche Kontext läßt das Bild einer Gemeinschaft von Geistlichen entstehen, wahrscheinlich von Minderen Brüdern im Franziskanerkonvent von Kildare, die an den moralischen, kirchlichen und politischen Fragen ihrer Zeit regen Anteil nahmen. Die Kildare-Handschrift wäre nicht die einzige Miszellenhandschrift, in der mittelenglische Lyrik überliefert wird und die mit Franziskanerkreisen in Verbindung zu bringen ist. Auch wenn die seinerzeit von R. H. Robbins aufgestellte These vom Ursprung der mittelenglischen Lyrik bei den Franziskanern heute als überzeichnet gelten muß, kann doch an der maßgeblichen Rolle der "ioculatores Dei" für die Blüte und Verbreitung der englischen religiösen Lyrik im mittelalterlichen England (und offensichtlich auch Irland) kein Zweifel bestehen.[69] Die Autoren der Gedichte in der Kildare-Handschrift waren auch mit der goliardischen Tradition, den lateinischen Spottdichtungen und Parodien des 12. und 13. Jhs., bestens vertraut. Ihre Dichtungen reihen sich daneben in den aus vielerlei Quellen gespeisten breiten Strom satirischer und politischer Lyrik in England (und im anglo-irischen Irland) ein. Bei aller Traditionalität stellen die Dichtungen der Kildare-Handschrift als anglo-irische Dichtungen jedoch eine Besonderheit dar. Anglo-irische Lyrik ist sonst nämlich nur noch spärlich, und zwar nur in zwei Gedichten aus dem 15. Jahrhundert, überliefert; ausgerechnet die Franziskaner sind es, die in diesen zwei Gedichten heftig kritisiert werden: so ist am Ende des Mittelalters in der anglo-irischen Lyrik die poetische Gerechtigkeit wiederhergestellt.[70]

---

[69] Vergleiche dazu Karl Reichl: Religiöse Dichtung im englischen Hochmittelalter. Untersuchung und Edition der Handschrift B.14.39 des Trinity College in Cambridge, München 1973 (Texte u. Unters. zur Engl. Phil. 1), S. 107ff.

[70] Es handelt sich um zwei Gedichte in der Handschrift British Library Cotton Cleopatra B.ii (Ende des 14. Jhs.); Index, 2777 und 2663; ediert in: Robbins [Anm. 18], S.157-164.

PAULETTE L'HERMITE-LECLERCQ

LES RECLUS DU MOYEN AGE ET L'INFORMATION

La réclusion est un état de vie religieux très répandu au Moyen Age surtout au deuxième millénaire. Il est plus ancien que le cénobitisme, et contemporain de l'érémitisme. Aussi la règle de saint Benoît l'a-t-il placé avec ce dernier au sommet de l'échelle des perfections. L'ermite va et vient; le reclus se rive au sol dans un vieux tombeau, une grotte, ou une cabane; en condamne l'entrée et ne communique plus avec le monde que par les décimètres carrés, parcimonieusement mesurés, de l'ouverture par laquelle une bonne âme - à défaut du corbeau des hagiographies - apportera la nourriture obligatoire pour qu'on ne puisse lui prêter d'intention suicidaire. A partir du XIè siècle ce style de vie connaît un regain de succès dans tout l'Occident. Rome a, dans les années 1320, 260 recluses.[1] Sans être aussi nombreux qu'à Rome, les reclusoirs sont partout un édicule familier des bourgs médiévaux, dont l'importance symbolique est inversement proportionnelle à la surface au sol. Mais justement si le reclus est mort au monde, il est par définition aux antipodes de l'actualité; comme le répètent les règles[2], il est déjà *in porta Paradisi*, voire *paradisicola*, *coelicola*: qui mieux que lui justifie le jeu de mot: *cella=coelum*? Quand il est entré dans sa logette, la porte est refermée sur lui, murée, ou la serrure solennellement scellée, en signe de rupture définitive avec les affections humaines. Pourtant les mêmes règles insistent longuement sur la tentation qui le guette: maintenir la liaison avec le monde extérieur, s'en faire même une spécialité. Une des plus célèbres[3] nous dit que si on veut savoir les dernières nouvelles, le moulin et le marché n'ont d'égal que le reclusoir. Voici cet habitacle, en principe silencieux comme la tombe déjà creusée à l'intérieur, récepteur, diffuseur, générateur de nouvelles. Comment expliquer ce paradoxe? La première réaction des censeurs est de condamner cette situation: elle viole scandaleusement un *propositum* volontairement assumé. Problème de morale individuelle où le reclus risque son âme s'il est brasseur de vents délétères: propos profanes,

---

[1] Je travaille depuis longtemps à une grosse étude sur la réclusion religieuse et prends la liberté de renvoyer à mes derniers articles parus sur le sujet: Le reclus dans la ville au bas Moyen Age,dans: Le Journal des Savants, 1988, p. 219-262; La femme à la fenestrelle du reclusoir, dans: La femme au Moyen Age, Maubeuge 1990, p. 49-68. Le lecteur y trouvera les références aux articles antérieurs et beaucoup d'éléments bibliographiques.

[2] Recension des règles pour reclus et publication de plusieurs inédits par le P. Oliger dans: Antonianum III, 1928 et IX, 1934; et dans: Lateranum, Nova ser. IV,1, 1938. Je ne peux justifier ici tous les emprunts que je fais à ces documents normatifs.

[3] Ancren Riwle, éd. Morton, Londres 1853, p. 89.

licencieux, fausses nouvelles, calomnies, hérésie, tous les péchés de langue possibles.[4] Mais est-ce si simple? Esope déjà avait dit que la langue était la pire et la meilleure des choses. L'ambiguïté est dans l'institution elle-même dès qu'on la regarde fonctionner pratiquement. Le reclus est enfermé dans un logement très étroit, métaphore de sa tombe, et est absolument dépendant d'autrui. De ce fait le reclusoir n'impose pas seulement une morale, celle de son locataire, mais une économie. Puisqu'au lieu de prendre la clé des champs son locataire choisit de s'exclure en restant au milieu des hommes, son inclusion exige l'échange et la vérification permanente de sa réciprocité. Enfermé, maître du rideau qui obture la fenestrelle, il est invisible, inaudible, intouchable. Au stade extrême, comment s'assurer qu'il n'est pas mort? Qu'il a encore la force d'aller chercher sa nourriture? Ou qu'il ne passe pas sa vie vautré sur son lit au lieu de prier? Il faut qu'il mérite ce que la charité publique pose sur la fenêtre; donc qu'il l'ouvre. C'est à son comportement, à ses paroles qu'on le jugera plus qu'à son aspect physique: on ne verra jamais de lui que la tête, voilée chez les femmes, au plus le buste. D'abord ils témoigneront de sa piété, de sa sainteté. Au delà, et contre toute attente, le reclus parlera d'autant plus qu'il est plus saint, parce qu'on le consultera davantage, qu'on lui confiera plus de choses, qu'on viendra de plus loin pour l'interroger. A ce titre seul, par la logique même de l'institution, le reclus sait, donc peut, doit, parler. *Ex officio*, il devra toujours rabattre le profane sur le sacré, mais restant avec les hommes, dans le temps et le lieu de leur histoire, il est forcément au cœur de l'actualité. Il reçoit ou diffuse les secrets privés ou les nouvelles collectives: le reclusoir devient un nœud de la communication. Et pas seulement dans une dimension horizontale mais verticale. Déjà mort, le reclus est aux transmissions, censé avoir des informations de première main sur l'avenir et, mieux encore, capter ou décoder les messages émis de l'au-delà. Il est par excellence le spécialiste de ce qui vient de loin, du télé-images, sons, discours, odeurs. Il communique avec Dieu, ses saints, ses anges, les démons, les âmes des morts où qu'elles se trouvent, au paradis, au purgatoire ou en enfer. Auprès de lui on ira donc chercher les vrais avertissements du ciel, apprendre ses dernières victoires sur les diables ou ses cuisantes défaites car ces derniers sont les spécialistes des fausses nouvelles et du brouillage de l'information, ce qui exige une vigilance permanente dans l'intérêt commun. Affecté au chiffre par la collectivité, il sait et fait savoir. J'évoquerai trois aspects: ce que disent les textes normatifs des rapports du reclus avec le monde; l'image que peuvent

---

[4] Carla Casagrande, Silvana Vecchio: Les péchés de la langue, Paris 1991.

véhiculer les *exempla*: j'évoquerai enfin les deux grands secteurs de l'information tels qu'on peut les appréhender dans une documentation abondante et disparate en observant plus précisément deux hagiographies de qualité: celle d'Arnoud de Soissons et celle de Margery Kempe, volontairement choisies à des périodes et dans des aires géographiques contrastées.

La première règle connue est celle d'un certain Grimlaïc qui, au début du IXè siècle selon toute probabilité, écrit une longue règle pour reclus. La dernière, de la deuxième moitié du XVè siècle, est écrite pour des femmes par Denys le Chartreux[5]. Ensuite les reclus disparaissent peu à peu d'Occident. Il suffira pour le sujet de rappeler quelques traits majeurs. La règle de Grimlaïc confirme ce que prescrivaient les autres documents normatifs du premier millénaire et d'abord la règle de saint Benoît. Le reclus est beaucoup plus souvent un homme qu'une femme et est un moine longuement entraîné à lutter contre les démons dans la communauté. Quand, toutes précautions prises, il a reçu l'autorisation de s'enfermer, il reste lié à ses frères et au service d'autrui. Sa vertu, son expérience, sa science, il ne doit pas les mettre au service de son salut seul mais de tous: il doit former des disciples, prêcher aux évêques et aux prêtres, lutter contre les péchés de son prochain, "les erreurs des juifs et des hérétiques". Cultiver le silence, l'affliction de la chair, la contemplation n'a de sens que si les grâces acquises sont reversées sur ceux qui ont besoin de lui. Les préoccupations du monde profane, la fréquentation des femmes sont évidemment bannies de la cellule du reclus mais son isolement est tempéré et sa vocation de pasteur amplifiée puisqu'on vient vers lui beaucoup plus facilement et plus volontiers que lorsqu'il était moine, brebis fondue dans le troupeau monastique.

Entre le IXè siècle et le XIIè siècle où sont rédigées les nouvelles règles et surtout la longue 'De vita inclusarum' du cistercien Aelred de Rievaulx vers 1160, la réclusion a subi des mutations majeures.[6] Elle s'est considérablement popularisée, féminisée, laïcisée et urbanisée: le reclus est surtout une femme installée dans la ville donc particulièrement menacée par la *linguositas* et la concupiscence, fréquemment attisée par le bavardage, souvent *illitterata*, sans résistance devant l'hérésie. Ce changement dans le recrutement explique pour beaucoup l'extrême méfiance d'Aelred qui essaie par tous les moyens de restreindre les contacts de la recluse avec le monde extérieur. Elle doit être "sourde et muette" puisqu'elle est "ensevelie avec le

---

[5] P.L. 103, 575-664 pour Grimlaïc. Denys le chartreux: Opera omnia. De Vita inclusarum, t. 38, Tournai 1909.

[6] Aelred de Rievaulx: La Vie de recluse, éd. et trad. Ch. Dumont, Paris 1961 (Sources chrétiennes 76).

Christ". Si sa règle avait été suivie à la lettre, la recluse eût été totalement ignorante de ce qui se passait autour de ses murs, son rôle dans la réception et la divulgation des nouvelles nul. On serait pratiquement au degré zéro de la communication.

Mais Aelred ne se fait pas d'illusions: "Ah! les recluses de notre temps!" Elles élargissent la fenêtre pour recevoir leur amant, transforment leur oratoire en lupanar d'où un mauvais jour s'élèveront les vagissements d'un bébé! Heureusement il écrit pour sa sœur, une sainte comme on n'en fait plus. Entre cette règle et les suivantes qui lui empruntent beaucoup on retrouve bien des obsessions. Le reclus est désormais installé en ville pour y recevoir de grasses aumônes. Des gens des deux sexes viennent distiller à ses oreilles des récits voluptueux et lui raconter tout ce qui se passe au pays. Il devrait s'interdire toute conversation profane, en particulier être sourd aux *rumores seculares* susceptibles de ranimer dans l'âme le goût du monde, fût-ce la tendresse pour les enfants, et surtout les histoires d'amour, - *amatoria* - et les mélodies troublantes. S'il arrivait, dit encore la règle de Denys, qu'aux femmes recluses "si naturellement portées au bavardage", on parlât des "affaires du monde, de guerres ou de calamités de cette sorte", elles devraient compatir aux affligés, prier pour la paix et pour ceux qui sont en danger et surtout remercier le Seigneur d'avoir été enlevées à ce monde mauvais. Cependant signalons un aménagement significatif dans un texte du XIVè siècle[7]: sans qu'il retrouve absolument les impératifs de la règle de Grimlaïc, on sent s'y affermir l'idée que le reclus au-delà de son propre salut, a un devoir social. Certes toutes les précautions doivent toujours être prises pour que l'entretien avec les visiteurs soit sans risques graves pour lui comme pour l'interlocuteur, mais il ne doit pas s'y dérober. Le reclus, dit le mystique anglais Richard Rolle serait coupable s'il ne réservait pas un accueil charitable à ceux qui souffrent. Cette responsabilité est peut-être un des signes avant-coureurs de la disparition de l'institution elle--même souvent relayée, on en a des preuves, par des styles de vie religieuse moins rigoureusement solitaire et introvertie. Dès la fin du Moyen Age par exemple, on voit des recluses ouvrir une école, ce qui était certainement déjà une tentation au XIIè siècle puisqu'Aelred la condamne formellement. Concluons donc que dans l'esprit des théoriciens de ce *status*, parfaitement conscients des rigueurs et des dangers que comporte ce choix de vie, l'idéal reste la pénitence et la contemplation ou, avec de grandes précautions,

---

7 Yorkshire Writers. Richard Role of Hampole, ed. C.Hortsman, Londres 1895, t.2, p. 46-49.

l'entretien pieux et bref. C'est la même morale qui se dégage d' un curieux poème du XIVè siècle qui raconte la pitoyable histoire d'une recluse de Rouen "qui s'ardit en un four". Cette femme menait sainte vie jusqu'à ce qu'elle meure du poison des *medias*. Un jour sa servante, au retour des courses, lui raconte un scandale qu'elle vient d'apprendre. Quel était-il? On ne nous le dit pas. Toujours est-il que cette nouvelle bouleverse la dévote: idée fixe qui la pousse au suicide. Elle surveille le boulanger voisin, le voit allumer le four et s'absenter un moment. Elle éloigne sa servante, saute par la fenêtre et court se jeter dans le foyer brûlant.[8]

Les règles en tout cas n'encouragent jamais le reclus à cultiver les avantages de sa situation de mort au monde ou ses dons éventuels afin de devenir les spécialistes du contact avec l'au-delà ou à prophétiser. Et pourtant elles signalent, pour le déplorer, que c'est ce que les gens en attendent. Il jouit d'un préjugé favorable. Tout ce passe comme si, aux yeux du monde, tous milieux confondus, se priver volontairement, absolument, définitivement, de liberté était un sacrifice déjà suffisant pour manifester le miracle et la sainteté et qu'on pût donc en espérer des bénéfices exceptionnels. Plus que de pieux conseils et de sermons édifiants, on attend de lui qu'il protège tous et chacun; la communauté contre tous les fléaux possibles: la soldatesque, la disette, le feu; et soi contre tout: la maladie, la misère, la souffrance, la mort, la damnation. Le sédentaire par excellence, impuissant dans sa prison est le plus efficace des *holy men* étudiés par P. Brown. Il doit connaître et surtout faire l'actualité et non pas s'en désintéresser. Déjà la littérature très particulière des *exempla* le laisse entendre.

Césaire d'Heisterbach, pour s'en tenir à son *corpus*, évoque à plusieurs reprises des reclus.[9] Relevons quelques anecdotes particulièrement intéressantes dans cette optique. Un prêtre du diocèse de Cologne en disant la messe renverse du vin consacré sur le corporal. La tache résiste à tous les lavages. Très inquiet, il a recours à un écolâtre très connu du diocèse qui lui pose la question: "N'y auraitt-il pas dans ta paroisse quelqu'un qui eût des doutes sur ce sacrement? - Oui, une recluse. - Montre-lui la tache pour consolider sa foi". On voit ici au terme de l'enchaînement une recluse béné-

---

[8] Notice d'A. Langfors sur le ms fr. 12483 de la BN, dans: Notices et Extraits XXXIX, 2è partie, p.503-662. Quand la recluse eut appris le grave péché qui faisait scandale dans la ville elle eut le tort de porter un jugement sur la pécheresse: *Ce c'est voir que tu dis, / Qu'ait fait si laid pechié celle que tu veis, / Elle est digne d'estre arse dedans un feu bruis; / de si mauvese fame n'oy parler nus vis.* La recluse qui avait la grâce de voir son Sauveur dans l'hostie: *en os, en char, en sanc*, sombre dès lors dans le désespoir. Fatale nouvelle!

[9] Dialogus miraculorum, éd. J.Strange, Cologne 1850, t. 2, p.181, 353, 332.

ficiaire d'un miracle qui aboutit à la convaincre de la doctrine que l'Eglise définit justement en ce début du XIIIè siècle. Avait-elle avoué ses doutes à ce même prêtre en confession ou les avait-il appris indirectement, on l'ignore, mais on voit en tout cas quel danger ils représentaient pour l'âme de la recluse et d'autres si elle s'en était ouverte à des visiteurs peu avertis. La Providence a donc utilisé le prêtre comme fournisseur d'une preuve à conviction destinée à un tiers avant d'être publiée: sa maladresse à l'autel eût pu passer inaperçue et être discrètement réparée. Mais l'indélibilité de la tache devait faire sens contre les sceptiques. Il s'avérait que l'anomalie avait par delà le responsable occasionnel qui était l'officiant, une cause structurelle: la recluse dont l'âme était noircie par le doute, métaphore de la souillure, et qu'il fallait absolument éclairer. La marque du sang du Christ a été visible jusqu'à ce que disparaisse l'incrédulité. L'incident survenu au cours du rituel eucharistique a illustré le dogme défini par les théologiens représentés par le *scolasticus* de Cologne: l'unité est restaurée entre l'Eglise, l'église avec son desservant à l'autel et le reclusoir.

Enseignement complémentaire dans ce deuxième récit. Une pieuse recluse de Bonn fut réveillée une nuit par une magnifique lumière filtrant au travers des lézardes de sa logette qui donnait sur le cimetière. Sur une tombe la Vierge. Rayonnante de lumière elle venait recueillir sous la forme d'une colombe l'âme immaculée d'un *scolaris* qui venait de mourir. Elle admonesta la recluse: "Vénère les *scolares* s'ils vivent dans la pureté, enseignent avec enthousiasme et témoignent!".

Dans ce commerce avec les célicoles il faut pourtant être prudent, comme le prouve l'histoire survenue à Bertrade, pieuse recluse du château de Volmunstein en Westphalie. Elle était régulièrement favorisée par des révélations divines. Beaucoup de gens venaient la consulter sur le sort de leurs amis après la mort ou pour connaître l'avenir. Mais elle fut victime d'un démon qui sous les apparences d'un ange de lumière, entrait par la fenêtre, répondait aux questions qu'elle lui posait de la part de ses visiteurs auxquels elle transmettait les réponses. Heureusement Hermann, reclus dans le castrum d'Arnisberg, fut miraculeusement informé qu'elle avait affaire à un ange du démon travesti:"Prudence, ma sœur!" lui fit-il dire et il lui suggéra un stratagème pour démasquer l'imposteur: une croix de cire bénite sur la fenêtre arrêtera l'ange s'il ne vient pas de Dieu. Ce qui était le cas. Césaire tire un enseignement de cette anecdote: même sainte, une recluse n'a pas forcément le discernement pour distinguer les esprits de Dieu et ceux du diable. Ici son confrère masculin a eu, à distance, plus de flair qu'elle: heureusement s'est établie entre eux une chaîne de solidarité spirituelle. D'un reclusoir à l'autre on se prévient, on se corrige, on se soutient au grand bénéfice des pieuses personnes qui y cherchent le réconfort et des certitudes.

On signale aussi ici et là que des recluses sont soupçonnées de diffuser des doctrines hérétiques. Inversement les bonnes pourfendent l'hérésie: c'est ainsi qu'on tint à Paris de l'une d'elles que le disciple d'Amaury de Bène (†1206/1207), Guillaume dit *Aurifex*, condamné au bûcher par le synode convoqué par l'archevêque de Sens, brûlait en enfer. Il était venu l'en informer lui-même.[10] Précieuses aussi pour lutter contre la magie les recluses comme la même Bertrade. Césaire d'Heisterbach nous raconte qu'un chevalier dont la femme venait de mourir était venu la supplier d'intercéder pour l'âme de sa femme pourtant de bonne réputation. Celle-ci effectivement apparut à la recluse et lui expliqua les terribles tourments qu'elle endurait. Elle avait tellement redouté, expliqua-t-elle, que son mari commît l'adultère avec d'autres femmes - ce dont elle se serait tenue pour responsable - qu'elle s'était fait initier à la magie afin qu'enflammmé d'amour pour elle il lui fût fidèle. Elle le payait très cher. Heureusement ici la concupiscence de l'épouse n'était pas en cause; l'intention était donc pure si le moyen était détestable: aussi le veuf pourrait-il désormais grâce à la clairvoyance de Bertrade l'aider par ses prières, ses jeûnes et ses aumônes.

Il est bien compréhensible qu'on ait cru le reclus informé de tout, de l'ici-bas et de l'au-delà, du passé et du futur. Ceci s'explique de deux manières. L'une, prosaïque, tient à la situation du reclusoir dans la ville. L'autre est complexe, liée à l'image que les sociétés urbaines médiévales se font du reclus et de ses fonctions. Loin d'être dans un coin perdu, un angle mort, il se trouve aux endroits stratégiques et les plus passants: aux portes, dans l'enceinte, sur les ponts, près des églises, dans les cimetières, le long des artères principales, aux carrefours, à la fois pour répondre aux nécessités pratiques - il ne faut pas oublier de le nourrir - mais plus encore aux exigences symboliques: la prière du reclus apporte la protection temporelle et spirituelle. Un théologien parisien écrivait à la fin du XVIè siècle au reclus du Mont-Valérien; il lui traduisait une lettre que Gerson avait adressée au reclus qui l'avait précédé au même endroit près de deux siècles plus tôt, et il commentait: "Si ceste ville avait cest heur d'estre ceinte ... d'une demi-douzaine de tels personnages es montagnes voysines d'icelle, il ne lui faudrait autres remparts, ny bouleverts ni gendarmeries".[11]

---

[10] Cf. Norman Cohn: Les fanatiques de l'Apocalyse, trad. française, Paris 1962, p. 152.

[11] R. Benoist: Briefve exhortation faicte au Mont Valérien le jour S. Barnabé 1580, Paris 1580, p. 24.

Au stade le plus banal on vérifie souvent - et incidemment - que le reclus sait bien des choses et peut rendre service: on s'adresse spontanément à lui pour un renseignement ou un coup de main. Les reclus et les ermites autour de Huntingdon savaient que la jeune Christina de Markyate mariée malgré elle risquait d'être contrainte à consommer son mariage: ils se sont mobilisés pour lui trouver un point de chute, la faire évader et la cacher.[12] Selon son biographe, moine de Saint-Alban, les parents de la jeune vierge partis à sa recherche vont tout droit s'informer aux reclusoirs, à commencer par celui où une sainte femme l'a abritée pendant plusieurs années. Il est douteux que son sens du suspense seul le lui ait fait inventer.

Mille indices confirment que, sans le vouloir ou le voulant, les reclus sont au fait de tout dans la ville et la région, ce qui alimente sûrement la critique acerbe des censeurs affolés par la masse de racontars et de dévergondages au moins de langue qui peuvent s'y déverser ou de biens mal acquis s'y cacher. C'est à une recluse de Groningue qu'a été secrètement confié le bras de Saint Jean-Baptiste. Césaire d'Heisterbach raconte encore[13] comment cette insigne relique aurait été acquise outre-mer dans des conditions scandaleuses par un marchand allemand; fit la fortune de son propriétaire jusqu'à ce que - ne sachant comment mettre à l'abri un pareil trésor - il la donne en garde à la recluse qui ne put tenir sa langue, ce qui eut pour conséquence heureuse que l'Eglise put s'en emparer.

On trouve plus étonnant: les reclusoirs constituent des réseaux anastomosés parfois sur des centaines de kilomètres, ce qui peut s'expliquer en partie par l'origine souvent lointaine des reclus. Ainsi à la fin du XIè siècle l'archevêque de Lyon Hugues prévient-il l'évêque d'Arras de la mort de la recluse Emma qui venait de son diocèse *sicut ipsa saepissime testabatur.*[14] La recluse de Saint-Amand-les-Eaux (Elnone en Pévèle) morte en 1078 avait été voilée et enfermée par le patriarche de Jérusalem qui avait dû abandonner son siège en 1059 et est remplacée par Emma morte en 1124, à l'origine moniale à Saint-Amand de Rouen. On a les preuves des liaisons entre les deux maisons liées par leur dévotion aux reliques du saint et par une fraternité de prières.[15] Eve morte avant 1125 dans le reclusoir de Saint-Eutrope

---

12 La *Vita* est éditée dans: The Life of Christina of Markyate, par C.H. Talbot, Oxford (reprint) 1987 (Medieval Texts).

13 [Note 9], p. 125.

14 M.C. Guigues: Recherches sur les recluseries de Lyon, Lyon 1887, p. 4.

15 Cf. Bulletin de la Société d'Etudes de la Province de Cambrai, 1905, p. 216-218. Je remercie le chanoine H. Platelle de m'avoir fait connaître son article: Les relations entre l'abbaye Saint-Amand de Rouen et l'abbaye Saint-Amand d'Elnone, dans: La Normandie

d'Angers où elle vivait aux côtés du reclus Hervé avait été professe bénédictine à Wilton au diocèse de Salisbury. Elle est en relations suivies avec Goscelin moine de Saint-Bertin, passé dans divers monastères d'Angleterre.[16] Jean van Rotselare fuit les troubles de la Flandre en 1392 et va se reclure dans la tour du charnier des Innocents à Paris.[17]

Les biographies de Juette et d'Ursula fournissent des renseignements plus précieux encore. Juette († 1229) de la bonne bourgeoisie de Huy sur la Meuse a été mariée malgré elle, est veuve à dix-huit ans avec trois enfants et refuse de se remarier.[18] Elle va soigner les lépreux abandonnés à leur sort à l'extérieur de la ville pendant dix ans puis se fait reclure au milieu d'eux près de la chapelle. Elle est favorisée de nombreux dons et forme à l'amour de Dieu plusieurs vierges dont une qui, dès son plus jeune âge, est sa fille spirituelle. La malheureuse pourtant commet une imprudence qui aurait pu être fatale à sa vertu. Un jeune prêtre luxurieux lui fait croire qu'elle devrait quitter la ville et Juette: son salut serait beaucoup mieux assuré si elle le suivait dans une ville où elle serait totalement inconnue. Elle se laisse convaincre: ils prennent la route et il ne tarde pas à révéler ses coupables intentions. Pendant six mois ils partagent la même table et le même lit sans que toutefois, grâce aux prières de la sainte, elle lui cède. Ils arrivent à Metz. La jeune fille aperçoit la cellule d'un reclus, court se réfugier auprès de lui, lui raconte tout. Immédiatement le saint homme la confie à ses serviteurs et fait honteusement chasser le prêtre dévoyé qui la réclamait comme son *uxor*. Il fait ensuite conduire la vierge chez une recluse très sûre de ses relations qui la garde jusqu'à ce qu'elle ait trouvé des marchands de confiance qui se rendent à Huy: la revoilà *intacta* au reclusoir de Juette qu'elle sert jusqu'à sa mort avant de se consacrer à Dieu.

L'histoire d'Ursula est aussi remarquable.[19] En 1288 cette jeune brabançonne de quinze ans qui n'aime que le Christ est en passe d'être mariée par ses parents tisserands. Dans son désarroi elle va consulter les béguines de sa ville qui la dirigent vers une vieille sœur originaire d'"Allemagne supérieure" qui a longtemps péleriné et qui lui recommande d'invoquer le ciel. La nuit suivante un envoyé du Christ et de la Vierge dicte effective-

bénédictine, Lille 1969, p. 83-103.

16 Cf. A. Wilmart, Eve et Goscelin, dans: Revue bénédictine 46, 1934, p.414-438 et 50, 1938, p. 43-83.

17 L. Gilliodts van Severen: Inventaire des archives de Bruges, Bruges 1876-1885, t. III, p. 236.

18 AASS, Jan. II, p. 145-169, p. 159-160.

19 A. Jundt: Les amis de Dieu au XIVè siècle, Strasbourg 1879, p. 110 sq.

ment à la jeune fille la conduite à tenir: elle devra quitter le Brabant et marcher très longtemps jusqu'à ce qu'elle trouve sur les terres du seigneur de Berne, en pays roman, un reclusoir occupé depuis trente ans par une pieuse recluse qui mourra dès son arrivée. Elle prendra sa place. Ursula va rapporter sa vision à la béguine qui se réjouit beaucoup car, précisément, elle connaît ce pays où demeurent beaucoup d'amis de Dieu et cette recluse très sainte. "Dieu m'a envoyée aux Pays-Bas, dit-elle, peut-être à cause d'Ursula! J'ai dix golden, quand on les aura dépensés, Dieu nous aidera." Elle l'accompagnera. L'information est donc bien d'origine céleste. Le jour de Pâques elles partent. Et tout se passe comme prévu. Le reclusoir se trouve libre par la mort de sa locataire qui manifestement n'attendait qu'Ursula pour mourir. La vieille béguine reste auprès d'elle parce que la jeune fille ne connaît pas la langue et meurt trois ans après. Ursula vit dans cette logette pendant cinquante ans. Ainsi les mauvaises langues peuvent-elles accuser les reclus d'être d'incorrigibles bavards, de se complaire à la fréquentation des commères, de véhiculer les potins scandaleux, les calomnies ou les hérésies, de se faire entremetteurs voire de tomber dans la fornication, bref, d'être les suppôts de Satan. On voit en sens inverse bien des exemples de solidarité et de charité authentiques.

Une des activités les plus spectaculaires des reclus est la prédiction et la voyance. Un reclus a prédit sa mort à Henri 1er, un autre la sienne à Thomas Becket. Saint Anselme en froid avec le roi d'Angleterre s'est exilé en France. Au cours de son séjour lyonnais il était allé rendre visite aux deux recluses installées auprès de la chapelle vouée à la pénitente Marie-Madeleine. Après sa mort, poussées par le diable elles se disputent mais Anselme leur apparaît pour les chapitrer, ce qui les amende: dès lors elles peuvent rendre un grand service aux lyonnais et aux anglais réunis: la Vierge en personne leur fait savoir qu'Anselme est au ciel avec l'archevêque de Lyon, Hugues, qui vient de mourir.[20] C'est encore à un reclus que l'on dut de retrouver le futur pape Grégoire qui pour fuir les honneurs s'était caché dans un tonneau[21]; à une recluse que choisit d'apparaître sainte Cordula, une des onze mille vierges qui avait échappé au massacre infligé par les Huns. Toute une nuit elle était restée dissimulée dans un vaisseau avant, le lendemain, de s'offrir bravement à la mort pour avoir droit à la couronne des martyres. Comme elle n'avait pas souffert avec les autres on ne célébrait

20 Ex Eadmeri Historia Novorum in Anglia, M.G.H Script. t. XIII, p. 146 et W. Malmesbiriensis, Gesta Pontificum, éd. Hamilton, Londres 1870, p. 124-125.

21 Jacques de Voragine: La Légende Dorée, trad. J.B.M. Roze, Paris 1967, t. 1, p. 222.

pas sa fête: peinée par cette injustice, elle fit savoir par la recluse qu'elle souhaitait qu'elle fût célébrée le lendemain de celle de ses sœurs.[22]

L'intervention des reclus peut parfois apporter le salut à des collectivités très larges. Dès l'exportation de l'institution hors du désert d'Egypte, il n'est pas rare de les voir purement et simplement sauver leur ville comme le montre le personnage de Grégoire de Tours, saint Hospice.[23] Ses pénitences effrayantes lui avaient valu de prévoir l'arrivée des Lombards et les crimes qu'ils allaient commettre, ce qui permit aux habitants de se mettre à l'abri dans les endroits fortifiés. Lui, malgré les objurgations des moines, est resté seul, dans sa tour dépourvue de porte, chargé de chaînes pour ses péchés au grand étonnement des envahisseurs à qui il apparut à sa fenêtre et qui crurent qu'il avait été condamné par les hommes à expier de grands crimes. Il édifia tant ces barbares que plus d'un se convertit. A l'autre extrémité du Moyen Age, le chroniqueur Jean de Haynin († 1495) raconte comment Jeanne, recluse de Bavay dans le Nord, toucha si bien le Seigneur que le capitaine des hommes d'armes alla la voir, ce qui déjà était un pas en avant. Elle le supplia d'épargner la ville qu'il s'apprêtait à brûler et lui promit en échange de prier pour eux tous. Le chroniqueur réserve son jugement: "Ne sai se che fu pour l'amour d'elle ou autrement, mes il n'y ardite riens" Pour bien des contemporains, nul doute: la recluse avait sauvé Bavay.[24]
Inversement la recluse de Saint-Pierre de Saint-Alban, très sainte femme qui "bénéficiait de fréquents oracles venus du ciel" aperçut un jour un vénérable vieillard au visage courroucé assis à ses côtés dans son parloir. Puis elle le vit monter à la tour d'où il avait lancé une malédiction redoutable: "Malheur, malheur aux habitants de la terre!". Effectivement cette même année 1258 fut marquée par la stérilité des récoltes, la mort du bétail et, à Londres, précise le chroniqueur, la faim tua quinze mille personnes.[25]

Dans le registre des annonces de reclus concernant leur ville on a parfois la chance d'assister en direct à une guerre des communiqués. La pieuse recluse de Saint-Nicolas de Malines, Pirone Vergods, vivait dans les années très troublées de 1470. Sa Vita raconte cet épisode. Un frère carme accompagné de son confesseur qui venait dire la messe dans l'église rapporta à Pirone ce qu'il tenait d'une recluse de Louvain: "Voici que le Dieu tout--puissant va punir pour leurs péchés trois villes du Brabant, Louvain, Bruxel-

---

22 Ibid., t. 2, p. 297.
23 Grégoire de Tours, trad. R. Latouche, Paris 1965, t. 2, p. 16-18.
24 Ed. par Chalon, Mons 1842, p. 280.
25 Gesta Abbatum sancti Albani, éd. H.T. Riley, R. S., 1876, t. 1, p. 388-389.

les et Malines" Qu'en pensait-elle? Pirone, l'épouse du Christ, répondit: "En admettant que le Dieu tout-puissant ait proféré cette menace, je sais et crois dur comme fer qu'il se trouve en Brabant deux ou trois personnes craignant Dieu et l'aimant assez pour qu'à leur demande et en considération de leur mérites, il les épargne." Le confesseur de Pirone était certain que sa protégée avait fait ce qu'il fallait auprès de son époux divin et qu'il l'avait exaucée. Il poursuit: "Quelles étaient les trois personnes en question, on ne sait, mais on estime toutefois que Pirone en était!" Elle avait à tout le moins sur les desseins divins des renseignements beaucoup plus récents que sa consœur de Louvain![26]

La chronique anonyme des évêques d'Halberstadt raconte que l'évêque Conrad a rejoint le 13 août 1202 l'armée croisée qui doit partir de Venise pour aller délivrer les lieux saints. L'expédition arrive à Raguse où un reclus qui se dit le comte Burchard de Hallermunde prophétise: les croisés s'empareront de Constantinople et la soumettront.[27]

Personnes religieuses, il est normal que beaucoup de reclus apparaissent associés aux destinées de l'Eglise à la fin du Moyen Age. J'en retiendrai deux aspects: il se trouve que plusieurs recluses interviennent lors de l'apparition des ordres mendiants et jouent un rôle dans leur implantation. Plusieurs recluses aussi apparaissent dans l'histoire du Grand schisme. Saint Dominique n'a pas beaucoup vécu à Rome mais son biographe signale pourtant que tous les jours de son séjour il rendait visite aux recluses des murailles de la ville extrêmement nombreuses on l'a vu. Une de ses saintes femmes va contribuer à sa réputation de thaumaturge.[28] Bona supportait patiem-

---

[26] Bibliothèque nationale de Vienne, ms 12708, f°166v°.

[27] Exuviae Sacrae Constantinopolitanae, éd. Comte Riant, Genève 1877-1878, t.1, p. LV et 14-15. Ce passage semble avoir été rédigé *post eventum*, en 1208. L'évêque Conrad (de Krofigk) qui rapporta beaucoup de reliques fit ensuite un voyage en Terre Sainte. Il n'a pas été possible de replacer ce reclus prophète dans la généalogie des comtes de Hallermunde.

[28] A. Walz: Die Miracula Beati Dominici der Schwester Cecilia, in: Archivum Fratrum Praedicatorum 37, 1967. Il fallait aussi que saint François eût opéré un miracle sur une recluse de Rome. La *vita* du saint écrite par Thomas de Celano raconte qu'une recluse exemplaire, Praxède, qui menait la vie solitaire depuis quarante ans fit une terrible chute dans son local qui se trouvait à l'étage. Elle était d'autant plus en danger de mort qu'elle ne pouvait envisager qu'on accède auprès d'elle, fût-ce pour lui porter secours, sans au moins l'autorisation d'un cardinal ce qui raffinait encore par rapport aux règles et aux renseignements fournis par l'hagiographie. Elle ne put miraculeusement se relever, indemne, qu'en invoquant François auquel de son vivant déjà elle vouait un culte; il lui avait lui-même donné "la tunique et la corde" (Analecta Franciscana X, p. 324). L'histoire est passée dans la 'Legenda Major' de saint Bonaventure.

ment une cruelle maladie: elle avait les seins dévorés par les vers. Dominique veut voir: elle détache un ver "si gros qu'il avait la tête noire": aussitôt posé sur la main du saint, il se transforme en pierre précieuse. Elle pleure pour ravoir son bien, préférant, comme Syméon le Stylite bien avant elle, être mangée de son vivant qu'après sa mort par le Ver éternel. Il reprend sa forme et sa fonction dès qu'elle le remet en place. Les mérites de saint Dominique ont pourtant été suffisants pour qu'il ait eu le pouvoir de guérir la malheureuse: il vient constater *de visu* qu'elle a désormais des seins de toute jeune fille. On devine quelle publicité cette histoire a pu apporter au fondateur. Mais une autre histoire rapportée dans plusieurs sources a beaucoup plus de portée.[29] L'ordre vient d'être fondé. Quelques frères vont trouver une recluse: ils sont bien jeunes, trop beaux garçons et trop décemment habillés pour qu'ils puissent conserver longtemps la chasteté, leur dit-elle. Sa campagne de dénigrement ne dura pas longtemps. La Vierge y veillait. La nuit suivante, elle apparut à la recluse, très mécontente. Ordre lui est donné de faire savoir immédiatement que ces dominicains sont des religieux au-dessus de tout soupçon.

L'ordre franciscain a lui aussi sa recluse dévouée: Lorette, comtesse de Leicester, tante de Simon de Montfort l'ancien qui s'est fait reclure à Hakkington et favorise l'installation des mineurs en Angleterre.[30] Et sa recluse rétive d'abord puis confondue. Le franciscain anglais Thomas d'Eccleston raconte dans quelles circonstances les intellectuels, gloire anglaise de l'ordre, sont devenus franciscains.[31] Maître Adam d'Oxford était déjà réputé mais ne s'était pas encore décidé. Il cherchait sa voie. Il était l'intime d'une recluse à qui il eut la candeur d'avouer qu'il était prêt à embrasser la religion de qui se présenterait à lui au nom de la Vierge. La sainte femme s'empressa de le raconter à ses amis dominicains et cisterciens dont un moine de Reading car elle considérait manifestement Adam comme une recrue de choix et n'aimait pas les franciscains. Mais la Vierge veillait d'abord sur eux. Elle envoya un rêve à Adam: il devait franchir un pont au-dessous duquel de vilains personnages tendaient leurs filets dans l'eau pour s'emparer de lui. Il leur échappait non sans mal. Sur ses gardes donc,

---

29 Pour le texte comparé des deux versions de la recluse admonestée par la Vierge racontée par Gérard de Frachet (chez qui la recluse est lombarde) et Thierry d'Apolda (la recluse est saxonne) et la postérité de la légende, cf. P. Perdrizet: La Vierge de miséricorde, Paris 1908, p. 32-39.

30 Tractatus Fr. Thomae vulgo dicti de Eccleston. De Adventu Fratrum minorum in Angliam, éd. A. G. Little, Paris 1909, p. 26.

31 Ibid. p.21-22.

il se réveille et, par hasard, vient voir les frères mineurs. Voici que Guillaume de Coleville lui dit: "Très cher maître, pour l'amour de la mère de Dieu, entre dans notre ordre, rehausse notre simplicité". Et lui aussitôt comme si c'était de la bouche de la Mère de Dieu qu'il eût entendu ces paroles entra dans l'ordre. On voit ici deux stratégies de sens contraire: celle de la recluse peu délicate qui joue les rabatteuses au profit d'ordres rivaux des franciscains; celle beaucoup plus puissante de Marie qui a choisi l'autre camp, le meilleur. Elle prend la recluse à revers de trois manières qui se conjuguent: en empêchant les représentants des deux ordres adverses de prononcer son nom; en prévenant par une vision nocturne Adam qu'il risque d'être récupéré; en plaçant sur son chemin le petit frère qui a la formule.

L'histoire de Colette de Corbie est peut-être plus éclairante encore parce qu'elle contribue à la revitalisation de l'ordre au XVè siècle, à l'époque des mouvements de l'observance.[32] Après plusieurs essais non concluants auprès des béguines, des bénédictines ou des clarisses de Pont Sainte-Maxence dans l'Oise, le père Pinet, franciscain, l'avait décidée à se faire reclure à Corbie où elle mena une vie très ascétique de 1402 à 1406. Très loin de là un austère franciscain, Henri de la Baume, du couvent de Chambéry, venait d'obtenir de son ordre l'autorisation d'aller à Rome et à Jérusalem. Il part, fait halte à Avignon et va consulter une recluse, Marion Amante, qui lui annonce qu'il va être doté d'une fille spirituelle. Il renonce alors à son voyage puis entend parler d'une recluse de grande perfection à Corbie: il se rend auprès d'elle pour soutenir sa mission. De son côté en effet la sainte recluse a reçu de Dieu l'ordre de quitter le reclusoir pour réformer les clarisses. Ce qu'elle ne peut faire qu'avec l'autorisation du pape. Il fallut qu'une commission s'entremît pour la faire relever de son vœu de clôture: elle obtint l'indult le 1er août 1406. Désormais en compagnie d'Henri qui l'a rejointe, ils traversent toute la France pour aller trouver l'anti-pape Benoît XIII qui se trouve à ce moment-là à Nice. Le pontife est tellement frappé par la sainteté de l'ex-recluse, nous dit le biographe, qu'il en tombe du trône et que la tiare roule à terre. Elle repart avec la bénédiction pontificale, mais ne peut commencer la réforme des clarisses à Corbie où on la disait sorcière. Henri de la Baume lui offre l'hospitalité chez lui en Franche-Comté et elle fonde de nombreux monastères.

---

32 Abbé J. Corblet: Hagiographie du diocèse d'Amiens, t. 1, Paris-Amiens 1868, p. 370 sq.

Marie Robine[33] a joué un rôle peu banal dans l'affaire du grand schisme. Cette femme vivait dans le diocèse d'Auch et souffrait d'une grave infirmité quand elle apprend qu'un saint récemment enterré à Avignon faisait des miracles. Il s'agissait de Pierre de Luxembourg, cardinal à dix-huit ans et grand ascète qui venait de mourir en 1387. Il avait demandé à être enterré par humilité au cimetière des pauvres où l'on connaît depuis longtemps un reclusoir, attenant à la chapelle Saint-Michel, l'ange psychopompe, souvent le patron des reclusoirs, ce qui renforce une fois encore les liens de la mort et de la réclusion. Parvenue à Avignon, nous dit-on, grâce à l'action conjuguée de Pierre de Luxembourg et de Clément VII elle guérit et se reclut près du corps du saint. En 1395 elle reçut par bulle de Benoît XIII une pension annuelle très importante de soixante florins qui prouve combien sa personne dépassait la recluse ordinaire: son sort était lié à celui très délicat alors de la papauté d'Avignon. Pour mettre fin au scandale du Schisme, dans l'entourage du roi de France on parlait de soustraction d'obédience. En 1398, d'une façon providentielle pour le pape elle eut une vision et elle écrivit à Charles VI. Il devait rester fidèle au pape d'Avignon; son règne serait glorieux et long s'il l'écoutait; ensuite il irait au ciel. C'était inespéré pour Benoît XIII et pour elle car le pape seul pouvait la relever, fût-ce momentanément, de son vœu de réclusion perpétuelle. Elle part pour Paris et y arrive le 2 juin, juste pendant la session dans le palais de la Cité du concile national qui était en train de discuter de la soustraction d'obédience. Il refuse de la recevoir. Elle s'obstine. Finalement Isabeau de Bavière lui fournit une petite escorte qui la ramène à Avignon mais avec une toute autre mission: elle avait charge de persuader le pape de se démettre. A partir de ce moment la pauvre Marie a des visions qui ne traduisent que trop ses déceptions. Dieu lui fait de nouvelles révélations: Clément VII était un menteur. Il est très mécontent aussi de Benoît XIII; Charles VI va être déposé et l'arrivée de l'Antéchrist est imminente. Elle meurt en 1399. Sans doute valait-il mieux pour elle car agent providentiel du pape d'Avignon, elle passait maintenant à la contre-propagande: on en avait brûlé pour beaucoup moins! Ajoutons que c'est une recluse encore qui avait prédit à Pedro de Luna qu'il coifferait la tiare![34] Il était étudiant à Toulouse quand, parti avec un groupe de jeunes pour visiter la Sainte-Baume en Provence il

---

33 Le texte de ses révélations a été publié par Matthew Tobin dans: Mélanges de l'ecole Française de Rome CII, 1990, p. 417-423. Il est revenu sur la question dans: Cahiers de Fanjeaux 27, 1992, p. 309-329.

34 Martin d'Alpartils: Chronica actitatorum temporibus Domini Ben. XIII, éd. F. Ehrle, Paderborn 1906, p. 2.

avait consulté cette recluse: elle lui avait prédit les plus hautes destinées. Qui peut évaluer le rôle psychologique qu'ont pu jouer ces prédictions dans le comportement de ces personnages? A moins évidemment qu'elles n'aient été comme tant d'autres forgées *post eventum.* Dans ce cas elles relèveraient de ce qu'on appelle aujourd'hui la désinformation. Il n'importe: on ne prête qu'aux riches. On vérifie ici ce que spontanément les gens de ce temps pensent souvent des reclus: ils sont particulièrement doués pour recevoir des informations confidentielles; radiographier les consciences, y débusquer les péchés déjà commis ou projetés et lisent dans l'avenir à livre ouvert.

L'étude rapide de deux hagiographies permettra d'éclairer de plus près les deux axes majeurs de l'information, vertical, le plus spectaculaire, et horizontal, certainement le plus intéressant du point de vue anthropologique.

Saint Arnoud moine, puis reclus de vocation, malgré lui abbé, évêque ensuite, avait reçu l'éducation d'un chevalier et commencé sa carrière militaire quand il abandonna la suite du roi Philippe 1er et entra à Saint-Médard de Soissons. Ce n'est sans doute pas un hasard si son biographe ne lui prête de dons surnaturels qu'à partir du jour où, chargé de l'aumônerie, il eut à s'occuper du reclus du monastère, Erembold, un moine qui appartient donc à la catégorie traditionnelle et dont il allait suivre l'exemple. Arnoud est fasciné par l'ascète: juste avant de mourir celui-ci lui réclame un peu de pain - que le saint est obligé de prélever sur la provision destinée aux pauvres - trempé dans du lait. Erembold lui avait promis de lui faire connaître son sort au-delà. Il tient parole: il est élu mais a eu à expier cette bouchée de pain au lait. Arnoud est converti à la réclusion et à la plus rigoureuse puisqu'il se fait creuser une loge en contrebas du mur extérieur de l'église, sous le canal d'écoulement des eaux pluviales qui ruissellent sur ses épaules. Il y passe des années dans le mutisme absolu et fait des miracles. On ne retiendra ici que ceux qui concernent sa prescience. Elle s'exerce par ondes concentriques.

Son avenir à lui: il annonce à sa sœur venue lui rendre visite que le poisson qu'on lui a apporté des cuisines de l'abbaye a été empoisonné par des moines voulant sa mort. La destinée des membres de son lignage: il apprend à son beau-frère Trudbert que leur compagnon d'armes et ami, Israël, est mort la veille et s'est damné: rentré chez lui chargé de butin, il s'était vautré avec une concubine et a été foudroyé. Sa sœur Adsela croyait avoir assuré l'avenir de son fils en l'envoyant en commandise auprès d'un noble qui devait l'armer chevalier. Arnoud lui apprend sans ménagements qu'il est mort et enterré. Il a été victime des sortilèges de sa mère qui en plein carême, pour rendre en quelque sorte son fils invulnérable, a lancé au-dessus d'une poutre une de ses chaussures. Elle n'était pas encore rentrée chez elle qu'elle recevait confirmation de la nouvelle.

Les pouvoirs d'Arnoud s'étendent à d'autres lignages. Simon, comte d'Amiens et de Vermandois, comme le saint lui-même, avait tout abandonné et s'était rendu à Rome. Quand il quitta la "prison de ce monde", Arnoud le sut miraculeusement et fit prévenir sa communauté qu'il fallait dire pour l'âme du mort, l'office des défunts: l'abbé eut du mal à le croire, ce qui scandalise Arnoud et son biographe mais il ne s'écoula pas un mois avant que ce fût confirmé. Les nobles Gui et Ermengarde, nobles de la région soissonnaise étaient en piètre posture: lui à l'article de la mort, elle redoutant un accouchement mortel. Arnoud leur annonce que tout se passera bien pour eux mais que le frère d'Ermengarde, Albéric, sera trahi par sa femme et qu'il perdra tous ses biens. Averti par sa sœur, Albéric refuse d'y croire: son sort s'accomplit. Le garçon dont a accouché Ermengarde est né sans yeux: Arnoud le savait. Heureusement avant de le baptiser on a l'idée de le conduire à Saint-Médard: on le fait passer par la fenestrelle. L'Arnoud le dépose sur son lit de cendres, se prosterne en prières, prend l'enfant sur ses genoux et grâce à sa salive, lui donne des yeux. Gui et Ermengarde encore consultent le saint sur le mariage de leur fille qui menace de se suicider si on la marie à un autre que celui qu'elle aime. Le saint les console. Il faut la laisser épouser celui-ci; elle sera veuve bientôt et trop heureuse d'épouser ensuite celui qu'ils lui destinaient. Géric est un méchant *bellator* qui opprime veuves et orphelins. Dieu le punit en faisant mourir tous les enfants qu'il a de sa femme Judith puis en lui envoyant une grave maladie. Les neveux convoitent l'héritage. Arnoud se fait amener au reclusoir le malade qu'il guérit et qui promet de s'amender. Il aura un fils de sa femme qui lui succèdera et Judith verra avant de mourir les enfants de son fils. Les charismes du reclus vont encore au-delà, jusqu'au roi et au royaume.

La reine Bertrade épouse de Philippe était stérile: il annonce qu'elle concevra. Mais voici que la reine "enflée de l'orgueil royal" appuie les mauvaises initiatives de son époux qui a multiplié les fautes. Il a voulu imposer à l'abbé de Saint-Médard le service d'ost, nommé abbé un simoniaque qui a dilapidé le temporel au point que, la mort dans l'âme, Arnoud a été contraint d'abandonner sa chère cellule qui "lui est un paradis " pour diriger les moines et redresser la situation. Quand Arnoud a réussi à faire élire un saint homme, Gérard, (futur abbé de la Sauve-Majeure) et pu retrouver sa solitude, voici que la reine en personne vient trouver Arnoud pour faire casser l'élection de Gérard. Le reclus prophétise: puisqu'elle le prend de haut avec le saint, que la reine sache ce qui l'attend: elle sera répudiée, éloignée du trône et conduite dans le Ponthieu. Elle mourra et sera enterrée "comme une femme du peuple". Elle a eu, lui rappelle-t-il, l'audace d'oublier "qu'elle n'était qu'une femme." Elle la paya comme le saint l'avait prédit. Enfin Arnoud eut la grâce de pouvoir rassurer la population en proie à une grande peur: le bruit courait que les danois allaient envahir le royaume - si alarmant que l'évêque de Soissons en personne était venu consulter le reclus. Selon le biographe, la rumeur s'alimentait en effet - on pèse ici le prestige de l'écrit - à la lecture de ces chroniques qui racontaient les exactions passées de ces païens; ils avaient épouvanté des générations. Spontanément Arnoud sut que ce bruit était infondé mais pour plus de précaution, il se couvrit de cendres, s'abîma en prières et, Dieu le confirmant dans son optimisme, il put tranquilliser l'évêque qui attendait le résultat de l'augure: "Aussi longtemps que toi et moi serons en vie, le peuple danois non plus qu'un autre peuple barbare, ne dévastera le royaume de France".[35]

Le reclus est ici le bouclier spirituel du pays tout entier. Il y a changement d'échelle par rapport au reclus urbain tel qu'il apparaît en particulier souvent dans les sources méridionales. Choisi et entretenu par la ville il était donc affecté à une responsabilité collective plus large que celle que pouvaient avoir à Lyon par exemple la douzaine de reclus permanents à la collation des monastères ou des chapitres de la ville - sauf, bien évidemment, grâce individuelle exceptionnelle qui assurât alors à son heureux bénéficiaire une réputation débordant les frontières de son territoire. A Saint-Flour le jour de l'élection du nouveau corps de ville, le lundi de Pâques, celui-ci descendait solennellement en chaperon au reclusoir; la magistrature annuelle venait en quelque sorte présenter ses devoirs au seul membre permanent du corps municipal: le reclus mort à vie, si l'on peut dire, assurait la continuité des institutions en même temps que la sauvegarde spirituelle. En trinquant avec lui sur l'entablement de la fenestrelle avant les joutes publiques offertes à la population, on reconduisait un charisme de clocher. Le reclus incarnait le patriotisme local.[36] Avec des reclus du type Arnoud, on passait à la dimension nationale. Une fois canonisé, il accédait enfin au grade suprême de la citoyenneté célicole, universelle. Du reclus sans talents surnaturels

---

35 *Vita* de saint Arnoud de Soissons, PL 174, 1375-1440. Les paragraphes sont, dans l'ordre de leur utilisation, les 19, 20, 21, 24, 25, 26 à 28, 29, 30, 31-32, 30, 17 (voici le passage de mise en garde, au style indirect, d'Arnoud à la reine: *quamvis regina haberetur, memor tamen feminae conditionis, memor etiam divinorum judiciorum, ecclesiasticis legibus obviare formidaret et ab verecundia tanti viri seipsam obviare formidaret*), 24.

36 Cf. les documents publiés dans: M. Boudet: La recluserie du Pont Sainte-Christine à Saint-Flour, Aurillac 1902, notamment p. 15.

mais dont le sacrifice à lui seul alimentait déjà le Trésor des mérites, qui, au jour le jour, tendait une oreille bienveillante ou, à la demande, exécutait les prières dont on le chargeait, au reclus dont la réputation était bien assise dans le quartier, ou dans la ville, dans la région, dans le royaume, ou dans toute la chrétienté on trouvait toute la gamme des puissances.

C'est une autre dimension de la réclusion dans la circulation des nouvelles qui est mise en lumière dans 'Le livre de Margery Kempe'.[37] Il raconte la vie d'une bourgeoise de Lynn (King's Lynn, Norfolk), port actif de la côte est de l'Angleterre sur l'Ouse, dans la première moitié du XVè siècle. Cette mystique, née en 1373, mère de quatorze enfants, s'est convertie vers 1413; a non sans mal réussi à obtenir de son mari qu'il observe la chasteté et beaucoup voyagé: en Angleterre, sur le continent - elle est allée jusqu'en Prusse, encore bruissante des grâces accumulées par une autre célèbre recluse, Dorothée de Montau; en pélerinage à Jérusalem, Rome et Saint-Jacques. Ses déplacements en Angleterre sont particulièrement éclairants pour notre sujet.

Rappelons d'abord que Margery a de fréquentes révélations, a épousé le Christ à Rome, ce qui lui donne le droit de prêcher et de critiquer ouvertement ses contemporains notamment les clercs. Or la conjoncture est dangereuse: ce pays pratiquement épargné par l'hérésie jusqu'à Wycliff est, aux deux premières décennies du XVè siècle, en pleine chasse aux lollards. Or cette excentrique est la contemporaine de l'évêque de Norwich qui a siégé au procès de Jeanne d'Arc et d'un carme célèbre, Thomas Netter, dont on connaît les écrits très hostiles aux femmes parlant en public et qui justement s'occupe aussi activement des recluses. Margery est à plusieurs reprises arrêtée, emprisonnée, interrogée à la fois par le pouvoir ecclésiastique et civil qui font maintenant cause commune dans la répression de l'hérésie; mais également persécutée par la foule qui veut la brûler. Ce qui peut expliquer, en partie au moins, la fièvre des esprits et la rapidité de la diffusion des rumeurs qui donnent à ce texte exceptionnel son côté haletant.

Le reclus joue dans sa vie un rôle important dès sa conversion. Jésus en personne la dirige vers celui des dominicains de Lynn. Ordre lui est donné d'aller expliquer à Maître N. les révélations qu'il lui a faites; il sera désormais son conseiller: "mon esprit te parlera par son intermédiaire", lui a dit le Christ. Il discernera si les messages qu'elle reçoit viennent de Dieu ou du diable. La confiance que son confesseur lui accorde est aussi touchante que

---

[37] The Book of Margery Kempe, ed. S. Brown Meech et Hope Emily Alen, 1940 (Early English Text Society, O.S. 212). Les passages utilisés sont respectivement aux pages 17, 18, 20, 37, 42-43, 46, 25, 102, 119. Pour Th. Netter cf. note p. 270.

la reconnaissance qu'elle lui voue. C'est auprès de lui qu'elle voudrait être au paradis, répond-elle quand Jésus lui demande quel voisin elle préfèrerait y avoir - et il s'étonne qu'elle n'ait pas spontanément pensé à son père ou à son mari. Pourtant cette relation privilégiée n'est pas sans nuages. En rentrant de voyage, elle apprend qu'il a déjà été mis au courant des péripéties rencontrées et surtout que des mauvaises langues ont voulu l'éloigner d'elle. Lui reste sûr pourtant qu'elle est "le tabernacle de Dieu". Inversement il connaît l'avenir et lui annonce les tribulations qu'elle va connaître.

Plus précieuse encore quoique plus laconique que cette évocation des liens spirituels entre la mystique et son directeur de conscience reclus, celle des contacts qu'elle noue spontanément hors de sa ville natale. Quand elle part en voyage avec son mari, ils rendent visite aux "serviteurs de Dieu, reclus et recluses" dans les villes traversées. A Norwich elle va voir la grande mystique Julienne qui savait déjà qu'elle était dans la ville, l'accueille chaleureusement et l'aide à comprendre ses révélations. Au retour de son vaste périple en Orient et en Italie, elle va voir à Norwich un autre reclus "d'excellente réputation". Moine originaire d'un pays étranger il se trouvait à la chapelle dite *of the fields*. Elle l'avait déjà vu et il l'aimait beaucoup auparavant. On vérifie ici encore que les nouvelles, vraies ou fausses, courent plus vite que les hommes car il l'accueille très fraîchement: "d'après ce qu'il a entendu dire" elle a accouché en route. Elle doit se défendre et lui affirmer qu'elle ne serait pas partie avant d'avoir eu son enfant. Mais il ne désarme pas et lui reproche aussi de s'habiller de blanc "ce que Dieu interdit". Elle a beau lui dire que c'est l'ordre de l' Epoux divin, il ne la croit pas et lui interdit de revenir. Comme d'habitude elle consulte Jésus sur ce qu'elle doit faire et manifestement il la soutient. Margery fait savoir au reclus la volonté céleste, histoire de le ramener à la modestie: Dieu ne veut plus qu'il s'occupe d'elle car il a démérité.

Après son pélerinage à Saint-Jacques, c'est à York cette fois qu'une recluse ne veut pas recevoir Margery parce qu'"elle a entendu dire trop de mal d'elle".

Certes cette dévote est une femme exceptionnelle. On la voit constamment sur les routes, elle n'a pas peur de haranguer la foule - ce qui explique les réactions souvent hostiles - notamment des femmes qui, sans ambages, la renvoient à sa quenouille. Elle a surtout des façons peu banales d'exprimer sa dévotion. Qu'elles édifient ou hérissent, elles ne laissent personne indifférent. Jusqu'à quatorze fois dans la même journée, et toujours en public, quand elle entend parler de la Passion du Christ, elle tombe, se tort en hurlant, le teint plombé. Les commentaires que son comportement suscite vont du jugement d'ordre médical: elle est "cardiaque", "folle"; moral: elle veut se faire remarquer, c'est une simulatrice; au théologique: elle est sorcière, possédée du démon, juive, hérétique lollarde. Aux deux bouts: ou elle est sainte et possède des dons bien enviables ou il faut l'enfermer voire la brûler. Il ne faudrait pas s'imaginer que le clivage des réactions se fasse entre les gens crédules et les intellectuels, les laïcs et les clercs. Il traverse tous les milieux: certains mendiants la vénèrent, d'autres la détestent et lui interdisent purement d'entrer dans l'église parce qu'elle trouble les sermons. De même pour les évêques, les reclus ou le tout-venant de la population laïque. Elle est donc si manifestement atypique qu'il n'est pas étonnant que son arrivée dans une ville soit un événement. Sa vie mouvementée confirme en tout cas à quel point les reclusoirs sont de véritables caisses de résonance.

Se plaçant sur le pur terrain de la morale les penseurs de l'institution avaient la tentation de condamner quasiment l'ouverture qui ouvrait la cellule sur le monde profane. Pour un rigoriste comme Aelred l'idéal était bien le rideau noir, couleur de pénitence, perpétuellement tiré ou presque. Pourtant même lui admettait des exceptions:" si un personnage de marque ou de haute réputation, un abbé, par exemple ou un prieur, voulait parler à une recluse".[38] Cette concession prouvait bien le côté intenable de ce statut: comment vivre un idéal de solitude dans la société urbaine? Même le saint reclus pouvait inconsciemment au moins espérer la gloire de son sacrifice car il était public, son accès facile, sa réputation d'autant plus flatteuse qu'il était plus admirable. Les sources sont pleines de ces grands ou petits, ecclésiastiques ou laïques, hommes et femmes de tous âges, qui justement sont venus s'accouder à la fenestrelle. Bien d'autres saints que les reclus pouvaient évidemment rendre les mêmes services. Ils semblent plus particulièrement prédisposés à ce que la Vita de Saint Arnoud appelle avec bonheur la *prerogativa praescientiae*. En fin de compte d'où la tirent-ils à ce degré? De leur statut de morts-vivants qui les soustrait aux pesanteurs temporelles. Burchard de Worms parlait à leur propos de l'"ordre des morts". Les deux pieds au bord de la fosse ils semblent bien avoir joui aux yeux de leurs contemporains de pouvoirs hors-normes.

---

[38] [Note 6], p. 59.

HENRI DUBOIS

LA SAISIE ET LE TRAITEMENT DE L'ACTUALITÉ DANS UNE ENTREPRISE INDUSTRIELLE À LA FIN DU MOYEN AGE (SALINS, 1466-1481)

Il est évident que les activités économiques ne peuvent se passer de la prise en considération de l'actualité. Même au Moyen Age, le laboureur, le petit artisan ou le petit marchand ne peuvent 'vivre en vase clos', et même eux doivent prendre garde à l'actualité. Le cultivateur a intérêt à connaître la tendance des prix, la possibilité ou l'empêchement de se rendre à tel ou tel marché; l'artisan doit profiter des arrivages de matière première; le marchand local a intérêt à acheter en période de bas prix et à revendre en période de prix croissants. Tous, assurément, et c'est d'une importance capitale au Moyen Age, doivent se tenir au courant de l'actualité monétaire. Lors d'un renforcement (i. e. réévaluation) de la monnaie, il faut se hâter de vendre avant l'inévitable baisse des prix et il faut encaisser les créances libellées en monnaie de compte. Lors d'un affaiblissement (i.e. dévaluation), il est bon d'acheter avant l'inévitable hausse des prix et de s'acquitter de ses dettes libellées en monnaie de compte.

Cette attention à l'actualité est encore plus nécessaire aux 'opérateurs économiques' de haut niveau. Les lettres que nous avons conservées de marchands actifs aux foires de Champagne du XIIIe siècle contiennent des renseignements sur les cours des changes et des marchandises et, dans la suite, la spéculation internationale sur les lettres de change a rendu absolument nécessaire la connaissance des taux sur les différentes places à un moment donné.[1]

D'autres agents aussi sont nécessairement à l'écoute de l'actualité, en particulier les gouvernants, gouvernement de l'Eglise, gouvernements des royaumes et des principautés ou des villes. Lorsque nous possédons des collections de délibérations de conseils de ville, nous voyons que ces assemblées , pour délibérer et décider, doivent être informées de l'actualité intérieure et extérieure, politique, ecclésiastique, militaire et économique.

Le document que je me propose d'ouvrir aujourd'hui appartient à la fois à la catégorie des actes de la vie économique et à celle des actes d'une autorité délibérante ayant un pouvoir de décision. Le Livre des délibérations du Conseil des officiers de la Grande Saunerie de Salins au comté de Bourgogne, conservé (aux Archives Départementales du Doubs) pour la période

---

[1] Cf. par ex. Paoli et Piccolomini: Lettere volgari del secolo XIII scritte da Senesi, Bologne, 1871, p. 49-58.

du 14 août 1466 au 31 août 1481[2] est, en effet, la collection des procès-verbaux de 581 réunions de ce conseil, donnant un résumé des questions abordées et des décisions prises. Ce conseil des officiers était le conseil des dirigeants de cette entreprise à la fois minière, industrielle et commerciale. C'était donc un organisme de nature économique. C'était aussi un organisme administratif, car la Grande Saunerie faisait partie des rouages financiers de l'Etat bourguignon. C'était enfin un organisme politique, une sorte de gouvernement qui devait, dans certaines étroites limites, prendre des décisions dont l'ensemble concourait à définir une politique commerciale du sel, elle-même partie de la politique générale de l'Etat.

Le document est donc d'un intérêt exceptionnel, notamment par ses connotations politiques. Il couvre en effet la dernière année du règne du duc Philippe le Bon (mort le 15 juin 1467), le règne entier de Charles le Téméraire (15 juin 1467-5 janvier 1477), la première tentative française de conquête de la Comté (février-mars 1477), la révolte comtoise et le régime du règne des ducs Marie et Maximilien (mars 1477-2 juin 1479), enfin le deuxième régime de rattachement au royaume de France.[3]

Dans ces quinze années, on peut distinguer des périodes où l'actualité est sans relief, quotidienne et routinière: c'est le cas avant l'été de 1474. A partir de cet été 1474, le comté de Bourgogne, Salins et ses sauneries se trouvent pris dans un contexte militaire, guerrier et menaçant. Une actualité politico-militaire, génératrice d'inquiétudes, et parfois très pressante, s'ajoute désormais au quotidien de l'entreprise, sans l'annihiler, bien entendu.

Le registre nous permet de voir quelle partie de l'actualité est appréhendée par le conseil, par quels canaux elle lui parvient, comment elle est utilisée et à quelles décisions elle conduit.

Il faut rappeler ici que la "Grande Saulnerie" de Salins avait pour fonctions: 1/ l'extraction des eaux salées ou "muires". 2/ la fabrication du sel par évaporation de cette muire dans des chaudières de fer chauffées au bois. 3/ la commercialisation du sel ainsi fabriqué, dans le respect des traditions, des traités qui organisaient la distribution des divers types de sel dans les différentes aires géographiques constituant le bassin de vente de la Saunerie, ainsi que de la volonté politique du souverain. D'autre part, il ne faut pas perdre de vue que la Saunerie n'était que l'une -assurément la plus impor-

---

[2] Arch. Départ. du Doubs, B 187.

[3] Cf. H. Dubois: Le Téméraire, les Suisses et le sel, dans: Revue Historique, fasc. CCLIX, 1978, p. 309-333. Ders., A Salins au XVe siècle: problèmes humains et problèmes industriels d'une entreprise, dans: Wirtschaftskräfte und Wirtschaftswege I. Mittelmeer und Kontinent, Festschrift für Hermann Kellenbenz, 1978, p. 203-218.

tante- des trois salines de Salins: les deux autres, la "Chauderette" et le "Puits-à-muire du Bourg-Dessous" étaient des entreprises privées (même si le Prince y avait des intérêts). Il existait donc entre ces entreprises une situation de concurrence, surtout entre la Grande Saunerie et le Bourg-Dessous. En troisième lieu, la structure même de la Grande Saunerie était complexe: une part, souvent le tiers, parfois plus, appartenait au duc de Bourgogne en tant que comte. Un autre tiers était à la branche aînée de la maison de Chalon dont le chef portait le titre de prince d'Orange. Le troisième "partage" était celui de branches cadettes ou collatérales de la même maison de Chalon (Vignory, Autrey, Fouvent). Au début de notre période, le comte-duc détenait la moitié de la Saunerie, le prince d'Orange un tiers et le "partage" de Vignory un sixième. Mais le comte, en tant que seigneur des autres "parsonniers", occupait une position dominante. En particulier, il nommait et faisait instituer la plupart des officiers dont deux, le "Pardessus" et le "Portier" étaient des personnages considérables, appartenant à la société politique de l'Etat bourguignon. Les officiers, au nombre de 28, constituaient le "corps" de la Saunerie et se distinguaient clairement des travailleurs manuels ou "manouvriers".

I. Les véhicules de l'actualité

Les vingt-huit officiers - qui ne sont jamais au complet en conseil (maximum 25, minimum trois, le plus souvent de 12 à 16) - reçoivent les éléments d'actualité sur lesquels ils délibèrent de plusieurs sources.

a) la source la plus fréquente d'actualité de nature administrative, c'est-à-dire relative à la place de la saunerie dans le réseau de circulation du pouvoir, dans le système de transmission et d'exécution de la volonté du Prince, était la Chambre des Comptes de Dijon que notre source appelle d'abord "Messeigneurs des Comptes de Monseigneur siégeant en la Chambre des Comptes à Dijon"[4], organisme chargé de superviser les finances des duché et comté de Bourgogne et qui, par la suite, prend dans le document d'autres noms, comme "Mesdisseigneurs les President, gens du Conseil et des Comptes" ou encore "Messeigneurs du Conseil, des finances et des Comptes de Monditseigneur residans à Dijon".[5] A partir d'avril 1468, le Président est de plus en plus souvent cité avec les gens du Conseil et des

---

[4] B 187, fol. 3.

[5] B 187, fol. 69v, 180v.

Comptes: personnage important, principal représentant du duc dans les pays "de par-delà", président du Conseil de Dijon en même temps que des parlements de Beaune et de Dole, que, par exemple, la Saunerie va informer alors qu'il préside un parlement à Dole en avril 1474.[6] Le 19 novembre 1476, "Messeigneurs du Conseil et des Comptes estans a Beaulne" écrivent au conseil de la Saunerie et leur lettre est lue en conseil le 3 décembre. Au conseil du 28 janvier 1477 (après la disparitiion du duc Charles et l'entrée des Français à Dijon, le jour même de la soumission de la Bourgogne) sont vues à Salins "les lectres de Monseigneur le bailli d'Aval de par lui escriptes aux officiers...et datées du 24e jour de janvier 1477 esquelles sont insérées les lectres closes de Messeigneurs le Président, gens du Conseil et des Comptes de Monseigneur le duc à Dijon par eulx a luy escriptes" et exposant les dispositions prises à Dijon en vue de la soumission au roi de France Louis XI[7]: ce président, favorable aux Français, n'était autre que Jean Jouard.

D'autres "seigneurs du Conseil" envoient à la Saunerie le 12 décembre 1477 un mandement qui y est lu le 15 décembre, mais il s'agit alors des conseillers de Marie de Bourgogne et Maximilien étant à Salins.[8] Après la soumission au roi de 1479 apparaît, avec les Gens des Comptes, le "général" des finances du roi à Dijon.

b) mais, si la volonté du prince est souvent transmise par les lettres de la Chambre des Comptes, il arrive que le souverain s'adresse directement aux officiers de sa Saunerie. Voici un exemple du 11 mars 1467: "Oudit conseil ont esté veues les lectres closes de mon trèsredoubté et souverain seigneur Monseigneur le duc et comte de Bourgogne y presentées par Jehan Jobez secrétaire de madame la princesse d'Oranges, adrecées aux officiers de ladicte saulnerie..."[9]: en l'occurrence, les lettres sont apportées par le bénéficiaire ou son représentant. Il y a un cérémonial pour la réception des lettres du duc: le 31 août 1467, des lettres patentes du nouveau duc annonçant le don d'un office sont "reveremment comme il appartient receues et au long veues et leues". Même respect, le 28 mai 1476, alors que le duc séjourne à Lausanne, au conseil où "ont esté receues en l'onneur qu'il appartient et veues les lectres closes de Monseigneur le duc et conte de Bourgogne

---

[6] Fol. 161. Sur J. Jouard, J. Bartier: Légistes et gens de finances au XVe siècle. Les conseillers des ducs de Bourgogne Philippe le Bon et Charles le Téméraire, Bruxelles 1958, p. 68, 108, 276, 394.

[7] Fol. 206v.

[8] Fol. 223v.

[9] Fol. 18v.

signées de sa main et au-dessus de sadicte signature est escript "Fiat comme raison le veult" et aussi signées de son secrétaire...".[10] Il ne s'agissait pourtant que de maintenir en fonctions les fermiers d'un martinet.

Pour Marie de Bourgogne, sa première lettre mentionnée comme ayant été effectivement remise au conseil apparaît dans la séance du 13 novembre 1477: "veues lectres closes de Madame de Bourgongne adressées aux pardessus et officiers de ladicte saulnerie escriptes a Gand l'une le 13e et l'aultre le 17e jour d'aoust 1477". Au même moment est présentée "unes lectres closes de Monseigneur le duc Maximilien escriptes... en sa ville de Bruges le 10e jour de septembre" en faveur du seigneur de la Bastie.[11] On a aussi, au conseil du 21 septembre 1478, "les mandement patent et lettres closes de Messeigneur et dame de Bourgongne d'eulx obtenuz par maistre Jehan Gros, leur conseillier et trésorier de l'ordre de la Toison, touchant l'office de portier de ladicte saulnerie".[12]

Quant à des lettres du roi Louis XI, nous n'en rencontrons pas avant le conseil du 18 mars 1480 où "ont esté receues les lectres patentes et closes en l'onneur qu'il appartient du Roy nostresire... adrecées auxdis officiers par lesquelles il leur mande luy faire paier et delivrer la somme de deux mille livres estevenantes a luy dehues sur le communal".[13] Au total, le registre fait mention de 6 lettres de Philippe le Bon, 78 de Charles le Téméraire, 8 de Marie et Maximilien, et une seulement de Louis XI. Il est très manifeste que la volonté souveraine et l'autorité se transmettent plus souvent par lettres directes à l'époque bourguignonne que par la suite.

c) il arrive que le conseil reçoive des lettres du receveur général (des Deux Bourgognes) comme celles de Pierre le Carbonnier le 14 août 1466 ou celles de Jean Druet du 12 juin 1467.[14]

d) après la reddition aux Français apparaît comme représentant du roi dans la région le seigneur de Craon (Georges de la Trémoille) dont une lettre est vue au conseil du 15 mars 1477[15] et une autre trois jours plus tard. Mais Craon a été promptement supplanté, comme représentant de l'autorité souveraine, en l'espèce celle de Marie de Bourgogne, par le prince d'Orange Jean de Chalon, qui se pare du titre de gouverneur général dès ses

---

[10] Fol. 35v, 197v.

[11] Fol. 222v.

[12] Fol. 244v. Sur Jean III Gros, cf. Bartier, [note 6], p. 372 - 381.

[13] Fol. 255.

[14] Fol. 2, 27v.

[15] Lettre de don d'office: fol. 209.

lettres du 6 novembre 1477 vues au conseil du 12 janvier 1478[16] et qui, jusqu'à la soumission définitive aux Français, intervient fréquemment auprès de la Saunerie. Un "gouverneur" encore s'adresse aux officiers en septembre 1479: c'est Charles d'Amboise, substitué par le roi à Craon dès le 12 octobre 1477.[17]

e) le Grand Bâtard, Antoine de Bourgogne, a écrit au conseil, le 7 novembre 1475, pour faire payer les gages d'un "bombardier".[18]

f) Les autres co-propriétaires de la Saunerie se manifestent aussi par lettres, par exemple les lettres de créance du prince d'Orange, alors Guillaume de Chalon, le 9 septembre 1466. Mais, en temps normal, leurs interventions sont plutôt rares et si le seigneur de Châtelguyon, cadet de la maison de Chalon, et mis en possession du "partage" de Chalon (contre son frère Guillaume) par lettres du duc Charles en date du 27 août 1470, écrit le 26 mai 1475, c'est pour faire attribuer du sel en paiement à des gens d'armes.[19]

g) Le Pardessus (directeur général de la Saunerie), homme de cour, ne réside pas et ne vient pas souvent à Salins. Il lui arrive donc d'écrire aux officiers comme au conseil du 20 novembre 1466 où "ont esté veues les lectres closes de Monseigneur le Pardessus des offices de cestedicte saulnerie par lui nagueres envoyées auxdis officiers et le jourduy receues" ou à la réunion du 13 février 1476 où est vue une lettre du Pardessus écrite un an plus tôt au siège de Neuss le 25 février 1475.[20]

h) L'information écrite sur l'actualité est encore apportée au conseil des officiers par une foule d'autres partenaires dont le propos n'est pas toujours d'informer, mais de quémander et de solliciter. La requête, présentée par écrit, est, ici comme ailleurs, un mode normal de saisine du conseil. Les requêtes sont extrêmement nombreuses et, lorsqu'elles comportent un exposé des motifs, apportent aux officiers une information tirée de l'actualité. Les requêtes émanent de gens de tous rangs depuis le prince d'Orange[21] jusqu'au plus modeste des manouvriers. Elles portent sur les sujets les plus divers et donnent lieu à discussion et "appointement" par le conseil.

---

[16] Fol. 225v.

[17] Cf. Philippe Contamine: Un serviteur de Louis XI dans sa lutte contre Charles le Téméraire: Georges de la Trémoille, sire de Craon (vers 1437 - 1481), dans: Ann. - Bull. de la Société de l'Histoire de France, années 1976-1977, p. 65-80.

[18] Fol. 181v.

[19] Fol. 4, 101v, 180v.

[20] Fol. 24, 74, 129.

[21] Fol. 213, 217v.

Une autre et considérable source d'information sur l'actualité est le "rapport" ou "relation" fait devant le conseil par un des officiers ou un chargé de mission. On trouve mention de tels rapports dès le 25 août 1466 et le dernier mentionné est du 23 septembre 1479. Le rapport fait généralement suite à une mission confiée par le conseil, mission qui est en ellemême une demande d'information sur un point d'actualité. Ainsi, en juin 1466, Jean de Lailler avait été envoyé "a Paris devers le roy et son conseil pour la poursuite de l'entretenement du cours et usaige des sels dudit Salins ou pais du Masconnois". Le 25 août, il fait un rapport verbal de son "besoingnié": il n'a rien pu obtenir de Louis XI et le conseil le renvoie en mission auprès du comte de Charolais.[22] Le rapport peut être une expertise. Il peut être constat des résultats d'une mission ou d'une négociation, ainsi le 30 août 1467 quand "lesdiz lieutenant et Pierre Patornay clerc des rooles de ceste saulnerie ont fait leur rapport du besoingnié par eulx fait ou voiaige a eulx derrenierement ordonné de faire es lieux et villes de Nuefchastel, Yverdon sur le lac, Moudon, Lausanne, Morges, Genesve..." pour résister à l'introduction du sel de Provence dans ces régions et "a l'aide de Dieu l'on espere que ledit sel de mer sera rebouté desdiz pais"[23] etc.. Les rapports sont souvent collectifs: deux, trois personnes les présentent. Comme pour les requêtes, il y a des rapports sur des sujets de toute importance: aussi bien sur l'ouverture ou la fermeture d'un débouché géographique de la Saunerie que sur les résultats d'une expérience technique ou sur une visite des "charbonneries" de la saline. Un rapport peut être présenté par un personnage considérable et être très solennel. Tel celui fait le 6 mai 1468 par le président Jean Jouard en personne, sur la négociation menée par lui à Lausanne le lundi 2 mai précédent avec les représentants du duc de Savoie et du pays de Vaud en vue de rétablir la vente des sels de Salins au pays de Vaud, question d'importance vitale pour la Saunerie.[24] Le désir de saisir l'actualité dans sa réalité se traduit aussi, de la part du conseil, par des enquêtes ou "informacions", des recherches ou "cherches" sur le terrain et sur les sujets les plus divers, dont voici quelques exemples: le 17 décembre 1466, le conseil a été informé "tant par informacion comme par invencion des os" qu'un jeune cerf apprivoisé avait été brûlé sous l'une des chaudières.[25] Sur l'éternelle question des mauvais procédés des "rentiers, moutiers et vendeurs" de la saline concurrente, "informacions en seront faictes par ledit

---

22 Fol. 2, 2v.
23 Fol. 35.
24 Fol. 57.
25 Fol. 10v.

procureur et l'un des clercs desdiz rooles" le 1er mars 1467. On décide aussi une information avant le 1er février 1468 pour connaître l'état de la distribution des sels au comté de Ferrette. On envoie, le 9 octobre 1469, "scavoir quelle distribucion se fait du sel de Lorraine" en Franche- Comté du Nord.[26] L'objet de l'information est souvent d'enquêter sur des abus. Elle peut être déclenchée par un des officiers ou le conseil tout entier. Elle peut être faite par une personne n'appartenant pas au personnel de la Saunerie, comme, par exemple, en juin 1470, par le juré de la cour du bailliage d'Aval, commissaire député par le Pardessus.[27] Ces enquêtes sont fréquentes avant janvier 1477. Elles le deviennent beaucoup moins après la disparition du duc Charles, ce qui correspond à un repliement sur soi, à une attitude désormais défensive dans des circonstances difficiles.

Rapports et enquêtes aboutissaient donc à un exposé oral devant le Conseil, et beaucoup, certainement, donnaient lieu à la rédaction d'un texte qui ne nous est pas parvenu.

Mais, si une bonne partie de l'actualité vient à la connaissance des officiers du conseil par ces moyens, nombreuses sont les nouvelles qui n'empruntent pas ces canaux en quelque sorte officiels et sont véhiculées par la voie orale, et souvent de façon anonyme. D'abord, des plaintes et doléances peuvent être présentées verbalement, une supplique peut être verbale. On trouve aussi des constatations collectives: le 2 mai 1468, "il a esté advisé" que le fer des chaudières ne durait plus aussi longtemps. Le 10 octobre de la même année, on constate que le maître moutier "s'est absenté de la ville, causant la pestilance y regnant presentement".[28] Un fait est "venu a la congnoissance des officiers". D'une façon générale, sont anonymes les observations météorologiques et les observations sur l'état des approvisionnements en bois et charbon de bois, importantes pour la décision de modifier en hausse ou en baisse les prix d'achat et de vente de ces matières. De nombreuses informations parviennent par la rumeur publique: "l'on dit presentement que le roy de France..."; "il a esté parlé des abus et mesvendaiges"; "il est venu a la congnoissance"; et même, sur un point technique très important "semble et se doubte l'on...". Anonyme aussi est la prévision, l'anticipation de l'actualité: "il est en apparant", "il n'est pas apparant d'y en avoir (du bois) si tolt", "il est apparant que icelle saulnerie ne pourra...". L'anonymat est certainement parfois de prudence: "pour ce que par aucuns a nagueres esté relaté a aucuns desdiz officiers" et même pour un fait très

---

26 Fol. 16v, 50, 87.

27 Fol. 98.

28 Fol. 56v, 65v.

grave comme quand "il est venu a la congnoissance desdiz officiers" que le Pardessus Emard Bouton a été arrêté par les Lorrains ennemis du duc[29], ou lorsqu'on redoute l'avenir: "l'on doubte que, ces tryeves faillies, l'on ne ait guerre"[30], "l'on doubte que ceste saulnerie ne puisse satisfere" à la demande,ou encore, on va devoir "espanchier", c'est-à-dire perdre, la muire "pour consideracion de ce que presentement, obstant ce que l'on ne vend comme riens des selz de ladicte saulnerie pour raison que marchans et voicturiers levans et achetans lesdiz selz ne osent tresgier ne aller ou pais de Savoye, tant a cause de la destruction de la ville et aussi du chastel de Pontarlier faicte par les Alamans, comme pour les gens d'armes tant Bourgoignons, Lombars, comme Piquars, et aussi qu'il y a en ladicte saulnerie souffisamment sel...".[31] L'entrée dans un contexte guerrier, à partir de septembre 1474 multiplie ces informations anonymes sur l'actualité. Des nouvelles aussi importantes que celle de la mort du duc Philippe en juin 1467 sont véhiculées anonymement: "est venu a la notice... et est tout notoire". Et l'on ne sait au juste comment sont arrivées à Dole et à Salins les "nouvelles de la "journée d'entre Granson et Vaulmarcoul", c'est-à-dire de la bataille de Grandson.[32]

Ainsi, à côté du secteur de l'information écrite, existait-il un vaste secteur d'information orale, étendu lui aussi à de nombreux domaines.

II. Le contenu de l'actualité

L'assemblée des dirigeants de la saline ne retient évidemment de l'actualité que ce qui peut influer sur la conduite de la production du sel et -point essentiel- sur l'écoulement de cette production. Pour ce dernier sujet, la préoccupation est double: pouvoir fournir les "limites" de la Saunerie, c'est-à- dire ses aires de vente traditionnelles et réglementaires; en "rebouter" les sels concurrents; accessoirement, avec une faible marge de manoeuvre, étendre ces "limites". Mais cette activité industrielle et commerciale exige que soient remplies certaines conditions d'actualité.

Au premier chef, la sécurité, notamment sur les routes et chemins. Elle règne dans l'ensemble au début de la période: si guerre il y a, elle se déroule loin de Salins. Mais toute alerte frappe: ainsi lors de la capture du Par-

---

29 Fol. 107v, du 11 fév. 1471.

30 Fol. 112v, du 27 juin 1471.

31 Fol. 175v, du 18 avril 1475 n. st.

32 Fol. 191, 11 mars 1476.

dessus par les Lorrains relatée au conseil du 11 février 1471 et au sujet de laquelle on se hâte de rechercher des renseignements. On craint ensuite la reprise de la guerre avec le roi de France. On note que les chemins ne sont pas sûrs et même sont très dangereux en Champagne: un "moutier" de la Saunerie, envoyé vers le duc "en Flandres" est revenu de Dijon "et n'a osé passé oultre ledit Couthier pour les eminens perilz que l'on dit estre es pais de Champaigne et de Lorraine sur et a l'encontre des Bourgoignons a l'occasion de la guerre"; il devra donc "aler par les Alemaignes, que lui seront grans frais".[33] L'inquiétude s'apaise ensuite jusqu'au 12 septembre 1474 où la nouvelle est évoquée que les Bernois et leurs alliés ont l'intention d'attaquer les pays du duc et ce danger des "Alamans" pèse désormais sur la Saunerie et sur Salins et est à l'origine de diverses mesures de précaution, fortification et emploi de "souldoyers" qu'il faut payer. A cet effort de mise en défense participe même, on l'a vu, le Bâtard Antoine de Bourgogne qui, d'Arbois, écrit à la Saunerie le 7 novembre 1475 pour lui demander de payer le "bombardier" Jean Bay qui avait été engagé par la Saunerie "pour aydier a preserver icelle et resister a la puissance des Alamans, et aussi pour y faire hauquebuches et coulouvrines de fondue".[34]

Cette première période d'insécurité débouche sur la préparation de la campagne "suisse" du duc Charles. Dès le 29 janvier 1476, il faut constater qu'il ne vient guère de charbon de bois "pour les gens d'armes estans a l'entour de cestedicte ville". Après la bataille de Grandson, l'insécurité grandit. Il n'est pas question ouvertement de la bataille de Morat, mais seulement de l'interruption des communications avec le pays de Vaud à la fin juin 1476: "les limites d'Amont du pays de Savoye ... sont barrées a l'occasion de la presente guerre".[35] L'insécurité ne cesse pas avec la présence du duc à la Rivière, non loin de Salins, et avec les bruits de mobilisation générale qui l'accompagnent. Une lacune dans les délibérations nous empêche de savoir comment a été connue la mort du Téméraire devant Nancy. On voit que la révolte comtoise contre les Français dès avril 1477 ramène les "souldoyers" et l'insécurité militaire, pendant que les besoins d'argent pour la défense ruinent la Saunerie. La "doubte... des François ennemis de ce pays" est évoquée. L'absence, non sans doute fortuite, des procès- verbaux entre le 30 septembre 1478 et le 11 juin 1479 nous prive d'informations sur la capitulation du 2 juin 1479 qui est seulement mention-

[33] Fol. 107v, 112v, 114-115.
[34] Fol. 167, 181v.
[35] Fol. 188, 198.

née au procès-verbal du 11 juin.[36] La sécurité est rétablie, mais l'entreprise est ruinée. Durant toutes ces années, la préoccupation de sécurité est d'autant plus grande que la Saunerie doit assurer elle-même sa défense.

La production est l'autre grand souci. A cette époque, l'arrivée de muire semble assez importante et régulière. Les arrivages de bois et de charbon sont constamment observés et régulés par le moyen de la hausse ou de la baisse des prix, en général avec succès. La main d'oeuvre et sa situation sont évoquées, notamment dans des requêtes comme celle du 28 février 1468 où un "vaite" (garde) malade demande un secours ou celle du 1er décembre de la même année où des manouvriers demandent à être "recompensez" pour un travail supplémentaire. Il arrive que des remontrances soient faites par le conseil aux ouvriers mais, en général, les rapports entre les officiers et la main d'oeuvre ne semblent pas mauvais, exception faite d'une vive tension en 1478 lorsque les ouvriers, non payés, se mettent en grève.[37]

Une série d'expériences techniques se déroule entre le 11 juin 1468 et la fin de 1476. Elles portent sur deux points principaux: pour l'une des sources, le "grand puits", essayer de déterminer le meilleur procédé d'extraction de la saumure en comparant les deux méthodes du "griau" et du "petit rouhaige". Les chargés de l'enquête font un premier rapport le 18 juin 1478. D'autres expériences suivent, en 1479, par un certain Antoine de Traves, qui échoue. Des expériences ont eu lieu en 1472 sur la "traicte" et sur la "cuite" des muires. On met en oeuvre un nouvel instrument, la "trombe", en février 1475.[38]

La Saunerie vit dans l'inquiétude permanente de voir ses marchés coutumiers grignotés ou occupés par ses concurrents. Au début de la période, c'est le pays de Vaud qui semble particulièrement menacé par le sel d'Allemagne et par le sel de la Méditerranée venu par le Rhône. C'est, on l'a vu, une affaire considérable qui requiert l'attention du Président Jean Jouard en personne. Après un accord le 2 mai 1468, les Vaudois reprennent leurs doléances en 1473. Le marché de Genève est également menacé par la concurrence du sel de Provence, le nord de la Comté est grignoté par le sel de Lorraine et le marché du Mâconnais est âprement disputé: mais le Mâconnais est une question hautement politique, un élément important du contentieux entre le duc et le roi, que la Saunerie ne peut évidemment prétendre

---

[36] Fol. 210v, 217v, 258.

[37] Fol. 54v, 71v, 230.

[38] Fol. 60v, 85v, 123v, 127.

régler.[39] De façon permanente aussi règne la méfiance à l'égard des agissements vrais ou supposés des "rentiers" de la saline concurrente, soupçonnés d'empiéter sur le territoire de vente de la Saunerie, et de ne pas observer les prix obligatoires fixés par la Saunerie: des enquêtes sont effectuées à ce sujet.

La Saunerie recherche l'extension de ses marchés dans deux directions principalement: la Suisse, de Neuchâtel à Berne et au-delà, et le Mâconnais. On vient de voir que l'affaire du Mâconnais implique le roi de France, Louis XI. Mal disposé pour la vente du sel de Salins en Mâconnais, il est obligé d'y consentir par le traité de Péronne du 14 octobre 1468, connu de la Saunerie:"l'on dit presentement que le roy de France s'est du tout desmis des limites dudit Masconnois en tant qu'il touche le sel de mer". Mais, pour garder ce marché, il fallait pouvoir le fournir effectivement et, pour garder en même temps le marché de la Suisse centrale, la production de la Grande Saunerie ne suffisait pas, et il était nécessaire de faire appel à la production de la saline concurrente, dont les dirigeants se faisaient tirer l'oreille: ce fut la source de nombreuses et supplémentaires difficultés entre les deux entreprises. Après une dernière mention en mars 1477, il n'est plus question de fournir le Mâconnais.[40]

En sus de ses préoccupations pour l'industrie et le commerce, la Saunerie trouve dans l'actualité les questions liées à ses relations avec les autres co- propriétaires, "parsonniers" du duc, c'est-à-dire les "partages" de Chalon et de Vignory. En ce qui concerne le premier, le conseil a d'abord affaire au prince d'Orange, Guillaume de Chalon, mais ce dernier est évincé du "partage" par un mandement du duc Charles du 27 août 1470 au profit de son frère Louis, seigneur de Châtelguyon. Le conseil prend connaissance le 10 septembre suivant des "lectres de provision nagueres obtenues par tres noble et puissant seigneur messire Loys de Chalon seigneur de Chastelguion de monditseigneur données en son chastel de Hesdin le 27e jour d'aoust 1470 derrenier passé,· ensemble l'executoire de monditseigneur sur icelles. Et, apres la lecture du dictum de ladicte provision et executoire" les procureurs "ont requis auxdiz officiers par vertu d'icelles faire joir monditseigneur de Chastelguion du partaige de Chalon en ladicte saulnerie en interinant icelles lectres de provision et exécutoire". Ce que font les officiers qui, de surcroît, instituent comme receveur du "partage" de Chalon Guillaume de Nozeroy le jeune, l'un des porteurs des lettres de provision. Après la batail-

---

[39] Fol. 57, 143, 35.

[40] Fol. 69v, 209v - 210. Sur le problème de la fourniture en sel du Mâconnais, cf. Dubois, Le Téméraire, les Suisses et le sel, dans: Rev. Hist., 1978, fasc. 2, p. 312, 322-323.

le de Grandson, où Louis a trouvé la mort, son frère Hugues lui succède. Le détenteur du "partage" de Vignory n'apparaît qu'à la fin de 1477: c'est alors Claude de Toulongeon, seigneur de la Bastie. Après 1479, Louis XI a fait saisir temporairement ce "partage".[41] Mais, si les associés du duc n'interviennent que rarement, il n'en est pas de même de leurs receveurs, très actifs, qui souvent protestent contre les décisions du Prince, notamment lorsqu'elles imposent à leurs maîtres des charges nouvelles.[42]

Enfin, une partie considérable de l'actualité traitée au conseil est fournie par les officiers eux-mêmes. Il s'agit souvent de la provision aux offices. Nous n'avons pas ici de mention de nomination du Pardessus de la Saunerie. Celui qui était en charge au début de la période, Guillaume de Poupet, seigneur de la Chaux des Crotenay, ne vient jamais au conseil et n'apparaît que par ses lettres. En novembre 1467, son frère , l'évêque de Chalon, vient même l'excuser. Son successeur est mentionné pour la première fois au procès-verbal du 16 septembre 1468. Il s'agit de "Monseigneur messire Emard Bouton, chevalier, conseiller et chambellan de monditseigneur". Lui est venu assez souvent -28 fois- au Conseil. Son successeur est mentionné le 23 nov. 1472 lorsque le duc lui octroie une très grosse gratification de 500 charges de sel. C'est Antoine d'Oiselay, écuyer et échanson ducal, sans doute parent du précédent.[43]

Pour l'office de Portier, le second en dignité, vacant au début de 1469, le duc Charles y nomme son audiencier Jean Gros qui vient présenter ses lettres de don le 1er février 1469. Mais, évidemment, ce personnage considérable ne réside pas à Salins et se fait autoriser à faire desservir l'office par un autre, en l'occurrence le clerc "ventier" Jean Grant. En 1477, Jean Gros est arrêté à Mons et, le 16 avril 1478, se fait recevoir à l'office le nommé Katherin Bouchet, qui semble appartenir à la clientèle du prince d'Orange, gouverneur du pays; on réserve toutefois le droit de Jean Gros. De fait ce dernier, sorti de sa prison montoise, est réintégré par un mandement de Marie et Maximilien le 21 septembre 1478, mais le prince d'Orange prétend retenir à lui la connaissance du procès issu de cette double provision.[44]

---

[41] Claude de Toulongeon fut, dès janvier 1477, l'un des chefs de la résistance "comtoise" à la conquête française.

[42] Fol. 101v, 222v, 269.

[43] Fol. 41v, 63, 134, 206v. Sur G. de Poupet, Bartier, [note 6], p. 401-404. Sur Emard Bouton, ibid., p. 53, 226, 360. Sur A. d'Oiselay, ibid., p. 226.

[44] Fol. 74v, 82, 120v, 232v, 242, 244v.

En avril 1468, la provision de l'office de lieutenant du Pardessus se fait en vertu de lettres du duc et du Pardessus.[45] La provision aux divers autres offices provoque des conflits ou suscite des difficultés, dont le conseil a évidemment à connaître. En cas de vacance d'un office, le conseil peut être amené à le pourvoir provisoirement, mais le plus souvent, il doit tenir compte de lettres de provision expresses, ou de lettres de provision au premier office vacant émanées du duc et qui posent le problème de la compétence technique de certains candidats. Les vacances se produisent par résignation -dont des résignations en faveur, qui annoncent la vénalité, par décès, très rarement par révocation et ni le duc Charles à son avènement, ni le prince d'Orange en 1477, ni le roi en 1479 n'ont procédé à une véritable épuration. Les autres questions relatives aux officiers sont des demandes de paiement de gages ou d'indemnités, des demandes de gratifications, la décision de continuer leurs gages aux malades ou aux retraités, le respect de l'obligation de résider en la Saunerie pour certains, les absences non autorisées, notamment en cas d'épidémie.

Tels, donc, étaient les différents secteurs de l'actualité qui retenaient l'attention du conseil de la Saunerie.

III. Le traitement de l'actualité

Les faits d'actualité mis à la disposition du conseil donnent lieu à simple constatation, ou à délibération suivie de décision.

La délibération est de règle. Elle est implicite, ou explicitement mentionnée. Explicite, dans des formules comme: "a esté conclud et deliberé", "avisé, conclud et deliberé", "par l'advis et deliberacion que dessus", "a esté appoinctié, conclud et deliberé"; la délibération et le caractère collectif de la mesure prise sont implicites en cas d'emploi de la tournure impersonnelle ou du pronom indéfini "on": "a esté conclud", "a esté ordonné", "a esté monstré", "l'on n'a fait...aucune response", "l'on fera en l'esglise du couvent des freres meneurs... ung obseque" (à l'occasion de la mort de Philippe le Bon) etc..[46]

La délibération débouche normalement sur une décision. Mais, naturellement, il ne saurait être question d'évoquer ici toute la panoplie des décisions prises. Ce serait traiter de la politique de gestion industrielle et com-

---

[45] Fol. 53v. A noter que ce lieutenant, Jacques Guillemin, a été l'un des négociateurs de la capitulation de 1479.

[46] Très nombreuses références à ces délibérations.

merciale de la Saunerie. On se bornera donc à mentionner que, lorsqu'il s'agit de l'exécution de lettres ou mandements du souverain, la procédure d'entérinement est parfois mentionnée. On l'a vue à l'oeuvre pour les lettres de provision du "partage" de Chalon au profit du seigneur de Châtelguyon. Il en est d'autres exemples.[47] L'entérinement permettait au Conseil, sinon de s'opposer à la volonté du souverain, du moins d'en retarder l'application.

IV. Conclusion

Le Conseil d'administration de cette entreprise industrielle médiévale était donc très étroitement tributaire de l'actualité. Il y puisait le sujet de ses délibérations et il y répondait par des décisions de tous ordres. Le fonctionnement de l'entreprise résultait, jour après jour, de ces réponses données aux sollicitations d'une actualité diverse et foisonnante dans l'optique qui a été ci dessus définie: produire du sel en fonction de la demande du moment et fabriquer les différentes sortes de pains de sel en fonction des besoins des différentes aires de vente; ne pas tolérer de concurrence dans les aires traditionnellement réservées aux ventes de la Saunerie et surveiller attentivement les concurrents potentiels; tenter de conquérir de nouveaux marchés; abaisser les prix de revient par l'amélioration de la productivité; assurer le fonctionnement des différents organes de la Saunerie dans le respect de la volonté du Prince, elle-même composante essentielle de cette actualité.

Zusammenfassung

Die Berichte über 581 Versammlungen des Verwaltungsrates des größten Salzwerkes ("la grande saulnerie") von Salins in der Freigrafschaft Burgund aus den Jahren 1466 bis 1481 sind erhalten geblieben. Die Aufgabe dieses Rates bestand darin, die Geschäfte in Industrie und Handel dieses Unternehmens zu organisieren. Er wird dauernd von der Aktualität beansprucht, sowohl der alltäglichen und 'routinemäßigen', als auch der politisch-militärischen und dramatischen.

Mein Beitrag untersucht zunächst die Quellen der Information über die Aktualität, das heißt Verwaltungsorgane, Herrscher, Persönlichkeiten jeder

---

[47] P. ex., fol. 51v: un "vendeur des sels en Rosières" présente des lettres du duc et demande entérinement. Fol. 207v: demande d'entérinement de lettres du seigneur de Craon pour l'office de "moutier". Fol. 242: le prince d'Orange s'oppose à un entérinement.

Art, Leumund. Dann zeige ich, durch welche Mittel die Information sich verbreitet, wie zum Beispiel Briefe, Gesuche, Berichte, Untersuchungen, anonyme Gerüchte. Schließlich werde ich mich mit dem Inhalt dieser Aktualität befassen auf den Gebieten der Sicherheit, der Förderung und des Handels und anschließend zeigen, wie diese Aktualität behandelt wurde, welche Wirkung sie auf die Entscheidungen ausübte. So spielte der Verwaltungsrat die Rolle eines Bindeglieds zwischen Zeitgeschehen und Unternehmen.

KARL AUGUST NEUHAUSEN

URBS BONNA EXUSTA
Eine unbekannte zeitgeschichtliche Darstellung der völligen Zerstörung Bonns 1689 - Zum noch nicht veröffentlichten *Tractatus historico-poeticus* des "Poeta Laureatus" F.X. Trips*

I

1. *Bonna exusta* als Überschrift in einer neulich entdeckten lateinischen Sentenzensammlung eines zeitgenössischen Anonymus zum Jahr 1689

In Bad Honnef, wo unser vorletztes 'Sorbonne-Bonn-Kolloquium' stattfand (1987)[1], erwarb ich kürzlich eine bisher offenbar unbekannte - jedenfalls noch unpublizierte - lateinische Handschrift, die der betreffende Antiquariatskatalog[2] so beschreibt:

> "PFÄLZISCHER ERBFOLGEKRIEG - HISTORIA orbis continuata ad annum MDCLXXXIX (1689). Gleichzeitige latein. Handschrift. 6 Blätter. Folio. Pasquill-ähnliche Sentenzen aus den Georgica und der Äneide des Vergil auf die Ereignisse des pfälz. Erbfolgekrieges im Jahre 1689. Darunter: Expeditio Brandenburgica, Bonna diu obsessa u. Bonna oppugnata ..., Ludovicus (XIV) ad Cardinalem Fürstenbergium ..., praesidium Gallorum Moguntia et Bonna ..."

Dieses Manuskript enthält tatsächlich eine von einem anonymen zeitgenössischen Autor lateinisch abgefaßte chronologische Darstellung bedeutsamer zeitgeschichtlicher Ereignisse des Jahres 1689 in Form einer Sammlung poetischer Sentenzen aus allen drei Dichtungen Vergils ('Aeneis', 'Georgica' und 'Bucolica'), wobei der ausgewählten Versgruppe jeweils eine dem Thema angemessene Überschrift in Prosaform vorangestellt ist. Der Text dieses nunmehr rund 300 Jahre alten Florilegiums, für das es im riesigen Gesamtbereich der - mit Petrarca beginnenden - neulateinischen Litera-

* Auf den Zeitpunkt des Kolloquiums genau abgestimmte und um Anmerkungen erweiterte Fassung des Vortrags vom 20. März 1992. Für nachträgliche Hinweise danke ich Theodor Schumacher.

[1] Diesseits- und Jenseitsreisen im Mittelalter/Voyages dans l'ici-bas et dans l'au-delà au moyen âge, hrsg. von W.-D. Lange, Bonn-Berlin 1992 (= Studium Universale, Bd. 14).

[2] Antiquariat Konrad Meuschel (Bad Honnef), 66. Katalog (Manuskripte, Urkunden und einige Autographen), 1991, Nr. 126 (S. 29).

tur[3] kein Vorbild zu geben scheint, ist daher hier in dreifacher Hinsicht relevant:

(a) Erstens paßt das Spezialthema des originellen Manuskriptes vorzüglich zum Generalthema 'Zeitgeschehen und seine Darstellung', dem unser jetziges Kolloquium gewidmet ist.

(b) Zweitens spricht die Handschrift einen Klassischen Philologen in besonderem Maße an, da sie neuere zeitgeschichtliche Vorgänge mit wörtlichen Zitaten ausschließlich aus Werken eines so hervorragenden antiken Dichters wie Vergil erläutert.

(c) Drittens ist jene aktualisierende Vergil-Anthologie auch unter dem Aspekt des hiesigen 'genius loci' besonders bemerkenswert: In der Sentenzenreihe findet sich mehrmals der Name auch der Stadt Bonn, und zwar vor allem die Trias mit den Titeln *Bonna exusta* (welche Angabe im oben zitierten Katalog fehlt), *Bonna diu obsessa* und *Bonna oppugnata*. Gemeint sind mit dieser Klimax, welche allerdings die Chronologie der Ereignisse in rückläufiger Reihenfolge widerspiegelt, (1) die "Bestürmung", (2) die "lange Belagerung" und schließlich (3) die "Inbrandsetzung und völlige Zerstörung" der damals von französischen Truppen besetzten Stadt Bonn durch den Kurfürsten Friedrich III. von Brandenburg im Juli 1689 - exakt 100 Jahre vor dem Ausbruch der Französischen Revolution.[4]

Die Junktur *Bonna exusta*, in der jene Trilogie gipfelt, benutzte der namenlose Vergil-Exzerptor offenbar wie einen feststehenden Ausdruck und verglich demgemäß die Zerstörung Bonns vor nunmehr 303 Jahren mit dem Untergang des alten Troja, indem er zwei Verse des römischen Nationalepos präsentierte, die eine zentrale Stellung in der betreffenden Erzählung des Äneas einnehmen (Aen. 2,624/5):

---

[3] Hier genügt ein Hinweis auf das Standardwerk der Erforschung der lateinischen Literatur der Neuzeit - Jozef Ijsewijn: Companion to Neo-Latin Studies, Part I: History and diffusion of Neo-Latin literature, Second entirely rewritten edition, Leuven 1990 - sowie auf die entsprechende maßgebliche Zeitschrift: Humanistica Lovaniensia - Journal of Neo-Latin Studies.

[4] Zu den historischen Hintergründen - der Geschichte speziell der Stadt Bonn im 17. Jahrhundert - verweise ich auf das Literaturverzeichnis im Anhang meines Beitrages (s.u. S. 271)

Tum vero omne mihi visum considere in ignis
Ilium et ex imo verti Neptunia Troia.
("Jetzt aber schien mir ganz Ilion in Feuer zu versinken und Troja, von Neptun erbaut, völlig vernichtet zu werden.")

So hatte der Anonymus, der im ausgehenden 17. Jahrhundert die beiden Vergilverse dem Oberbegriff *Bonna exusta* zuwies, keine Bedenken, die Stadt Bonn als *exusta* auf eine Stufe zu stellen mit einer der ältesten und berühmtesten untergegangenen Städte der Antike, zumal da *Bonna exusta* als terminus technicus damals bezeichnenderweise sogar offiziell anerkannt war: Weil nämlich im Juli 1689 infolge des Bombardements und der Zerstörung fast aller Gebäude auch das amtliche Siegel der Stadt Bonn den Flammen zum Opfer gefallen war, mußte die Stadtverwaltung seitdem den alten Siegelstempel durch einen neuen ersetzen lassen und versah ihn mit der Umschrift *post urbem exustam*. Wie also die alten Römer ihre Jahre *post urbem conditam* berechneten - d.h. "nach der Gründung der Stadt" im Jahre 753 v. Chr. -, so begann die neue Zeitrechnung in Bonn 1689/90 mit dem Jahr 1 "nach der Verbrennung der Stadt" (*post urbem exustam*).

Der Schlüsselbegriff *Bonna exusta* weist mithin auf historische und literarische Zusammenhänge, die einer Erläuterung bedürfen. Auszugehen ist dabei vom gegenwärtigen Stande der Forschung.

2. Zielsetzung des vorliegenden Beitrages

Aus Anlaß der 2000-Jahrfeier, welche die Stadt Bonn vor drei Jahren (1989) mit großem Aufwand durchführte, wurde das neueste und bisher umfangreichste lokalhistorische Werk herausgegeben, die "Geschichte der Stadt Bonn in vier Bänden".[5] Der 3. Band dieser heute maßgeblichen wissenschaftlichen Behandlung der Bonner Stadtgeschichte trägt den programmatischen Titel "Bonn als kurkölnische Haupt- und Residenzstadt 1597-1794". Im Mittelpunkt dieses fast 200 Jahre umspannenden Bandes stehen die zwei der Ereignisgeschichte gewidmeten Beiträge von Edith Ennen; ihren beiden zentralen Kapiteln gab sie die prägnanten Überschriften "Die kurkölnische Residenz Bonn und ihr Umland in einem Jahrhundert der Kriege" und - in positivem Gegensatz dazu - "Die kurkölnische Haupt- und Residenzstadt in einem Jahrhundert der friedlichen und glanzvollen Entwicklung".

---

[5] Auch im Folgenden ist die Bonn betreffende - im Anhang (s.u. S. 271) verzeichnete - Spezialliteratur überall vorausgesetzt.

Einen der schwersten Schicksalsschläge seiner gesamten so wechselvollen Geschichte erlitt Bonn im selben Jahr (1689), auf das sich jener anonyme Zeitgenosse mit seinem so treffenden Schlagwort *Bonna exusta* bezog; Ennen schildert diese Katastrophe ausführlich im Abschnitt "Die zweite Belagerung und völlige Zerstörung Bonns ... 1689" (S. 165-177). Als die zuverlässigste und genaueste Quelle unseres Wissens um jene "fürchterliche, schreckliche, todbringende, Bonns Untergang verursachende Bombardierung" und nahezu totale Vernichtung der Stadt gilt bis heute der in lateinischer Sprache abgefaßte tagebuchartige Bericht des Bonner Minoritenpaters Anton Wissing, den Richard Pick vor über 100 Jahren - bzw. fast 200 Jahre nach der zeitgenössischen Beschreibung der so verhängnisvollen Vorgänge - erstmals publizierte.[6]

Überliefert ist aber zudem eine andere, auch den Komplex *Bonna exusta* systematisch darstellende und gleichfalls lateinische, jedoch noch nicht edierte und deshalb in der bisherigen Forschung unbeachtet gebliebene Abhandlung eines damals prominenten Zeitgenossen Wissings, und zwar ein Werk, das nicht nur unter literarischen Aspekten einen erheblich höheren Rang einnimmt als Wissings Notizen, sondern auch historisch betrachtet einzigartigen Wert besitzt. Es ist deshalb meine Absicht, diese - die drei Jahre 1688 bis 1690 umfassende - bis heute unbekannte Schrift eines hervorragenden zeitgenössischen Autors hier (an idealer Stätte!) erstmals öffentlich zu präsentieren.

II

1. Franz Xaver Trips (1630-1696) und sein literarisches Gesamtwerk

1.1 Trips im 3. Band der neuen "Geschichte der Stadt Bonn"

Franciscus Xaverius Trips - so die lateinische Namensform des Autors des hier vorzustellenden Opus - taucht freilich im 3. Band der neuen "Geschichte der Stadt Bonn" laut Register nur ein einziges Mal auf (S. 171), und zwar lediglich im Rahmen von Ennens Schilderung militärischer Operationen französischer Soldaten auf rechtsrheinischem Gebiet im Frühjahr 1689:

> In der Frühe des 24. Mai überschritten 600 Franzosen bei Bonn den Rhein, brannten Oberkassel ab, zündeten die Kirche in Niederdollendorf an, verbrannten in Königswinter 50 Häuser. ... Furchtbar hausten sie in Rhöndorf und Honnef,

---

[6] Zwei Handschriften aus dem ehemaligen Minoritenkloster zu Bonn, in: Annalen des Historischen Vereins des Niederrheins 42 (1884), S. 87ff.

> den gelehrten Pfarrer Trips, der es wagte, ihnen entgegenzutreten, mißhandelten sie, auch Kirche und Pfarrhaus gingen in Flammen auf.

Mehr über den "gelehrten Pfarrer Trips" erfahren wir im selben Band der Bonner Stadtgeschichte auf der (im Register nicht erfaßten) S. 133; Ennen wählte nämlich als Motto ihres Hauptabschnittes "Die äußeren Schicksale der Stadt im 17. Jahrhundert" 14 gereimte Verse mit der lapidaren Überschrift "Franz Xaver Trips": das Zitat beginnt mit der rhetorischen Doppelfrage:

> "Wie wird mein Bürgerei so grausam tribuliert?
> Wer ist Soldaten-frei, wer bleibt unmolestiert?"

und endet mit einer noch eindrucksvolleren Versreihe:

> "O Bonn! O Jammertal! O Zeiten der Unehren!
> Muß ich zum Schweinestall mich lassen denn verkehren?
> Ach Bonn kein Bonn mehr ist, willst du es aber haben,
> So suche Bonn im Mist, im Mist ist Bonn begraben.
> Das ist der Contrafeit des Bönnschen Staats von binnen,
> Von außen weit und breit tut Mars als eben brennen."

So erweckt Ennen hiermit den Eindruck, Trips sei nur ein deutscher Dichter und heute noch allgemein so bekannt und berühmt, daß sich jede weitere Erklärung zu jenem ergreifenden Bonner Klagegedicht und seinem Verfasser erübrige. In Wirklichkeit jedoch war Trips zwar ein außergewöhnlich schöpferischer und vielseitiger Poet - sowie auch Prosaschriftsteller - und erhielt deshalb schon früh den Ehrentitel eines *Poeta Laureatus*. Aber zu bedenken ist dreierlei:

(a) Erstens sind alle überlieferten Dichtungen und Prosawerke, die Trips verfaßte und unter seinem Namen publizierte, in lateinischer Sprache geschrieben, inzwischen jedoch längst in fast völlige Vergessenheit geraten; die wenigen deutschen Schriften, die vermutlich von Trips stammen, hat er jedenfalls stets unter einem Pseudonym veröffentlicht. Bei seinen Zeitgenossen galt daher Trips mit Recht primär bzw. allein als lateinischer Autor.

(b) Zweitens handelt es sich dementsprechend bei jenen 14 deutschen Reimversen, die Ennen Trips zuweist, um einen Sonderfall: Zugrunde liegt ein insgesamt nahezu 200 Verse umfassendes lateinisches Gedicht, das er angeblich selber ins Deutsche übertragen hat, und zwar offenbar als einzigen seiner zahllosen lateinischen Texte; bezeichnenderweise ist aber diese singuläre Selbstübersetzung von Trips nicht handschriftlich bezeugt, sondern begegnet erst in den über drei Jahrzehnte nach dem Tod des Dichters erschienenen Druckausgaben einiger seiner poetischen Werke.

(c) Drittens bezieht sich die lange lateinische Elegie, von der Ennen bloß ein paar Verse in deutscher Übersetzung und ohne zusätzliche Erläuterung zitiert, nicht auf die Gesamtsituation Bonns im 17. Jahrhundert (wie die direkt vorangestellte Kapitelüberschrift erwarten läßt), sondern kennzeichnet lediglich die Lage der Stadt speziell nach ihrer ersten Belagerung im Jahre 1673. Die lateinische Originalfassung des Gedichts entstand daher kurz nach diesem Zeitpunkt (am Anfang des Jahres 1674), trägt den Titel "Bonna lamentans" und ist die erste von drei lateinischen Bonn-Elegien, auf die ich später noch etwas genauer einzugehen habe.

1.2 Die Trips-Monographie von E. Nellessen (1978) als Basis jeder wissenschaftlichen Beschäftigung mit Trips' Œuvre

Wer das so reichhaltige literarische Werk, das F. X. Trips hinterlassen hat, wissenschaftlich untersuchen will, muß auf eine Monographie zurückgreifen, die der - allzu früh verstorbene - Bonner Theologe Ernst Nellessen (1928-1982) unter dem Titel "Franz Xaver Trips, Honnef vor 1700 - Aufzeichnungen zur Ortsgeschichte ..." gewissermaßen *suo loco* (in Bad Honnef) 1978 veröffentlichte[7]. Da aber sogar E. Ennen diese - scheinbar nur unter lokalhistorischen Aspekten interessante - Publikation unberücksichtigt ließ, halte ich es hier für zweckmäßig, auf der Grundlage von Nellessens unentbehrlicher Vorarbeit wesentliche Daten und Fakten, die Trips' Vita und Œuvre betreffen, kurz in Erinnerung zu rufen.

1.3 Zum Lebenslauf und literarischen Werk von Trips

F.X. Trips wurde 1630 in Köln geboren, besuchte dort das berühmte Triconatum - das humanistische Dreikönigsgymnasium - und erwarb sich dabei die Voraussetzungen für seine auf profunder Kenntnis der gesamten griechisch-römischen Literatur der Antike beruhende schriftstellerische Produktion. Von 1670 bis zu seinem Tod (1696) war Trips Pfarrer in Honnef, zwischendurch sechs Jahre lang (1682-1688) Hofkaplan und Bibliothekar des Kölner Kurfürsten und Erzbischofs Maximilian Heinrich an dessen Hof hier

[7] Detailliertere Angaben zu diesem Standardwerk u. S. 259.

in Bonn - an derselben Stelle, wo seit ihrer Gründung (1818) die Universität Bonn steht und wo auch unser jetziges Kolloquium stattfindet.

Nellessens Verzeichnis der ihm bekannten (veröffentlichten und unedierten) Werke von Trips enthält 17 lateinische und 5 pseudonyme deutsche Schriften. Der Katalog der lateinischen *Opera Tripsiana*, die Nellessen aufzählt, ist jedoch keineswegs vollständig und weist zudem manche Fehler auf, reicht hier aber trotzdem aus, um einige wichtige allgemeine Feststellungen treffen zu können.[8]

Allen überlieferten Schriften von Trips ist nämlich als spezifisches Merkmal gemeinsam, daß sie Ereignisse der zweiten Hälfte des 17. Jahrhunderts behandeln, welche sich entweder auf ganz Europa beziehen - wie die 63 Druckseiten füllende "Europae status descriptio metrica" (eine lateinische Beschreibung des damaligen 'Zustandes Europas' in Versform) - oder die speziell rheinländische Geschichte betreffen, wie die ebenfalls in lateinischen Versen komponierte, in der endgültigen Druckfassung mehr als 300 Seiten starke Darstellung der fünf Jahre dauernden Rebellion in Köln (1681-1686): "Quinquennalis seditio atque rebellis Ubiorum status". Es handelt sich mithin bei Trips überall um literarische Dokumente zeitgeschichtlicher und höchst aktueller politischer Ereignisse.

Infolgedessen bietet sich unter unserem Generalaspekt "Zeitgeschehen/-actualité" prinzipiell jeder Text von Trips als geeignetes Objekt einer Erörterung an: Trips erweist sich als Prototyp eines Verfassers zeitgeschichtlicher und gegenwartsbezogener literarischer Werke. In meinem Beitrag ist es deshalb erforderlich, ein dem Rahmenthema des jetzigen Kolloquiums möglichst adäquates Musterbeispiel aus dem *Corpus Tripsianum* auszuwählen.

Als solches *specimen* eignet sich insbesondere die Schrift, welche in Nellessens chronologischer Liste der lateinischen Werke von Trips auf Platz 12 rangiert, und zwar unter einer Überschrift, die gerade hier - während eines deutsch-französischen Kongresses - das Interesse der Teilnehmer von vornherein am ehesten in Anspruch nehmen darf, die sich freilich als unzutreffend herausstellen wird: "Historia polemica Gallo-Germanica" (d.h. "polemische deutsch-französische Geschichte").

---

[8] Eine Liste sämtlicher Werke von Trips fehlt bisher, und eine Edition seiner *Latine scripta* bleibt dringendstes Desiderat; vgl. dazu meinen u. S. 259 zitierten neuen Beitrag.

2. Allgemeine Bemerkungen zum bisher unbekannten *Tractatus historico-poeticus* als der hier zentralen Schrift von Trips

2.1 Titel, Thema und Überlieferung des noch nicht edierten Traktats

Als Nellessen sein Verzeichnis der Schriften von Trips erstellte, kannte er selbst bezeichnenderweise nicht aus eigener Anschauung den Text des Geschichtswerkes, das er unter der Nummer "12" aufführt; die Existenz dieses Opus erschloß er lediglich - wie andere vor ihm - aus einem Passus in der letzten der drei Spezialschriften, die Trips seinem Pfarrort Honnef widmete: "Succincta et laconica exustae et omnibus per Gallos Bonnenses exutae Communitatis Honneffensis enarratio" ("Kurzgefaßte Darstellung des Brandes und der völligen Plünderung der Gemeinde Honnef durch die französischen Truppen aus Bonn").[9]

Nun ist zwar ein solcher Rückgriff auf dieses ortsgeschichtliche *opusculum* gewiß auch hier - im Hinblick auf *Urbs Bonna exusta* als den Oberbegriff der Überschrift meines Beitrages - teilweise sehr aufschlußreich; denn Trips verwendet im Titel jener *enarratio* - wie übrigens auch bereits in den Überschriften zu seinen beiden anderen Honnef betreffenden Schriften[10] - das Schlüsselverb *exurere* bzw. die prägnante Partizipialform *exusta*, um damit das historische Faktum der Inbrandsetzung und völligen Zerstörung Honnefs im Frühjahr 1689 - wenige Monate vor den entsprechenden Vorgängen in Bonn - zu kennzeichnen, und die besonders starke Wirkung, die Trips hier mit dem Titel *Succincta ... enarratio* erzielt, beruht auf dem eingeschobenen Wortspiel *exustae et ... exutae*. Alle *exusta*-Belege innerhalb der Honnefschriften von Trips bilden daher den Hintergrund für das Auftreten dieses Leitmotivs, vor allem in den analogen Bonn-Texten des Autors.

---

[9] Der Text dieses am 28. März 1692 - fast auf den Tag genau vor 300 Jahren - verfaßten Werkes bei Nellessen, S. 188-213.

[10] Die Überschrift der früheren Schrift - "Ephemerides sive diarium ... Ecclesiae Honneffensis ..." (Text bei Nellessen S. 18-67) - trägt den Zusatz: *Veteri* (sc. *diario*), *anno 1689 per Gallos exusto, per me Franciscum Xavier. Trips Agrippinatem, Poetam Laureatum, ... renovatum 1691* ("Nachdem das alte - sc. Tagebuch - 1689 durch die Franzosen verbrannt wurde, ist es durch mich, Franz Xaver Trips aus Köln, Gekrönten Dichter, ... 1691 erneuert worden"). Demgemäß fügte Trips dem Titel der späteren Schrift - "Exactissima instructio ..." (Text bei Nellessen S. 68-187) - hinzu: *modo vero post primam instructionem flammis Gallicis misere exustam manu et industria mea ... reparata 1692* ("nachdem die erste Fassung dieser Unterweisung in dem von den Franzosen gelegten Brand elendiglich verbrannt war, habe ich sie mit fleißiger Hand ... wiederhergestellt 1692").

Nellessen zog aber Trips' *Succincta ... enarratio* eben nicht wegen des Titels dieser Schrift heran, sondern nur deshalb, weil sie einen Satz enthält, der auf ein - scheinbar nicht sicher identifizierbares - historisches Werk des Poeta Laureatus hinweist; nachdem nämlich Trips die Verwüstungen erwähnt hat, die Asfeld, der deutschstämmige Kommandeur der französischen Besatzungssoldaten in Bonn, auf dem gesamten links- und rechtsrheinischen Gebiet angerichtet hatte, bemerkt er[11]:

Non est consilii mei alienis inhaerere. Qui id desiderat, legat historiam meam polemicam Gallo-Germanicam, in qua ex professo omnia fusius tractavi.
("Es ist nicht meine Absicht, mich hier mit anderen Bereichen zu befassen (d.h. Themen, die Honnef nicht berühren). Wer dies wünscht, möge mein polemisches französisch-deutsches Geschichtswerk lesen, in dem ich ausdrücklich alles ausführlicher behandelt habe").

Aus diesem Selbstzitat des Autors folgerte Nellessen, daß die zeitgeschichtliche Schrift, auf die Trips den interessierten Leser verweist, den Titel "Historia Polemica Gallo-Germanica" getragen habe. Gleichzeitig äußerte Nellessen die Vermutung, dieses 'polemische Geschichtswerk' sei identisch mit dem Text einer Handschrift, die er selber niemals sah, deren Überschrift aber Leopold Ennen bereits im letzten Jahrhundert mitgeteilt hatte.[12] Tatsächlich befindet sich dieses Manuskript im Besitz des Historischen Archivs der Stadt Köln[13], umfaßt 138 Seiten in Folio, entstand 36 Jahre nach Trips' Tod (1732), wird ausdrücklich als genaue Abschrift des Originals bezeichnet und trägt einen Titel, der hier - hinsichtlich des Themas unseres Kolloquiums - besondere Beachtung verdient:

Francisci Xaverii Trips ... De rebus sui temporis ("F.X. Trips ... Über Ereignisse seiner Zeit"), *in primis de Electione Josephi Clementis et Furstenbergicis Gallicisque in eam conatibus* ("vor allem über die Wahl Joseph Clemens' und die gegen sie gerichteten Bemühungen Fürstenbergs sowie der Franzosen").

Die Junktur *De rebus sui temporis* bildet in der Tat das genaue Äquivalent für unseren Zentralbegriff "Zeitgeschehen" und kennzeichnet insofern exakt den Inhalt des Werkes, da Trips aktuelle Vorgänge seiner Zeit darstellt, die der Zusatz *in primis ...* präzisiert. Aber wie lautete dann der Originaltitel dieser zeitgeschichtlichen Schrift? Die einzige Gemeinsamkeit zwischen der abundanten Überschrift, wie sie das Kölner Manuskript bietet, und jener von Nellessen vermuteten Titelform ("Historia polemica Gallo-Germanica")

---

11 Ich zitiere nach der Ausgabe von Nellessen, S. 196.

12 Alle Nachweise bei Nellessen (S. 215-222).

13 Genauere Belege bleiben einer späteren Publikation vorbehalten.

besteht darin, daß beide den Namen der Gallier bzw. der Franzosen enthalten.

Das Problem löst sich sofort, wenn man entdeckt, daß das Historische Archiv der Stadt Köln noch eine andere vollständige Abschrift desselben Werkes von Trips besitzt - ein Manuskript, das Nellessen erst kurz vor seinem Tode kennenlernte (und zum Teil noch maschinenschriftlich transskribieren konnte), das aber der Öffentlichkeit bis heute ebenfalls unbekannt geblieben ist.[14] Diese 123 Folioseiten umfassende Handschrift (= Hs. A) ist noch in Trips' Todesjahr zu datieren und stimmt mit dem Text der späteren Handschrift (Hs. B) im wesentlichen überein, weist dagegen einen Titel auf, der von den beiden anderen bisher angebotenen Titelformen völlig abweicht: *Tractatus historico-poeticus ... elaboratus*; eingeschoben sind die drei Jahresangaben *de annis 1688, 89, 90.* Daß diese Überschrift als die ursprüngliche den von Trips selber geprägten Originaltitel wiedergibt, beweist eine Analyse des jene drei Jahre umspannenden, relativ umfangreichen zeitgeschichtlichen Traktats.

2.2 Wesentliche Merkmale des *Tractatus historico-poeticus*

Bereits der erste Satz dieser Abhandlung enthält das Programm der gesamten Schrift und läßt zugleich erkennen, daß Trips auch hierbei in der Tradition der klassischen Literatur der Antike steht. So betont er gleich am Anfang, daß er sein zeitgeschichtliches Werk "zur Information und Kenntnis der Nachwelt" (*ad ... posteritatis informationem ac scientiam*) verfaßte, und hebt generell hervor, daß er die "beklagenswerten unheilvollen Ereignisse seiner Gegenwart" - des dahinscheidenden 17. Jahrhunderts - "beschreiben will" (*emorientis huius saeculi nostri deplorandas ... calamitates descripturus*), und behandelt demzufolge das Thema unmittelbar nach den betreffenden historischen Vorgängen in systematischer Weise, indem er mit den Anfängen der Entwicklung beginnt: ... *decrevi rem paulo altius a primis principiis ordiri.*

Dabei nennt Trips ausdrücklich die Hauptbereiche seines zu bearbeitenden Stoffes: ... *quae Ubiis Juliae-Montibus Palatinatui-Rheno Moguntiae Spirae, immo Europae paene universae incubuere.* Gemeint sind damit also in erster Linie die jüngsten Ereignisse in den deutschen Gebieten am mittleren und oberen Rhein: Köln und Umgebung (das Herzogtum Jülich-Berg) sowie die Rheinpfalz mit Mainz und Speyer. Kein Wort folglich von Gal-

---

[14] Für diese Handschrift gilt daher dasselbe wie Anm. 13.

liern und daher auch nicht von den deutsch-französischen Beziehungen, wie Nellessens Titelfassung erwarten lassen muß. Vielmehr unterstreicht Trips mit dem Zusatz *immo Europae paene universae* allgemein, daß er fast den gesamten Riesenbereich des europäischen Kontinents in seine Darstellung einbezieht. Tatsächlich legt Trips in diesem großen Werk - wie in der früheren Gedichtsammlung "Europae status descriptio metrica"[15] - universaleuropäische Zeitgeschichte dar; es genügt hier ein Verweis auf Kapitelüberschriften wie *Romanica*, *Anglica* und *Hispanica*.

Natürlich spielten in diesem globalen Zusammenhang auch die engen Beziehungen zwischen Deutschen und Franzosen in den Jahren 1688-90 eine wichtige Rolle - zumal in der Festungsstadt Bonn, welche ja damals französische Regimenter auf Betreiben vornehmlich des Kardinals Wilhelm von Fürstenberg, jedoch nicht auf Wunsch der Bonner Bürger besetzt hielten. Auch Trips mußte daher auf diesen traurigen Aspekt eingehen, und es ist daher nicht verwunderlich, daß er in seinem Werk mitunter auch scharfe Kritik an Franzosen (und ebenso heftig an den mit ihnen sympathisierenden deutschen Landsleuten) übt; zweifellos bezieht sich auf solche Passagen seines Traktats die Junktur *historia polemica Gallo-Germanica* in einer seiner ungefähr gleichzeitig entstandenen Spezialschriften zur Honnefer Ortsgeschichte. Aber dieses Sonderthema bildet eben nur einen Teilbereich seiner Gesamtdarstellung europäischer Zeitgeschichte von 1688 bis 1690.

Konsequenterweise ist aus sprachlichen ebenso wie aus sachlichen Gründen weder "Historia polemica Gallo-Germanica" noch "De rebus sui temporis", sondern allein "Tractatus Historico-poeticus" als der Originaltitel des Werkes anzusehen. Es ist dabei charakteristisch für Trips als *Poeta Laureatus*, daß er in seine fortlaufende historische Darstellung, die in mustergültiger lateinischer Prosa abgefaßt ist, viele größere oder kleinere Gedichte im Stile der klassischen römischen Poesie einstreute, und zwar alle in dem vorzüglich für Elegien und Epigramme typischen Versmaß - also in Distichen (daktylische Hexameter mit jeweils nachfolgendem Pentameter). Vorbilder für solche Mischungen von Prosatexten und Verseinlagen konnte Trips ebenfalls in der antiken Literatur antreffen; ich erinnere hier nur an prosimetrische Werke wie Varros "Menippeische Satiren", den Roman des Petron sowie spätantike Schriften wie "De nuptiis Mercurii et Philologiae", das enzyklopädische Werk des Martianus Capella, und Boethius' "Consolatio Philosophiae". Aber eine historiographische Schrift mit dem Wechsel von prosaischen und poetischen Texten, wie sie Trips' 'historisch-poetischer

---

[15] vgl. dazu o. S. 243 sowie Nellessen S. 218.

Traktat' enthält, scheint in der Antike ebensowenig existiert zu haben wie ein Buchtitel mit dem für Trips signifikanten adjektivischen Doppelbegriff *historico-poeticus* als Attribut zum Substantiv *tractatus*.

Überträgt man also die Begriffspaare *imitatio/aemulatio* bzw. 'Tradition/Innovation' - die Hauptkategorien einer Bestimmung des Verhältnisses humanistischer Texte zu ihren antiken Vorbildern (und damit auch die maßgebenden Kriterien einer Bewertung der literarischen Leistung des jeweiligen Humanisten)[16] - auf Trips' Titeljunktur *Tractatus historico-poeticus*, so läßt dieses Detail wie jedes beliebige andere erkennen, wie sehr Trips als eingefleischter Humanist bemüht war, die überlieferten literarischen Muster der Antike, die er nachahmt und zu übertreffen versucht, formal und inhaltlich so umzuwandeln, daß sie jeweils infolge solcher Veränderungen eine neue Gestalt annehmen.

Das gleiche gilt für die Stellung des Werktitels "Tractatus historico-poeticus" innerhalb der Tradition der gesamten neulateinischen Literatur seit Petrarca als dem 'Vater der Humanisten': Zwar gehört die Titelform zu einer langen Traditionslinie, als deren bekannteste Repräsentanten heute wohl Spinozas "Tractatus theologico-politicus" und der "Tractatus logico-philosophicus" Wittgensteins gelten. Aber ein anderer "Tractatus historico-poeticus" als der von Trips wurde vom frühen Renaissance-Humanismus bis zur Gegenwart offenbar nicht geschrieben. Die wesentlichen Merkmale des so originellen Werkes des *Poeta Laureatus* Trips treten auch in den Passagen, die unsere Stadt berühren, deutlich genug zutage.

3. Zwei herausragende Bonn-Abschnitte in Trips' *Tractatus historico-poeticus*

3.1 Der Beginn der Bombardierung Bonns 1689 (Hs. A, p. 22a)

Nachdem Trips bereits vorher Bonn mehrmals erwähnt und sogar eine kurze Beschreibung der Stadt eingelegt hatte[17], leitet er zur Darstellung ihrer Tragödie im Jahre 1689 über, indem er deren Ursache dramatisch wirkungsvoll an den Anfang rückt und hervorhebt, daß die Wende im damaligen

---

[16] Zu diesem Komplex verweise ich allgemein auf meinen Beitrag: Sprache und Stil der lateinischen Briefe von Julius Pflug im Lichte seiner Stiltheorie sowie der Charakteristik bei Erasmus, in: Pflugiana, hrsg. von Elmar Neuss und J. V. Pollet, Münster 1990 (= Reformationsgeschichtliche Studien und Texte Bd. 129), S. 139-176.

[17] Näheres dazu in meinem bald erscheinenden Vortrag "Urbs Bonna quomodo ... descripta sit et laudata" (s.u. S. 271).

erbitterten Kampf um Bonn erst eintrat, als der brandenburgische Kurfürst Friedrich III. im Juli 1689 auf der Bonn gegenüberliegenden rechten Rheinseite eintraf, um von dort aus - d.h. vom Gebiet des heutigen Stadtteils Beuel aus - die Gebäude am linken Ufer des großen Stromes zu bombardieren und schließlich die ganze Stadt Bonn zu zerstören (Hs. A, pp. 21b/22a): ... *festinatis nimium pedibus ad evertendam Bonnam / Brandeburgus advenit* ("mit allzu eiligen Schritten kam der Brandenburger - sc. Kurfürst Friedrich III. - zur Vernichtung Bonns an").[18]

Es kann hierbei kein Zufall sein, daß Trips das gleiche Verb benutzt wie Vergil in dem *locus classicus*, den jener anonyme Vergil-Exzerptor und Zeitgenosse von Trips als die einzige passende Parallelstelle der "Aeneis" (2, 624/5) heranzog, um die Zerstörung Bonns mit dem Untergang Trojas anschaulich zu vergleichen: ... *ex imo verti Neptunia Troia* (s.o. S.239). In der Tat ist von den vielen Synonyma, die es im klassischen Latein für das Wortfeld 'zerstören, vernichten' gibt, keines so prägnant wie *vertere*; Trips verstärkt hier die Wirkung, indem er dieses Simplex, dem Vergil - auch aus metrischen Gründen - den Vorzug gab, durch das Kompositum *evertere* ersetzt.

Aber während sich jener zeitgenössische Anonymus (wie auch sonst überall) darauf beschränkte, die Vergilverse wörtlich auszuschreiben, deren Auslegung also dem Leser überließ und selber nur seine - gewiß profunde - philologische Gelehrsamkeit demonstrierte, übertrug Trips dieselbe vergilianische Vorlage, die ihm mit Sicherheit ebenfalls vertraut war, als selbständiger und schöpferischer Autor (wie in allen solchen Fällen) auf die damalige konkrete Situation - den Fall Bonns 1689 - , und zwar in derart unverwechselbarer Art und Weise, daß seine Adaption und Metamorphose jener klassischen Schilderung des Falls Trojas paradigmatische Bedeutung hat für das Verständnis der literarischen Kunst, die er als lateinischer Dichter und Prosaautor anzuwenden pflegte.

Als Kontrastfolie eignet sich dabei auch der zeitgenössische Bericht des Pater Wissing[19], auf dem unsere bisherige Kenntnis der Zerstörung Bonns im Jahre 1689 vorwiegend beruht. Wissing beschrieb die Vorgänge als Ordenspräfekt aus der Sicht seines Bonner Konvents und wählte eine einfache, aber einprägsame Gliederung, indem er seine gesamte Darstellung in

---

[18] Er setzte also die Maxime, mit der Kleist sein - wenige Jahre vor der Zerstörung Bonns spielendes - Schauspiel "Der Prinz von Homburg" schließen läßt, in die Wirklichkeit um: "In Staub mit allen Feinden Brandenburgs!"

[19] Zu ihm s.o. S. 240.

drei Hauptkapitel einteilte, welche die Vorgeschichte, den Verlauf und die Folgen der Bombardierung Bonns betreffen:

(a) *De statu conventus Bonnensis ante bombardationem et conflagrationem* ("Über den Zustand des Bonner Konvents vor der Beschießung und Verbrennung")
(b) *De statu ... sub actuali bombardatione* ("Über den Zustand ... während der aktuellen Beschießung")
(c) *De statu ... post bombardationem et civitatis expugnationem* ("Über den Zustand ... nach der Beschießung und Eroberung der Stadt")

In allen drei Überschriften prägt somit der kirchliche Berichterstatter *bombardatio* als den Kardinalbegriff dem Gedächtnis des Lesers fest ein und steigert den Effekt, indem er ihm auch in den Titeln einiger Unterabschnitte das Schlagwort *bombardatio* einhämmert. So begnügt sich Wissing als Geistlicher damit, in schlichter Prosa die einzelnen Stadien der fürchterlichen Bombardierung Bonns der Reihe nach aufzuzählen und wie ein Chronist möglichst viele Fakten jener auch für den Bonner Klerus so fatalen Ereignisse mitzuteilen, ohne dabei als lateinischer Autor höhere literarische Ansprüche zu erheben.

Ganz anders dagegen unser 'gelehrter Pfarrer Trips'. Auch er breitet eine Fülle bisher unbekannter und wertvoller Details der damals untergegangenen *urbs Bonna* aus, begrenzt jedoch seine Darstellung nicht wie sein Glaubensbruder Wissing auf die katholische Sphäre, sondern bezieht das gesamte Panorama, wie es die Stadt Bonn 1689 bot, in seine Betrachtung ein, läßt daher Vertreter sämtlicher Gesellschaftsschichten der Bewohner der Stadt sowie ihre bedeutsamsten (profanen wie sakralen) Denkmäler Revue passieren und hebt zugleich seine Entwicklung aller dieser Motive auf höchstes literarisches Niveau.

Bezeichnend dafür ist schon der erste Satz, den Trips der Nachricht von der plötzlichen Ankunft des 'Brandenburgers' unmittelbar gegenüberstellt (Hs. A, p. 22a):

> *Sed nec ulli Bonnensium persuaderi potuit praeclaram hanc urbem eo miseriarum redactum iri, ut nec lapis lapidi esset adhaesurus.*
> ("Aber keinen Bonner Bürger hätte man davon überzeugen können, daß diese herrliche Stadt in eine so unglückliche Lage geraten werde, daß kein Stein auf dem anderen liegen bleiben sollte").

Dieser kurze - aber sprachlich-stilistisch wohlgeformte und dank der Pointierung jedes einzelnen Elementes auch rhetorisch sehr durchschlagskräftige - Kernsatz enthält zwei Aussagen:

(a) Zum einen unterstreicht er das historisch entscheidende Faktum, - nämlich die schon bevorstehende totale Vernichtung der Stadt; denn mit der Metapher 'kein Stein blieb auf dem anderen liegen' bietet Trips eine der mannigfachen (für seine Variationskunst typischen) bildhaften Umschreibungen, um den Zustand der von Grund auf zerstörten Stadt zu veranschaulichen.
(b) Zum anderen liefert er eine psychologisch einfühlsame aktuelle Momentaufnahme der allgemeinen Stimmung, die in Bonn herrschte, als der Kurfürst von Brandenburg auf der Bildfläche erschien; daß keiner dabei die zukünftige Katastrophe ahnte, verschlimmerte noch das Ausmaß der Tragödie.

Beide Gesichtspunkte - sein 'vaticinium ex eventu' und die damalige trügerische Selbsttäuschung der Bonner Bürger - regten nun Trips als Dichter seinerseits charakteristischerweise sofort dazu an, ein Klagelied direkt folgen zu lassen, dessen Inhalt er - wie in allen derartigen Fällen - auf den Kontext abstimmte und so mit ihm organisch verknüpfte. Dabei vergleicht Trips ebenso wie sein anonymer Zeitgenosse, welcher der Überschrift *Bonna exusta* die beiden Vergilverse Aen. 2, 624/5 zuordnete, Bonns Zerstörung mit der Trojas, erweitert aber diese historische Dimension, indem er analog noch die beiden anderen klassischen Paradigmata der Antike hinzufügt - den Untergang Karthagos sowie des alten Rom -, und überhöht diese poetisch nicht mehr überbietbaren Reminiszenzen durch philosophische Reflexionen über die Vergänglichkeit aller Dinge des Menschen und die Hinfälligkeit seiner ganzen Welt. Diese Leitmotive, die er sicherlich mit vielen Autoren der Barockzeit teilte, schlägt Trips schon im ersten der fünf wunderschönen und tiefsinnigen Disticha seiner kleinen Elegie an:

Rebus in humanis numquam fortuna perennat:
Dic, ubi Carthago, dic, ubi Troia stetit?
("In den menschlichen Dingen ist niemals Glück von Dauer:
Sag, wo hat Karthago, sag, wo hat Troja gestanden?")

Die antiken Zeugnisse, die sich auf Troja und Karthago beziehen, setzt Trips dabei natürlich als bekannt voraus und greift daher zunächst den philosophischen Hauptgedanken auf, um ihn im sich anschließenden Distichon zu entfalten:

Una, quod exstruxit, mox altera destruit aetas:
Prima quod hora dedit, saepe secunda rapit.
("Was die eine Generation errichtete, zertrümmert bald die andere:
Was die erste Stunde gab, raubt oft die zweite.")

Bevor er aber diesen pessimistischen Grundton weiterklingen läßt, erinnert der Dichter an das dritte der berühmtesten antiken Exempla, den Fall Roms, und widmet ihm nicht nur einen Vers (wie vorher Troja und Karthago zusammen), sondern ein ganzes Distichon, und zwar mit noch stärkeren rhetorischen Stilmitteln:

Heus ubi sunt veteris vestigia pristina Romae?
Verte solum: Romae Roma sepulta iacet.
("Wehe, wo sind die ehemaligen Spuren des alten Rom?
Wende nur den Boden um: In Rom liegt Rom begraben.")

So rundet Trips seine poetische Einlage mit einem Doppeldistichon ab, indem er jenen philosophischen Kerngedanken vertieft, nämlich daß alles Lebendige dem Tod geweiht ist und jedes vom Menschen geschaffene Werk sich irgendwann in Nichts auflöst:

Quod natum est, moritur, quod stat cadit, alta suopte
pondere subsidunt. Tecta domusque ruunt.
Omnis ad occasum vergit properatque vetustas:
In nihilum redeunt cuncta creata suum.
("Was geboren ist, stirbt, was steht, fällt, Hohes sinkt durch sein eigenes
Gewicht zu Boden. Dächer und Häuser stürzen ein.
Alles, was alt ist, neigt und eilt zum Untergang:
In ihr Nichts kehren sämtliche Schöpfungen zurück.")

Wohl nie zuvor ist Bonn - gleichgestellt mit Troja, Karthago und Rom sowie den Gesetzmäßigkeiten der Natur zugeordnet - auf eine so hohe literarische Ebene gehoben worden wie hier - freilich in tragischem Sinne: Es tritt das Bild des alten Bonn vor Augen, wie es noch bestand, bevor es wie jene drei so berühmten Städte der Antike ausgelöscht wurde.

Ehe aber Trips das vergangene Stadtbild Bonns in seinen Einzelheiten entwirft, unterbricht er seine poetische Einlage und greift seine Prosadarstellung der historischen Vorgänge wieder auf, indem er an *Brandenburgus advenit*, die ausschlaggebenden letzten Worte, wörtlich anknüpft und die nächste Stufe schildert, die ins Verderben führte: *Vix elector Brandeburgus ... eiusque copiae ... advenerant, cum elector lustrata et visa dispositione tormentaria subruendae et inflammandae Bonnae initium fieri mandat* ("Kaum waren der brandenburgische Kurfürst ... sowie seine Truppen ... angekommen, da gab der Kurfürst nach Musterung und Besichtigung der Geschützstellungen den Befehl, damit zu beginnen, Bonn zugrundezurichten und in Flammen aufgehen zu lassen"). Mit dem Praesens historicum *mandat* vergegenwärtigt Trips diese Szene - *Bonna inflammatur* ist demgemäß am Rande der Handschrift als Stichwort notiert - und beschreibt daher fast auf die Minute genau den Beginn der Tragödie: *Erat tum dies 24ta Iulii ..., quando tragoedia incendiaria capit exordium* ("Es war damals der 24. Juli, ein Sonntag vor dem Festtag des Apostels Jakobus, abends in der achten Stunde, als die Brandtragödie ihren Anfang nahm").

Dementsprechend folgt nun eine detaillierte Beschreibung der mörderischen Militärmaschinen, welche die Tragödie auslösten: *Exonerabantur una non interrupta et continuata serie 160 machinae, mixtis pilis ignitis, pyrobolis maioribusque globis tanto fervore simul et horrore, ut terra, domus et vicini montes concuterentur.* ("Abgefeuert wurden gleichzeitig in ununterbrochener und fortgesetzter Reihenfolge 160 Kanonen, vermischt dazwischen glühende Geschosse, Feuergranaten sowie noch schwerere Mörserkugeln, mit so starker Hitze und zugleich solch schaurigem Krach, daß Erde, Häuser und die benachbarten Berge erschüttert wurden.").

Die verheerenden Auswirkungen der Flammen auf das innere Stadtgebiet malt Trips sodann in noch schaurigeren Farben. Zuerst erfaßten die von den brandenburgischen Soldaten gegen die ganze Stadt und ihre französischen Besatzer geschleuderten feurigen Kugeln zwangsläufig die Häuserfront am linken Rheinufer - also auch das heutige Gelände des Bonner Universitätsclubs, wo jetzt (303 Jahre nach jenem Inferno) unser deutsch-französisches Kolloquium stattfindet -, dann erreichten die Flammen rasch den kurfürstlichen Pferdestall, und endlich brannte es überall: *Urbs flammis quam primum correpta, primum ad bortam Rhenanam, deinde ad equile electorale, tum in foro, mox ubique succendi coepit.*

Auf diese summarische Angabe folgen konkrete Beispiele: *Tanto quoque furore debacchatum est in aedium, turrium et templorum tecta, ut suis omnia ruinis involuta nullam restinguendi incendii spem admitterent.* ("Mit so großer Wut tobte es auch gegen die Dächer der Gebäude, Türme und Kirchen, daß sie alle, in ihre eigenen Trümmer eingehüllt, keine Hoffnung zuließen, den Brand löschen zu können."). Infolgedessen war die Stadt binnen wenigen Stunden in der Nacht größtenteils dem Erdboden gleichgemacht und vom Feuer verzehrt: *Aequta solo et igni absumpta intra noctis non integrae spatium urbs pleraque.* Wie also dem Aeneas bei Vergil "ganz Ilion in Feuer zu versinken schien" (Aen. 2, 624/5), so wunderte sich damals in Bonn niemand darüber, daß kein Gebäude, auch nicht das kurfürstliche Schloß, von der Bombardierung und Verbrennung unversehrt blieb: *Et ... mirum nemini fuit, quod nullae, nec sacrae nec profanae aedes, nec aula ipsa a deiectione et conflagratione manserit immunis.*

Nun dauerte dieses intensive Bombardement insgesamt drei Tage, bis schließlich die ganze vorher so prächtige Stadt in Schutt und Asche lag. Für seine Schilderung der Phasen dieser unaufhörlichen Beschießung Bonns bis zu ihrem absoluten Tiefpunkt - der fast totalen Vernichtung der Stadt - benötigte daher Trips weitere 5 Folioseiten (Hs. A, pp. 22b-24b), ging dann zu den Ereignissen in Mainz über und schob (ab p. 25b) eine lange Elegie auf den verhaßten Kardinal Wilhelm von Fürstenberg ein, um ihm die Schuld an der katastrophalen Zerstörung Bonns zuzuschreiben; dabei stellt er lapidar fest:

Bonna exusta iacet, perierunt civibus aedes
exutusque suis est modo quisque bonis.
("Bonn liegt ausgelöscht darnieder, zugrundegegangen sind den Bürgern
ihre Häuser, und jeder hat jüngst seinen Besitz verloren.")

Mit der an die Spitze des Distichons gerückten konzisen Aussage *Bonna exusta iacet* - auf welchen Ausdruck wie in der *Succincta ... exustae et omnibus ... exutae Communitatis Honneffensis enarratio* (s.o. S. 244) die so ähnliche Partizipialform *exutus* fast direkt folgt - faßt der Dichter den Zustand, den er vorher in Prosaform ausführlich beschrieben hatte, ebenso pointiert zusammen wie um die gleiche Zeit der anonyme Urheber der vergilianischen Blütenlese mit der Überschrift *Bonna exusta* sowie parallel dazu das neue amtliche Bonner Stadtsiegel *post urbem exustam* (s.o. S. 239). Demgemäß verwendete Trips in seinem *Tractatus historico-poeticus* auch innerhalb der Prosaabschnitte mehrmals die Partizipialform *exusta* als das spezifische Merkmal Bonns seit dem Abend des 24. Juli 1689 - so z.B. in dem emphatischen kurzen Zwischensatz: *Ad exustam Bonnam revertamur.*

3.2 *Bonna exusta* in der großen Elegie "Bonnae lamentantis querella de moderno miserabili statu" (Hs. A, pp. 49b-55a; 462 Verse)

Nun war aber Trips während der am Abend des 24. Juli 1689 begonnenen und noch drei volle Tage dauernden Bombardierung Bonns nicht selber - im Gegensatz zu Wissing - in der Stadt anwesend, sondern hielt sich (freilich nur einige Kilometer entfernt) in seiner Honnefer Pfarrgemeinde auf. So nutzte er die erste günstige Gelegenheit, um die vorher so blühende und ihm (dank seinem langjährigen Wirken im kurfürstlichen Schloß) wohlbekannte, nun aber völlig ruinierte erzbischöfliche Residenzstadt in Augenschein zu nehmen. Ihren literarischen Niederschlag fand diese persönliche Besichtigung der *Bonna exusta* in einem großen Klagegedicht, das aus 231 Distichen bzw. 662 Versen besteht und daher in der Hs. A seines "Tractatus historico-poeticus" 12 Folioseiten (pp. 49b-55a) in Anspruch nimmt.

Trips gab dieser Elegie die signifikante Überschrift "Bonnae lamentantis querella de moderno miserabili statu" ("Klage der über ihren gegenwärtigen erbärmlichen Zustand jammernden Bonna") und rückte sie damit ausdrücklich in eine Linie mit seinen beiden früheren - jeweils rund 15 Jahre vorher verfaßten, aber erst postum 1729 (33 Jahre nach seinem Tod) in einer Druckausgabe erschienenen[20] - lateinischen Bonn-Elegien, in denen er ebenfalls nach dem klassischen antiken Vorbild insbesondere der *Dea Roma*[21] die Gestalt der personifizierten Stadtgöttin *Bonna* hatte auftreten lassen und deshalb auch jeweils schon als Titelfigur präsentiert hatte: (a) "Bonna lamentans" ("Die wehklagende *Bonna*"), die am 1. Januar 1674 - dem Neujahrsfest - abgefaßt wurde, 92 Distichen bzw. 184 Verse (ohne die Einleitung und den Epilog) umfaßt und in drei Hss. überliefert ist[22], (b) "Querella ac suspirium urbis Bonnae" ("Klage und Seufzer der Stadt Bonn")[23], welche Elegie etwa anderthalb Jahre später - im Laufe des Jahres 1675 - entstand und in der gedruckten Fassung mit 182 Distichen bzw. 364 Versen einen doppelt so großen Umfang aufweist wie das frühere Klagegedicht derselben *Bonna*.[24]

Die Junktur *Bonnae lamentantis querella de moderno miserabili statu* als Titel der - in das Jahr 1689 zu datierenden - dritten und letzten überlieferten *Bonna*-Elegie des Poeta Laureatus Trips stellt somit nichts anderes dar als eine Kontamination oder Zusammenfügung der Überschriften seiner beiden - mit weitem zeitlichem Abstand zuvor komponierten - Klagegedichte *Bonna lamentans* sowie *Querella ac suspirium urbis Bonnae*. Infolgedessen ist diese dritte *Querella* - gemäß ihrer abundanteren Titelform - mit 231 Distichen bzw. 462 Versen auch die umfangreichste, so daß sich schon äußerlich eine echte Klimax in aufsteigender Linie (im Unterschied zu jener Trilogie *Bonna exusta - Bonna obsessa - Bonna oppugnata* beim zeitgenössischen anonymen Vergil-Epitomator) vom frühesten bis zum spätesten *Bonna*-Klagegedicht ergibt.

---

20 In: Tyrocinium poeticum ... Conatus poeticus posthumus ... Francisci Xaverii Trips ... Auctore quodam e Soc. Jesu (= Pantaleon Eschenbrender), Köln ^{1}1729 (^{2}1746).

21 Textbeispiele bei G. Gernentz: Laudes Romae, Diss. Rostock 1918, sowie in der Anthologie: Roma aeterna. Lateinische und griechische Romdichtung von der Antike bis zur Gegenwart, hg. v. B. Kytzler (Zürich u.a. 1972). Neuere Literatur bei Chr. Neumeister: Das antike Rom, München 1991.

22 Text bei Eschenbrender S. 113-125; vgl. Nellessen S. 216f.

23 Text bei Eschenbrender S. 101-113; vgl. Nellessen S. 216.

24 Genauere Angaben zu beiden *Bonna*-Klagegedichten (mit Kritik auch ihrer Datierungen bei Eschenbrender und Nellessen) in meinem Beitrag: Urbs Bonna quomodo ... descripta sit ... (s.u.S. 271).

Klarer auch als in den Titeln seiner beiden vorigen Elegien bringt Trips in der Überschrift zu seinem dritten Bonn-Gedicht mit dem Zusatz *de moderno miserabili statu* die Tatsache zum Ausdruck, daß es sich jeweils um die Schilderung eines "modernen" (d.h. gegenwartsbezogenen) Zustandes und entsprechender aktueller Ereignisse handelt - kurz um "Zeitgeschehen" (genau im Sinne des Leitmotivs unseres Kolloquiums). Dabei ist es für Trips' Einordnung der "Bonnae lamentantis querella de moderno miserabili statu" in den Kontext seines "Tractatus historico-poeticus" höchst charakteristisch, daß er in dieser Elegie mit poetischen Mitteln die gleiche Materie bearbeitet wie vorher als Historiker: Hatte er die Zerstörung Bonns zuerst als Prosaautor im klassischen Stil eines Livius und Cicero dargestellt, so tritt er nun nachträglich als Dichter auf, um dasselbe grauenvolle Erscheinugsbild der *Bonna exusta* wie ein zweiter Ovid zu beleuchten.

Da es nun aber aus Raumgründen hier unmöglich ist, ein Riesengedicht wie diese *Bonnae lamentantis querella* vollständig vorzuführen, habe ich einige Verspartien des noch unedierten Klageliedes als Kostproben ausgewählt; sie machen vielleicht verständlich, warum Trips bei seinen literarischen gebildeten Zeitgenossen als lateinischer Poet galt, den ebenso wie Ovid drei Hauptvorzüge auszeichneten: Klarheit, Einfachheit und Anschaulichkeit.

183 *Absumunt totas incendia moesta plateas:*
vix ullus remanet tutus ab igne locus.
185 *Templa, sacella, forum, praecellens curia, gymnas,*
quidquid magnificum stabat in urbe iacet.

189 *Quis terrae cumulos, lapidum quis narret acervos?*
190 *excidium Troiae nonne facesque vides?*
Aspice templa suis nudata orbataque tectis:
192 *Barbarici haec species prima furoris erat.*

207 *Quid cramben recoquo? venias ocularis et esto*
inspector nostri, lector amice, status.
Urbis te Tyriae speculum Troiaeque videre
210 *rudera te dices, flebis et usque gemes.*
Bonnae eris et Bonnam quaeres plenusque stuporis
212 *non poteris lacrumas continuisse tuas.*

223 *Qui mihi tunc aderant, dicent me vera locutum:*
dicent se lacrumis immaduisse suis,
225 *dicent se similes numquam sensisse calores*
atque parem Stygio prominuisse focum.
Quando videbamus tot adustas ignibus aedes
sulphureaque domos perditione premi,
iudicium domini perituraque tempora mundi

230 *haud sumus immerito non procul esse rati.*

235 *Quando iter aggredior variis comitatus amicis,*
quos quoque cernendae traxerat urbis amor,
dum subeo portas novus hic mea lumina fletus
obruit et linguam verba negando ligat.
Quocumque intueor non est nisi foetor et horror:
240 *foetor ab occisis, horror ab urbe venit.*

257 *Indoleo miserae pariterque interrogo, quisnam*
ille sit exustus, quem pede calco, locus.
Non tua, respondet, novit reverentia tritam
260 *quae stetit e domini Barth regione domum?*
Ecce locum putei, locus ecce Triangulus olim
dictus; at haec vulgo semita muris erat.
Omnia iam confusa iacent, periere plateae:
264 *Urbs ubi celsa prius stabat, arare potes.*

Prosaübertragung:

183 Brände verzehren trauerbringend sämtliche Plätze,
kaum bleibt irgendeine Stelle vor dem Feuer sicher.
185 Kirchen, Kapellen, Markt, hervorragendes Rathaus, Gymnasium:
Was auch immer an Großartigem in der Stadt stand, liegt darnieder.

189 Wer könnte die Erdhügel, wer die Steinhaufen aufzählen?
190 Siehst du nicht die Zerstörung und die Brandfackeln Trojas?
Schau, wie die Kirchen ihrer Dächer beraubt und entblößt sind:
192 Das war das erste Erscheinungsbild der barbarischen Kriegswut.

207 Warum "wärme ich Kohl auf" (=wiederhole ich mich)? Komme doch selbst,
lieber Leser, als Augenzeuge, und sei Betrachter meiner Lage.
Du wirst sagen, daß du das Spiegelbild der tyrischen Stadt
(=Karthagos) sowie die Schuttmassen Trojas siehst,
210 du wirst weinen und in einem fort seufzen.
In Bonn wirst du sein und dabei Bonn suchen, und voller Betroffenheit
212 wirst du deine Tränen nicht zurückhalten können.

223 Die mich damals begleiteten, werden sagen, daß ich die Wahrheit gesprochen habe.
Sie werden sagen, daß sie von ihren Tränen feucht wurden.
225 Sie werden sagen, daß sie ähnliche Gluthitzen noch niemals erlebten
und daß ein Feuerherd wie in der Hölle emporloderte.
Als wir sahen, daß so viele Gebäude von den Feuerflammen verbrannt
waren und die Häuser unter dem Druck der schwefligen Geschosse
zusammengepreßt wurden, glaubten wir zu Recht, Gottes Gericht sei da
230 und die Zeit des Weltuntergangs nicht mehr fern.

235 Immer wenn ich mir einen Weg bahne, begleitet von verschiedenen
Freunden, die gleichfalls der Wunsch, die Stadt in Augenschein
zu nehmen, hierhingezogen hatte, überfällt beim Betreten eines

Tores neues Weinen meine Augenlider, schnürt mir die Zunge zu
und versagt mir die Worte. Wohin ich auch blicke, gibt es nur
240 Gestank und Schauder: Der Gestank kommt von den Getöteten,
der Schauder von der Stadt.

257 Einer unglücklichen Frau spreche ich mein Beileid aus und frage
sie zugleich, welche völlig verbrannte Stelle das sei,
auf die ich gerade mit dem Fuß trete. "Kennt denn nicht Euer
260 Hochwürden" - so antwortet sie - "das allbekannte Haus, das
im Wohnbereich des Herrn Barth stand? Siehe da den Brunnenplatz:
der Platz da wurde einst 'Dreieck' genannt; aber das da war
im Volksmund der 'Mauspfad'."
Alles liegt jetzt zertrümmert da, die Straßen sind zugrundegerichtet:
264 Wo früher eine erhabene Stadt stand, kannst du jetzt pflügen.

III

Trips entläßt jedoch den Leser, den er in seiner langen Elegie "Bonnae lamentantis querella de moderno miserabili statu" zu einem Rundgang durch die im Sommer 1689 so schrecklich verwüstete Stadt eingeladen und in tiefe Trauer gestürzt hatte, nicht ohne einen Trost, sondern eröffnet ihm einen Ausblick in eine bessere Zukunft; denn wie das alte Rom versank, um dann in neuer Blüte zu höchstem Rang aufzusteigen, so wird - davon ist der Dichter überzeugt - auch die *Bonna exusta* als kurfürstliche Haupt- und Residenzstadt wieder neu aufgebaut bald in noch größerem Glanz erstrahlen:

459 *Ne tamen abicias animos, nova Bonna resurget,*
ditior et fieri, quam fuit ante, potest.
("Laß dennoch den Mut nicht sinken: In neuer Gestalt wird Bonn wieder auferstehen
und kann sogar noch reicher werden, als es vorher war")

So wirkt diese vor rund 300 Jahren verkündete Weissagung auch heute noch aktuell, nämlich als Verheißung für Bonn als Hauptstadt der alten Bundesrepublik Deutschland, nachdem die Stadt im leidenschaftlichen Kampf um die neue Hauptstadtwürde im jetzt wieder vereinten Deutschland vor heute genau neun Monaten (am 20. Juni 1991) eine so bittere knappe Niederlage hinnehmen mußte.

ANHANG: Literaturhinweise

I. Zu Leben und Werk des lateinischen Dichters und Prosaautors Franciscus Xaverius Trips (1630-1696):

Franz Xaver Trips, Honnef vor 1700 - Aufzeichnungen zur Ortsgeschichte, hg. und übersetzt von Ernst Nellessen, Bad Honnef 1978. Darin u.a. (S. 215-223): Verzeichnis der - bis 1978 bekannten - edierten sowie noch ungedruckten Dichtungen und Prosaschriften von F.X. Trips

II. Zur Geschichte der Stadt Bonn

1. Allgemeiner Überblick über die gesamte Geschichte:

Edith Ennen / Dietrich Höroldt: Vom Römerkastell zur Bundeshauptstadt - Kleine Geschichte der Stadt Bonn, Bonn ^{4}1985 (1. Auflage 1967)

2. Neueste Behandlung speziell des 17. Jahrhunderts:

Geschichte der Stadt Bonn in vier Bänden. Aus Anlaß der 2000-Jahr-Feier im Auftrage der Stadt Bonn hg. von Dietrich Höroldt und Manfred van Rey, Bonn 1989; Bd. 3: Bonn als kurkölnische Haupt- und Residenzstadt 1597-1794. Darin (Kap. II, S. 15-203): Edith Ennen, Die kurkölnische Residenz Bonn und ihr Umland in einem Jahrhundert der Kriege

III. Zum Spezialthema 'Bonn in lateinischer Literatur':

Hermann Joseph Frings / Karl August Neuhausen / Theodor Schumacher: Neue lateinische Gedichte zum Lobe der Stadt Bonn, in: Bonner Geschichtsblätter 39, 1989 (1992), S. 529-547

K. A. Neuhausen: Urbs Bonna quomodo Latinis litteris inde a decimo sexto ineunte fere saeculo descripta sit et laudata, in: Acta Conventus Neo-Latini Hafniensis (= Eighth International Congress for Neo-Latin Studies, Kopenhagen 12.-17. August 1991), New York 1994, 14pp.